GRUNDLAGEN DER GERMANISTIK

Herausgegeben von Hugo Moser und Hartmut Steinecke

Mitbegründet von Wolfgang Stammler

22

Syntax der deutschen Gegenwartssprache

von

Ulrich Engel

ERICH SCHMIDT VERLAG

CIP-Kurztitelaufnahme der Deutschen Bibliothek

Engel, Ulrich
Syntax der deutschen Gegenwartssprache. – 1.
Aufl. – Berlin : E. Schmidt, 1977.
(Grundlagen der Germanistik ; 22)
ISBN 3-503-01251-6

ISBN 3 503 01251 6

Druck: Loibl, Neuburg (Donau)
Printed in Germany ·

Inhalt

Vorwort

Die vorliegende Syntax der deutschen Gegenwartssprache ist, gemäß der Zielsetzung dieser Reihe, in erster Linie als Handbuch für Studenten der Germanistik gedacht, daneben aber durchaus auch für Deutschlehrer. Erfahrungen sowohl aus dem muttersprachlichen wie aus dem fremdsprachlichen Deutschunterricht wurden berücksichtigt. Deshalb dürfte sich das Buch, obwohl zunächst deutschsprachige Leser angesprochen sind, auch für den Bereich „Deutsch als Fremdsprache“ eignen.

Auf den skizzierten Benutzerkreis waren Anlage des Buches sowie Formulierungen abzustimmen. Um leicht zu handhabenden Fachwortschatz kommt keine wissenschaftliche Darstellung herum. Ich habe mich jedoch bemüht, das auch in der Linguistik beliebte Schwelgen in esoterischer Terminologie zu vermeiden, nur geringe Fachkenntnisse vorauszusetzen und alle wichtigen Bezeichnungen zu definieren. Diesem Zweck dient, neben den ausführlicheren Passagen im Text, vor allem das Verzeichnis der Fachtermini. Es ist, in zweierlei Hinsicht, kein Register im herkömmlichen Sinne: erstens enthält es zu fast jedem Terminus eine kurze Definition oder eine Erläuterung; zweitens verzeichnet es keineswegs alle Stellen, an denen der betreffende Terminus erwähnt ist, sondern nur die Kapitel, Abschnitte oder Unterabschnitte, in denen sich der Leser weiterführende Informationen holen kann. Dies vereinfacht meines Erachtens nicht nur die Benutzung des Verzeichnisses, sondern es macht sie auch wirtschaftlicher.

Daß das ganze Buch keine einzige Anmerkung enthält, mögen manche Leser kritisieren, manche vielleicht auch begrüßen. Mir war es jedenfalls weder darum zu tun, akribisch nachzuweisen, wo bestimmte Beobachtungen, Gedanken, Folgerungen außerdem gelesen werden können oder zum ersten Mal geäußert wurden oder welche Schriften ich überhaupt gelesen habe, noch darum, zum Haupttext noch einen Quasitext zu schreiben. Was mir wichtig und außerdem (nach dem gewählten Verfahren) beschreibbar erscheint, wird man finden; die Mühe, den – insgesamt spärlichen – Hinweisen auf andere Autoren nach Bedarf und Wunsche nachzugehen, wird dem Leser freilich nicht erleichtert. Modellhaft wird die vorliegende Arbeit gerade in dieser Hinsicht nicht wirken, weil wissenschaftliche Untersuchungen im allgemeinen auf Nachweisen kongruenter oder alternativer Auffassungen aufzubauen haben. Trotzdem soll die Frage, ob eine linguistische Beschreibung ohne den üblichen philologischen Apparat noch als wissenschaftlich gelten kann, hiermit zur Diskussion gestellt sein.

Die jedem Kapitel beigegebene Bibliographie ist wiederum nicht als Legitimation für den Verfasser gedacht, sondern als Handreichung für den Leser, der nach weiterführender Lektüre sucht. Deshalb konnte an Vollständigkeit gerade hier nicht gedacht werden. Eine solche Auswahl wird immer individuell geprägt sein. Es wurde aber darauf geachtet, daß gerade auch abweichende Darstellungen aufgeführt wurden.

Eine gewisse „Benutzerfreundlichkeit", die unter anderem mit den genannten Merkmalen des Buches angestrebt wurde, konnte nicht bedeuten, daß lediglich Bekanntes und möglichst allgemein Anerkanntes zu resümieren und in leicht lesbare Form zu bringen war. Dem Leser, der die vorliegende Syntax der deutschen Sprache nutzen will, wird es nicht erspart bleiben, sich mit einer teilweise neuen Theorie vertraut zu machen. Zwar droht die Dependenzgrammatik seit einigen Jahren in Mode zu kommen. Aber unter diesem Namen läuft hierzulande vielerlei und großenteils Ungeklärtes, wie der Blick in zahlreiche linguistische Fachwörterbücher lehrt. Die Entflechtung zweier grundlegender Dichotomien – Konstituentenstrukturgrammatik gegen Dependenzgrammatik, Subjekt-Prädikat-Grammatik gegen Verbgrammatik – dürfte mehr Klarheit in die Diskussion bringen. Bei alledem sollte mit einer dependenziellen Verbgrammatik des Deutschen durchaus nicht etwas schlechthin Neues geschaffen werden. Vielmehr wurden in vielen Fällen überlieferte Vorstellungen aufgegriffen und gegebenenfalls präzisiert; auch auf Gemeinsamkeiten mit anderen linguistischen Richtungen wurde geachtet. Überdies könnte die vorliegende Darstellung, ungeachtet meiner Zuversicht, daß sie eine Alternative zu anderen Beschreibungsweisen der deutschen Gegenwartssprache bieten dürfte, sich in Teilbereichen als besonders geeignet für die Anwendung im Unterricht erweisen. Videant magistri.

Nach dem Abschluß des Manuskripts habe ich vielen zu danken. Zunächst Hugo Moser, dem Herausgeber der „Grundlagen der Germanistik", der den Anstoß gab und mit Aufmerksamkeit und Geduld das Manuskript prüfte. Ich habe außerdem zahllosen Freunden und Kritikern zu danken, vor allem Mitarbeitern des Instituts für deutsche Sprache, aber auch Wissenschaftlern im In- und Ausland, die sich kritisch mit mir auseinandergesetzt haben, nicht zuletzt meinen Studenten in Bonn und Mannheim, mit denen ich seit mehr als fünf Jahren Probleme der deutschen Grammatik diskutiert habe und die mich immer wieder, oft unerbittlich, zu präziserer Darstellung und faßlicherer Formulierung gezwungen haben. Aus den vielen, die mir geholfen haben, möchte ich wenige namentlich herausgeben. Frau Angelika Ballweg-Schramm, Heppenheim, hat seit Jahren durch ihre Kritik und durch Vorschläge, von denen sich viele in diesem Buch niedergeschlagen haben, zur Konkretisierung und Änderung mancher meiner Vorstellungen beigetragen. Frau Dr. Marlene Rall, Mexico City, hat in zahlreichen Stellungnahmen zum Rohmanuskript eine Fülle von Verbesserungen in linguistischer wie in didaktischer Hinsicht bewirkt. Herr Professor Dr. Moritz Regula, Graz, hat die erste Fassung des Manuskripts minutiös, scharfsinnig und bisweilen scharfzüngig rezensiert; für die ständige Aufforderung zu erneutem Überdenken bin ich ihm, auch wenn ich ihm nicht überall folgen konnte, zu tiefem Dank verpflichtet. Frau mag. art. Cathrine Fabricius Hansen, Oslo, die sich nur relativ kurze Zeit mit dem Manuskript beschäftigen konnte, verdanke ich die Ausmerzung einer Reihe von Fehlern, Unklarheiten, Unzulänglichkeiten. Frau Isolde van Thiel, Mannheim, leistete wertvolle Hilfe bei der Zusammenstellung der Literaturlisten, die außerdem von Frau Eva Teubert, Mannheim, überprüft und ergänzt wurden. Frau Jacqueline Lindauer, Mannheim, danke ich für die Bescheidenheit – im durchaus spätmittelalterlichen Sinne –, mit der sie das Manuskript geschrieben und an manchen Stellen verbessert hat. Und schließlich danke ich dem Verlag für das Vertrauen, das er mir trotz immer wieder verschobener Abgabetermine entgegenbrachte.

Ich habe noch einen Dank abzutragen. Dieses Buch entstand, in einer Phase alles überwuchernder Verwaltungsgeschäfte, ausschließlich an Wochenenden und Feierabenden, Zeiten also, auf die normalerweise andere Anspruch haben. Dafür, daß sie dieses Leben ohne ständiges Murren akzeptiert haben, danke ich meiner Frau und meinen Kindern.

Hambach, April 1976 — Ulrich Engel

1. Einführung: Zur Theorie und zur Methode

1.1. Sprache und Grammatik

In diesem Buch wird ausschnittweise die deutsche Sprache beschrieben. Es muß darum einleitend von der Sprache im allgemeinen die Rede sein, ferner von der Grammatik als Wissenschaft von der Sprache und vom Verhältnis beider zueinander.

Wenn Menschen sich über Sprache unterhalten, entstehen viele Mißverständnisse allein dadurch, daß man sich einbildet, über dieselbe Sache zu reden, während doch der Sprachbegriff nichts weniger als eindeutig ist. Vorurteile der genannten Art werden begreiflich, wenn man sich klar macht, daß jeder mindestens eine Sprache – die Muttersprache – beherrscht, daß er sie, wenn auch mit unterschiedlicher Fertigkeit, benutzen kann. Die Tatsache, daß Sprache allen Menschen zur Verfügung steht, dient vielen als zureichende Bedingung dafür, daß jeder über die Sprache Bescheid wisse, über sie mitreden und urteilen könne. Auf solche Weise haben sich vermeintliche Selbstverständlichkeiten eingeschlichen, die der Diskussion schaden. Wissenschaft hat zunächst Fragen zu stellen, in Frage zu stellen. Hier geht es darum, mit den schädlichen „Selbstverständlichkeiten" aufzuräumen.

Was hat man also unter „Sprache" zu verstehen?

Zum ersten hat man die (vorhandenen und möglichen) Sprachen nach der Art ihrer Entstehung zu unterscheiden. Es gibt einerseits von Menschen entworfene, planvoll durchdachte Sprachen, sogenannte Kunstsprachen. Die logischen Kalküle sind Kunstsprachen, ebenso die in den letzten Jahrzehnten konstruierten Programmiersprachen, ferner Esperanto, Volapük und andere. Auf der anderen Seite stehen die historisch gewachsenen, die sogenannten natürlichen Sprachen, in denen sich die Menschen zu verständigen pflegen: Englisch, Deutsch, Russisch, Kisuaheli, Hopi und viele andere. Kunstsprachen sind meist ökonomischer und exakter als natürliche Sprachen, stellen aber andererseits an Sprecher und Hörer größere Anforderungen, weil es bei ihnen auf jede Kleinigkeit ankommt, weil ihnen die Redundanz fehlt, die natürliche Sprachen – trotz aller Unzulänglichkeiten – erst benutzbar macht.

Das vorliegende Buch beschäftigt sich mit einer natürlichen Sprache – dem Deutschen –, verwendet aber für die Beschreibung teilweise eine Kunstsprache.

Zum zweiten hat man die Sprachen nach ihrer Funktion zu beurteilen. Sprache ist nicht nur Kommunikationsinstrument, sie dient auch zum Ausdruck ästhetischer Kategorien, sie prägt die Denkweise, sie wirkt an der Bildung und Festigung sozialer Gruppen mit und so weiter. Je nach Neigung und Interessenlage wird von Forschern wie von Laien bald die eine, bald die andere Funktion in den Vordergrund geschoben. Im folgenden wird Sprache im wesentlichen als Instrument der zwischenmenschlichen Kommunikation angesehen und beschrieben.

Aber selbst in dieser Hauptfunktion kennt Sprache verschiedene Ausprägungen. Da es weder eine alles umgreifende Menschheitssprache gibt noch eine Ursprache, aus der sich alle einzelnen Sprachen ableiten ließen, bekannt ist, sind zunächst die einzelnen Nationalsprachen zu unterscheiden. Innerhalb der Nationalsprachen ist mit einer großen Zahl von Varianten zu rechnen. In der diachronischen Dimension unterscheidet man verschiedene Entwicklungsstufen, etwa Althochdeutsch, Mittelhochdeutsch, Frühneuhochdeutsch, Neuhochdeutsch; weitere Untergliederungen sind üblich. In der diatopischen Dimension unterscheidet man regional abgrenzbare Formen, etwa Schwäbisch, Niedersächsisch, Südrheinfränkisch usw. Man spricht meist von Dialekten oder Mundarten; seit einigen Jahrzehnten ist die Forschung aber auch auf großräumigere „Umgangssprachen" aufmerksam geworden, die in absehbarer Zeit an die Stelle der Mundarten treten werden. In der diastratischen Dimension schließlich unterscheidet man Sprachen, die an bestimmte soziale Schichten (was immer das sei) gebunden sind. Man hat schon um 1900 im Schwäbischen Bauernmundart und „Honoratiorenschwäbisch" gekannt; die Gliederung ist mittlerweile erheblich verfeinert worden. Die Unterscheidung hängt zweifellos nicht nur an Berufsgruppen oder am Bildungsstand; die Wahl einer bestimmten Sprechart richtet sich auch nach den jeweiligen Partnern, nach dem Gesprächsgegenstand, nach der Gefühlslage. Man weiß, daß „Gebildete" im Durchschnitt über mehr „Register" verfügen als Arbeiter und Bauern. Aber gerade hier steht die Forschung noch in den Anfängen.

Ungeachtet aller dieser Varianten kann aber im Rahmen einer Nationalsprache von der Existenz einer einheitlichen, von allen verstandenen (wenn auch nicht von allen beherrschten, das heißt verwendeten) Standardsprache ausgegangen werden. Diese Standardsprache ist kein bloßes theoretisches Konstrukt, sondern im Deutschen die Gebrauchssprache eines großen Teils der Sprachgemeinschaft. Von dieser überregionalen, sozioneutralen deutschen Gegenwartssprache handelt das vorliegende Buch.

Eine vierte, besondere wichtige Unterscheidung richtet sich danach, welche Rolle der Sprache im Erzeugungsprozeß zugewiesen wird. Man kann Sprache im Endprodukt dieses Erzeugungsprozesses verwirklicht sehen: in Texten, mögen sie geschrieben oder gesprochen sein. Man kann Sprache aber auch auffassen als den Mechanismus, der im Zusammenwirken von Kategorien und Regeln solche Texte erzeugen kann, als Generator, als Erzeugungssystem für Texte verschiedenster Art. Von der Sprache als Erzeugungssystem wird im folgenden hauptsächlich die Rede sein.

Die Unterscheidung zwischen Erzeugungsmechanismus und Produkt ist nicht identisch mit der Unterscheidung von Kompetenz und Performanz, wie sie Chomsky definiert hat: Kompetenz ist das Vermögen des Sprechers, Texte schlechthin zu erzeugen; Performanz ist, immer noch prozeßhaft gesehen, das angewandte Verfahren der Texterzeugung. Was im vorliegenden Buch als Sprache bezeichnet wird, umfaßt sowohl Kompetenz wie Performanz; daß dabei die Kompetenz einen breiteren Raum einnimmt als die Performanz, ist ebenfalls eine unmittelbare Folge des Forschungsstandes.

Eher entspricht die Unterscheidung von Erzeugungsmechanismus und Text der Saussure'schen Unterscheidung von langue und parole, obwohl auch die parole wohl weniger statisch gesehen werden muß, als heute viele Forscher postulieren.

Ein Wort ist hier noch zu sagen zur Rolle der Pragmatik in der Linguistik. In den Bereich der Pragmatik gehören die wesentlichen „äußeren“ Bedingungen, die für den konkreten Sprechakt gelten, also beteiligte Personen und ihr Verhältnis zum Sprecher, äußere Umstände und vieles andere, sowie die darauf beruhenden Regeln für die Erzeugung eines konkreten Textes. Häufig wird die „Pragmalinguistik“ der „Systemlinguistik“ gegenübergestellt. Akzeptiert man diese etwas fragwürdige Einteilung, so lehrt zum Beispiel die Systemlinguistik, daß der Satz

Es zieht.

ein korrekter Satz der deutschen Sprache ist, der aus zwei Satzgliedern besteht usw. Die Pragmalinguistik erklärt, daß er durchaus keine einfache

Aussage zu sein braucht, daß er etwa als Erklärung für einen Hustenanfall oder als Vorwurf (*Wer hat denn da schon wieder die Tür offengelassen!?*) oder auch als indirekte Aufforderung, die Tür zuzumachen, verstanden werden soll; und die Pragmalinguistik stellt auch Regeln zur Verfügung, nach denen eine Aufforderung an einen ebenfalls im Raum Anwesenden, die Tür zuzumachen, in die Form *Es zieht.* gekleidet werden kann. Es liegt auf der Hand, daß dieser Bereich des Pragmatischen in jeder Grammatik eine wichtige Rolle spielen müßte, und die Konstituierung einer eigenen Disziplin „Pragmalinguistik" erweist sich als nicht nur überflüssig, sondern geradezu irreführend. Wenn Pragmatistisches im folgenden dennoch nur am Rande zur Sprache kommt, so liegt das wiederum am Forschungsstand: es ist einfach noch nicht gelungen, die pragmatischen Bedingungen und Regeln für die Erzeugung konkreter Texte in einiger Vollständigkeit zu erfassen und zu beschreiben. Dies ist auf der anderen Seite auch nicht von so großem Nachteil, wie manche neueren Forscher behaupten, denen in der gesamten Linguistik nur noch der pragmatische Teil der Erörterung wert ist. Denn jeder konkrete Sprechakt kann nur auf der Grundlage der „Systemlinguistik" zustande kommen, die im Erzeugungsprozeß dem Pragmatischen vorgeordnet ist. Es ist darum auch heute noch sinnvoll, diesem – immerhin überschaubaren – Teil der Linguistik besondere Aufmerksamkeit zuzuwenden. Dies wird im folgenden geschehen.

Damit befinden wir uns bereits im Bereich der G r a m m a t i k, denn es geht hier nicht nur um verschiedene Bereiche der Sprache, sondern ebenso um verschiedene Arten und Reichweiten der Grammatik. Das mag nicht für jedermann selbstverständlich sein. Deshalb ist einmal zu klären, was unter Grammatik verstanden werden soll.

Gar zu viele Versionen sind auch hierüber im Umlauf, und weil jeder, der einmal etwas über die vier Kasus und die consecutio temporum und den Konjunktiv gelernt hat, zu wissen glaubt, was Grammatik ist, die zahllosen Schullehrer aber durchaus verschiedene Grammatikbegriffe hatten, ist nachgerade eine babylonische Terminologieverwirrung eingetreten, die Verständigung fast unmöglich macht, vor allem wenn einer einfach drauflosschreibt.

Grammatik – wie im Grunde alle wissenschaftlichen Theorien – gibt es nicht „an sich"; Grammatik wird von Grammatikern gemacht. Damit ist auch gesagt, daß es nicht die eine Grammatik schlechthin gibt, um deren Erkenntnis sich die Sprachwissenschaftler mit unterschiedlichem Erfolg bemühen. Vielmehr werden verschiedene Grammatiken entworfen nach bestimmten Gesichtspunkten, wobei Widerspruchsfreiheit, Vollständigkeit, Wirtschaftlichkeit eine besonders wichtige Rolle spielen. Wo Grammatiker im Streit miteinander liegen, geht es selten um Richtigkeit, fast immer jedoch um die bessere Grammatik. Grammatiken sind Menschenwerk, Linguistenwerk. Quot linguistici, tot grammaticae: ein Alptraum? Eher ein Wunschtraum. Aus der Auseinandersetzung wird, hoffentlich, eine bessere Grammatik kommen. Auch das vorliegende Buch ist nichts mehr als eine Stimme auf dem Markt, ein Angebot an potentielle Käufer. Es ist nicht jedermanns, wohl aber jeden Schreibers Risiko, daß er auf seinen Pflaumen sitzenbleibt.

Eines freilich ist allen Grammatikbüchern gemeinsam: sie beschreiben Sprache, im ganzen oder in Teilen; meistens übrigens in Teilen. Viele nennen „Grammatik" alles, was sich nicht auf die einzelnen Wörter, sondern auf Kombinationen, auf Sätze, auf Wortstellung bezieht; dies alles wird im vorliegenden Buch unter „Syntax" verstanden. Andere nennen „grammatisch" nur, was sich mit der Veränderlichkeit der Verben, Nomina, Pronomina, Adjektive befaßt; dies wird im vorliegenden Buch – wie fast allgemein – als Flexion, auch als Flexematik, bezeichnet. Wieder andere nennen „grammatisch" nur das, was sich oberflächlich erkennen und unterscheiden läßt – die vier Kasus, Aktiv und Passiv, Präteritum und Perfekt usw. –, aber ohne Rekurs auf die Bedeutung dieser Formen; dies wird im vorliegenden Buch als der Teil der Grammatik angesehen, der sich mit der Ausdrucksseite der Sprache befaßt. Grammatik schlechthin aber wird hier verstanden als umfassende Beschreibung einer natürlichen, das heißt menschlichen Sprache unter Einbeziehung aller Teilaspekte, die von anderen Autoren ausgeschlossen werden mögen. Grammatik umfaßt somit den Ausdruck, das an der Oberfläche (auditiv, visuell) Wahrnehmbare ebenso wie die Inhalte, die Funktion, die Bedeutung. Zwischen den Sätzen

Müller bringt das Land auf Linkskurs.

und

Das Land wird von Müller auf Linkskurs gebracht.

besteht nicht nur ein (leicht festzustellender) Unterschied im Ausdruck, sondern auch ein (erheblich schwieriger festzustellender) Unterschied in der Bedeutung; beiderlei Unterschiede sind Gegenstand der Grammatik.

Grammatik ist Theorie der Sprache.

1.2. Produktion und Identifikation

Wer sich um die Klassifikation von Grammatiken bemüht, bedient sich im allgemeinen zuerst des Unterschieds zwischen deskriptiver und normativer Grammatik. Der Unterschied ist fundamental, auch wenn die neueren normativen Grammatiken, die richtigen (guten, eleganten usw.) Sprachgebrauch lehren wollen, weitgehend auf Ergebnissen der deskriptiven Forschung beruhen, auch wenn im Grunde jede deskriptive Grammatik in dem Maße, in dem sie zur Kenntnis genommen und an Laien vermittelt wird, eine gewisse normierende Funktion gar nicht vermeiden kann.

Das vorliegende Buch ist eine deskriptive Grammatik; eine Grammatik also, die nicht Vorschriften, Richtlinien, Empfehlungen zur Sprache geben will, sondern die zu beschreiben versucht, wie diese Sprache beschaffen ist, wie sie funktioniert.

Eine solche Beschreibung kann grundsätzlich wiederum auf zweierlei Weise gegeben werden. Sprache ist nämlich kein relativ unveränderlicher G e g e n s t a n d, den man beschreiben könnte wie ein Haus, ein Industrieprodukt, eine Landschaft; sie ist vielmehr eine wesentliche B e d i n g u n g d e s S p r e c h e n s, ein Instrumentarium, ein Regelmechanismus, wenn man will: ein Programm, mit Hilfe dessen etwas von Menschen Gemeintes anderen Menschen übermittelt werden kann. Dieses Instrumentarium Sprache kann nun vom Ausgangs- wie vom Endpunkt kommunikativer Akte her beschrieben werden. Auf der einen Seite gibt es also Grammatiken, die beschreiben, wie Wörter kombiniert, wie Sätze gebildet, wie Texte erzeugt w e r d e n; ein solches Instrumentarium kann auch als Leitfaden zum richtigen Sprechen angesehen und verwendet werden. Grammatiken dieser Art pflegen bei den kleinsten Einheiten zu beginnen und sukzessive größere einzubeziehen. Dies kann auf sehr verschiedene Arten geschehen. Auf der anderen Seite gibt es Grammatiken, die beschreiben, wie Wörter kombiniert, Sätze gebildet, Texte erzeugt w o r d e n s i n d; ein solches Instrumentarium kann auch als Leitfaden zur richtigen Erklärung geschriebener oder gesprochener Texte angesehen und verwendet werden. Grammatiken dieser Art pflegen bei den größten Einheiten zu beginnen und sukzessive kleinere einzubeziehen (was ebenfalls auf verschiedene Arten geschehen kann).

Die erste Art der Grammatik nennt man Produktionsgrammatik, Erzeugungsgrammatik, auch generative Grammatik; freilich ist der letztere Terminus mehrdeutig, er sollte zweckmäßigerweise nur verwendet werden, wenn die von Chomsky begründete spezielle Richtung der Linguistik gemeint ist.

Die zweite Art der Grammatik nennt man Identifikationsgrammatik, Analysegrammatik, erklärende Grammatik.

Der Unterschied zwischen Produktionsgrammatik und Identifikationsgrammatik ist geringer, als vielfach angenommen wird. Vor allem handelt es sich um einen Unterschied der Darstellungsart, nicht des dargestellten Gegenstandes. Theoretisch muß jede Produktionsgrammatik in eine Identifikationsgrammatik umsetzbar sein und umgekehrt. Praktisch stehen einer solchen Umsetzung lediglich Mängel in der Darstellung entgegen. Je genauer und vollständiger eine Grammatik Mittel und Kanäle des (erzeugenden oder identifizierenden) Prozesses aufzeigt, je expliziter sie ist, desto leichter (und fehlerfreier) kann sie in eine Grammatik mit umgekehrter Zielsetzung umgesetzt werden. „Computergrammatiken", vom Computer lesbare oder doch ihm zugängliche Grammatiken, sind – eben weil sie notwendig einen besonders hohen Explizitätsgrad aufweisen – im allgemeinen leichter umkehrbar als natürlichsprachliche Grammatiken wie zum Beispiel die vorliegende.

Die Entscheidung, die vorliegende Grammatik als Produktionsgrammatik anzulegen, fiel nicht aus theoretisch-linguistischen, sondern aus didaktischen Gründen: eine Produktionsgrammatik ist meines Erachtens für den Unterricht im Deutschen hilfreicher als eine Identifikationsgrammatik, weil im allgemeinen im Lernprozeß der Spracherzeugung, dem Sprechen, sachliche und gewöhnlich auch zeitliche Priorität vor der Sprachrezeption und dem Sprachverstehen zukommt; dabei ist ebenso an den muttersprachlichen wie an den fremdsprachlichen Unterricht gedacht, nicht allerdings an den Erwerb der Erstsprache, wo das Hören dem Sprechen vorhergeht.

1.3. Monemik und Syntax

Grammatik kann unter zahllosen Aspekten betrieben werden. Wenn es um die sprachlichen Möglichkeiten geht, die für zwischenmenschliche Kommunikation zur Verfügung stehen, sind zwei Aspekte besonders wichtig. Immer nämlich hat sich Grammatik einerseits mit Elementen zu beschäftigen, andererseits mit der Kombination dieser Elemente. Dieser Doppelaspekt gilt auf verschiedenen Ebenen, zum Beispiel schon auf der lautlichen (phonetisch-phonematischen): es genügt nicht zu wissen, welche Vokale und Konsonanten es im Deutschen gibt, es ist mindestens ebenso wichtig zu wissen, daß zwar ein Wort *flink* im Deutschen existiert und daß ein Wort **frink* im Deutschen möglich wäre, daß aber „Wörter" wir **fnilk* und **fnirk* im heutigen Deutsch nicht zulässig wären, weil die geltenden Regeln die Folge *fn* im Anlaut eines Wortes ausschließen. Auf höheren Ebenen gilt Entsprechendes: Wörter werden zu Wortgruppen, Satzglieder zu Sätzen, Äußerungen zu Texten verbunden. Einige der hier genannten Elemente sind aus anderen ableitbar, zum Beispiel Satzglieder aus kleineren Elementen. Am Ende gelangt man immer wieder zu „Wörtern", genauer: zu Wortstämmen und anderen Einheiten, von denen ein erheblicher Teil in der Umgangssprache wie in der wissenschaftlichen Literatur als „Wort" bezeichnet wird, sowie zu Flexionselementen. Diese Grundelemente im supraphonematischen (dem phonematischen übergeordneten) Bereich werden hier als M o n e m e bezeichnet. Moneme sind also keineswegs nur „Wörter" wie *Bild* und Wortstämme wie *wohn-*, sondern auch weitere unselbständige Elemente wie die Verbalpräfixe *be-*, *er-*, *mit-*, *zu-*, die Nominalsuffixe *-heit, -schaft, -lung*, die Endungen für Plural, die Anzeiger für Präteritum (Endung *-te* oder Ablaut) und andere. Dabei soll jedoch keine Rolle spielen, ob die Moneme kleinste Bedeutungseinheiten sind, ja ob sie überhaupt bedeutungstragend sind. Der hier verwendete Monembegriff weicht damit von dem Martinets ab, der das Monem, ähnlich wie später Heger, als kleinste Bedeutungseinheit auffaßt.

Die Kombinatorik dieser Elemente des supraphonematischen Bereichs sei als S y n t a x bezeichnet. Syntax ist damit nicht Kombinatorik schlechthin; die Elemente des phonischen Bereichs – die Laute, Phone, Phoneme usw. – haben ihre eigene Kombinatorik, die jedoch hier nicht Syntax genannt wird. Insofern erfährt der Gegenstand des vorliegenden Buches eine entscheidende Einschränkung. Auf der anderen Seite muß er jedoch gegenüber herrschenden Verfahren erheblich ausgeweitet werden. Vielfach nämlich werden in der neueren und neuesten Linguistik Syntax und Semantik einander als sich ausschließend gegenübergesetzt. Eine solche Trennung scheint mir unnötig und wichtigen Einsichten eher hinderlich. Ich kann keinen Sinn darin sehen, über den Ausdrucksunterschied zwischen Konjunktiv und Indikativ in Sätzen wie

Er berichtete, daß Karl mitkomme.
Er berichtete, daß Karl mitkommt.
Er berichtete, Karl komme mit.
Er berichtete, Karl kommt mit.

nachzudenken und den entsprechenden inhaltlichen Unterschieden aus dem Wege zu gehen, bloß weil sie nicht zur Syntax gehören sollen, sondern zur Semantik, also einem völlig andersartigen und für Syntaktiker offenbar ganz unzugänglichen Bereich der Grammatik. In diesem Buch wird Syntax verstanden als Kombinatorik des supraphonematischen Bereichs im Ausdrucks- wie im Inhaltsbereich. Moneme haben – meist – Bedeutungen, die sich kombinieren lassen; Bedeutungskombinationen werden von der Inhaltssyntax geregelt. Dabei bildet Inhaltssyntax nicht einen von der Ausdruckssyntax völlig losgelösten Teil. Syntaktische Regeln sollen nach Möglichkeit auch Bedeutungskombinationen erklären. Syntax betrifft also Ausdrucksformen wie Inhaltsformen.

1.4. Konnexion und Position

Von je zwei sprachlichen Elementen kann angegeben werden, ob sie zusammen vorkommen können, zusammen vorkommen müssen oder nicht zusammen vorkommen können. So kann das Adjektiv *blond* bei dem Nomen *Haar* vorkommen, wenn menschliches Haar gemeint ist, sowie bei Menschen als Trägern solchen Haars; man spricht dann von einem *blonden Jungen*, einer *blonden Bestie* usw. Im metaphorischen Gebrauch kann *blond* zum Beispiel auch bei dem Nomen *Bier* vorkommen. In der unmittelbaren Umgebung des Verbs *bellen* muß das Nomen *Hund* oder doch eine Bezeichnung für ‚Hund' vorkommen; bei metaphorischem Gebrauch kann stattdessen auch eine Bezeichnung für einen Menschen, ein Maschinengewehr u. a. stehen. Andererseits kann in der unmittelbaren Umgebung von *Hemd* nicht ohne weiteres das Adjektiv *jung* vorkommen. So erlegt jedes Wort seiner Umgebung Restriktionen auf, es ist nicht völlig frei kombinierbar, es verlangt bestimmte weitere Elemente, läßt andere wenigstens zu und schließt wieder andere aus. Wir fassen solche Vorkommensrestriktionen unter dem Begriff der Konnexion zusammen, den Tesnière, wenngleich im engeren Rahmen einer bestimmten Darstellungsweise, in die Linguistik eingeführt hat. Im Grunde meint Tesnière genau dies, wenn er sagt, daß der Satz

Alfred chante.

nicht aus zwei, sondern aus drei Teilen bestehe, nämlich dem Element *Alfred*, dem Element *chante* und der strukturellen Beziehung (und das ist hier nichts anderes als eine Vorkommensbeziehung) zwischen beiden. Auf diese Beziehungen ist die Forschung schon früh aufmerksam geworden, wenn es auch lange gedauert hat, bis daraus die Konsequenzen gezogen wurden. Porzig sprach schon 1934 von „wesenhaften Bedeutungsbeziehungen", wobei er vorwiegend die Einzelwörter im Auge hatte. Da Grammatik weniger auf sprachliche Einzelelemente, vielmehr auf Klassen solcher Elemente abhebt, weil sich nur dann Aussagen genereller Art formulieren lassen, wurde solchen Klassen in der Folgezeit verstärkt Aufmerksamkeit zugewendet. In diese Richtung zielen Grebes „Worthöfe" und Coserius „lexikalische Solidaritäten". In den Bereich der Konnexion ist aber auch so ziemlich alles zu rechnen, was die neuere Valenztheorie erarbeitet hat. Denn Valenz konstituiert, wie noch zu zeigen sein wird, nichts als eine bestimmte Art von Konnexion.

Konnexion ist das geregelte Miteinandervorkommen von Klassen und damit auch von einzelnen Elementen. Konnexion umfaßt aber nicht die Anordnung der Elemente im Nacheinander des Sprechens oder im Hintereinander des Schreibens. Konnexion besteht zwischen *Hund* und *bellen* insofern, als beide unter bestimmten Bedingungen zusammen vorkommen. Ob aber eine geäußerte Wortfolge dann

Der Hund bellt.

oder

(Es) bellt der Hund.

oder

Bellt der Hund?

oder

Der Hund, der bellt.

oder noch anders lautet, ist auf der Ebene der Konnexion noch völlig offen. Es muß ein zusätzlicher Mechanismus – ein Regelsystem – hinzukommen, das die Anordnung der Elemente auf der sprachlichen Kette festlegt. Auch hierdurch werden Beziehungen zwischen Elementen konstituiert. Sie seien hier, im Gegensatz zu den „nichtlinearen" konnexionellen Beziehungen, unter dem Begriff der Position zusammengefaßt.

Es wird noch zu zeigen sein, daß zwischen Konnexion und Position Abhängigkeiten bestehen derart, daß oft eine bestimmte Konnexion eine bestimmte Position zur Folge hat. Ebensogut könnte man freilich die Beschreibung umkehren und bestimmte Konnexionen von bestimmten Positionen herleiten. Es scheint mir praktischer zu sein, durch die Grammatik zuerst positionsneutrale Vorkommensstruktionen erzeugen zu lassen, die dann später „linearisiert" werden. Unter dieser Voraussetzung und wenn man das beliebte Bild akzeptiert, daß der Spracherzeugungsprozeß von unten nach oben verlaufe, aus der Tiefe des Gemeinten zur Oberfläche der physikalisch wahrnehmbaren Rede, ist es gerechtfertigt, der Konnexion eine tiefere Ebene zuzuordnen als der Position.

Trotz aller bestehenden Abhängigkeiten ist es aber angebracht, Konnexion und Position scharf zu trennen, und zwar nicht nur begrifflich, sondern auch in der Darstellung des Spracherzeugungsprozesses. Andersartige Verfahren, die schon im Stadium der voreinzelsprachlichen Bedeutungen die Position einzelner Elemente festlegen wollen, begeben sich der Möglichkeit, die Abhängigkeit von Konnexion und Position – die ungeachtet ihrer Ausrichtung in jedem Falle besteht – systematisch einzubeziehen. Und wenn gar eine linguistische Schule – die Konstituentenstrukturgrammatik – für sich mit dem Argument wirbt, daß sie, indem sie Konnexion und Position im Zeichen der Konstituenz verbinde, mehr leiste als beispielsweise die auf Konnexion beschränkte Dependenzgrammatik, so zeugt dies von bedrückender Kurzsichtigkeit: denn erstens benötigt die Dependenzgrammatik zur Darstellung bloßer Konnexion entsprechend geringeren Aufwand, und zweitens liegen in der Konnexion die Bedingungen für zahlreiche Positionsmerkmale; drittens schließlich gibt es seit langem Dependenzgrammatiken, die Ketten erzeugen, vor allem die von Hays und Gaifman entwickelten. Warum diese letztere Version der Dependenzgrammatik in der vorliegenden Darstellung nicht gewählt wurde, kann vorläufig unerörtert bleiben; Argumente findet man unten. Festzuhalten ist hier lediglich, daß Forschungskritik von dem Augenblick an fragwürdig wird, in dem sie wissenschaftliche Prinzipien von wissenschaftlichen Schulen nicht mehr zu unterscheiden vermag.

1.5. Transformationen

Es ist eine dreiteilige Grammatik denkbar, die – in der angenommenen Reihenfolge des Spracherzeugungsprozesses – aus Konnexionsteil, Positionsteil und phonematischem Teil besteht. Aus der grundsätzlich vorsprachlichen, jedenfalls voreinzelsprachlichen (aber nicht notwendig universellen) nur-semantischen Basis, dem Gemeinten, werden im Konnexionsteil einzelsprachliche Konstrukte wie Wortgruppenmuster, Satzbaupläne, Textstrukturen abgeleitet, die im Positionsteil in lineare Abfolge gebracht und im phonematischen Teil entsprechenden Lautgestalten zugeordnet werden. Eine solche Grammatik mag widerspruchsfrei und sogar vollständig sein: sie ist keinesfalls ökonomisch. Ihre unidirektionale Organisation erlaubt nämlich keine „Querverweise", keine Bezugnahme auf Gemeinsamkeiten, die häufig unter dem (freilich ungenauen) Terminus „strukturelle Verwandtschaft" zusammengefaßt werden. Jedes mögliche Endkonstrukt müßte eigens vollständig abgeleitet werden, monotone Gleichläufe in zahllosen Erzeugungsprozessen wären die Folge. Wie notwendig – und wie selbstverständlich – uns die Einbeziehung struktureller Verwandtschaft in die Grammatik ist, zeigt schon die einfache Überlegung, daß andernfalls die Sätze

Die Bundesbahn hat Busse eingesetzt.

und

Von der Bundesbahn sind Busse eingesetzt worden.

unabhängig voneinander erzeugt werden müßten, ohne Hinweis auf ihre weitgehende strukturelle Übereinstimmung. Gleiches gilt für

Die Bundesbahn hat Busse eingesetzt.

und

der Einsatz von Bussen durch die Bundesbahn

und vieles andere.

Strukturelle Gemeinsamkeiten können systematisch für die Grammatik fruchtbar gemacht werden, wenn man strukturell verwandte Konstrukte mit Hilfe von T r a n s f o r m a t i o n e n ineinander überführt. Dabei ist es grundsätzlich gleichgültig und damit der Willkür des Grammatikers überlassen, welches Konstrukt als Eingabe, welches als Ausgabe der Transformation angesetzt wird. Wenn formale Grammatiken in oft bemerkenswerter Naivität von Basiskonstrukten, „Kernsätzen" und ähnlichem sprechen, so muß festgehalten werden, daß hier keine naturgegebenen Charakteristiken vorliegen, sondern Festlegungen des Grammatikers (die freilich oft auf mehr oder weniger bewußter Übernahme schulgrammatischer Traditionen beruhen). Allerseits plausible Kriterien dafür, ob ein Konstrukt Transformand oder Transformat sein solle (wobei ein Transformat e i n e r Transformation durchaus als Transformand für eine weitere Transformation fungieren kann), gibt es nicht. Scheinbare Selbstverständlichkeiten sind mit besonderer Vorsicht zu betrachten. So meinen viele Sprachteilhaber und wohl auch der größte Teil der professionellen Linguisten, daß „natürlich" der Nebensatz (Transformat) aus dem Hauptsatz (Transformand) abzuleiten sei; Begründungen hierfür werden weder gegeben noch verlangt. Neuere Linguisten haben aber ernstzunehmende Argumente für die umgekehrte Anordnung vorgebracht, so etwa Bierwisch und Zemb.

Die Frage nach der Priorität im Transformationsprozeß wird in ihrer Bedeutung erheblich eingeschränkt, wenn man im Konnexionsteil abstraktere Konstrukte ansetzt, die noch gar nicht nach Kategorien wie Aktiv : Passiv, Hauptsatz : Nebensatz, nach konkretem Tempus usw. spezifiziert sind. Solche abstrakteren Konstrukte enthalten dann nur ein Element „Verbalgenus", „Satzrang", „Tempus" usw. Die Spezifikation erfolgt durch eine Subkategorisierungs-Transformation, die etwa „Verbalgenus" durch „Aktiv", „Tempus" durch „Präsens", „Satzrang" durch „Obersatz" ersetzt. Die letztere Subkategorisierung wird übrigens in diese Grammatik nicht eingeführt, weil die Erzeugung komplexer Sätze (Satzgefüge) hier auf andere Weise geregelt ist (vgl. dazu 5.9.). Es versteht sich, daß auch semantische Subkategorisierungen, wie sie in der zweiten Phase der generativen Grammatik als Selektionsregeln eine wichtige Rolle spielen, in diesen Bereich fallen. Eine semantische Subkategorisierung ersetzt zum Beispiel das Symbol E_1 (für „Akkusativergänzung"), das allen „Akkusativverben" zuzuordnen ist, durch das Symbol E_1 ⟨hum⟩, wenn ein Verb wie *beauftragen* vorliegt, bei dem die Stelle der Akkusativergänzung nur mit einer Bezeichnung für Menschen besetzt werden kann.

Neben den Subkategorisierungen hat man es in einer Grammatik, die Transformationen verwendet, hauptsächlich mit interphrastischen Transformationen zu tun. Darunter sind Operationen zu verstehen, die Phrasen einer Klasse in Phrasen einer anderen Klasse überführen. Der oben genannte Satz *Die Bundesbahn hat Busse eingesetzt.* ist interphrastisch mit dem Ausdruck *der Einsatz von Bussen durch die Bundesbahn* verbunden, weil hier eine Verbalphrase (ein Verbalsatz) in eine Nominalphrase überführt wurde. Neben solchen Nominalisierungen gibt es Transformationen in andere Wortgruppenklassen: Adjektivierungen (*Württemberg : württembergisch*), Verbalisierungen (*rot : röten, erröten*), Pronominalisierungen u. a.

Ferner kommen Anaphorisierungstransformationen vor. Sie ersetzen Wortgruppen, die „volle" Wörter enthalten, durch Wörter (oder Wortgruppen) mit Verweisfunktionen, zum Beispiel *auf den Bahnhof* durch *hin*; *der verpaßten Rheinfahrt* durch *ihr*. Näheres zu Anaphorisierungsoperationen enthält besonders Teil 7.

Subkategorisierungen, interphrastische Transformationen und Anaphorisierungen lassen sich unter dem Begriff der Substitution zusammenfassen. Daneben ist vor allem mit Permutationen, das heißt Veränderungen der Position von Elementen, zu rechnen; eine Permutation liegt zum Beispiel vor, wenn die Wortfolge *jetzt schnell ins Bett* in die Folge *schnell ins Bett jetzt* umgesetzt wird. Näheres zu den Permutationen siehe besonders in Kapitel 5.8.

Die erläuterten oder nur erwähnten Transformationen sind so gängige Prozeduren in grammatischen Überlegungen, daß die Vorstellung, eine Grammatik könne auf sie verzichten, höchst ungewöhnlich wäre. In der Tat gibt es kaum eine Grammatik, die ohne Transformationen auskäme. Aus diesem Grunde kann die Tatsache, daß eine bestimmte Richtung in der modernen Linguistik sich „transformationelle Grammatik" oder „(generative) Transformationsgrammatik" nennt, keineswegs auf Grund der Verwendung von Transformationen überhaupt, sondern nur wegen der besonders expliziten Formulierung von Transformationen (und dem Gewicht, das sie den Transformationen zuweist) gerechtfertigt werden. Jede brauchbare Grammatik unter den heute verbreiteten ist eine Transformationsgrammatik.

Über den Charakter der Transformate besteht keine einheitliche Meinung. Für manche Grammatiker scheint sich die Struktur eines Transformats lediglich aus der vollständigen – transformationellen und konnexionellen – Ableitungsgeschichte zu ergeben. Also: eine Nominalphrase wie *der Einsatz von Bussen durch die Bundesbahn* ist auf einen entsprechenden Verbalsatz mit gegebener Konnexionsstruktur zurückzuführen. Andere Grammatiker lassen partielle Änderungen der Struktur durch Transformationen zu, die aber die Struktur des Transformats undurchschaubar machen. Dies gilt etwa für gewisse in der „Kasusgrammatik" der Fillmore-Schule übliche Transformationen, die für mich nicht mehr durchsichtig sind, möglicherweise auch für manche transformationellen Operationen in der generativen Semantik.

Hier wird die Auffassung vertreten, daß Transformate, sofern sie nicht auf topologischen Transformationen (Permutationen, s. z. B. Kapitel 5.8) beruhen, immer eine eigene Konnexionsstruktur aufweisen. Wie sich die Struktur des Satzes

Die Bundesbahn hat Busse eingesetzt.

größtenteils aus der Valenz des regierenden Verbs *einsetzen* erklären läßt, so kann man die Struktur des Ausdrucks

der Einsatz von Bussen durch die Bundesbahn

größtenteils aus der Valenz des Nomens *Einsatz* erklären, die für das „Einzusetzende" ein genitivisches Konstrukt (z. B. *des Busses)* oder ersatzweise eine Präpositionalphrase mit *von* fordert, für das „Agens", das die

Handlung veranlaßt oder ausführt, eine Präpositionalphrase mit *durch* (vgl. zur Valenz von Nomen und Verb die Kapitel 3.3., 4.5. und 5.3. bis 5.6.).

Der Teil der Grammatik, der lediglich prätransformationelle Konnexionen behandelt, kann als relationale Komponente bezeichnet werden. Erzeugnisse der relationalen Komponente können nur durch Diagramme (oder Regelfolgen) mit relativ groben Kategorien wiedergegeben werden. Es handelt sich dabei um solche oberflächenfernen Konstrukte wie

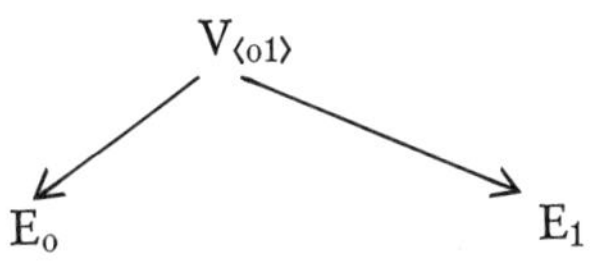

als einfachste Struktur eines Akkusativsatzes (Näheres hierzu s. z. B. Teil 5).

1.6. Konstituenz, Konkomitanz, Dependenz

Grammatiken lassen sich unter anderem danach klassifizieren, wie der Konnexionsteil organisiert ist. Die beiden wichtigsten konkurrierenden Prinzipien sind dabei Konstituenz und Konkomitanz, die im folgenden beschrieben werden. Das Prinzip der Konstituenz ist älter und wesentlich weiter verbreitet, das Prinzip der Konkomitanz wird vor allem von einigen neueren Grammatikern für die Sprachbeschreibung verwendet.

Konstituenz stellt Konnexionen mit Hilfe der Teil-Ganzes-Relation dar. Zwischen mindestens zwei, häufig aber mehr Termen existiert die Relation „besteht aus“. So besagt eine seit Aristoteles bis in die Konstituentenstrukturgrammatik unserer Tage tradierte Regel, daß der Satz aus Subjekt und Prädikat bestehe; dies meint auch die erste Regel der meisten „generativen Transformationsgrammatiken“ der Chomsky-Schule:

$$S \rightarrow NP + VP$$

Die Regel ist etwa folgendermaßen zu lesen: „Das Konstrukt S (= Satz) besteht aus einer Nominalphrase (NP = „Subjekt“) und einer Verbalphrase (VP = „Prädikat“)“; oder: „Ersetze die Kategorie S durch die Kategorien NP + VP“. Andere Regeln besagen, daß das Prädikat aus Verb und Objekten, die Nominalgruppe aus Artikel, Adjektiv und Nomen bestehe usw. Die Konnexion wird dabei jeweils im Hinterglied der Relation spezifiziert. Auf diese Art entstehen Regelfolgen oder, bei graphischer Darstellung, Baumdiagramme mit zahlreichen Symbolen, von denen viele dasselbe bezeichnen. So bezeichnet „S" genau dasselbe wie „NP + VP", nämlich den Verbalsatz. Das Prinzip der Konstituenz besteht also im fortgesetzten, sukzessive spezifizierten Wiederschreiben derselben Konstrukte:

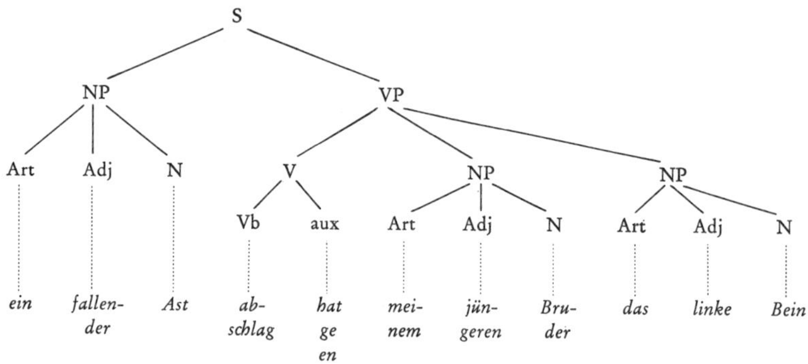

Kurze Erklärung der Symbole:

S = Satz
NP = Nominalphrase
VP = Verbalphrase
Art = Artikel
Adj = Adjektiv
N = Nomen
V = Verbalkomplex
Vb = Verb
aux = Auxiliarkomplex

Will man aus solchen Strukturbeschreibungen (phrase markers) eine unmittelbare Repräsentation des beschriebenen Satzes gewinnen, so addiert man einen Teil der Symbole. Die Wahl der zu addierenden Symbole ist geregelt, es können aber durchaus Symbole aus verschiedenen „Ebenen" der Beschreibung addiert werden. Dabei gilt die Restriktion, daß aus einem vertikal verlaufenden Konstituenzast nur ein einziges Element ausgewählt werden darf, und auch dieses nur einmal, selbst wenn es zugleich Element eines weiteren Asts ist (was bei Verzweigungen der Fall ist).

Der Satz *Ein fallender Ast hat meinem Bruder das linke Bein abgeschlagen.* kann so alternativ repräsentiert werden durch die Symbolsummen

S
oder NP + VP
oder Art + Adj + N + V + NP + NP
usw.

Falsch wäre die Formel

*NP + Art + Adj + N

für *das linke Bein,* weil hier vertikal verbundene Elemente simultan auftreten, was bedeuten würde, daß zwei Nominalphrasen vorliegen.

Der Begriff der Konstituenz darf nicht zu einseitig mit dem Begriff der Konstituente in Zusammenhang gebracht werden. Konstituenten als Teile von Konstrukten kommen sowohl in konstituenziell wie in konkomitanziell organisierten Grammatiken vor. Eine spezifischere Beziehung besteht allerdings deshalb, weil konstituenzielle Grammatiken vorrangig auf der Teil-Ganzes-Relation basieren.

Konkomitanz beschreibt Konnexionen auf ganz andere Weise. Auch hier können zwar die Symbole aus verschiedenen „Ebenen“ gewählt werden, so daß *das linke Bein* alternativ durch NP oder die Summe der Symbole Art, Adj, N repräsentiert werden kann; und in Diagrammen können Symbole verschiedener Ebenen gemischt auftreten. Wesentliche Besonderheit ist aber, daß im konkomitanziellen Diagramm (oder einer entsprechenden Regelfolge) jedes Element nur einmal repräsentiert ist; ein Konkomitanzdiagramm enthält also nur simultan auftretende Elemente. Der Satz *Ein fallender Ast hat meinem Bruder das linke Bein abgeschlagen.* ließe sich konkomitanziell folgendermaßen beschreiben:

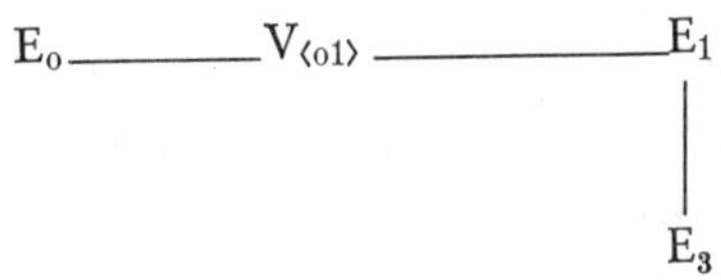

Dieses Diagramm könnte etwa folgendermaßen gelesen werden: *Ein fallender Ast* (E_0 = „Nominativergänzung“) ist vorkommensmäßig an ein Verb (V) wie *abschlagen* gebunden, das die Valenz ⟨o⟩ (nominativisches Element) aufweist. Das Verb *abschlagen* hat jedoch die zusätzliche Valenz ⟨1⟩, das heißt es verlangt eine E_1 (Akkusativergänzung), hier *das linke Bein.* Unter der Bedingung, daß die E_1 einen Körperteil oder ähnliches bezeichnet (diese Bedingung ist hier erfüllt), muß in der Regel das Lebewesen, dem dieser Körperteil gehört, in dativischer Form (E_3 = Dativergänzung) mitgenannt werden. Hätte der fallende Ast nämlich etwa die Kante eines Simses abgeschlagen, so könnte kein entsprechender Dativ hinzugesetzt werden. Näheres zum sogenannten „Pertinenzdativ“ findet man in Kapitel 5.4. Diese Erläuterung mag zeigen, wie die einzelnen Teile (Konstituenten) des Satzes in ihrem Vorkommen aufeinander angewiesen sind. Man kann eine solche Beschreibung auf mannigfache Art verfeinern, indem man statt dem groben Symbol E_0 dessen relational verbundene Teile angibt, etwa

Art——N——Adj

für *ein fallender Ast.* Auf diese Art gliedern sich komplexere Strukturen in Hauptzentrum und Nebenzentren:

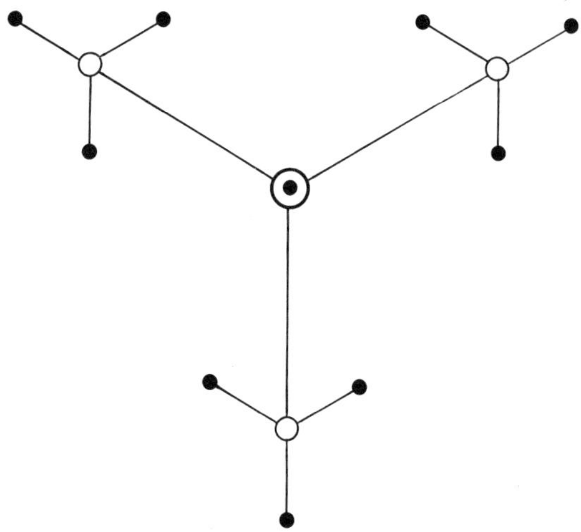

Dieses Diagramm könnte wiederum den Satz *Ein fallender Ast hat meinem Bruder das linke Bein abgeschlagen.* repräsentieren. Immer gilt hierbei, daß die Summe der im Diagramm enthaltenen Teile genau das zu beschreibende Konstrukt ergibt.

Konkomitanz hat gegenüber der Konstituenz den Vorteil der Knappheit und der besseren Übersichtlichkeit; dem gegenüber steht der Nachteil, daß „Zwischenkategorien“ nicht dargestellt werden. Solche Zwischenkategorien lassen sich leicht ermitteln, wenn man die einzelnen Äste eines konstituenziellen Diagramms entlang geht. So findet man in dem oben angegebenen konstituenziellen Diagramm nach dem Initialsymbol S die Zwischenkategorien NP (Nominalphrase) und Art (Artikel) und schließlich das Endelement *ein*. Ein konkomitanzielles Diagramm enthält immer nur „präterminale" Kategorien, das heißt für jedes Kategorialsymbol kann dann nur noch das Endelement (meist: das Wort) eingesetzt werden. Freilich sind Zwischenkategorien implizit auch in Konkomitanzdiagrammen enthalten und lassen sich eindeutig herauslesen; der Umstand, daß sie nicht explizit angegeben werden, verringert aber die „Benutzerfreundlichkeit" solcher Diagramme.

Jede konkomitanzielle Beschreibung wirft die Frage nach der Anordnung der Konstituenten (der Terme in Vorkommensrelationen) auf: womit beginnt man, womit hört man auf? was wird nach oben, was nach unten gesetzt? usw. In dem obenstehenden einfachen Konkomitanzdiagramm für den Satz *Ein fallender Ast hat meinem Bruder das linke Bein abgeschlagen.* wurde bereits eine Vorentscheidung getroffen, indem E_0 links, E_1 rechts vom Verb, E_3 etwas tiefer angebracht wurde – eine Vorentscheidung übrigens, die hier nicht weiter begründet zu werden braucht, weil die Anordnung ohne weiteres geändert werden könnte durch eine Drehung des Diagramms um 60 oder 90 oder 180 Grad usw.

Es wurde aber von verschiedenen Forschern ein Verfahren für konkomitanzielle Diagramme entwickelt, das die Anordnung in der Vertikalen verbindlich regelt. Bestimmten Symbolen wird danach der höchste (oder ein höherer) Platz zugewiesen, andere Symbole dürfen nur tiefer angesetzt werden. Es liegt nahe, die höheren Kategorien als „regierende", die tieferen als „regierte" oder „abhängige" zu bezeichnen. Diese vertikale Ordnung der Konkomitanzrelationen bringt das Prinzip der Dependenz ins Spiel, das, nach manchen schulpraktischen Vorläufern, vor allem von Lucien Tesnière in die moderne Grammatik eingeführt wurde. Das dependenzielle Verfahren läßt sich veranschaulichen durch eine Umwandlung des oben stehenden Konkomitanzdiagramms in ein Dependenzdiagramm:

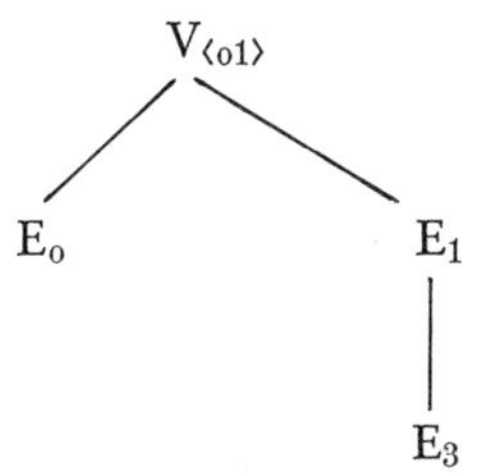

Hier ist das Verb (*abschlagen*) höchstes Element oder Regens, seine unmittelbaren Dependentien (Singular: Dependens) sind die Ergänzungen E_0 (Nominativergänzung, herkömmlich Subjekt: *ein fallender Ast*) und E_1 (Akkusativergänzung, Akkusativobjekt: *das linke Bein*). E_1 wird nun seinerseits zum Regens, da es einen menschlichen Körperteil bezeichnet: von ihm hängt E_3 (*meinem Bruder*) ab.

Dieses Diagramm droht weitverbreitete, jedoch unbegründete Anschauungen zu verfestigen: Dependenzgrammatik wird, da sie meist an Sätzen demonstriert wird, häufig als „Satzgrammatik" oder „Verbgrammatik" mißverstanden. Hier liegt ein zweifacher Irrtum vor. Erstens lassen sich Dependenzgrammatiken denken und konstruieren, die im Rahmen des Satzes nicht dem Verb, sondern einem anderen Element den Rang des obersten Regens zuweisen. Zweitens erstreckt sich das dependenzielle Prinzip keineswegs nur auf den (deutschen) Verbalsatz; es kann ebensogut für Wortgruppen verschiedener Art wie andererseits für Texte angewandt werden. Dies wird noch ausführlich dargelegt werden.

Festgehalten werden muß folgendes: Dependenz liegt vor, wenn Konkomitanz in eine bestimmte (im Diagramm: vertikale) Richtung gebracht worden ist. Aber: diese Ausrichtung ist keineswegs naturgewachsen oder irgendwie durch „die Sprache" vorgegeben, sie ist ein Artefakt, hervorgegangen aus einer willkürlichen Entscheidung des Grammatikers. Dies muß immer wieder betont werden angesichts weitverbreiteter Meinungen, daß „Abhängigkeit", die hier synonym mit „Dependenz" verwendet wird, etwas Naturgegebenes sei, das man nicht anzweifeln, sondern allenfalls erläutern könne. Meinungen dieser Art finden sich nicht nur in Schulgrammatiken. Daß sich im übrigen der Grammatiker zu überlegen hat, wie er die Richtung der Dependenz festlegt, daß er Argumente vorzubringen hat, versteht sich. Wer aber weiterhin an der Willkürlichkeit der dependenziellen Ausrichtung zweifeln will, der möge einmal überlegen, ob in Nominalgruppen wie *ein Ast* das Nomen den Artikel oder der Artikel das Nomen regieren soll; er möge – vor allem – für seine Ansicht Argumente beibringen; er wird vermutlich erkennen, daß sich für beide Ansichten gleich gute Argumente finden lassen.

1.7. Paradigma und Syntagma

Grammatik kann verstanden werden als Beschreibung der Möglichkeit, sprachliche Elemente verschiedener Art und Größe zu Konstrukten verschiedener Art und Größe zu kombinieren, also Texte zu erzeugen, Texte einer einzelnen Sprache. Da Texte in einen zeitlichen Rahmen eingebettet sind – der Zeitlinie entspricht in der geschriebenen Sprache die Zeile –, geht es vordergründig nur darum, solche zeitlich geordneten Konstrukte zu beschreiben: aus den Elementen *dieser, eitle, Geck* wird das Konstrukt

dieser eitle Geck.

Derartige in der Zeit (bzw. von links nach rechts) geordnete Kombinationen nennt man Syntagma. Es gibt Syntagmen auf verschiedenen Ebenen, zum Beispiel

Wortgruppen: *auf einem Bein*
alle großen Männer
du Dummerchen

einfache Verbalsätze:
Hans kommt morgen.
Der Hang gibt nach.
Ein mit der modernen Forschung nur oberflächlich vertrauter, jedoch von Eitelkeit triefender Jüngling hielt das vorletzte Referat.

komplexe Sätze:
Kunisch, der kein Neuling war, wußte, was er davon zu halten hatte.

usw.

Es wäre aber ein Irrtum zu glauben, daß man Syntagmen als bloße Aneinanderreihungen zureichend beschreiben könne. Neben der syntagmatischen Dimension ist nämlich noch eine grundlegend andere in Rechnung zu stellen. Daß ein Element a mit einem Element b kombiniert wird (oder kombinierbar ist), das läßt sich erst dann richtig interpretieren, wenn man weiß, welche anderen Elemente, welche Elemente überhaupt mit b kombinierbar sind. Man kann, um dies festzustellen, Listen bilden, etwa:

Hans *kommt morgen.*
Peter
Tante Ida
der Chef
der Mann, der Birnen verkauft,
usw.

Solche Listen gibt es prinzipiell für alle Elemente eines Syntagmas. Es gilt also auch

Hans kommt morgen.
am ersten Mai
um drei Uhr
nachher
bald
usw.

und

Hans kommt morgen.
geht
wartet
schreibt
rührt sich
usw.

Solche Listen austauschbarer Elemente, immer in derselben Umgebung, nennt man Paradigma. Dieser Begriff des Paradigmas ist weiter als der in der früheren Schulgrammatik übliche, der sich in der Regel nur auf Listen von Flexionselementen bezog:

Haus–
es
(e)
–

oder *lach-e*
-st
-t
-en
-t
-en

Genau besehen ist auch das schulgrammatische Paradigma aber durchaus ein Paradigma im Sinne der neueren Linguistik, denn es besteht aus einer Liste austauschbarer Elemente (der Flexionsendungen) in gleichbleibender Umgebung (Wortstamm).

Es ist unabdingbar, bei Sprachbeschreibungen immer beide Dimensionen zu beachten, die syntagmatische und die paradigmatische. Jedes sprachliche Element, das in Texte eingeht, steht in doppelten Bezügen: im syntagmatischen wird kombiniert, im paradigmatischen wird exkludiert; im syntagmatischen gilt „sowohl – als auch", im paradigmatischen gilt „entweder – oder". Ein Element – etwa ein Wort – kann überhaupt nur beschrieben werden, indem seine Syntagmatik wie seine Paradigmatik dargelegt wird.

Über Syntagmen wird in den folgenden Teilen das Wichtigste gesagt werden. Zum Paradigma ist schon hier Grundsätzliches zu sagen.

Erstens: Form, Inhalt, Umfang eines Paradigmas sind nicht starr, sie hängen vielmehr vom Grad der Konkretisierung des gewählten Kontexts ab. Wähle ich den Kontext *Hans kommt* – – –, so sind an der freigelassenen Stelle zahlreiche Zeitbestimmungen möglich (*bald, nächste Woche, am 13. April* usw.), nicht aber solche „modalen" Elemente wie *lange, sehr, ziemlich* usw. Ersetzt man das Wort *kommt* durch die Kategorie „intransitives Verb", gibt man also einen Kontext wie

Hans V_{intr} ———

vor, so umfaßt das Paradigma der einzusetzenden Elemente durchaus auch „Modaladverbien" wie die oben genannten, wenn auch nicht bei j e d e m Verb jedes beliebige „Modaladverb" vorkommen kann. Dies erlaubt Sätze wie *Hans schläft lange.* (nicht *Hans schläft ziemlich.*), *Hans hat sich sehr weh getan.* (aber kaum *Hans hat sich lange weh getan.*) u. a. Generalisiert man schließlich soweit, daß der Kontext

Hans V ———

lautet (wobei V für beliebige Verben steht), so umfaßt das Paradigma auch Akkusativobjekte (wie *seinen kleinen Bruder* in *Hans füttert seinen kleinen Bruder.*), Präpositionalobjekte (wie *auf seinen kleinen Bruder* in *Hans paßt auf seinen kleinen Bruder auf.*), Direktivobjekte (wie *nach Bonn* in *Hans geht nach Bonn.*) und vieles andere.

Zweitens: Paradigmen sind Klassen. Sie können, wie jede Klasse, extensional (durch Aufzählung, in Listenform) oder intensional (auf Grund gemeinsamer Merkmale) definiert werden. Die erste Art der Definition, die in den bisher gebrachten Beispielen gewählt wurde, ist die bequemere, aber nur bedingt brauchbare, weil Vollständigkeit solcher Listen kaum je zu erreichen ist; die zweite Art sollte in grammatischen Beschreibungen rigoros gefordert werden, auch wenn sie in vielen Fällen heute noch nicht geleistet werden kann. Gerade „offene Listen" enthalten einen schwerwiegenden Unsicherheitsfaktor, der nur ausgeschaltet werden kann, wenn exakt angegeben wird, welche Merkmale Elemente aufweisen müssen, die zum Paradigma gehören. Vor welche Probleme intensionale Definitionen den Grammatiker stellen, zeigt das Beispiel verhältnismäßig einfacher „Akkusativverben" wie *schälen.* Der Kontext

———*schält*———

scheint nahezulegen, daß im Vorbereich ein nominativisches Element (ein „Subjekt"), im Nachbereich ein akkusativisches Element stehen kann. Dabei wird hier der Einfachheit halber von der Grundfolge ausgegangen, wie sie in *Der Affe schält eine Banane.* vorliegt; permutierte Formen (s. dazu besonders Kapitel 5.8.) wie *Eine Banane schält der Affe.* sind also nicht berücksichtigt. Spezifikationen sind offenbar erforderlich. Für den Nachbereich ist das relativ einfach: es kommen nur schälbare Gegenstände in Frage, Gegenstände also, die eine Schale aufweisen, wie *Apfel, Banane, Wurst* usw. Was gilt aber für den Vorbereich? Wer kann schälen? Neben Menschen sicherlich auch Affen, so daß man versucht ist zu definieren: „was Hände hat". Man sagt aber auch von Messern, daß sie (gut oder schlecht) schälen, und schließlich gibt es eigens für diese Arbeit konstruierte Maschinen. Einziges gemeinsames Merkmal scheint jetzt nur noch zu sein, „was schälen kann" – womit, abgesehen von der Zufälligkeit und Vorläufigkeit derartiger „semantischer" Merkmale, der Zirkel perfekt wäre. Jedenfalls liegen in der Definition von Paradigmen, sobald man den morphosyntaktischen Bereich verläßt, mehr Probleme, als die Forschung bisher aufgedeckt hat.

Drittens: Die immer wieder gestellte Frage nach dem minimalen Umfang eines Paradigmas ist leicht zu beantworten, weil es keinen kontinuierlichen Übergang zwischen Paradigma und Nichtparadigma gibt, sondern nur das eine oder das andere. Da das Paradigma auf dem Prinzip der Austauschbarkeit beruht, liegt immer dann ein Paradigma vor, wenn mindestens zwei Formen im gleichen Kontext austauschbar sind. Beispiele solcher kleinsten Paradigmen sind

Er schreibt für die Mietervereinigung.
gegen
Ich habe ihm zugesagt.
ab-

1.8. Das Problem der „Ebenen"

Es ist über verschiedene Ebenen der Sprachbeschreibung vieles und viel Widersprüchliches gesagt und geschrieben worden. Darum soll klargemacht werden, was im vorliegenden Buch mit grammatischen Ebenen gemeint ist.

Daß Sprachbeschreibung einer gewissen Ordnung unterliegt, daß sie in Stufen, Schritten erfolgt, verschiedene Ebenen durchläuft, in Teile zerfällt: dies alles kann als synonym angesehen werden. Wie aber die Ebenen im einzelnen beschaffen sind, hängt natürlich vom Beschreibungsverfahren ab. Dieses Beschreibungsverfahren kann grundsätzlich auf zweierlei Art organisiert sein: nach der Art der Regeln und nach der Art der erzeugten Konstrukte. Beide Arten werden hier kurz skizziert. Einige generelle Bemerkungen über den Spracherzeugungsprozeß sind aber voranzuschicken.

Gemeinsam muß beiden Beschreibungsarten sein, daß am Anfang – als Anstoß für den Spracherzeugungsprozeß – der Redeinhalt steht, der mehr umfaßt als „innersprachliche“ Bedeutung, der auch jene Bereiche einbezieht, denen sich in den letzten Jahren vor allem die linguistische Pragmatik gewidmet hat. Es handelt sich dabei vor allem um die äußeren Bedingungen des Sprechens, Zahl der Sprecher und ihr Verhältnis zueinander, das Vorwissen des Sprechers oder der Sprecher, die Situation, in der gesprochen oder geschrieben wird usw. Mit der Beschreibung des Redeinhalts oder auch des Gemeinten beschäftigen sich die generative Semantik und verwandte Richtungen.

Das Gemeinte ist möglicherweise nicht universell, aber zweifellos übereinzelsprachlich organisiert. Wir wissen darüber herzlich wenig, weit weniger jedenfalls, als prädikatenlogische Beschreibungen in schillernder Vielfalt vermuten lassen. Wesentlich ist für den Linguisten viel mehr, wie diese übereinzelsprachliche Struktur in einzelsprachliche Struktur umgesetzt wird. Das Bild des Filters, der ja letztlich nur sortieren und weglassen kann, eignet sich hierfür schlecht; es handelt sich um einen komplizierten, allerdings noch kaum beschreibbaren Umsetzungsprozeß. Er verläuft nach dem Prinzip von Versuch und Irrtum. Dabei müßte die Mehrheit der Versuche in Sackgassen enden; allein der Umstand, daß die meisten der vergeblichen Versuche als Erfahrungen gespeichert werden, ermöglicht einen ökonomischen Umsetzungsprozeß und kann so erklären, daß die Menschen gemeinhin ohne allzu große Mühe zu sagen vermögen, was sie meinen.

Einigermaßen sicheren Boden betreten wir erst im Bereich der einzelsprachlichen Strukturen. Hier schon, gleich zu Anfang, trennen sich beide Beschreibungsarten.

Wer seine Beschreibung auf die Art der Regeln gründet, unterscheidet am besten Konnexionsregeln, Transformationsregeln und phonische Regeln (die übrigens auch transformationell formuliert werden können, was aber hier nicht zur Debatte steht) – und ordnet sie in genau dieser Form. Unter die Transformationsregeln sind dabei, wie schon erwähnt, auch die Positionsregeln (vor allem die Permutationsregeln) zu rechnen. Das heißt:

- In einem ersten Teil werden Wortgruppenmuster, Satzmuster (Satzbaupläne) usw. erzeugt. Es handelt sich hier um reine (positionsneutrale) Kombinatorik der Elemente, und zwar zunächst um Grundmuster, die konkomitanziell (dependenziell) oder konstituenziell geordnet sein können.
- In einem zweiten Teil werden diese Grundmuster transformiert, sei es durch Subkategorisierung (Tempus ⇒ Präsens usw.), Anaphorisierung (z. B. *diesen falschen Kerl* ⇒ *den*) oder auf interphrastischem Wege (*Wir haben den Plan durchgesetzt.* ⇒ *die Durchsetzung des Planes durch uns).*
- Im dritten Teil werden die positionsneutralen Konstrukte nach „Wortstellungs"-Regeln geordnet (da die obigen Beispiele notgedrungen mit korrekter Wortstellung angegeben wurden, erübrigen sich hier weitere Beispiele), oder es werden „linearisierte" Ketten umgeordnet (permutiert: *Die Leute kommen spät.* ⇒ *Spät kommen die Leute.*).

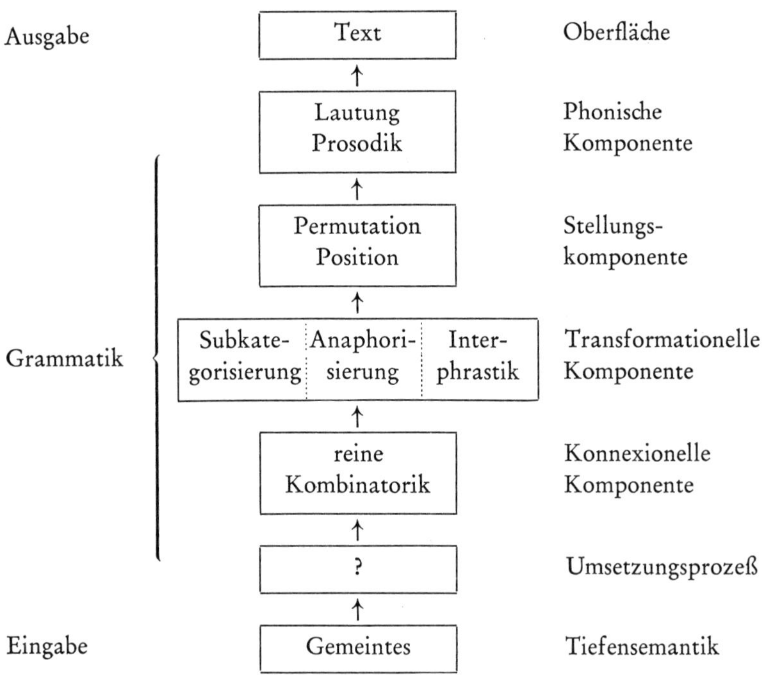

- Im vierten Teil werden die phonischen Elemente zugeordnet, und zwar sowohl den Wörtern (Aussprache) als den Sätzen (Prosodik: Satzmelodie, Satzakzent, auch Sprechtempo u. a.).

Eine an diesen vier Teilen orientierte Grammatik dürfte ziemlich genau dem Spracherzeugungsprozeß entsprechen. Ordnet man diesen Prozeß von unten nach oben, aus der „Tiefe" des Gemeinten bis zur Oberfläche, so ergibt sich folgendes vereinfachte Modell:

Wer seine Beschreibung auf die Art der erzeugten Konstrukte gründet, schreitet einfach vom Kleinen zum Großen fort: vom Laut zum Wort, vom Wort zur kleinen Wortgruppe, von der kleinen Wortgruppe zum Satz, vom Satz zum Text. Man kann nicht unbedingt sagen, daß diese Abfolge den Spracherzeugungsprozeß widerspiegele, denn der übliche Weg scheint nicht so zu verlaufen, daß aus einer Handvoll Wörter Wortgruppen, Sätze, schließlich Texte werden: vielmehr steht wahrscheinlich ein Wort (oft ein Verb) mit seinen Kombinationsmerkmalen am Anfang, wobei sich die Kombinationsmerkmale nicht wieder auf Wörter, sondern auf Kategorien beziehen, etwa:

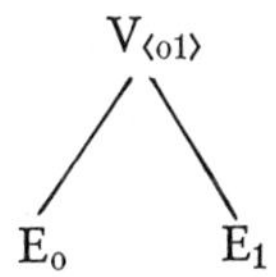

Dieses Diagramm steht für Akkusativsätze wie *Hans verlangt Butter.* Natürlich entsprechen diesem Diagramm auch Sätze mit komplexerer Struktur. In den meisten Fällen entstehen durch das Einsetzen der konkreten Wörter anstelle der Kategorien entsprechend verfeinerte Strukturen:

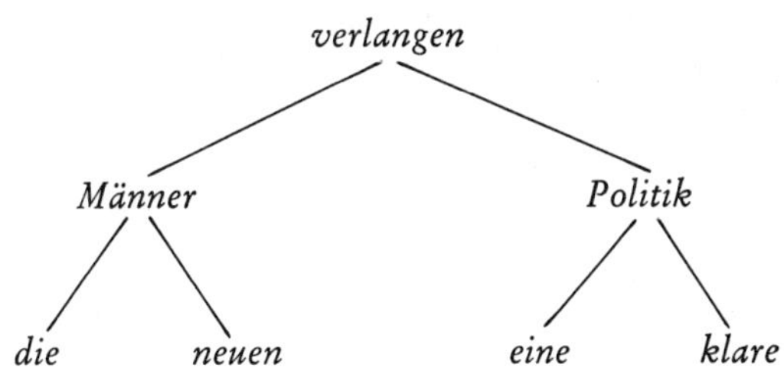

Solche Konnexionsstrukturen gelten natürlich in Konkomitanz- wie in Konstituentengrammatiken.

Die Beispiele zeigen, daß die Spracherzeugung nicht einfach „vom Wort zum Satz" geht: es sind bei solchem Aufbau zahllose Schleifen erforderlich. Trotzdem scheint es mir übersichtlicher, nach der Art der Konstrukte zu prozedieren. Nur in diesem Sinne soll künftig von Ebenen gesprochen werden. Im Vorgriff auf spätere Kapitel und im Hinblick darauf, daß dieses Buch wirklich nur Teile der Grammatik behandelt, seien hier die Ebenen des Wortes, der kleineren Wortgruppe, des Satzes und des Textes unterschieden.

Wo, wie im zuerst gezeigten Beispiel, Stufen des Erzeugungsprozesses gemeint sind, wird im folgenden von Komponenten oder Teilen der Grammatik gesprochen.

1.9. Formalisierung der Grammatik

„Mathematisierung der Linguistik" hieß lange Zeit – und heißt noch heute bei vielen – das Zauberwort, das alles Gemeine zu veredeln und vor allem alle Unklarheiten zu beseitigen versprach. Im Grunde geht es bei allen diesen Bemühungen darum, natürliche Sprache mit Hilfe einer künstlichen Sprache zu beschreiben. Damit steht die moderne Linguistik im scharfen Gegensatz zur traditionellen Sprachwissenschaft, bei der die natürliche Sprache in Doppelfunktion auftritt, einmal als Objektsprache, einmal als Beschreibungs- oder Metasprache.

Zweifellos bietet eine Kunstsprache als Beschreibungsinstrument eine Reihe handfester Vorteile. Sie kann, da sie von Forschern eigens entwickelt wird, konsistent (widerspruchsfrei) aufgebaut sein; sie kann einfacher und systematischer konstruiert sein als die historisch gewachsene natürliche Sprache mit all ihren Zufälligkeiten und Ausnahmen. Damit ermöglicht sie in besonderem Maße einfache und überdies exakte Beschreibungen. Und da sie nichts Unbestimmtes, nichts „Mitgewußtes" zuläßt, sondern alles an die Oberfläche hebt, explizit macht, zwingt sie auch zu einer wesentlich exakteren Beschreibung, als dies zuvor üblich und möglich war.

Die aus der amerikanischen Linguistik kommende Formalisierungswelle hat, nach vereinzelten Vorläufern, Europa erst in den sechziger Jahren erfaßt. Sie stellt den großangelegten Versuch dar, Linguistik zu einer exakten Wissenschaft zu machen. Die meisten der verwendeten Kunstsprachen (Kalküle) lehnen sich an die formale Logik an oder wurden in Auseinandersetzung mit ihr entwickelt. Die generative Transformationsgrammatik, neuere Ausprägungen der Dependenzgrammatik, die Kasusgrammatik der Fillmore-Schule, die verschiedenen Richtungen der modernen Semantik liefern heute vorwiegend oder ausschließlich formalisierte Beschreibungen.

Allerdings bietet Formalisierung nicht nur Vorteile. Es kann zum Beispiel auch durchaus Unsinniges formalisiert werden. Die Formel

$$x \in V$$
$$y \in A$$
$$\text{wobei } V \subseteq A$$

besagt, wenn V = ‚Verb' und A = ‚Adverb' gesetzt wird, daß die Menge der Verben in der Menge der Adverbien enthalten sei, wobei (als Grenzfall) beide Mengen gleich sein können, kurz: daß jedes Verb ein Adverb sei (aber nicht unbedingt umgekehrt jedes Adverb ein Verb); diese Ansicht dürfte, man mag Verb und Adverb definieren, wie man will, von keinem derzeit lebenden Linguisten vertreten werden. Formalisierung allein bietet also keinerlei Gewähr für die Richtigkeit einer Aussage.

Damit hängt zusammen, daß Formalisierung keinen eigenen Erkenntniswert besitzt. Die Formel

$$S \rightarrow NP + VP$$

der Phrasenstrukturgrammatik und die Aussage

„Der Satz besteht aus Subjekt und Prädikat."

besagen dasselbe. Darum ist überhaupt nicht einzusehen, warum Grammatikbücher nicht in natürlicher Sprache formuliert werden sollen. Vorbedingung ist allerdings, daß alle wichtigen Ausdrücke der Beschreibungssprache vorher exakt definiert worden sind, generell: daß grammatische Aussagen formalisierbar sind.

Daß es sich bei der Formalisierung um eine Schreibweise handelt, ist oft übersehen worden. Zwar macht es sich zu einfach, wer behauptet, Grammatik sage, da sie so oder so vom selben Gegenstand handle, damit immer auch dasselbe aus: was von diesem Gegenstand ausgesagt wird, das hängt vor allem von den verwendeten Kategorien und Regeln ab. Da aber, wie die letzten Beispiele zeigen, dasselbe auf mindestens zwei Arten – formal und natürlichsprachlich – ausgesagt werden kann, ist formale Beschreibung lediglich eine mögliche Schreibweise. Viele Streitereien um angeblich grammatische oder angeblich sprachliche Fragen waren nur Streitereien um den richtigen Ausdruck. Daß viele vorgebliche Probleme sich so als linguistische Scheinprobleme erweisen, daß unendliche Mühe nur für die bessere („adäquate", „ökonomische" oder gar „richtige")

Schreibweise aufgewandt wurde, gehört in diesen Zusammenhang. Freilich muß auch die Schreibweise ständig überprüft und nach Möglichkeit verbessert werden; aber dabei sollte die Art der Problematik erkannt und an der richtigen Stelle eingeordnet werden.

Die vorliegende Syntax der deutschen Gegenwartssprache bietet keine streng formalisierte Darstellung. Eine wissenschaftliche, aber didaktisch orientierte Syntax, die sich an Vermittler von Sprache wie an Vermittler von Grammatik wendet, würde durch strenge Formalisierung unnötige Verständnisbarrieren schaffen. Aufrecht erhalten wird jedoch die Forderung an die moderne Linguistik, daß alle grammatischen Aussagen nachprüfbar zu sein haben. Wenn diese Forderung heute immerhin schon teilweise erfüllt wird, so ist dies mindestens ebensosehr zahlreichen „konventionellen" Beschreibungen des Deutschen wie neueren formalisierten Darstellungen zu verdanken.

1.10. Diagramme in der Grammatik

In der Sprachbeschreibung sind Diagramme viel früher verwendet worden als formalisierte Regeln. Auch das Diagramm ist eigentlich ein formales Beschreibungsmittel, und die Äquivalenz zwischen Diagramm und Kalkülregel läßt sich vielfach nachweisen. In der Konstituentengrammatik bedeuten das Diagramm

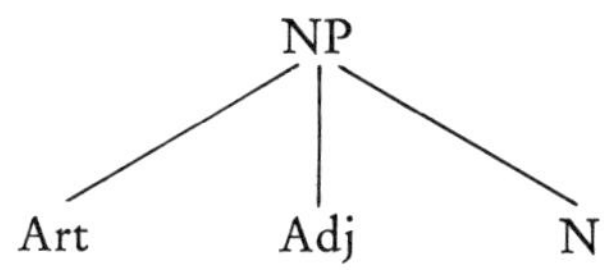

und die Regel

$$NP \rightarrow Art + Adj + N$$

genau dasselbe, beide können etwa gelesen werden als „Die Nominalgruppe besteht aus Artikel, Adjektiv und Nomen." Beispiel: *der alte Kanzleirat.* Und in der formalisierten Dependenzgrammatik, wie sie in diesem Buche vorgeführt wird, bedeutet das Diagramm

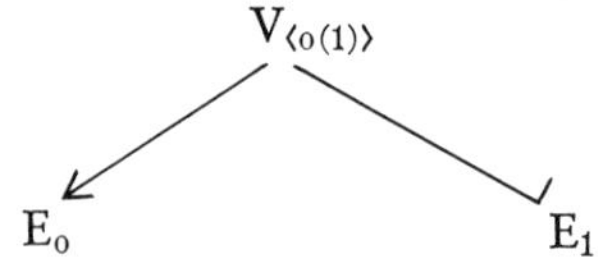

dasselbe wie die Regel

$$\begin{array}{ll} V_{\langle o(1)\rangle} \longrightarrow & E_0 \\ \phantom{V_{\langle o(1)\rangle}} \rule{3em}{0.4pt}\!\rfloor & E_1 \end{array}$$

– nämlich: „Verben mit der Valenz o(1) regieren obligatorisch eine Nominativergänzung (‚Subjekt‘) und fakultativ eine Akkusativergänzung“. Es handel sich dabei um Verben wie *essen*, *lesen*, *wählen* und Sätze wie *Er wählte die andere Partei.*

Soweit ich sehe, sind Diagramme auch heute noch weiter verbreitet als Kalkülregeln. Dies ist zweifellos auf ihre angenommene oder faktische Anschaulichkeit zurückzuführen (man betrachte daraufhin die angeführten Beispiele). In der Tat reagieren Leser positiver und mit häufigeren Aha-Erlebnissen auf Diagramme, oft glauben sie eine Beschreibung erst auf Grund eines Diagramms richtig verstanden zu haben. Dies müßte wundernehmen, wenn man von der oben dargelegten prinzipiellen Äquivalenz von Kalkülregeln und Diagrammen ausgeht. Was die Eigenart der Diagramme ausmacht, ist im Grunde ein freieres Verfügen über die zweite Dimension. Während der Kalkül die Vertikale gemeinhin nur für das fortlaufende Untereinanderschreiben von Beispielen benutzt, erlaubt das Diagramm verschiedene abwärts gerichtete Linien. So ergeben sich Figuren, die Assoziationen zu Gegenständen wecken, mit denen wir täglich umgehen; nicht umsonst spricht man von „Bäumen“, Verzweigungen u. a.

Solche Assoziationen haben ihren Wert, soweit sie die Lesefreude fördern und *damit* das Verstehen erleichtern. Es ist aber zu fragen, ob sie darüber hinaus die Beschreibung unterstützen, ob sie wirklich in jedem Fall Aufschluß über das Beschreibungsobjekt geben – oder ob sie gar vom Verständnis ablenken. Nicht immer, wenn der Leser „Aha!“ sagt oder denkt, hat er wirklich verstanden. Was steckt hinter dem Baum? Anschaulichkeit ist vielleicht ein Vorteil, sicher aber auch eine Schwäche des Diagramms. Denn die Assoziationen zum sinnlich Wahrnehmbaren suggerieren eben auch *faktische* Übereinstimmung, dies läßt sich vielfältig belegen: wie der Apfel am Zweig, so hängen die Ergänzungen am Verb, meinen viele Leser und offenbar auch viele Linguisten. Dabei wird ganz übersehen, daß ausgereifte Äpfel, man mag sich drehen und wenden wie man will, man mag sie von oben, von unten, aus der Nähe, aus der Ferne betrachten, tatsächlich immer am Zweig hängen, während die Ergänzungen nur deshalb vom Verb abhängen, weil der Grammatiker sie so zurechtgerückt hat, und zwar der Dependenzgrammatiker, und auch dieser nur, wenn er dem Verb eine regierende Stellung im Satz zuweist: für die meisten Vertreter der

Konstituentengrammatik sind Verb und Ergänzungen gleichgeordnet und erscheinen nebeneinander, nicht untereinander. Jedes Diagramm ist eine Hilfskonstruktion des Grammatikers; wenn man ihm darüberhinaus Realität zuschreibt, bringt das mehr Schaden als Gewinn.

Erst wenn man Mißverständnisse der geschilderten Art ausgeschlossen hat, kann man das Diagramm mit Erfolg verwenden. Gegenüber der natürlichsprachlichen Beschreibung ermöglicht es eine wesentlich verkürzte Darstellung; gegenüber der linearen Kalkülregel bietet es mehr darstellerische Möglichkeiten. Aus diesen – und keinen anderen – Gründen sollten Diagramme in einer didaktisch orientierten Grammatik nicht fehlen; der Präzisionsgrad muß sich dabei am Lehrziel und am Adressatenkreis orientieren.

1.11. Hinweise für die diagraphische Darstellung in diesem Buch

Die in diesem Buch verwendeten Diagramme unterscheiden sich in verschiedener Hinsicht von den aus anderen Darstellungen bekannten Diagrammen. Gemeinsamkeiten weisen sie mit Tesnières Stemmata auf; aber auch die Abweichungen von Tesnières Verfahren sind beträchtlich. Im folgenden werden die wichtigsten Eigenarten der von mir verwendeten Diagramme vorgestellt; dabei kann nur zum Teil auf schon Gesagtes verwiesen werden, in der Mehrzahl der Fälle folgt eine ausführliche Erläuterung in späteren Kapiteln dieses Buches.

Relatoren:

X
|
Y   Zwischen zwei Konstrukten X und Y besteht ein *unspezifiziertes Dependenzverhältnis*. Es bleibt also offen, ob Y obligatorisch oder fakultativ von X abhängt.

Dieser Relator eignet sich nicht nur für generelle Beschreibungen, wo es auf den Unterschied zwischen obligatorischer und fakultativer Abhängigkeit nicht ankommt, sondern auch für die Beschreibung ungeklärter Fälle.

X
↓
Y   Zwischen zwei Konstrukten X und Y besteht *obligatorische Dependenz*: immer wenn X vorkommt, *muß* auch Y vorkommen,

andernfalls ergibt sich ein ungrammatisches Konstrukt. Ob Y auch ohne X vorkommen kann, bleibt offen.

Beispiel: In dem Satz *Jeder Durchfahrende braucht hier Schneeketten.* hängt die Akkusativergänzung (E_1) *Schneeketten* obligatorisch von dem Verb *brauch(en)* ab. Verletzung dieser Regel würde den ungrammatischen Satz **Jeder Durchfahrende braucht hier* erzeugen.

Zwischen zwei Konstrukten X und Y besteht fakultative Dependenz: wenn X vorkommt, kann auch Y vorkommen. Y kann aber in diesem Fall auch fehlen, und es kann außerdem auch bei anderen regierenden Elementen vorkommen.

Beispiel: In dem Satz *Pinkus pfeift den Kaiserwalzer.* hängt die Akkusativergänzung (E_1) *den Kaiserwalzer* fakultativ von dem Verb *pfeif(en)* ab; auch der Satz *Pinkus pfeift.* wäre damit korrekt.

In diesem Fall sind X und Y eindeutig festgelegt; es wird eine Aussage über das Verhältnis der Terme X und Y gemacht. Aber nicht bei allen fakultativen Elementen ist eine solche Schreibweise angebracht. In dem Satz *Pinkus pfeift wieder.* ist das Element *wieder* zwar ebenfalls fakultativ, aber keineswegs nur im Verhältnis zu Verben wie *pfeifen* (den „Akkusativverben“ mit fakultativem Akkusativelement), sondern auch im Verhältnis zu beliebigen anderen Verben: es gibt kein deutsches Verb, das nicht, bestimmten Kontext vorausgesetzt, mit Elementen wie *wieder* kombiniert werden könnte. Das Diagramm

gibt also (wenn Y = *wieder*) den Bereich des Regens als zu eng an. Es muß daher ein Hinweis gegeben werden, daß der Regensbereich weiter ist als angegeben; dieser Hinweis wird kodiert mittels Durchkreuzung des Relators, zum Beispiel

Gleichbedeutend wären übrigens die Diagramme

$V_{\langle o1 \rangle}$

Y

(wenn $V_{\langle o1 \rangle}$ = „Akkusativverb“ und Y = *wieder* usw.)
und

V

Y

(wenn V = beliebiges Verb und Y = *wieder* usw.).

Vorzusehen sind prinzipiell zwei weitere, in diesem Buch allerdings nicht verwendete Relatoren:

X
↑
Y Zwischen zwei Konstrukten X und Y besteht Dependenz derart, daß Y vorkommt n u r w e n n X vorkommt; X kann aber auch alleine vorkommen.

X
↕
Y Zwischen zwei Konstrukten X und Y besteht Interdependenz: jedes von beiden kommt nur zusammen mit dem anderen vor.

Wichtig ist ferner die Relation der E x k l u s i o n:

X/Y Von zwei Konstrukten X und Y kommt höchstens eines vor; Vorkommen von X schließt also Vorkommen von Y aus und umgekehrt.

Exklusion besteht vor allem zwischen den Elementen eines Paradigmas; das Paradigma ist ja eben dadurch definiert, daß seine Elemente kommutieren, sich also ausschließen. Deshalb wird der Exklusor hier vor allem verwendet, wenn angezeigt werden soll, daß ein Symbol nicht das gesamte Inventar (= Paradigma) einsetzbarer Formen bezeichnet, sondern nur eine dieser Formen, neben denen andere in Frage kommen. Diese anderen Formen brauchen in solchen Fällen nicht genannt zu werden:

X
|
Y/ meint einfach, daß die bezeichnete Dependenz von X nicht nur für Y, sondern noch für weitere Formen gilt.

Ein Diagramm wie

$$\begin{array}{c} V_{\langle 0 \rangle} \\ | \\ N_0/ \end{array}$$

kann zum Beispiel für den Satz *Hans schläft.* stehen. Da das regierende Verb *schlafen* aber an der Stelle des „Subjekts" nicht nur Nomina zuläßt, sondern zum Beispiel auch Pronomina (*Er schläft.*), muß, falls man alle sprachlichen Möglichkeiten wenigstens andeuten will, nach dem Symbol N_0 ein Exklusionsstrich gesetzt werden. Faktisch wird man allerdings auf den Exklusionsstrich in den meisten Fällen verzichten. Dies bedeutet dann jedoch nur, daß offen bleibt, ob die angegebene Kategorie die hier einzig mögliche ist oder ob an ihrer Stelle auch andere zulässig sind.

$X \Rightarrow Y$ Das Konstrukt X wird in das Konstrukt Y transformiert. Zum Beispiel kann ein Aktivsatz in einen Passivsatz transformiert werden. Transformationen wurden in Kapitel 1.6. grundsätzlich vorgestellt. In späteren Abschnitten werden vor allem die Permutationen systematisch beschrieben (s. besonders 4.2., 4.3., 4.4., 5.8.).

Symbole für Kategorien:

Bei den verwendeten Symbolen sind Pauschsymbole und spezielle Symbole zu unterscheiden.

Pauschsymbole sind

E (Ergänzung) und
I (Angabe),
auch indiziert als
E_i (bestimmte Ergänzung) und
I_j (bestimmte Angabe) u. a.

Spezielle Symbole bezeichnen Monemklassen, also zum Beispiel

V Verb
N Nomen
Aa Adjektiv
Ad Determinativ
P Pronomen

Definitionen und Beschreibungen der Lexem- und Wortklassen s. 2.3. und 2.6.

Pauschsymbole unterscheiden sich vor allem dadurch von speziellen Symbolen, daß sie keine Dependentien haben können.

Diagramme, die außer dem regierenden Element nur Pauschsymbole enthalten, heißen pauschalierte Diagramme, zum Beispiel:

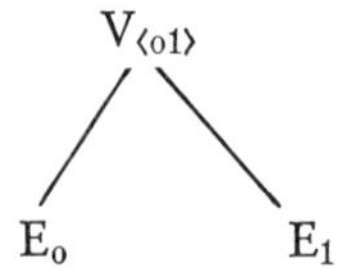

Diagramme, die nur spezielle Elemente enthalten, heißen explizite Diagramme, zum Beispiel:

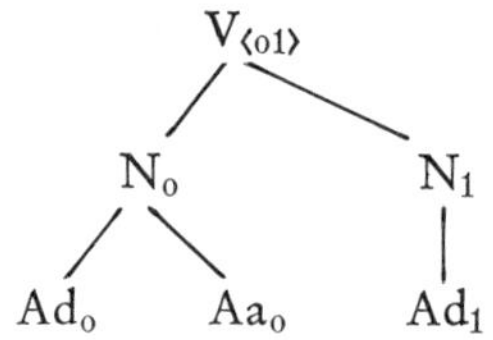

Mischformen zwischen pauschalierten und expliziten Diagrammen sind in vielfältiger Weise möglich.

Monematisierte Diagramme geben zu jedem Symbol die ihm entsprechenden Moneme, also Lexeme oder Wörter (und eventuell auch Flexeme) an. Monematisierte Diagramme sind pauschaliert und explizit möglich:

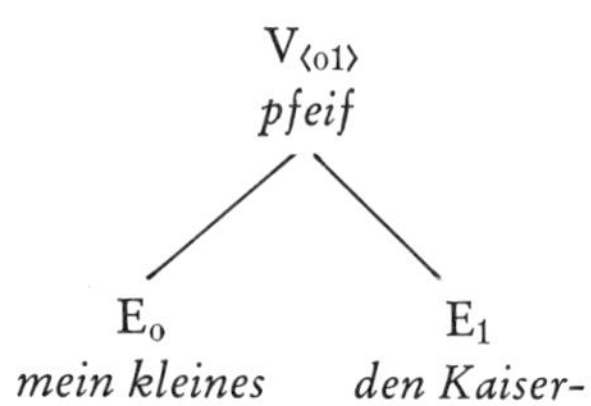

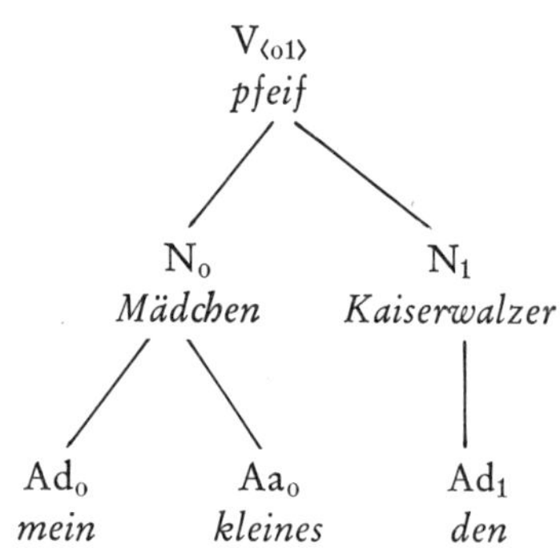

Indizes:

E_i, N_i, Aa_i usw. bezeichnen Formen der Symbole E, N, Aa usw., die in der Regel auf Anaphorisierung (s. Kapitel 5.4.) beruhen.

$V_{\langle j \rangle}$, $N_{\langle j \rangle}$ usw. bezeichnen die Valenz der Symbole V, N usw. Die Valenzindizes müssen in unmittelbaren Dependentien von V, N usw. als Ausdrucksindizes wiederkehren:

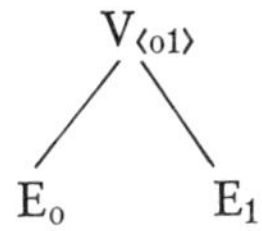

1.12. Abgrenzung

Hier ist noch einmal zusammenzufassen, was man in dieser Grammatik nicht finden wird.

Schon in Kapitel 1.1. wurde gesagt, daß hier vorrangig die deutsche Standardsprache in ihrer gegenwärtig gültigen Form behandelt wird; regionale und soziale Varianten bleiben also im wesentlichen unberücksichtigt. Im Hinblick auf die Forschungslage können Semantik und Pragmatik, die sich übrigens weitgehend überlappen, nicht erschöpfend behandelt werden.

Was somit übrig bleibt, kann Syntax der deutschen Gegenwartssprache genannt werden. Syntax ist als Kombinatorik zu verstehen, als System von Kombinationsregeln. Da solche Regeln sich auf Elemente (zum Beispiel Moneme) beziehen und die Art der Regeln notwendig von der Art dieser Elemente abhängt, sind diese Elemente auf verschiedenen Ebenen zu beschreiben, auch wenn sie als Terme von Kombinationsregeln im Grunde nicht Teil, sondern nur Voraussetzung der Syntax bilden.

Literatur

Abraham, Werner (Hrsg.): Kasustheorie = Schwerpunkte Linguistik und Kommunikationswissenschaft, Bd. 2, Frankfurt 1971.

Abraham, Werner: Formallogische Systeme und Methoden in der Linguistik = Konzepte der Sprach- und Literaturwissenschaft, Bd. 11, Tübingen 1971. (bes. zu 1.1., 1.9.)

Abraham, Werner; Binnick, Robert J. (Hrsg.): Generative Semantik = Linguistische Forschungen, Bd. 11, Frankfurt 1972. (bes. zu 1.8., 1.9.)

Admoni, W. G.: Der deutsche Sprachbau, München ^{3}1970. (Leningrad 1960.)

Admoni, W. G.: Grundlagen der Grammatiktheorie, Heidelberg 1971. (bes. zu 1.9.)

Allwood, Jens; Andersson, Lars-Gunner; Dahl, Östen: Logik für Linguisten. Ins Deutsche übersetzt von Michael Grabski, Tübingen 1973. (bes. zu 1.9.)

Althaus, Hans Peter; Henne, Helmut: Sozialkompetenz und Sozialperformanz. Thesen zur Sozialkommunikation, in: Zeitschrift für Dialektologie und Linguistik (ZDL) 38, 1971, Heft 1, S. 1–15. (bes. zu 1.1.)

Ammon, Ulrich u. a.: Dialekt als Sprachbarriere? Ergebnisbericht einer Tagung zur alemannischen Dialektforschung, 1973.

Ammon, Ulrich: Dialekt und Einheitssprache in ihrer sozialen Verflechtung. Eine empirische Untersuchung zu einem vernachlässigten Aspekt von Sprache und sozialer Ungleichheit = Pragmatik Bd. 3, Weinheim 1973.

Andresen, Helga: Der Erklärungsgehalt linguistischer Theorien. Methodologische Analysen zur Generativen Transformationsgrammatik und zur Syntaxtheorie H. J. Heringers als Beispiel einer strukturalistischen Grammatik = Linguistische Reihe, Bd. 18, München 1974.

Apel, Karl-Otto: Noam Chomskys Sprachtheorie und die Philosophie der Gegenwart, in: Neue Grammatiktheorien und ihre Anwendung auf das heutige Deutsch = Sprache der Gegenwart, Bd. 20, Düsseldorf 1972, S. 9–54. (bes. zu 1.1., 1.9.)

Bach, Emmon: An Introduction to Transformational Grammars, New York 1964. (bes. zu 1.1., 1.2., 1.5., 1.8., 1.9.)

Bach, Emmon; Harms, Robert T.: Universals in Linguistic Theory, London, New York, Syndney, Toronto 1972. (bes. zu 1.2., 1.4., 1.8., 1.9.)

Ballweg-Schramm, Angelika: Noch einmal: Grundbegriffe der Valenztheorie. Bemerkungen zu einem Papier von S. Pape, in: Helmut Schumacher (Hrsg.), Untersuchungen zur Verbvalenz = Forschungsberichte des Instituts für deutsche Sprache, Bd. 30, Tübingen 1976, S. 54–65.

Bar-Hillel, Jehoshua: Une notation quasi arithmétique destinée aux descriptions syntaxiques, in: Langages 9, 1968, S. 9–22. (bes. zu 1.2., 1.9.)

Baumgärtner, Klaus: Konstituenz und Dependenz. Zur Integration der beiden grammatischen Prinzipien, in: H. Steger (Hrsg.), Vorschläge für eine strukturale Grammatik des Deutschen, Darmstadt 1970, S. 52–77. (bes. zu 1.6.)

Bausinger, Hermann: Subkultur und Sprache, in: Sprache und Gesellschaft = Sprache der Gegenwart, Bd. 13, Düsseldorf 1971, S. 45–62. (bes. zu 1.1.)

Bausinger, Hermann: Dialekte, Sprachbarrieren, Sondersprachen, 2. Bd. zur Fernsehserie „Deutsch für Deutsche“, Frankfurt 1972. (bes. zu 1.1.)

Bechert, Johannes; Clément, Danièle; Thümmel, Wolfgang; Wagner, Karl-Heinz: Einführung in die generative Transformationsgrammatik. Ein Lehrbuch = Linguistische Reihe, Bd. 2, München [3]1973. (München 1970.)

Bierwisch, Manfred: Strukturalismus. Geschichte, Probleme und Methoden, in: Kursbuch 5, 1966, S. 77–152.

Bierwisch, Manfred: Grammatik des deutschen Verbs = Studia Grammatica 2, Berlin [3]1966. (Berlin 1963.)

Binnick, Robert J. u. a.: Camelot 68, Chicago 1968 (mimeo).

Bochénski, J. M.: Grundriß der Logistik. Aus dem Französischen übersetzt, neu bearbeitet und erweitert von Albert Menne, Paderborn [4]1973. (Précis de logique mathématique, Bussum, Niederl. 1949.)

Boost, Karl: Neue Untersuchungen zum Wesen und zur Struktur des deutschen Satzes, Berlin 1955.

Brinkmann, Hennig: Die deutsche Sprache. Gestalt und Leistung, Düsseldorf [2]1971. (Düsseldorf 1962.)

Bühler, Karl: Sprachtheorie. Die Darstellungsfunktion der Sprache, Stuttgart [2]1965. (Jena 1934.)

Chomsky, Noam: Aspekte der Syntax-Theorie, Frankfurt 1969. (Aspects of the theory of syntax, Cambridge, Mass. 1965.)

Chomsky, Noam: Tiefenstruktur, Oberflächenstruktur und semantische Interpretation, in: Linguistische Forschungen, Bd. 1, 1972, S. 101–124. (bes. zu 1.5., 1.8.)

Clément, Danièle; Thümmel, Wolfgang: Grundzüge einer Syntax der deutschen Standardsprache, Frankfurt 1975.

Clément, Danièle; Thümmel, Wolfgang: Plädoyer für eine stärkere Strukturierung bei der tiefensyntaktischen Beschreibung natürlicher Sprachen, in: Linguistische Berichte 41, 1976, S. 1–14.

Coseriu, Eugenio: Sistema, norma y habla, Montevideo 1952. (Mit dt. Résumée: Sprachsystem, Sprachnorm und Gespräch.)

Coseriu, Eugenio: Lexikalische Solidaritäten, in: Poetica 1, 1967, S. 293–303.

Coseriu, Eugenio: Die Lage in der Lingustik. Vortrag, gehalten am 15. 11. 1972, Innsbruck 1973. (bes. zu 1.1.)

Daneš, F. (Hrsg.): Papers on functional sentence perspective, Prag 1974. (bes. zu 1.1.)

Duden s. Grebe, Paul

Engel, Ulrich: Mundart und Umgangssprache in Württemberg, Beiträge zur Sprachsoziologie der Gegenwart, Tübingen 1954 (masch.)

Engel, Ulrich: Sprachkreise, Sprachschichten, Stilbereiche. Zur Gliederung der Alltagssprache, in: Muttersprache 72, 1962, S. 298–307. (bes. zu 1.1.)

Engel, Ulrich: Zur Beschreibung der Struktur deutscher Sätze, in: Duden-Beiträge, Bd. 37. Mannheim, Wien, Zürich 1968, S. 35–52.

Engel, Ulrich: Thesen zur Syntax, in: Bulletin phonographique 12, 1971, S. 85–107.

Engel, Ulrich: Bemerkungen zur Dependenzgrammatik, in: Neue Grammatiktheorien und ihre Anwendung auf das heutige Deutsch = Sprache der Gegenwart, Bd. 20, 1972, S. 111–155. (bes. zu 1.6.)

Engel, Ulrich: Umriß einer deutschen Grammatik (Xerokopie), September 1972.

Engelen, Bernhard: Untersuchungen zu Satzbauplan und Wortfeld in der geschriebenen deutschen Sprache der Gegenwart = Heutiges Deutsch, Bd. I, 3, München 1975 (2 Teilbände).

Erben, Johannes: Deutsche Grammatik. Ein Abriß, München [11]1972. (Berlin 1958.)

Fillmore, Charles: The case for case, in: Bach/Harms (Hrsg.), Universals in Linguistic Theory, New York 1968, S. 1–88 (in deutscher Sprache in Abraham, Kasustheorie, S. 1–118).

Fillmore, Charles: Some Problems for case grammars, in: Report of the twenty-second Annual Round Table Meeting on Linguistics and Language Studies = Monograph Series on language and linguistics, Georgetown, Washington 1971, S. 35–56.

Flämig, Walter (Hrsg.) u. a.: Skizze der deutschen Grammatik, Berlin 1972.

Fodor, Jerry Alan; Katz, Jerrold J. (Hrsg.): The structure of language. Readings in the philosophy of language, Englewood Cliffs 1964.

Fourquet, Jean: Prolegomena zu einer deutschen Grammatik = Sprache der Gegenwart, Bd. 7, Düsseldorf [3]1971. (Düsseldorf 1970.)

Fourquet, Jean; Grunig, Blanche: Valenz und Struktur, in: G. Helbig (Hrsg.), Beiträge zur Valenztheorie, The Hague, Paris 1971, S. 11–16.

Funkkolleg Sprache: Eine Einführung in die moderne Linguistik. Von Hans Bühler u. a., Frankfurt 1973.

Gaifman, Haim: Dependency Systems and Phrase Structure Systems, in: Information and Control 8, 1965, S. 304–337. (bes. zu 1.4., 1.6., 1.9.)

Gesprochene Sprache. Jahrbuch 1972 = Sprache der Gegenwart, Bd. 26, Düsseldorf 1974. (bes. zu 1.1.)

Glinz, Hans: Der deutsche Satz, Düsseldorf [7]1972. (Düsseldorf 1957.)

Glinz, Hans: Die innere Form des Deutschen. Eine neue deutsche Grammatik, München [6]1973. (Bern 1952.)

Glinz, Hans: Deutsche Grammatik 1: Satz – Verb – Modus – Tempus = Studienbücher zur Linguistik und Literaturwissenschaft 2, Bad Homburg 1970.

Glinz, Hans: Deutsche Grammatik 2: Kasussyntax – Nominalstrukturen – Wortarten – Kasusfremdes = Studienbücher zur Linguistik und Literaturwissenschaft 3, Frankfurt a. M. 1971.

Glinz, Hans: Textanalyse und Verstehenstheorie I. Methodenbegründung – soziale Dimension – Wahrheitsfrage – acht ausgeführte Beispiele – Studienbücher zur Linguistik und Literaturwissenschaft 5, Frankfurt 1973.

Grebe, Paul: Der Worthof von „schreiben“, in: Neue Beiträge zur deutschen Grammatik = Duden-Beiträge Bd. 37, 1967, S. 63 ff.

Grebe, Paul (Hrsg.): Grammatik der deutschen Gegenwartssprache (Duden-Grammatik) = Der Große Duden, Bd. 4, Mannheim [3]1973. (Mannheim 1959.)

Greimas, A. J.: Strukturale Semantik. Methodologische Untersuchungen, Braunschweig 1971. (Sémantique structurale. Recherche de méthode, Paris 1966.)

Gutknecht, Christoph; Panther, Klaus-Uwe: Generative Linguistik. Ergebnisse moderner Sprachforschung, Stuttgart, Berlin, Köln, Mainz 1973.

Harman, Gilbert H.: Generative grammars without transformation rules. A defense of phrase structures, in: Language 39, 1963, S. 597–616.

Harris, Zellig S.: Structural linguistics, Chicago, London [6]1963. (Chicago 1961 = Repr. mit Vorwort von Methods in structural linguistics, Chicago 1951.)

Hartig, Mathias: Syntax und Semantik in der Transformationsgrammatik = Linguistische Reihe, Bd. 21, München 1975.

Hartmann, Peter: Syntax und Bedeutung, Assen 1964.

Hartmann, Peter: Die Sprache als Form, 's-Gravenhage 1959.

Hartmann, Peter, Texte als linguistisches Objekt, in: H.-D. Stempel (Hrsg.), Beiträge zur Textlinguistik = Internationale Bibliothek für allgemeine Linguistik 1, München 1971, S. 9 ff.

Hays, David G.: Grouping and Dependency Theories, RM 2646, Santa Monica, Calif. 1960. (bes. zu 1.6.)

Hays, David: Dependency Theory. A Formalism and some Observations, in: Language 40, 1964, S. 511–525.

Heger, Klaus, Monem, Wort, Satz und Text = Konzepte der Sprach- und Literaturwissenschaft, Bd. 8, Tübingen [2]1976. (Tübingen 1971.)

Helbig, Gerhard (Hrsg.): Beiträge zur Valenztheorie = Janua Linguarum, Series Minor 115, The Hague, Paris 1971. (bes. zu 1.6.)

Helbig, Gerhard; Buscha, Joachim: Deutsche Grammatik. Ein Handbuch für den Ausländerunterricht, Leipzig [3]1975. (Leipzig 1972.)

Helbig, Gerhard; Buscha, Joachim: Kurze deutsche Grammatik für Ausländer, Leipzig 1974.

Helbig, Gerhard; Schenkel Wolfgang: Wörterbuch zur Valenz und Distribution deutscher Verben, Leipzig [3]1975. (Leipzig 1969.)

Heringer, Hans-Jürgen: Einige Ergebnisse und Probleme der Dependenzgrammatik, in: Der Deutschunterricht 22, 1970, H. 4, S. 42–98. (bes. zu 1.6., 1.9.)

Heringer, Hans-Jürgen: Formale Logig und Grammatik = Germanistische Arbeitshefte 6, 1972. (bes. zu 1.2., 1.6., 1.9., 1.10.)

Heringer, Hans-Jürgen: Theorie der deutschen Syntax = Linguistische Reihe 1, München [2]1973. (München 1970.)

Hjelmslev, Louis: Prolegomena zu einer Sprachtheorie = Linguistische Reihe 9, München 1974. (Prolegomenatoa Theory of Language, Madison, Wisc. 1963). (Paris 1966.)

Hjelmslev, Louis: Die Sprache. Eine Einführung, Darmstadt 1968. (Sproget, København 1963.)

Huber, Walter; Kummer, Werner: Transformationelle Syntax des Deutschen I, München 1974.

Immler, Manfred: Generative Syntax – Generative Semantik. Darstellung und Kritik, München 1974.

Jacobs, Roderick A.; Rosenbaum, Peter S.: Transformationelle Grammatik der englischen Sprache. Ein Lehr- und Arbeitsbuch, München 1973. (English Transformational Grammar, Waltham, Mass. 1968.)

Jakobovits, Leon A.; Steinberg, Danny A. (Hrsg.): Semantics – an interdisciplinary reader in philosophy, linguistics and psychology, Cambridge/Mass. 1971.

Katz, Jerrold J.: Philosophie der Sprache, Frankfurt 1971.

Katz, Jerrold J.; Fodor, Jerry A.: The Structure of a Semantic Theory, in: Language 39, 1963, S. 170–210.

Katz, Jerrold J., Postal, Paul M.: An Integrated Theory of Linguistic Descriptions, Cambridge/Mass. [4]1970. (Cambridge, Mass. 1964.)

Kaufmann, Gerhard: Grammatik der deutschen Grundwortarten. Systeme morphologisch-syntaktischer Merkmale als Grundlage zur Datenverarbeitung = Schriften der wissenschaftlichen Arbeitsstelle des Goethe-Instituts 1, München 1967.

Kiefer, Ferenc (Hrsg.): Semantik und generative Grammatik = Linguistische Forschungen, Bd. 1, I und II, Frankfurt 1972.

Koch, Walter A. (Hrsg.): Perspektiven der Linguistik, I und II, Stuttgart 1973 und 1974.

Kratzer, Angelika; Pause, Eberhard; Stechow, Arnim von: Einführung in Theorie und Anwendung der generativen Syntax = Schwerpunkte Linguistik und Kommunikationswissenschaft, Bd. 7, Halbband 1: Syntaxtheorie, Frankfurt 1973, Halbband 2: Anwendung, Frankfurt 1974.

Krenn, Herwig: Die grammatische Transformation. Aufbau und Organisation. Regelordnung und Zyklus, München 1974. (bes. zu 1.5.)

Lakoff, George: Deep and surface grammar, Cambridge/Mass. 1966.

Lakoff, George: Some semantic considerations in syntax, in: R. Binnick (Hrsg.), Papers from the 5th regional Meeting, Chicago 1969.

Lakoff, George: Linguistik und natürliche Logik, Frankfurt 1971. (Linguistics and Natural Language, in: Synthese 22, 1970, S. 151–271.)

Langacker, Ronald W.: Sprache und ihre Struktur. Grundbegriffe der Linguistik = Konzepte der Sprach- und Literaturwissenschaft, Bd. 10, Tübingen 1971.

Lerot, Jacques: Zum Aufbau einer wissenschaftlich-pädagogischen Grammatik für den Fremdsprachenunterricht, in: Neue Grammatiktheorien und ihre Anwendung auf das heutige Deutsch = Sprache der Gegenwart, Bd. 20, Düsseldorf 1972, S. 90–110.

Löffler, Heinrich: Probleme der Dialektologie. Eine Einführung, Darmstadt 1974.

Lorenzen, Paul: Logik und Grammatik = Duden-Beiträge, Bd. 26, 1965. (bes. zu 1.9.)

Lyons, John: Einführung in die moderne Linguistik, München 1971. (Introduction to Theoretical Linguistics, London 1968.)

Maas, Utz; Wunderlich, Dieter: Pragmatik und sprachliches Handeln. Mit einer Kritik am Funkkolleg „Sprache“, Frankfurt a. M. 1972.

Martinet, André: Grundzüge der allgemeinen Sprachwissenschaft, Stuttgart [5]1971. (Stuttgart 1964.). Eléments de linguistique générale, Paris 1960.)

Martinet, André (Hrsg.): Linguistik. Ein Handbuch, Stuttgart 1973.

McCawley, James D.: On the role of semantics in a grammar, in: Bach/Harms (Hrsg.), Universals in Linguistic theory, New York 1972, S. 125–169.

Menne, Albert: Sprachphilosophie, in: W. A. Koch (Hrsg.), Perspektiven der Linguistik II, Stuttgart 1974, S. 1–19. (bes. zu 1.9.)

Menne, Albert: Logik und Linguistik, in: W. A. Koch (Hrsg.), Perspektiven der Linguistik II, Stuttgart 1974, S. 20–39.

Moser, Hugo (Hrsg.): Das Ringen um eine neue deutsche Grammatik. Aufsätze aus drei Jahrzehnten (1929–59) = Wege der Forschung, Bd. 25, Darmstadt [3]1973. (Darmstadt 1962.)

Pape, Sabine: Bemerkungen zu einigen Grundbegriffen der Valenztheorie, in: Helmut Schumacher (Hrsg.): Untersuchungen zur Verbvalenz = Forschungsberichte des Instituts für deutsche Sprache, Bd. 30, Mannheim 1976, S. 21–53.

Plötz, Senta (Hrsg.): Transformationelle Analyse. Die Transformationstheorie von Zellig Harris und ihre Entwicklung = Linguistische Forschungen, Bd. 8, 1972. (bes. zu 1.5.)

Porzig, Walter: Wesenhafte Bedeutungsbeziehungen, in: Beiträge zur Geschichte der deutschen Sprache und Literatur 58, 1934, S. 70 ff.

Postal, Paul M.: Limitations of phrase structure grammars, in: Katz/Fodor (Hrsg.): The structure of language, Englewood Cliffs 1964, S. 137–151.

Postal, Paul M.: Constituent structure: a study of contemporary models of syntactic description, Publication 30 of the Indiana University, Research Center in Anthropology, Folklore and Linguistics, Part III of IJAL 30, Bloomington, The Hague 1964.

Regula, Moritz: Grundlegung und Grundprobleme der Syntax = Bibliothek der allgemeinen Sprachwissenschaft, Reihe II, Heidelberg 1951.

Regula, Moritz: Kurzgefaßte erklärende Satzkunde des Neuhochdeutschen, Bern/München 1968.

Ruoff, Arno: Grundlagen und Methoden der Untersuchung gesprochener Sprache. Einführung in die Reihe „Idiomatica“ = Idiomatica 1, Tübingen 1973.

Saussure, Ferdinand de: Grundfragen der allgemeinen Sprachwissenschaft, Berlin [2]1967. (Cours de linguistique générale, Lausanne–Paris 1916).

Schmidt, Franz: Logik der Syntax, Berlin [4]1962. (Berlin 1959.)

Schmidt, Wilhelm: Grundfragen der deutschen Grammatik. Eine Einführung in die funktionale Sprachlehre, Berlin 1965.

Schulz, Dora; Griesbach, Heinz: Grammatik der deutschen Sprache, München [8]1970. (München 1960.)

Schumacher, Helmut (Hrsg.): Untersuchungen zur Verbvalenz = Forschungsberichte des Instituts für deutsche Sprache, Bd. 30, Tübingen 1976.

Steger, Hugo (Hrsg.): Vorschläge für eine strukturale Grammatik des Deutschen, Darmstadt 1970.

Studia Grammatica, Hrsg. von der Deutschen Akademie der Wissenschaften zu Berlin, Bde. 1–12, 1963–1975.

Tesnière, Lucien: Eléments de syntaxe structurale, Paris [2]1965 ([1]1959).

Valentin, Paul; Zemb, Jean-Marie; Schenkel, Victor: Manuel du Germaniste, Tome 1, Grammaire: Phonologie-Structures-Exercices, Paris 1970.

Tome 2, Exercices de Grammaire: Laboratoire de langue, Choix multiples, solutions, Paris [5]1969.

Weinreich, Uriel: Erkundungen zur Theorie der Semantik = Konzepte der Sprach- und Literaturwissenschaft 4, Tübingen 1970. (Explorations in Semantic Theory, in: Sebeok, Thomas A. (Hrsg.): Current Trends in Linguistics III, S. 395–477.)

Weisgerber, Leo: Grundzüge der inhaltbezogenen Grammatik, Düsseldorf [3]1963. (Von den Kräften der dt. Sprache Bd. 1–4, Düsseldorf 1949–50.)

Weisgerber, Leo, Die vier Stufen in der Erforschung der Sprachen, Düsseldorf 1963.

Werner, Otmar: Einführung in die strukturelle Beschreibung des Deutschen, Teil 1 = Germanistische Arbeitshefte 1, Tübingen 1970.

Witt, J. W. Ralf: Dependenz und Abhängigkeit. Anmerkungen zu Heringers Versuch einer Präzisierung und Axiomatisierung der strukturalen Syntax Tesnières, in: Zeitschrift für Dialektologie und Linguistik 38, 1971, Heft 1, S. 121–126. (bes. zu 1.6.)

Wotjak, Gerd: Untersuchungen zur Struktur der Bedeutung, München 1971.

Wunderlich Dieter: Die Rolle der Pragmatik in der Linguistik, in: Der Deutschunterricht 22, Heft 4, 1970, S. 5–41.

Wunderlich, Dieter (Hrsg.): Probleme und Fortschritte der Transformationsgrammatik = Linguistische Reihe, Bd. 8, München 1971.

Wunderlich, Dieter (Hrsg.): Linguistische Pragmatik = Schwerpunkte Linguistik und Kommunikationswissenschaft, Bd. 12, Frankfurt a. M. 1972.

Zemb, Jean-Marie: Les structures logiques de la proposition allemande, Paris 1968.

2. Moneme

2.1. Moneme und das Lexikon

Als Moneme werden hier, wie schon oben gesagt wurde, die Grundeinheiten des supraphonematischen Bereichs verstanden. Moneme sind nicht notwendig auch kleinste Bedeutungsträger; manche Moneme haben eine feste, manche wechselnde, manche keine Bedeutung.

Die Moneme zerfallen in Lexeme, Flexeme und Derivanten (Ableitungselemente). Alle Moneme sind im Lexikon enthalten, das demnach mehr umfaßt als herkömmliche Lexika: neben „Wörtern" wie *Bach, fließen, hart, dort* auch Flexeme wie *-st, -te, -en* und Derivanten wie *er-, nach-, -er, -ung* usw. Über die Organisation dieses Lexikons kann hier nicht viel mehr gesagt werden, als daß es primär nicht der alphabetischen Ordnung wird folgen können; alphabetische Anordnung hat sich zwar im Alltagsgebrauch bewährt, ist aber vom linguistischen Standpunkt aus eine denkbar schlechte, weil sie Zusammengehöriges auseinanderreißt und nicht Zusammengehöriges nebeneinander stellt. Für den Aufbau eines idealen Lexikons müssen (bisher noch zu wenig erforschte) Strukturzusammenhänge maßgebend sein, und das alphabetische Prinzip kann lediglich in einem Register, das der Auffindung einzelner Einträge dient, Anwendung finden. Im folgenden werden zuerst die verschiedenen Flexemkategorien beschrieben. Mit Hilfe einiger dieser Kategorien werden die Lexemklassen definiert. Angeschlossen wird eine knappe Übersicht über Flexemklassen und über Lexembildung. Zuletzt werden (auf Grund ihrer Kombinatorik) die Wortklassen beschrieben.

2.2. Flexemkategorien

Im Deutschen lassen sich sieben Flexemkategorien unterscheiden: Kasus, Person, Numerus, Genus, Komparation, Verbal I, Verbal II. Manche dieser Kategorien (Kasus, Person, Numerus, Genus) kommen bei mehreren Lexemklassen vor, die anderen (Komparation, Verbal) nur bei einer. Weitgehend, aber nicht völlig entsprechen diese Flexemkategorien den aus der traditionellen Grammatik bekannten morphologischen Kategorien.

Kasus hat ein viergliedriges Paradigma: Nominativ, Akkusativ, Genitiv, Dativ. Die Anordnung der vier Kasus, die die Grundlage für eine numerische Kodierung bildet, gibt das Häufigkeitsgefälle der Kasus im Deutschen wieder (wobei nicht nur Verbergänzungen, sondern auch Attribute und andere Elemente berücksichtigt sind).

Kasus kommt bei Nomen, Adnomen (s. 2.6.), Pronomen und Adjektiv vor. Diese Bemerkung ist natürlich ein Vorgriff auf die Wörter, deren Definition noch aussteht. Deshalb bildet sie auch keinen Teil der Definition der Kategorie Kasus, sondern trägt nur zu ihrer Beschreibung bei. Gleiches Verfahren gilt für die im folgenden behandelten Flexemkategorien.

In vielen Fällen sind die Kasus ohne Markanten:

Nom. *(die) Bank – ∅*
Akk. *(die) Bank – ∅*
Gen. *(der) Bank – ∅*
Dat. (der) Bank – ∅

Gleiches gilt für praktisch alle femininen Nomina. Dagegen ist bei den Maskulina die Flexion noch großenteils erhalten:

Nom. *(der) Mann – ∅*
Akk. *(den) Mann – ∅*
Gen. *(des) Mann – es*
Dat. *(dem) Mann – (e)*

Obwohl die Kategorie Kasus im syntaktischen Zusammenhang bedeutungsrelevant ist, kommt den einzelnen Kasus keine invariable Bedeutung zu. Alle auf Bedeutung einzelner Kasus gerichteten Bemühungen müssen als gescheitert bezeichnet werden. So sollte einst dem Dativ mit der Bezeichnung „Zuwendgröße" (Glinz) ein allgemeiner Inhalt des „Zuwendens", ja sogar der spezifischen „Menschlichkeit" (Brinkmann) zugeschrieben werden. Aber von solcher Zuwendung ist in Sätzen wie

Rost schadet dem Wagen.
Er hat mir meine Spielsachen weggenommen.
Der Spatz sitzt auf dem Dache.
Zum Glück haben wir heute kein Glatteis.

nichts zu finden, und die nachgeschobene Erklärung, „Zuwendung" gelte eben nur für den Hauptgebrauch, für die Mehrzahl der Fälle, macht diese

Benennung als Definition oder Definitionshilfe nur sehr bedingt tauglich. Und wenn vollends der Nominativ als „Grundgröße" (Glinz) bezeichnet wurde, so zeigt sich eben hieran, daß eine inhaltliche Definition unmöglich ist, denn „Grundgröße" kann semantisch gesehen fast alles sein: Ausgangspunkt eines Vorgangs, Urheber einer Handlung, Ziel einer Handlung, Nutznießer einer Handlung und so fort. Kasus ist semantisch nicht definierbar.

Person hat ein dreigliedriges Paradigma: Lokutiv, Allokutiv, Delokutiv (nach Tesnière), wenn man will: erste, zweite und dritte Person.

Die Kategorie Person kommt bei einigen Pronomina und beim Verb vor. Lokutiv bezeichnet in der Regel den Sprecher, Allokutiv den Angesprochenen, Delokutiv den (die, das), über den gesprochen wird. Obwohl die Person im Satz meist zweifach markiert wird (beim „Subjekt" und beim Verb), ist bisher nur geringer Formenwegfall eingetreten:

ich möchte
du lachst
Hans trifft

Es muß allerdings erwähnt werden, daß diese Zuordnungen alltagssprachlich in vielen Fällen verschoben werden. Der Delokutiv kann zum Beispiel den Sprecher bezeichnen, so etwa, wenn die Mutter zum Kind sagt:

Mama ist gleich wieder da.

Der Delokutiv kann auch den Angesprochenen bezeichnen:

Susi muß jetzt schlafen.

Auch beim sogenannten „inklusiven Plural" liegt häufig eine solche Verschiebung vor, nämlich in allen Fällen, wo der Lokutiv nur die Angesprochenen meint:

Wir wollen jetzt schön stillhalten.

Numerus hat ein zweigliedriges Paradigma: Singular und Plural.

Es kommt bei Nomen, Adnomen (vgl. 2.6.), Pronomen und Verb, also bei allen flexiblen Lexemen vor. Die verschiedenen Numeri sind meist noch morphologisch markiert:

Baum : *Bäume*
Flut : *Fluten*
gehst : *(ihr) geht*

Zahlreiche Flexionsformen (wie *geht, alten* u.v.a.) sind jedoch mehrdeutig.

Auch die Numeri lassen sich semantisch markieren: der Plural trägt das Merkmal ‚mehr als eins', während der Singular in bezug auf die Anzahl unmarkiert ist. Singular ist also nicht „Einzahl", wie sich leicht an Sätzen wie

Der Wal ist ein Säugetier.
Der Mensch ist leicht verführbar.

ablesen läßt: hier bezeichnet der Singular offenbar mehr als ein Exemplar einer Menge (während er in vielen anderen Fällen tatsächlich ein einzelnes Exemplar bezeichnet). Den Plural hingegen kann man durchaus auch als „Mehrzahl" bezeichnen.

Genus hat ein dreigliedriges Paradigma: Maskulinum, Femininum, Neutrum.

Es kommt bei Nomen, Adnomen, Pronomen und Adjektiv vor. Eigenes Genus haben aber nur das Nomen und einige Pronomina, während das Genus bei Adnomen und Adjektiv sich nach dem des begleitenden bzw. vertretenen Nomens richtet:

... ein König, der war sehr einsam.
der junge König
die alte und die junge Bäuerin

In der deutschen Gegenwartssprache ist das Genus des Nomens nur noch relativ selten am Nomen selbst erkennbar, vor allem an Ableitungssuffixen wie *-er, -eur, -ling* für Maskulina *(Fahrer, Masseur, Schreiberling), -ung, -heit, -in* für Feminina *(Hoffnung, Faulheit, Kollegin), -chen, -lein, -at* für Neutra *(Kindchen, Büblein, Konzentrat)* usw. Allerdings gibt es zahlreiche Ausnahmen: *Messer* und *Fenster* sind Neutra, *Prälat* ist Maskulinum. Meist wird das Genus durch begleitende Adnomina markiert, wobei dem Artikel als besonderer Form des Adnomens die wichtigste Funktion zukommt: er hat in seiner definiten Form besondere Lexeme *(der, die das)* für jedes der drei Genera.

Die einzelnen Genera haben keine je eigene Bedeutung. Daß dieser uralte Irrtum immer noch weiter durch Schul- und Lehrbücher geschleppt wird, hängt eng damit zusammen, daß ständig Genus mit Sexus verwechselt wird. Diese Verwechslung findet ihren Niederschlag in den unheilvollen Verdeutschungen „männliches/weibliches/sächliches Geschlecht". Daß Genus und Sexus fundamental differieren, daß *Tisch* Maskulinum, aber „sächlich", *Kompanie* Femininum, aber eher „männlich" als „weiblich", *Weib* Neutrum, aber eben „weiblich" ist – dies alles ist so trivial, daß sich weitere Diskussion erübrigt. Überlappungen von Genus und Sexus sind vorhanden, aber ebenso zufällig wie die Überlappung von *schwarz* und *kraus* im *schwarzen Kraushaar*.

Komparation hat drei Flexeme: Positiv, Komparativ, Superlativ.

Sie kommt bei vielen Adjektiven vor, außerdem bei wenigen R-Partikeln (s. 2.6.) wie *oft*.

Die Komparationsstufe ist immer morphologisch unterscheidbar. Dabei ist der Positiv unmarkiert, der Komparativ ist durch das Suffix *-er*, der Superlativ durch das Suffix *-(e)st* gekennzeichnet:

wild – Φ	*eng – Φ*
wild – er	*eng – er*
wild – est	*eng – st*

Umlautfähige Haupttonvokale werden im Komparativ und im Superlativ meist umgelautet:

jung – Φ	*hart – Φ*
jüng – er	*härt – er*
jüng – st	*härt – est*

Es gibt allerdings umlauthemmende Faktoren (so bei *zart, voll, laut*), die noch nicht zureichend erforscht sind. Eine Morphosyntax, die Vollständigkeit auch im flexematischen Bereich anstrebt, müßte selbstverständlich genauere Regeln für den Umlaut angeben. Eine solche Morphosyntax hätte ferner die Formen *am schönsten, am kühlsten* und unregelmäßige Paradigmen wie *gern – lieber – am liebsten* und anderes zu beschreiben und zu erklären. Hier müssen die gegebenen Hinweise genügen.

Die Komparationsflexeme bilden gemäß ihren Bedeutungen zwei Paradigmen, je nachdem ob das Adjektiv absolut oder relativ gebraucht ist.

Relative Komparation setzt immer ein (wenngleich nicht stets explizit gemachtes) Vergleichskonstrukt oder eine quantifizierende Bestimmung voraus; letzteres ist aber nur bei einer Untermenge der Adjektive und auch hier nur im Positiv möglich. Stellt man sich die Bedeutung des Adjektivs mit Hilfe einer Skala vor, die verschiedene Werte zuläßt, so entspricht die Bedeutung des Adjektivs bei relativer Komparation zunächst der Gesamtskala; durch Vergleichskonstrukt bzw. Quantifikator und durch das Komperationsflexem wird die Bedeutung des Adjektivs dann auf einen Teilbereich eingeschränkt.

Der Positiv erscheint entweder mit determinierendem *so* und Vergleichskonstrukt oder mit Quantifikator. Das (fakultative) Vergleichskonstrukt besteht dabei aus dem Relator *wie* und einer Wortgruppe:

so schön (wie Teresa)
so schön (wie in Bamberg)
so schön (wie heute)
usw.

Man beachte, daß Teresa auf Grund des Ausdrucks *so schön wie Teresa* überhaupt nicht schön zu sein braucht.
Positiv mit Quantifikator:

zwanzig Jahre alt
einsachtzig groß

Der Positiv ordnet dem Adjektiv einen (gewöhnlich punktförmigen) Wert zu, der mit einem anderweitig festgelegten Wert, auf den das Vergleichskonstrukt hinweist, identisch ist:

Regine ist so schön wie Teresa.
Hier ist das Wetter so schön wie in Bamberg.
Damals war es so schön wie heute.

Man hat, stellt man sich die Bedeutung des Adjektivs im Bild einer Skala vor, dabei eine gewisse Erwartungsrichtung anzunehmen, die in erster Linie bei der autonomen Komparation wichtig wird, jedoch auch bei der relativen Komparation eine gewisse Rolle spielt. Danach geht zum Beispiel bei der Skala für die Bedeutung des Adjektivs *alt* die Erwartungsrichtung nach dem „oberen" Ende der Skala zu:

$\longrightarrow$ *alt*

Zwar kann auch ein Kleinkind schon eine bestimmte Anzahl von Jahren „alt" sein, aber man denkt auch bei relativer Komparation eher an Menschen über 60. Bei der relativen Komparation spielt nun diese Erwartung eine Rolle in Verbindung mit Vergleichskonstrukten. Bei Negation des Positivs erfolgt nämlich immer eine Abweichung entgegen der Erwartungsrichtung: in Sätzen wie

Wanda ist nicht so schön wie Teresa.

ist immer gemeint, daß Wanda weniger schön sei als Teresa, obwohl die Negation der Identität zweier Merkmale durchaus auch als Abweichung in umgekehrter Richtung denkbar wäre. An dieser Stelle wird deutlich, daß die Beschreibung natürlicher Sprache mit logischen Mitteln deshalb Gefahren birgt, weil natürlichsprachliche Konstrukte häufig so kom-

Quittung

	DM in Ziffern	Pf
Nettowert		
+ 6,5 % MwSt		
Gesamtbetrag	29,–	–

Deutsche Mark in Worten
— neunundzwanzig — Deutsche Pfennige wie oben

von Frau Platte

für Engel, Syntax d. dtsch. Gegenwartssprache

richtig erhalten zu haben, bestätigt

Ort 3H1 Datum 5.2.82

Buchungsvermerke

Stempel/Unterschrift des Empfängers

Buchhandlung und Antiquariat
an der Universität
Oberstraße 8 · Tel. 05 11 ...
3000 H...

C. Holtmann

EX LIBRIS

pliziert sind, daß sie nicht ohne weiteres mit Hilfe eines Kalküls dargestellt werden können.

Negation des quantifizierten Positivs erfolgt gewöhnlich mit Hilfe des Pronomens *kein*:

keine zwanzig Jahre alt
keine einsachtzig groß

Auch hier verläuft die Abweichung entgegen der Erwartungsrichtung. Wird mit *nicht* negiert, so bezieht sich die Negation häufig nur auf den Quantifikator:

Sie ist nicht zwanzig Jahre alt (sondern neunzehn/einundzwanzig).

Aber auch in solchen Fällen wird häufiger mit *kein* negiert:

Sie ist keine zwanzig Jahre alt.

Beim Komparativ besteht das (fakultative) Vergleichskonstrukt aus dem Relator *als* und einer Wortgruppe. Der Komparativ ordnet dem Adjektiv eine Bedeutung zu, die – und zwar in der Erwartungsrichtung – jenseits der mit Hilfe des Vergleichskonstrukts festgelegten Bedeutung liegt:

schöner als Teresa
schöner als in Bamberg
schöner als heute

Beim Superlativ besteht das (fakultative und im ganzen seltene) Vergleichskonstrukt aus dem Relator *von* (gelegentlich *unter*) und einer Wortgruppe oder aus einer situierenden Bestimmung:

der frechste von allen
der klügste unter euch
die Schönste hier

Die Bezeichnung „Vergleichskonstrukt“ ist hier im Grunde wenig angemessen: gemeint ist die Gesamtmenge, der situative Rahmen, innerhalb dessen ausgewählt wird. Denn der Superlativ ordnet dem Adjektiv einen Wert auf der Skala zu, der in der Erwartungsrichtung jenseits aller übrigen (mit Hilfe des „Vergleichskonstrukts“ festgelegten) Werte liegt:

Absolute Komparation umfaßt ebenfalls ein dreigliedriges Paradigma:

die neue Theorie
zwei ältere Herren
mit den herzlichsten Grüßen

oder:

eine gute Wohngegend
eine bessere Wohngegend
in bester Wohnlage

Im Positiv (als der auch semantisch unmarkierten Form) hat dabei das Adjektiv die Bedeutung eines Punktes (oder einer begrenzten Strecke) auf einer Skala, die der Bedeutung des Adjektivs bei vergleichendem Gebrauch entspricht:

Diesen Punkt nenne ich semantischen Schwerpunkt. Er liegt nie in der Mitte der Skala, sondern findet sich vielmehr in der Erwartungsrichtung (s. oben) vom Mittelwert abliegend. Der Komparativ dagegen bezeichnet einen Punkt oder eher ein Feld, das entgegen der Erwartungsrichtung vom Schwerpunkt abliegt, freilich immer noch diesseits des Mittelwertes:

Auf diese Art kann erklärt werden, daß das *ältere Haus* nicht so alt ist wie das *alte Haus* und daß auch der *jüngere Mann* zwar nicht mehr ganz *jung* ist, aber doch das Schwabenalter noch nicht (oder nur um wenige Jahre) überschritten hat.

Der Superlativ bezeichnet ein Feld auf der Skala, das in der Regel den Schwerpunkt einschließt, sich aber im wesentlichen in der Erwartungsrichtung jenseits des Schwerpunkts befindet:

Hierher gehören weiter Beispiele wie:

mit besten Grüßen
liebster Schatz
mit größter Hochachtung

Die genannten Ausdrücke können im allgemeinen auch bei der relativen Komparation auftauchen, aber dann nur mit Vergleichselement oder Quantifikator. Der absolute Superlativ bezeichnet nichts als ein Extrem in der Erwartungsrichtung. Dies erklärt auch, warum er praktisch bedeutungsgleich ist mit dem sogenannten Elativ, der sich intensivierender oder quantifizierender Partikeln bedient:

mit sehr herzlichen Grüßen

Absoluter Gebrauch liegt auch vor in Ausdrücken wie *so müde*, wo neben (dem hier intensivierenden) *so* kein Vergleichselement steht. Vorwiegend absoluten Gebrauch sehe ich ferner in Ausdrücken wie *frech wie Oskar*, *schön wie Teresa*, wo, obwohl ein Vergleichselement vorhanden ist, die Adjektivbedeutung als Schwerpunkt auf der Skala aufzufassen ist.

Die Unterscheidung von absoluter und relativer Komparation ist ein Weg, Phänomene in diesem Bereich durchsichtig zu machen, deren Beschreibung bisher Schwierigkeiten bereitete. Nur im Wortspiel, das ja immer eine gewisse Form der Regelabweichung darstellt, können absolute und relative Komparation gegeneinander ausgespielt werden: wenn ein Mädchen als *zwanzig Jahre jung* bezeichnet wird, so ist das Adjektiv absolut gebraucht in einem Falle, für den „normalerweise" relativer Gebrauch vorgesehen ist.

Das bisher zur Komparation Gesagte gilt prinzipiell für „prädikativ" (als E_8, vgl. Kapitel 5.4) wie für attributiv gebrauchte Adjektive. Im zweitgenannten Fall sind allerdings die Möglichkeiten relativer Komparation stark eingeschränkt, weil hier keine Vergleichskonstrukte zulässig sind *(*mein wie ich alter Vetter; *dieses als des Nachbarn ältere Auto)*, sondern lediglich Quantifikatoren *(mein fünf Jahre alter Wagen)*.

Verbal I hat ein fünfgliedriges Paradigma: Präsens, Präteritum, Konjunktiv I, Konjunktiv II, Imperativ. Es handelt sich um die Finitflexeme des Verbs; die mit einem Flexem aus Verbal I verbundenen Verben heißen finite Verben.

Verbal I ist in der Regel eindeutig morphologisch markiert. Allerdings hat nicht jedes Flexem aus Verbal I einen einheitlichen Markanten; vor allem wird bei Präteritum und Konjunktiv II die Zweiteilung in starke und schwache Verben wichtig (*kaufte:lief, kaufte:liefe* [als Konjunktiv II]). Hinzu kommt, daß Präsens und Konjunktiv I in vielen Formen nicht zu unterscheiden sind *(ich lache)*, ebenso Präteritum und Konjunktiv II der schwachen Verben *(kaufte)*. Hier treten dann häufig (wenngleich nicht notwendig und nicht in allen Fällen) Ersatzformen ein: Konjunktiv II für Konjunktiv I (*ich liefe* für *ich laufe*), *würde*-Periphrasen für einfachen Konjunktiv II (*ich würde kaufen* für *ich kaufte*). Wenn diese Ersatzformen auch weithin üblich und oft recht praktisch sind, so läßt sich ihre Verteilung dennoch nicht in exakten Regeln formulieren; solche starren Regeln, die rigoros alle Ambiguitäten ausschalten wollen, finden sich mehrfach in Lehrbüchern für Deutsch als Fremdsprache; sie vereinfachen zwar den Lernprozeß, geben aber den Sprachgebrauch nicht getreu wieder. Vor allem gibt es genügend Beispiele dafür, daß die Kommunikation auch bei Verwendung der mehrdeutigen Formen noch funktioniert.

Die Flexeme aus Verbal I haben je eigene Bedeutungen. Wenn man zeitliche und „modale" Merkmale zuläßt, kann man die Unterschiede dieser Flexeme in der folgenden Matrix darstellen:

	zeitlich	„modal"
Präsens	–	verbindlich
Präteritum	vergangen	–
Konjunktiv I	–	referiert
Konjunktiv II	–	irreal/referiert/distanziert
Imperativ	ausstehend	zu tun

Bei der dreifachen Markierung des Konjunktiv II ist neben der (historisch primären) Funktion als Irrealis auch dessen Ersatzfunktion für den Konjunktiv I in Sätzen wie *Er sagt, er käme gleich.* berücksichtigt. Das Merkmal „distanziert" meint Gebrauchsweisen, wie sie in den Sätzen

Ich hätte gern Herrn Dr. S. gesprochen.
Das dürfte die Lösung des Problems sein.

vorliegen. In diesem Zusammenhang ist auch die *würde*-Periphrase in

Ich würde sagen, daß man diesen Vorschlag eingehend prüfen sollte.

zu sehen. Teilweise sprechen die Grammatiker hier vom „Konjunktiv der Höflichkeit". Die Bezeichnung „distanziert" soll darauf hinweisen, daß eine gewisse – wie auch immer motivierte – Distanzierung des Sprechers von seiner Äußerung vorzuliegen scheint.

Präsens und Präteritum werden auch als I n d i k a t i v dem Konjunktiv gegenüber gestellt.

Es muß betont werden, daß Konjunktiv I und Konjunktiv II, weil sie im allgemeinen semantisch stark differieren, im Grunde keine gemeinsame Bezeichnung verdienen; die Beibehaltung der Termini ist hier nur als eine Konzession an schulgrammatische Tradition zu verstehen.

In der Kategorie Verbal I sind diejenigen Verbalformen zusammengestellt, die obligatorisch in jedem Hauptsatz (übrigens auch in den meisten Nebensätzen) vorkommen. Da sich diese Formen in einem im übrigen gleichen Kontext gegenseitig exkludieren, müssen sie zu einem Paradigma zusammengefaßt werden. Dies verstößt freilich gegen alle schulgrammatischen Traditionen, weitgehend auch gegen das Verfahren der modernen Linguistik. Man ist es gewohnt, alle Verbalflexeme, die angeblich irgendwie mit „Zeit" zu tun haben – also neben Präsens und Präteritum auch Perfekt, Plusquamperfekt und Futur – in einem Paradigma zusammenzufassen. Dabei wird übersehen, daß diese verschiedenen Ausdrucksmöglichkeiten strukturell einen ganz verschiedenen Status haben. Die in Verbal I zusammengefaßten Flexeme bilden ein Paradigma auf der Flexemebene; Perfekt und Plusquamperfekt hingegen sind Arten von Verbalprasen; sie sind ausführlich in Kapitel 4.2. zu behandeln. Durch die hier vorgenommene Trennung wird es auch möglich, übersichtlicher als bisher auf den Parallelismus der Formen *er hat gekauft* und *er habe gekauft* u. a. hinzuweisen.

Verbal II hat ein dreigliedriges Paradigma: Infinitiv, Partizip I, Partizip II. Man spricht hier auch von den infiniten Verbalflexemen; Verben mit Flexemen aus Verbal II sind infinite Verben.

Der Infinitiv kommt meistens als abhängiges Element innerhalb von Verbalkomplexen vor (*Ich mußte lachen.*), gelegentlich bildet er auch selbst den Verbalkomplex, vor allem in infinitivischen Nebensätzen (*Ich hoffte, dich vor meiner Abreise noch einmal zu treffen.*), seltener als Nominalattribut (*die Kunst zu lachen*).

Partizip I fungiert in der deutschen Gegenwartssprache ausschließlich wie ein Adjektiv: *der rasende Reporter; ein hungerndes Kind; sie folgte mir widerstrebend.* Die unmittelbare Ableitbarkeit aller dieser Partizipien von Verben ist der Grund dafür, daß sie hier nicht als Lexikoneinträge, sondern als Formen des Verbs eingeführt werden.

Partizip II ist in der Regel Angabe zum Nomen oder zum Verb und damit in gewisser Weise dem Adjektiv vergleichbar: *ein gebranntes Kind, ein eingeweichtes Brötchen; (er) hat geschlafen, (man) war überrascht.* Diesen Ausdrücken entsprechen die Diagramme

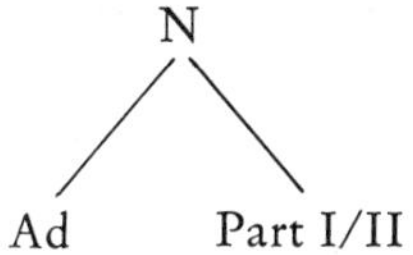

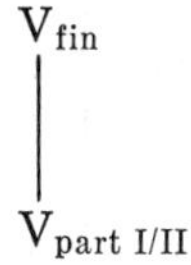

Zu den Bedeutungen der Flexeme aus Verbal II: Partizip I bezeichnet die Art eines Gegenstandes, Vorgangs oder Zustandes. Partizip II bezeichnet die Abgeschlossenheit der Art eines Gegenstandes, Vorgangs oder Zustandes. Der Unterschied von Partizip I und Partizip II ist jedoch nicht zeitlicher, sondern aspektischer Natur (Näheres hierzu s. in Kapitel 4.2.). Der Infinitiv ist aspektisch nicht gekennzeichnet, er erweist sich überhaupt als einzige semantisch nicht markierte Verbalform. Sekundär kann er allerdings bestimmte semantische Funktionen übernehmen, zum Beispiel „Aufforderung" (*Bitte nicht rauchen.*), „Wunsch" (*Wasserburg sehen und sterben.*). Hinzuweisen ist auch auf den sicherlich nicht standardsprachlichen, gleichwohl verbreiteten Gebrauch des Infinitivs als genereller Verbalform bei der Kommunikation mit Ausländern, denen man keine vollentwickelte Kompetenz zutraut. Es ist interessant, daß dieses „Gastarbeiterdeutsch" in weit höherem Maße von Deutschen gebraucht wird als von Ausländern, denen es allerdings auf diese Weise geradezu aufgezwungen wird.

Das Verbalgenus, das vor allem die Opposition Aktiv : Passiv umfaßt, ist keine verbale Flexemkategorie, sondern eine Art der Verbalphrase; Näheres s. in Kapitel 4.2.

Auch das sogenannte Futur ist unter den verbalen Phrasen (4.2.) zu behandeln.

2.3. Lexemklassen

Es scheint unmöglich zu sein, das Lexem im allgemeinen zu definieren. Hier wurde deshalb ein anderer Weg eingeschlagen:

Es werden Lexemklassen definiert auf Grund der Kombinierbarkeit bestimmter Elemente mit bestimmten Flexemen. Lexem ist dann nichts anderes als jedes sprachliche Element, das einer bestimmten Lexemklasse angehört.

Von den Flexemkategorien werden lediglich drei für die Definition der Lexemklassen benötigt: Kasus, Genus, Verbal I.

Man kann die Lexeme zunächst in zwei große Klassen einteilen: in flektierbare und nicht flektierbare. Die nicht flektierbaren Lexeme heißen Partikeln; sie sind dadurch definiert, daß sie sich im allgemeinen nicht mit Flexemen verbinden lassen. Sie bilden eine geschlossene, insgesamt nicht sehr umfangreiche Klasse, die Elemente wie *bald*, *nie*, *für*, *zu*, *quitt*, *und*, *wenn*, ferner die meisten Kardinalzählwörter (genau: *sieben* sowie die Zahlwörter von *dreizehn* bis *neunundneunzig* und Kombinationen mit ihnen) umfassen. Es gibt allerdings Fälle, wo Flexeme, vor allem Präpositionen, als Folge einer Kontraktion doch mit Kasusflexemen verbunden werden: *fürs*, *übers*, *übern*. Diese Formen sind sekundär aus den in den meisten Fällen ebenfalls korrekten Formen *für das*, *über das*, *über den* abzuleiten.

Man wird die Partikeln als eine relativ heterogene Klasse empfinden, und das ist nicht nur auf die anders klassifizierende Schulgrammatik zurückzuführen: die Verwendungsmöglichkeiten für einzelne Elemente dieser Klasse sind sehr verschieden. Wenn aber die Flexion zur Grundlage der Lexemklassifikation gemacht worden ist, können Lexeme, die nicht flektiert werden, hier nicht weiter subklassifiziert werden. Eine Klassifikation nach supraflexematischen syntaktischen Verwendungsweisen wird unten erfolgen (s. Kapitel 2.6.). Partikeln werden im folgenden als Lexemklasse 1 (L1) bezeichnet.

Unter den Flexibilia oder flektierbaren Lexemen läßt sich zunächst eine Klasse ausgliedern, die mit der Flexemkategorie Verbal I verbindbar ist (wobei das Verbalparadigma bei einzelnen Elementen defektiv sein kann). Diese Klasse wird als L2 bezeichnet. Es ist leicht zu sehen, daß es sich hier um die Verben der traditionellen wie der modernen Linguistik handelt.

Andere Lexeme lassen sich mit der Flexemkategorie Kasus verbinden: *Buch*, *dünn*, *er*, *wer* und andere. Diese größte und grundsätzlich offene Klasse wird als L3 bezeichnet; sie bedarf der Subklassifikation.

Eine Klasse von Lexemen – es handelt sich um die größte, die in der deutschen Sprache überhaupt existiert – hat zwar ein Kasusparadigma, aber kein Genusparadigma. Es handelt sich im wesentlichen um die herkömmlichen „Substantive" oder „Nomina" (*Buch*, *Deckel*, *Tag*, *Zunge*), die zwar ein festes Genus haben, aber eben kein Genusparadigma, da sie sich nicht nach Genus abwandeln lassen. Hinzu kommen einige genusneutrale „Pronomina" wie *ich*, *wir*; *du*, *ihr* und unter manchen anderen *jemand*, *niemand*, *wer*, *was*, die zwar sexusneutral, aber auf ein Genus festgelegt sind, wie sich aus Sätzen wie

Wer, der nachdenkt, kann so etwas noch ernst nehmen?
Was gibt es, das ich nicht schon hätte?

ergibt; ferner die Kardinalzahlen *zwei* bis *sechs* und *acht* bis *zwölf*, die ein (wenngleich defektives) Kasusparadigma haben: neben den Genitivformen *zweier*, *dreier* existieren bei diesen Kardinalzahlwörtern im nichtattributiven Gebrauch noch besondere Dativformen: *(mit) zweien* usw.

Die Klasse der Lexeme mit Kasus- und ohne Genusparadigma bezeichne ich als L3.1.

Die Lexeme, die neben dem Kasusparadigma auch ein Genusparadigma haben, können zweigeteilt werden. Eine erste Klasse hat ein Genusparadigma und genau drei verschiedene Kasusparadigmen im Singular des Maskulinums und des Neutrums. Diese drei Kasusparadigmen werden sichtbar in der folgenden Tabelle:

Nom.	*(der) alte (Hut)*	*(ein) alter (Hut)*	*alter (Hut)*
Akk.	*(den) alten (Hut)*	*(einen) alten (Hut)*	*alten (Hut)*
Gen.	*(des) alten (Hutes)*	*(eines) alten (Hutes)*	*alten (Hutes)*
Dat.	*(dem) alten (Hut)*	*(einem) alten (Hut)*	*altem (Hut)*

Zwar lauten zahlreiche Formen in den verschiedenen Kasusparadigmen gleich. Die verbleibenden Unterschiede im Nominativ und Dativ reichen aber zur Kennzeichnung der drei Paradigmen aus.

Die Wahl des speziellen Kasusparadigmas hängt dabei von gewissen Lexemen ab, die in der Oberflächenstruktur vorausgehen – übrigens keineswegs nur, wie oft behauptet wird, vom Artikel: wie der indefinite Artikel funktioniert auch das „Possessivpronomen" (*ein/mein alter Hut*), wie der definite Artikel funktionieren andere „Pronomina" (*der/dieser/jener alte Hut*).

Die Lexemklasse mit einem Genus- und drei Kasusparadigmen wird L3.2 genannt. Sie entspricht, von einer geringen Zahl von Sondererscheinungen abgesehen, der herkömmlichen Klasse der „Adjektive".

Die restlichen Lexeme der Hyperklasse L3 haben ein Genusparadigma und ein oder zwei Kasusparadigmen im Singular des Maskulinums und des Neutrums. Hierunter fallen vor allem

> der definite Artikel und das mit ihm gleichlautende „Demonstrativpronomen" (*der/die/das*),
> andere „Demonstrativpronomina" (*dieser*, *jener*, usw.),
> der indefinite Artikel (*ein*) und das gleichlautende Kardinalzahlwort,
> das „Possessivpronomen",
> das „Relativpronomen".

Diese Lexemklasse wird L3.3 genannt.

Die rigoros auf die Flexion begrenzte Klassifikation der Lexeme bringt verschiedene Vorteile mit sich. Vor allem kann nun die leidige Frage der Grenzziehung zwischen L3.2 (Adjektiv) und L3.3 (bisher: Pronomen) auf einfache Weise gelöst werden. *manch-* zum Beispiel gehört zur Klasse L3.3, weil es höchstens zwei Kasusparadigmen hat:

Mancher Linguist würde hier nicht folgen.
(?) *Ein mancher wird ähnliches vorschlagen.*

Unkorrekt wäre indessen:

**Die manchen Linguisten waren verschiedener Meinung.*

Das Lexem *bestimmt-* mit drei Kasusparadigmen ist ein Adjektiv (L3.2):

eine bestimmte Forschungsstelle
diese bestimmte Auskunft
bestimmte Verlegenheit (äußert sich oft in Trotzreaktionen)

Auch wenn man die Klassifikation der Lexeme auf Grund der Flexion für sinnvoll hält, wird man möglicherweise ein Gliederungskriterium vermissen, das wichtige syntaktische Hinweise geben kann: die Kombinierbarkeit mit anderen Lexemen zu größeren Einheiten. Selbst die herkömmlichen Wortarten (Wortklassen/Lexemklassen) enthielten solche Hinweise, wenigstens erhoben sie einen solchen Anspruch: das „Substantiv" konnte „Pronomen" und „Adjektive" zu sich nehmen; das „Pronomen" konnte entweder das „Substantiv" begleiten oder die gesamte Substantivgruppe ersetzen usw. Zwar stimmten solche Kombinationshinweise nur mit Einschränkung und nur, wenn man die Definition der Wortarten entsprechend zurechtbog. Trotzdem ist die Kombinatorik der Lexeme so wichtig, daß sie Grundlage einer zweiten Klassifikation werden soll. Da beide Klassifikationen nicht auf einen Nenner zu bringen sind, wird hier eine begriffliche Unterscheidung zwischen Lexem und Wort gemacht. Definition und Kombinatorik der Wörter werden in Kapitel 2.6. behandelt. In Kapitel 2.6. wird auch eine Begründung für die Abkehr von den herkömmlichen Wortarten gegeben.

2.4. Zur Flexematik

Als Flexematik wird hier der Bereich bezeichnet, in dem die Kombinatorik von Flexemen mit Lexemen behandelt wird. Präzisere Aussagen lassen sich machen mit Hilfe einer Klassifikation der Flexionselemente auf verschiedenen Ebenen. Dabei spielt die Zuordnung der Flexionselemente zu einzelnen Lexemklassen eine zentrale Rolle.

Es heißen im folgenden die Elemente der Flexemkategorie oder die Flexionselemente (also Nominativ, Akkusativ; Singular; Präsens usw.), sofern sie einer Lexemklasse in toto zugeordnet sind, Flexeme. Ihr Paradigma bildet eine Flexemklasse. So bezeichnen wir den Akkusativ des Nomens als Flexem, ebenso das Präsens oder den Komparativ. In den Fällen, wo ein Flexionselement als mehreren Lexemklassen zugeordnet angesehen wird (Akkusativ, Plural u. a.), sprechen wir von Hyperflexem; ihr Paradigma bildet eine Flexemkategorie. Flexionselemente schließlich, die Lexemsubklassen zugeordnet und damit invariabel sind, werden Flexe genannt. Ihr Paradigma bildet eine Flexklasse. So gibt es ein Verbalflexem „Präteritum“, aber eine größere Anzahl von Flexen für das Präteritum.

Als Beispiel werden die möglichen Flexionsklassen für das Nomen im Deutschen wiedergegeben. Die Klassifikation erfolgt primär auf Grund der Pluralflexe, wobei zwischen allgemeinem Merkmal des Plurals und solchen im Dativ (3) unterschieden wird; sekundär wird klassifiziert auf Grund der Singularflexe; wiederum werden zuerst allgemeine Merkmale angegeben, dann Merkmale, die für die Kasus Akkusativ, Genitiv, Dativ (1–3) insgesamt gelten, Merkmale, die nur für den Akkusativ (1) gelten, Merkmale, die nur für den Genitiv (2) gelten, zuletzt Merkmale, die nur für den Dativ (3) gelten.

Im übrigen ist die Tabelle folgendermaßen zu lesen: Elemente oder Merkmale, die aktualisiert werden können, sofern entsprechende Elemente nicht schon beim Lexem vorhanden sind, werden hochgestellt und mit daruntergesetztem Halbbogen versehen. Dies kommt praktisch nur bei dem Vokal *e* vor. e̯ bedeutet, daß die angegebenen Flexe ein *e* enthalten, falls der Lexemstamm nicht auf *e* auslautet; Beispiel: *Gabe*, pl. *Gaben*; aber *Frau*, pl. *Frauen*.

Eckige Klammern (beim Umlaut) weisen darauf hin, daß nur bei umlautfähigem Vokal Umlaut eintreten kann. In diesen Fällen wird zwar bei den meisten umlautfähigen Vokalen (*Ball*, pl. *Bälle*) umgelautet, jedoch gibt es von dieser Regel wichtige Ausnahmen, vor allem bei Fremdwörtern (*Balkon*, pl. *Balkone*), jedoch auch bei *Ruf*, *Tag* und anderen Wörtern. Die Regeln für die Verteilung des Umlauts sind noch nicht exakt angebbar. Runde Klammern bezeichnen Fakultativität des Elementes. (*e*) bedeutet also, daß in den betreffenden Formen *e* gesetzt werden kann oder nicht: *im Bette* oder *im Bett*. Völlige Fakultativität gilt allerdings wiederum nicht in allen Fällen. Zum Beispiel gilt die Form **dem Feiglinge* heute wohl nicht mehr als akzeptabel; auf der anderen Seite ist die Form *des Bisses* die einzig mögliche. Auch hier wird für die exakte Form der Regeln noch weitere Ausarbeitung nötig sein.

Bei mehrfacher Flexion (z. B. *Wort*, *Wörter/Wort*, *Worte*) ist hinter dem Beispielwort die Nummer der anderen Flexemklasse angegeben.

Nomen: Flexionsklassen 7 Klassen
19 Subklassen

Klasse	Plural		Singular					Beispiele	Genus
	allg.	3	allg.	1-2	1	2	3		
1.1	ȩn							Frau, Gabe, Diskothek, Lehrerin(*n*en)	f
1.2	ȩn			ȩn				Bote, Germanist, Konfirmand, Mensch, Präsident, Regent, Schwabe, Spekulant	m
1.3	ȩn				ȩn	ȩns	ȩn	Buchstabe, Friede, Name, Same (5.2.)	m
1.4	ȩn					ȩns	(ȩn)	Herz	n
1.5	ȩn					(ȩ)s	(e)	Bett, Ende, Ohr, Mann (3), See, Tau	n m
1.6	en					s		Doktor, Lektor, Professor	m
1.7	en		a					Firma	f
1.8	en		us					Rhythmus, Virus, -ismus	m/n
1.9	en		um			s		Album, Ministerium	n
1.10	en		a			s		Paradigma, Schema, Syntagma, Thema (alle auch 6)	n
2.1	[¨]e	n						Hand, Kunst, Magd, -nis(*se*)	f
2.2	[¨]e	n				(e)s	(e)	Balkon (4.2), Ballon (4.2), Ball, Biß, Block (4.2), Feigling, Föhn, Gang, Fremdling, Kauf, Kommissar, König, Krokus, Lehrling, Monsun, Offizier, Reiz, Rest, Ruf,	m

Klasse	Plural allg.	Plural 3	Singular allg.	1-2	1	2	3	Beispiele	Genus
								Säugling, Schild, Schlips, Sonntag, Stein, Strauß, Spediteur, Stahl, Volontär, Wein, Wirt, Zopf	
								Ballett (4.2), Besteck, Firmament, Gebäck, Gesicht, Hindernis, Kamel, Parlament, Pferd, Sakrament, Schwein, Sonnett, Wort (pl. e)	n
3	[¨]er	n				(e)s	(e)	Brett, Gesicht, Gut (Güter), Haus, Holz, Kalb, Kind, Lamm, Rind, Schild, Volk, Wort (Wörter)	n
								Leib, Mann (1.5.), Mund, Ski	m
4.1	s							AG, Bar, Kamera, Mutti	f
4.2	s					s		Balkon (2.2), Ballon (2.2), Block (2.2), Foto, Kaffee, Pkw, Salon, Streik, Tee, Uhu, Waggon	m
								Auto, Café, Ich, Ballett (2.2), Billett, Kino, Radio, Star, Taxi	n
5.1	¨	n				s		Mutter, Tochter	f
5.2	[¨]							Boden, Garten, Hafen, Osten, Regen, Segen, Wagen, Samen (1.3)	m
								Büch*lein*, Essen, Fohlen, Fräulein, Küken, Leben, Leiden, Mäd*chen*, Rauchen, Söhn*chen*	n
5.3	[¨]	n				s		Hagel, Kader, Lehrer, Minister, Schlüssel, Sommer, Wecker (Klee, Schnee)	m

Klasse	Plural		Singular					Beispiele	Genus
	allg.	3	allg.	1-2	1	2	3		
								Fenster, Gebirge, Getriebe, Kloster, Rätsel, Segel, Zimmer	n
6	ata		a			s		Paradigma, Schema, Syntagma, Thema (alle auch 1.9)	n
7	leute	n	mann			(e)s		Kaufmann, Seemann	m

Es läßt sich natürlich darüber streiten, ob *-mann* und *-leute* als Flexe oder als Lexeme zu betrachten sind; entscheidet man sich für die letztere Alternative, so würde die Klasse 7 in den Bereich der Lexembildung (2.5.) gehören. Hier wurde entschieden, die beiden Suffixe doch in die Flexionstabelle aufzunehmen, vorwiegend weil *-mann* nicht mehr als reines Lexem zu bezeichnen ist: auch eine Frau kann sich zum Kaufmann ausbilden lassen. Vor allem aber dürfte es nützlich sein, in eine Übersicht über mögliche Singular- und Pluralform der deutschen Gegenwartssprache auch diese beiden Elemente aufzunehmen.

Für verschiedene Nomina fremder Herkunft (*Atlas* u. a.) existieren weitere Paradigmen, die hier nicht ausgeführt werden.

Bei genauerem Zusehen freilich wird deutlich, daß hier nicht allein die Flexklassen für Kasus dargestellt wurden, sondern zugleich die Flexklassen für Numerus (jeweils beim Nomen). Dies läßt sich generalisieren: Flexe kommen nie isoliert vor, sie lassen sich meist auch nicht morphologisch isolieren: das Suffix *en* in *(den) Freunden* „enthält" sowohl ein Dativflex als ein Pluralflex. Diese Konstrukte aus mehreren Flexen werden Konflexe genannt. Verbünde aus mehreren Flexemen heißen Konflexeme (z. B. „Dativ Plural von Nomen", „Lokutiv Singular Präteritum" usw.). Im Bedarfsfall kann auch von Hyperkonflexemen („Dativ Plural") gesprochen werden.

Die Flexematik wird in grammatischen Darstellungen meist „Morphologie" genannt. Der Terminus scheint mir unglücklich, weil Begriffspaare wie Morphostruktur : Inhaltsstruktur, Morphosyntax : Semantosyntax und überhaupt die verbreitete und nützliche Dichotomisierung der Grammatik nach Ausdruck und Inhalt einen Begriff der Morphologie nahelegen, der genau den gesamten Bereich des sprachlichen Ausdrucks umschließt. Demgegenüber hat der engere Begriff der Flexematik den Vorteil, unbelastet und somit frei definierbar zu sein.

2.5. Zur Lexembildung

Dieser wesentliche Teil der supraphonematischen Grammatik kann hier nur gestreift werden. Lexembildung beruht auf der Möglichkeit, aus (bestimmten) Monemen neue Moneme zu bilden. Damit ist schon angedeutet, daß in einer synchronen Grammatik wie der vorliegenden nur der Teil der Monembildung zu behandeln ist, der noch „produktiv“ ist. Wo genau die Grenze zwischen produktiver Monembildung und erstarrten, nur noch historisch erklärbaren Bildungen liegt, mag in Einzelfällen strittig sein. Offenkundig ist aber, daß das Nomen *Bestimmung,* auch wenn es in allen Lexika aufgeführt ist, jederzeit unmittelbar aus dem Verb *bestimmen* abgeleitet werden kann, meist als Nomen actionis (*Bestimmung* ist der Vorgang des *bestimmens*), oft auch im Sinne des Ziels einer solchen Aktion. Auf der anderen Seite ist bei Lexemen wie *Bildung* (in dem Sinne ‚geistig-seelischer Status‘) zwar noch ein historischer Zusammenhang mit dem Verb *bilden* erkennbar, es handelt sich aber hier weder um ein Nomen actionis noch um Nomen finis o. ä., und eine unmittelbare Ableitung des Nomens aus dem Verb ist nicht möglich: *Bildung* ist eine Lexikoneinheit und nichts als dies. Entsprechendes gilt für produktives *denkbar* von *denken* (und für andere deverbative Adjektive) gegenüber erstarrtem *ehrbar* von *ehren.*

Da Monembildung im wesentlichen auf bestimmte Lexeme beschränkt ist (sie gehört den Klassen Adjektiv, Nomen und Verb an – vgl. 2.6.), spricht man genauer von Lexembildung. Der weiter verbreitete Terminus „Wortbildung“ trifft zu, sofern (wie meist) „Wort“ als synonym mit dem oben definierten Terminus „Lexem“ aufgefaßt wird. Die Klassen, in denen noch die Bildung neuer Lexeme möglich ist, werden auch Hauptwortklassen genannt.

Der Wortbildungsprozeß folgt, morphosyntaktisch gesehen, der Formel

$$La + x \Rightarrow Lb$$

Damit ist gesagt, daß das Ausgangslexem La auf irgendeine Art im erzeugten Lexem Lb enthalten ist, ein weiteres Element x jedoch hinzukommt. x kann selbst Lexem oder aber Derivant sein. Es ist Lexem bei der sogenannten Zusammensetzung oder Komposition, z. B.

Lb : *Dummkopf* (La : *Kopf*)
Lb : *Nachtzug* (La : *Zug*)
Lb : *radfahr-* (La : *fahr-*)

Vielfach kommt bei Komposita aus zwei Nomina in der Kompositionsfuge noch ein flexivisches Element als weiterer Teil von x hinzu. Meist handelt es sich dabei um ein ursprüngliches Genitivflex oder Pluralflex:

Rat-s-keller
Name-ns-vetter
Erbe-n-versammlung

Bei Fremdwörtern kommt – dies ist wohl weitgehend auf angloamerikanischen Einfluß zurückzuführen – in der Fuge häufig *o* vor:

Lingu-o-stilistik
Morph-o-syntax

Das im übrigen am weitesten verbreitete „Fugen-*s*", das im allgemeinen nicht mehr als Genitivflex empfunden wird, findet sich auch „systemwidrig" bei Feminina, die im Genitiv Singular nie *s* haben:

Wohnung-s-amt
Gemeinschaft-s-arbeit
Schönheit-s-sinn

Bei „schwach" flektierten Nomina (s. dazu die Flexionstabelle auf Seite ?, hier die Flexionsklassen 1 und 2) als Bestimmungswörtern herrscht *n* vor:

Sonne-n-schein
Bube-n-streich

x ist Derivant bei der sogenannten Ableitung oder Derivation, z. B.

Präfix in Lb *besing* (La *sing-*)
Suffix in Lb *Rechnung* (La *rechn-*)
Lb *denkbar* (La *denk-*)
usw.

Berücksichtigt man für Ein- und Ausgabe auch die Lexemklassen und markiert sie durch Index, so gilt die exaktere Formel

$La_i + x \Rightarrow Lb_j$

Dabei kann $i = j$ sein, die Lexemklasse also erhalten bleiben. Dies ist der Fall bei

singen ⇒ *besingen*
Kopf ⇒ *Dummkopf*
u. a.

In vielen Fällen ist aber $i \neq j$, die Lexemklasse ändert sich also, z. B. in

rechn – ⇒ *Rechnung*
denk – ⇒ *denkbar*
u. a.

Es ist wichtig und nützlich, die morphosyntaktischen Komponenten bei der Lexembildung zu registrieren und zu klassifizieren. Wesentlicher ist aber der semantische Aspekt. Was geht vor, wenn ein neues Lexem gebildet wird? Inwiefern hängt seine Bedeutung mit der des ursprünglichen Lexems La_i zusammen, inwiefern differiert sie von ihr? Und wie ist diese Differenz zu beschreiben?

Diese Fragen sind wesentlich schwieriger zu beantworten als die auf das Morphosyntaktische zielenden. In keinem Fall ist die Bedeutung des Kompositums oder des Derivats einfach als Addition der Bedeutungen von La und x erklärbar. Dies trifft zwar vordergründig für Komposita wie

Rundkopf

zu, das in der Tat die Bedeutungen ‚rund' und ‚Kopf' in sich vereinigt. Aber ein drittes, wesentliches Bedeutungselement kommt schon hier hinzu: die Relation zwischen ‚rund' und ‚Kopf': ‚rund' fungiert als Determinans von ‚Kopf'. Eben dieser Relator ist aber von Lexem zu Lexem verschieden, und zwar ganz unabhängig von der Morphostruktur von Lb. So gilt

Dickkopf

entweder als Bezeichnung für einen Menschen, der schwer belehrbar ist *(Du bist ein Dickkopf.)*, oder aber als typische Eigenschaft eines solchen Menschen (*Du hast einen Dickkopf.*); dabei wird diese Eigenschaft metaphorisch durch *Kopf* als Sitz der Vernunft und das Adjektiv *dick* als restriktives Determinans angegeben. Nimmt man den bedeutungsähnlichen

Querkopf

hinzu, so ist leicht zu sehen, daß – vom metaphorischen Gebrauch abgesehen – *quer* hier nicht einfaches Determinans sein kann: ein Kopf *ist* schließlich nicht *quer*, er *liegt* oder *legt sich quer*. Damit wird deutlich, daß bei der Beschreibung der Bedeutung von Komposita oder Derivanten nicht einfach von den aktualisierten Bestandteilen ausgegangen werden kann, daß vielmehr auf „tiefer" liegende Strukturen zurückgeriffen werden muß. In der Tat ist es einfacher und effektiver, dabei von Phrasen auszugehen, in denen die in Frage stehenden Lexeme vorkommen. Dies bringt sogar Vorteile für die Beschreibung der Morphostruktur mit sich, wie die folgenden Beispiele zeigen mögen.

Der Adjektiv-Derivant *-bar* kommt produktiv nur noch vor, wenn La ein Verb ist, und zwar ein „Akkusativverb". Bezeichnet man dieses Verb mit V, so ist

ist V*-bar*

einigermaßen synonym mit

*kann ge-*V*-t/en werden*

Also: *Das ist machbar.* ≈ *Das kann gemacht werden.*

Der Satz ist beweisbar ≈ *Der Satz kann bewiesen werden.*
usw.

Andere Fälle wie *zahlbar*, *haftbar* sind nur historisch zu erklären; hier gilt eine „muß"-Relation, die jedoch nicht Bestandteil einer synchronen Erzeugungsregel sein kann; dieser Lexembildungstyp ist nicht mehr produktiv.

Der N-Derivant *-ung* setzt bei produktiver Lexembildung ebenfalls ein V als La voraus. Für viele Verben mit der Valenz ⟨01⟩ – s. dazu vor allem die Kapitel 5.4. und 5.5. – gilt die Nominalisierung

a V b
⇒ V-*ung* b_{gen} (*durch* a)
oder ⇒ V-*ung* a_{gen} (wobei b nicht aktualisiert wird)

Also

Mein Schwiegervater belehrt meinen Sohn.
⇒ *die Belehrung meines Sohnes (durch meinen Schwiegervater)*
oder ⇒ *die Belehrung meines Schwiegervaters*

Wo zusätzlich die Valenz 4 (präpositionale Ergänzung) vorliegt, bleibt sie erhalten:

a *folgert* b *aus* c
⇒ as *Folgerung von* b *aus* c

oder

die Folgerung von b *aus* c *durch* a

Hier zeigt sich besonders deutlich, daß Lexembildung ein phrastischer Prozeß ist, weil sich die Rektion von La bei der Transformation in Lb auf bestimmt geregelte Weise ändert. Zwar lassen sich die beiden *-ung*-Derivate mit ihrer Rektion durchaus für sich beschreiben, aber die strukturelle Verwandschaft zu dem Satz *Mein Schwiegervater belehrt meinen Sohn.* kann bei isolierter Behandlung der Lexeme nicht aufgewiesen werden. Hier gilt nun beispielsweise, daß bei V = *belehr-* das Element a als Agens, das Element b als Patiens des mit V benannten Vorgangs fungiert; und diese Bedeutungen in Relation zu V bleiben bei der Transformation erhalten.

Wie sehr im übrigen morphostrukturell übereinstimmende komplexe Lexeme unterschiedliche Bedeutungen haben können, zeigen die Reihen

Kettenhemd	*Würstchengrill*	*Zigeunerschnitzel*
Dosenbier	*Kartengrill*	*Schweineschnitzel*
Schweinshaxen	*Familiengrill*	

mit La = Nomen
oder *Kohlenklau*
Wattfraß
Almauftrieb

mit La = *Verb*
oder *Dummkopf*
Rotwein
Jungwähler
Schwarzseher

mit La = Nomen, x = Adjektiv.

Die offenkundige Notwendigkeit, Lexembildung als Phrasentransformation zu beschreiben, ist ein starkes Argument für die sogenannte generative Wortbildung, die neue Lexeme gewöhnlich aus „zugrundeliegenden Sätzen" ableitet. Freilich übersehen die Vertreter dieser Richtung meist, daß die traditionelle Grammatik diese Notwendigkeit durchaus sah, wenn sie daraus auch nicht immer die erforderlichen Konsequenzen gezogen hat.

2.6. Wörter und Wortklassen

In Kapitel 2.3. wurden die Minimaleinheiten des supraphonnematischen Bereichs als isolierte Elemente und lediglich im Hinblick auf ihre Kombinierbarkeit mit Flexemkategorien beschrieben. Es ergaben sich so die Lexemklassen 1, 2, 3.1, 3.2 und 3.3. Als wichtiger muß man jedoch die Kombinierbarkeit der Lexeme untereinander zu größeren Einheiten ansehen, weil ja sprachliche Kommunikation in aller Regel mit Hilfe solcher größerer Einheiten vor sich geht. Auf Grund dieser lexematischen Kombinierbarkeit, das heißt unter Berücksichtigung möglicher lexematischer Kontexte, ergibt sich eine andere Klassifikation. Damit dieser Unterschied zum Ausdruck kommen kann, wird der Begriff des Wortes eingeführt. Das Wort ist ein Lexem in seinem (lexematischen) Kontext. Da sich Lexeme nicht miteinander kombinieren lassen, ohne daß die flexiblen unter ihnen Flexeme zu sich nehmen, erscheint jedes Wort, sofern es einem Flexibile entspricht, in Form einer Lexem-Flexem-Verbindung. Wortklassen werden dann, weil für ihre Festlegung der Rekurs auf umgebende Lexeme genügt und die Flexeme hierbei vernachlässigt werden können, auf Grund der lexematischen Kombinatorik definiert.

Die Unterscheidung zwischen Lexem und Wort ist also keineswegs überflüssig. Das Lexem ist lediglich eine Lexikoneinheit, das Wort überdies potentieller Bestandteil eines Syntagmas. Mindestens bei den Flexibilia kommt dieser Unterschied auch morphologisch zum Ausdruck: in dem Satz

Sonja kauft einen Krug auf dem Markt.

besteht das Wort *einen* aus dem Lexem *ein* und dem Akkusativflex *en*; das Wort *dem* ließe sich auf ähnliche Weise aufteilen. *Sonja, Krug* und *Markt* haben zwar Nullflexe, die aber doch als Flexe gezählt werden müssen: das Lexem (= die Lexikoneinheit) *Markt* ist nicht identisch mit dem Wort *Markt*. Nur Partikeln sind als Lexeme wie als Wörter formgleich; aber als Wörter unterliegen sie einer Subklassifizierung.

Die Syntax der nächsthöheren Einheiten – der Phrasen – läßt sich leichter beschreiben mit Hilfe des Wortbegriffs, weil gerade bei der Phrasenbildung die spezifische Kombinatorik entscheidend ist. Phrasen, damit auch Sätze, werden künftig als aus Wörtern bestehend beschrieben. Auch verblose Sätze wie

Dummkopf!
Raus mit euch!
Schade um ihn.
Kummer?

bestehen aus Wörtern.

Die Wortklassen können nach allem Gesagten nicht mehr durchgehend mit den Lexemklassen übereinstimmen.

Die Wortklasse Verb (V) entspricht freilich völlig der gleich benannten Lexemklasse. Hier kann also auf weitere kombinatorische Merkmale verzichtet werden. Die spezifische Kombinatorik des Verbs wird vor allem in den Kapiteln 5.3. – 5.6. behandelt.

Eine weitere Klasse, die Wörter wie *Buch, Dackel, Tag, Zunge* enthält und oben als Lexemklasse L3.1 definiert wurde, kann – mit Ausnahme von *ich, du* und einigen anderen – ebenfalls als Wortklasse übernommen werden. In diese Klasse fällt auch das Wort *man*, falls man die Kasus obliqui *einem, einen* als zum Nominativ *man* gehörig ansieht. Elemente dieser Klasse werden als Nomina (N) bezeichnet. Sie lassen sich mit Adnomina kombinieren. Sie sind außerdem in ihrer Gesamtheit fähig, Genitivattribute, Relativsätze und situative Angaben zu sich zu nehmen:

das Buch des Gärtners
das Buch, das Sonja gebracht hat
das Buch in meiner Tasche

Adnomina (A) sind Wörter, die mit Nomina kombiniert (und als deren Dependentien), aber größtenteils auch allein (autonom) vorkommen. Es sind Adjektive und Determinative zu unterscheiden.

Adjektive (Aa) sind vor allem die oben in der Lexemklasse L3.2 erfaßten Wörter sowie alle Kardinalzahlwörter und einige andere. Im einzelnen sind verschiedene Kombinationsregeln gültig; die Beschreibung kompliziert sich noch mehr, wenn man, im Zusammenhang mit den sogenannten „Adjektivadverbien“, auch das Verhältnis von Adjektiv und „Adverb“ und die sogenannten Grenzformen berücksichtigt. Auf diese Regeln ist in Kapitel 4.3. näher einzugehen. Hier mag die Feststellung genügen, daß sich die Adjektive immer mit Determinativen zusammen mit einem Nomen verbinden lassen (dem sie in der linearisierten Struktur vorangestellt werden):

der ungarische Käse
jeder rote Hahn

Phrasen mit flektiertem Adjektiv ohne Nomen werden erklärt als Nominalphrasen, in denen das Nomen eliminiert wurde:

manche neue (Zeitung)

Dieses Verfahren ist legitim, weil solche Adjektivphrasen dieselben Kombinationsmöglichkeiten aufweisen wie vollständige Nominalphrasen:

manche neue, die eben noch schlecht gemacht ist
jede neue meines Nachbarn
dieser neue dort

Determinative (Ad) lassen sich immer mit einem Nomen kombinieren:

der Nachbar
jener Zeuge

Im Gegensatz zu Adjektiven, die fast unbeschränkt gehäuft werden können, lassen sich Determinative nur sehr begrenzt miteinander kombinieren:

**der mein Zeuge*

Immerhin ist möglich

dieser mein Zeuge

Phrasen mit Determinativ ohne Nomen werden, weil sie die selben Kombinationsmöglichkeiten wie vollständige Nominalphrasen aufweisen, erklärt als Nominalphrasen, in denen das Nomen eliminiert wurde:

der (Anwalt) meines Vaters
der (Anwalt), der mich rausgepaukt hat
der (Richter) da drüben

Ein Satz wie

Wem er vertraut, dem hilft er auch.

oder ein Ausdruck wie

der Mann, der Birnen verkauft

scheinen bei oberflächlicher Betrachtung dieser Erklärung zu widersprechen, da man die Demonstrativa *dem* und *der* nicht durch eine explizite NP ersetzen kann: ungrammatisch wäre

**Wem er vertraut, dem Mann hilft er auch.*
**der Mann, der Mann Birnen verkauft*

Aber die Herleitung der Determinative aus Nominalphrasen greift unmittelbar auf primäre Operationen im Konnexionsteil zurück, keineswegs auf Sätze in ihrer „terminalen" Form. Die ursprünglich erzeugten Ausdrücke haben also bereits eine Eliminierungstransformation durchlaufen, bei der aus der NP das regierende Nomen getilgt wird, ehe sie (hier im Rahmen eines Nebensatzes) einem anderen Ausdruck subjungiert werden. Näheres zur Subjunktion s. 5.9.2.

Es ist zu sehen, daß die meisten Determinative in der traditionellen Grammatik als „Pronomina" bezeichnet werden. Freilich ist auch der Artikel ein Determinativ.

Neben den bisher aufgeführten Adnomina gibt es noch eine kleine Klasse exklusiver Adnomina (Ae). Sie kommen nie ohne regierendes Nomen vor. Zu ihnen gehört zum Beispiel die Partikel *all* in

all die vielen Schmetterlinge

Die exklusiven Adnomina haben eine sehr begrenzte, von den Wörtern der Klassen Aa (Adjektive) und Ad (Determinative) stark abweichende Kombinatorik.

Eine weitere Klasse von Wörtern kann nicht bei Nomina auftreten, sondern hat die einzige Funktion, mit Nominalphrasen und gegebenenfalls mit ganzen Sätzen zu kommutieren, das heißt an deren Stelle treten zu können. Nur diese Klasse kann sinnvollerweise den Namen Pronomina (P) tragen. Es sind drei Subklassen zu unterscheiden:

P1. Die (geschlossene) Klasse umfaßt die Elemente *ich, wir; du, ihr; Sie* (als Anredeform für sozial distante Erwachsene). Sie kann keine Genitivattribute, wohl aber Relativsätze und situative Angaben zu sich nehmen:

du, der du das schon immer gewußt hast
du dort

Die Elemente dieser Klasse können aber vor allem emotionale oder emotional gemeinte Nominalphrasen zu sich nehmen (regieren):

du dummer Kerl

P2. Die (geschlossene) Klasse umfaßt die Elemente *er, sie, es.* Die Elemente dieser Klasse können Relativsätze und situative Angaben regieren:

er da drüben
er, der das schon immer gewußt hat

P3. Die (geschlossene) Klasse umfaßt die Elemente *jemand, niemand, wer, was, etwas, nichts.* Die Elemente dieser Klasse können Relativsätze und situative Angaben regieren, außerdem aber Adjektive (Adjektivphrasen) in der Form des Singular Neutrum:

jemand Neues
etwas Gutes
was (weißt du) Neues

Daß es sich ursprünglich um einen Genitiv (partitivus) handelt, ist gänzlich irrelevant geworden. Dies zeigt sich schon daran, daß P3-Phrasen im Dativ das entsprechende Flexem auch auf das dependente Adjektiv übertragen:

(ich habe es) jemand Neuem (gegeben)

Unter Zuhilfenahme von Nomen, Adjektiv, Determinativ, Pronomen und Verb lassen sich auch die meisten Partikeln nach Wortklassen ordnen. Elemente, die in ihrer Umgebung mindestens ein finites Verb oder ein Verb im Infinitiv (vgl. 2.2.) haben, heißen Subjunktoren (S). Gemeint sind mit den Subjunktoren im wesentlichen die „unterordnenden Konjunktionen“ der traditionellen Grammatik: *daß, ob, weil, wenn* u. a. Zwar verbinden Subjunktoren in den meisten Fällen Obersatz und Nebensatz (vgl. dazu Teil 5, hier im besonderen 5.9.). Aber eine dementsprechende Definition des Subjunktors als Element, in dessen Umgebung (mindestens) zwei konjugierte Verben vorkommen, würde Fälle wie

die Frage, ob er noch mithalten kann

nicht berücksichtigen, in denen der Nebensatz von einem Nomen abhängt, das nicht unbedingt Teil eines weiteren Verbalsatzes sein muß.

Auch Infinitivsatz-Einleitungen wie *um(zu), anstatt(zu), ohne(zu)* sind Subjunktoren.

Eine kleinere Klasse von Partikeln ist jederzeit mit den „Kopulaverben“ *sein, werden, bleiben, scheinen* kombinierbar. Sie heißen deshalb Kopulapartikeln (K). Es handelt sich um die sogenannten „nur-prädikativen Adjektive“ der traditionellen Grammatik: *quitt, schuld, leid* usw. Außer der Kombinierbarkeit mit Kopulaverben haben sie jedoch kaum etwas mit dem Großteil der Adjektive gemeinsam.

Die Elemente einer weiteren Partikelklasse können in ihrer Umgebung immer ein Nomen in spezifischem Kasus haben:

von (deinen Vätern)
nach (Göttingen)

Diese Partikeln heißen Präpositionen (T). Die Abkürzung T wurde gewählt in lockerem Anschluß an Lucien Tesnière, bei dem die „translative“ Funktion der Präposition eine besonders wichtige Rolle spielt; ferner weil der Buchstabe P schon für die Pronomina belegt ist. Es empfiehlt sich jedenfalls, die Bezeichnung „Präposition“ beizubehalten.

Partikeln, die im konnexionellen Bereich symmetrische Umgebung haben, heißen Konjunktoren (U). Ihnen werden also jeweils zwei gleichartige Konstrukte – Äußerungen, Sätze, Phrasen, Wörter, ja selbst Derivanten – zugeordnet:

Überlegen Sie es sich, oder Sie müssen mit einer Unterbrechung der Sitzung rechnen.
Sie lobten ihn, und sie verrieten ihn.
Haie und kleine Fische
für und wider
auf- und umstellen

Es handelt sich um die „nebenordnenden Konjunktionen“ der traditionellen Grammatik (*aber*, *denn*, *und* und andere), aber auch um Wörter wie *deshalb*, *demzufolge*, die immer Sätze verbinden, sowie um die Partikel *auch* und bedeutungsverwandte Wörter.

Es bleibt eine Restklasse (R) nicht weiter bestimmbarer Partikeln. Sie kann nur behelfsweise auf Grund semantischer Kriterien subklassifiziert werden. So lassen sich Wörter mit Verweisfunktion ausgliedern, wobei weiter Textreferenz und Situationsreferenz unterschieden werden können (*da*, *darüber* u. a.). Die existimatorischen Elemente (*wohl*, *vermutlich*, *zwar*) und die negierenden Elemente (*nicht*, *keineswegs*) geben Stellungnahmen zu Aussagen über Sachverhalte wieder.

Es ist einzuräumen, daß die Abgrenzung zwischen den Klassen U und R Schwierigkeiten bereitet, vor allem da Elemente wie *deshalb*, *demzufolge*, *auch* ebensowohl unter U wie unter R klassifiziert werden können. In diesen Fällen soll fürs erste – gemeint ist: solange keine exakteren Abgrenzungskriterien gefunden sind – gelten, daß Wörter jeweils der Klasse zugeordnet werden, die in der soeben erläuterten Liste als erste auftritt.

Traditionelle Grammatiken führen gewöhnlich das Partizip als eigene Wortklasse auf; hier wird es als Verbform beschrieben (vgl. dazu Kapitel 2.2.). Im Sinne einer effektiven Subklassifikation kann der Terminus „Partizip“ beibehalten werden. Wesentlich ist nun, daß die durch Flexion gebildeten Partizipien ein weiteres Mal flektiert werden können. Diese Flexion haben sie, wie auch den größten Teil ihrer Kombinatorik, mit den Adjektiven gemeinsam.

Dies gilt vor allem für das Partizip I: *sing-end*, *lach-end*, *schreib-end*. Es kann in der deutschen Gegenwartssprache überhaupt nur noch adnominal, also wie ein attributives Adjektiv verwendet werden. Die Form **er ist singend* hat in der deutschen Gegenwartssprache als unkorrekt zu gelten; Formen wie *Er ist leidend.* widersprechen dem nicht, weil *leidend* trotz der offenkundigen Verwandtschaft mit dem Verb *leiden* längst zur autonomen Lexikoneinheit (mit der Bedeutung ‚krank‘) geworden ist und nicht vom Verb abgeleitet wird.

Nicht ganz so eindeutig liegen die Verhältnisse beim Partizip II. Von einer Zugehörigkeit zur Klasse „Adjektiv“ muß genau dann gesprochen werden, wenn das Wort mit Adjektivflexemen kombiniert wird: *gefallener*, *gesunken-es*. Sehr häufig sind jedoch daneben die Fälle, wo das Partizip II nicht attributiv zum Nomen tritt, sondern mit anderen verbalen Elementen zusammen einen Verbalkomplex bildet: *wird gebadet haben* (Näheres dazu Kapitel 4.2.). Bei solcher Verwendung kann das Partizip II nicht flektiert werden. Im Hinblick darauf ist die Grenze zwischen dem Partizip als Verbform und dem Partizip als Adjektiv im allgemeinen sehr scharf. Zwar ist oft die Rede von Grenzfällen zwischen Verb und Adjektiv; dabei wird an Beispiele wie *Sein Gesicht ist gerötet.*, *Er war sehr betrunken.* und andere erinnert. Hier handelt es sich entweder um „Kopulasätze“, in denen das Partizip als E_8 auftritt, oder um Sätze mit *sein*-Passiv (s. Näheres in Kapitel 4.2.). Aber das *sein*-Passiv ist, wie zu zeigen sein wird, nur bei Verben möglich, die auch ein *werden*-Passiv zulassen. Weder *betrinken* noch (in der hier vorliegenden Bedeutung) *röten* sind passivfähig; damit erweisen sich beide partizipähnlichen Formen in den beiden letztgenannten Beispielen als Adjektive.

Die Zuordnung der Partizipien zu den so definierten Wortklassen ist deshalb weiterhin nicht problemlos. Es wird generell empfohlen, sie den Verben zuzuordnen, wo nur verbale Flexeme vorliegen; wo Partizipien zugleich wie Adjektive flektiert werden, sollte man sie den Adjektiven zurechnen.

In Einzelfällen mag die Zuordnung eines Wortes zu einer der Partikelklassen problematisch sein; Abgrenzungsschwierigkeiten bestehen nicht nur zwischen den Klassen U und R. Auch gibt es Wörter, die mehrfach klassifizierbar sind. So gehören *als* und *wie* entweder zur Restklasse *(als Held, wie ein Mann)* oder zu den Subjunktoren *(als der Regen kam, wie es geschrieben steht)*.

Man wird bemerkt haben, daß sich diese Klassifikation der Wörter möglichst eng an die traditionellen „Wortarten“ oder „Wortklassen“ anlehnt. Ziel war also keineswegs Neuerung um jeden Preis; vielmehr sollte möglichst vieles erhalten, aber (erforderlichenfalls) exakter definiert werden, damit auch Entscheidungshilfen für Zweifelsfälle gegeben werden könnten. Daß dennoch nicht alles beim alten bleiben konnte, hat zwei Ursachen: erstens die bisher übliche Art der Wortklassendefinition im allgemeinen, zweitens Ungereimtheiten im einzelnen. Auf beide Mißstände muß schon deshalb noch kurz eingegangen werden, weil davon eine Rechtfertigung des hier gewählten Verfahrens zu erwarten ist.

In den meisten grammatischen Darstellungen wurden die Wortklassen überhaupt nicht definiert, sondern als selbstverständlich vorausgesetzt. Dies gilt gerade auch für Beschreibungen auf der Grundlage der generativen Grammatik. Die hier anzutreffenden Ansätze zu extensionaler Definition nach dem Muster

N → *Buch, Deckel, Tafel, Zunge ...*

sind eben deshalb nicht aufschlußreich, weil sie fast immer unvollständige Listen enthalten.

Problematisch sind aber vor allem die Versuche der traditionellen Grammatik, die Wortklassen semantisch zu definieren. Die meist stillschweigend gemachte Voraussetzung hierbei ist, daß jede Wortklasse schon eine allgemeine, eine „Grundbedeutung" habe. Vielverwendete Grammatiken, auch wenn sie im übrigen beachtliche Vorzüge aufweisen, definieren etwa „Substantive" als Wörter, die „Lebewesen (Menschen oder Tiere), Pflanzen, Dinge und Nichtgegenständliches, Gedachtes, Begriffliches" bezeichnen, „und zwar nach dem Kriterium des ‚Vorhandenseins' als stofflich oder gedanklich Seiendes". Aber abgesehen davon, daß auch Eigenschaften und Vorgänge „gedacht" werden und das Kriterium des „Vorhandenseins" erfüllen, daß mithin auch *hart* und *laufen* nach dieser Definition „Substantive" sein müßten, wurde übersehen, daß jedes Pronomen als Vertreter einer „Substantivgruppe" dasselbe wie diese Gruppe bezeichnet, daß folglich auch jedes Pronomen ein „Substantiv" wäre.

Adjektive sind nach einer verbreiteten Grammatik unserer Zeit Wörter, die „Eigenschaften, Merkmale" u. a. bezeichnen; „der Sprecher gibt mit ihnen an, wie jemand oder etwas ist, wie etwas vor sich geht oder geschieht u. a.". Aber auch *Schönheit* bezeichnet eine Eigenschaft, auch *(vor Schmutz) starren* ein Merkmal, beide müßten demnach Adjektive sein.

Schließlich versteht eine bekannte Grammatik unter Verben Wörter, die bezeichnen, „was geschieht oder was ist: Zustände, Vorgänge oder Tätigkeiten und Handlungen". Bezeichnet aber nicht auch das Wort *Tätigkeit* eine Tätigkeit, das Wort *Vorgang* einen Vorgang? Oder was denn sonst? Das Fiasko, das man bisher mit allen semantisch fundierten Wortklassendefinitionen angerichtet hat, macht die Versuche verständlich, sich „streng strukturalistisch" an die Oberfläche als das letztlich allein Greifbare zu halten und die Wortklassen durch ihre Umgebung zu definieren. Die deutsche Grammatik von Helbig-Buscha, die solchermaßen „distributionell" definiert, legt eine wesentliche Schwäche dieses Verfahrens bloß. Wenn dort Substantive etwa definiert werden durch Kontextmuster wie

Das ————— ist langweilig.

(wobei natürlich die Kontextelemente Variable sind), so können hier natürlich nicht nur „Substantive" wie *Glück, Spiel, Dorf* eingesetzt werden, sondern auch Wörter wie *rennen, singen; neu-, alt-;* ja sogar *ich, damals, vermutlich, nicht, doch* und andere. Letzten Endes ergibt ein solcher Substitutionstest nichts, als daß jedes Wort „substantivierbar“ sei; also ist die gesamte distributionelle Definition unbrauchbar.

Außerdem besteht bei distributioneller Definition, da ja auch die Umgebung aus Wörtern besteht, die Gefahr der Zirkeldefinition. Diese Gefahr ist im vorliegenden Buch, das ja die Wortklassen ebenfalls distributionell definiert, immerhin auf die Definition des Nomens beschränkt worden.

Literatur

Admoni, W. G.: Der deutsche Sprachbau, München [3]1970, bes. S. 35–203. (Leningrad 1960.)

Bartsch, Werner: Temporalität und Aktionalität, in: Deutschunterricht für Ausländer 18, Heft 1/2, 1968, S. 34–45.

Bartsch, Werner: Aktionalität und Modalität, in: Zielsprache Deutsch 3, 1972, Heft 2, S. 55–67.

Baumgärtner, Klaus: Die Struktur des Bedeutungsfeldes, in: Satz und Wort im heutigen Deutsch = Sprache der Gegenwart, Bd. 1, Düsseldorf 1967, S. 165–197, bes. S. 165–172.

Der Begriff Tempus – eine Ansichtssache? = Beihefte zur Zeitschrift „Wirkendes Wort“, Heft 20, Düsseldorf 1969.

Bierwisch, Manfred: Grammatik des deutschen Verbs = Studia Grammatica, Bd. 2, Berlin [2]1965, bes. S. 15–18. (Berlin 1963.)

Bierwisch, Manfred: Über den theoretischen Status des Morphems, in: Studia Grammatica 1, [2]1965, S. 51–89.

Brekle, Herbert Ernst: Generative Satzsemantik und transformationelle Syntax im System der englischen Nominalkomposition, München 1970.

Brekle, Herbert Ernst: Zur Stellung der Wortbildung in der Grammatik, Trier 1973, Prepubl. Paper. (bes. zu 2.5)

Brinkmann, Henning: Die deutsche Sprache, Gestalt und Leistung, Düsseldorf [2]1971. (Düsseldorf 1962.)

Coseriu, Eugenio, Lexikalische Solidaritäten, in: Poetica, Bd. 1, 1967, S. 293–303. (bes. zu 2.3., 2.6.)

Coseriu, Eugenio: Einführung in die strukturelle Betrachtung des Wortschatzes. Die lexematischen Strukturen = Tübinger Beiträge zur Linguistik, Bd. 14, Tübingen [2]1973 (Tübingen 1970), bes. S. 1–56, 105–124. (bes. zu 2.3., 2.6.)

Engel, Ulrich: Deutsche Gebrauchswörterbücher, Kritik und Anregungen, in: Festschrift für Hans Eggers zum 65. Geburtstag, Tübingen 1972, S. 253–282, bes. 253–264.

Engel, Ulrich; Schramm, Angelika: Lexeme und Wortgruppen. Beitrag zu einer Grammatik der deutschen Gegenwartssprache, in: G. Fritz und O. Werner (Hrsg.), Deutsch als Fremdsprache und neuere Linguistik, München 1975, S. 1–26.

Erben, Johannes: Deutsche Grammatik. Ein Abriß, München [11]1972. (Berlin 1958.)

Erben, Johannes: Einführung in die deutsche Wortbildungslehre = Grundlagen der Germanistik 17, Berlin 1975.

Fabricius Hansen, Cathrine: Transformative, intransformative und kursive Verben = Linguistische Arbeiten 26, Tübingen 1975.

Filipec, Josef: Probleme des Sprachzentrums und der Sprachperipherie im Wortvorratssystem, in: Travaux linguistique des Prague 2, 1966, S. 257–275.

Flämig, Walter (Hrsg.): Skizze der deutschen Grammatik, Berlin 1972.

Fleischer, Wolfgang: Wortbildung der deutschen Gegenwartssprache, Leipzig [3]1974. (Leipzig [1]1969.)

Geckeler, Horst, Strukturelle Semantik und Wortfeldtheorie, München 1971, bes. S. 23–83.

Glinz, Hans: Der deutsche Satz, Düsseldorf [4]1965, bes. S. 28–47.

Glinz, Hans: Deutsche Grammatik 1 und 2 = Studienbücher zur Linguistik und Literaturwissenschaft, Bd. 2, Bad Homburg 1970, Bd. 3, Frankfurt a. M. 1971.

Grebe, Paul: Der semantisch-syntaktische Hof unserer Wörter, in: Wirkendes Wort 1966, Bd. 16, S. 391–394.

Grebe, Paul: Der Worthof von „schreiben", in: Neue Beiträge zur deutschen Grammatik, Hugo Moser zum 60. Geburtstag gewidmet = Duden-Beiträge, Bd. 37, Mannheim 1969, S. 63–77.

Grebe, Paul (Hrsg.): Grammatik der deutschen Gegenwartssprache (Duden-Grammatik) = Der Große Duden, Bd. 4, Mannheim [3]1973. (Mannheim 1959.)

Gruber, Jeffrey S.: Studies in Lexikal Relations, Diss. MIT, Massachusetts 1965.

Hauser-Suida, Ulrike; Hoppe-Beugel, Gabriele: Die Vergangenheitstempora in der deutschen geschriebenen Sprache der Gegenwart. Untersuchungen an ausgesuchten Texten = Heutiges Deutsch, I, 4, München, Düsseldorf 1972.

Heger, Klaus: Monem, Wort, Satz und Text = Konzepte der Sprach- und Literaturwissenschaft, Bd. 8, Tübingen [2]1976. (Tübingen 1971.)

Helbig, Gerhard; Buscha, Joachim: Deutsche Grammatik. Ein Handbuch für den Ausländerunterricht, Leipzig [3]1975. (Leipzig 1972.)

Henne, Helmut: Semantik und Lexikographie, Untersuchungen zur lexikalischen Kodifikation der deutschen Sprache = Studia Linguistica Germanica 7, Berlin, New York 1972.

Henzen, Walter: Deutsche Wortbildung, Tübingen [3]1965. (Halle 1947.) (bes. zu 2.5.)

Huber, Walter; Kummer, Werner: Transformationelle Syntax des Deutschen I, München 1974.

Jäger, Siegfried: Empfehlungen zum Gebrauch des Konjunktivs in der geschriebenen deutschen Hochsprache = Sprache der Gegenwart, Bd. 10, Düsseldorf [2]1971. (Düsseldorf 1970.) (bes. zu 2.2.)

Jäger, Siegfried: Der Konjunktiv in der deutschen Sprache der Gegenwart. Untersuchungen an ausgewählten Texten = Heutiges Deutsch, I, 1, München 1971. (bes. zu 2.2.)

Kaufmann, Gerhard: Grammatik der deutschen Grundwortarten. Systeme morphologisch-syntaktischer Merkmale als Grundlage zur Datenverarbeitung = Schriften der wissenschaftlichen Arbeitsstelle des Goethe-Instituts 1, München 1967.

Klappenbach, Ruth; Malige-Klappenbach, Helene: Zur Bedeutungsanalyse des Wortes, in: Forschungen und Fortschritte, Bd. 39, 1965, Heft 2, S. 54–57.

Kotschi, Thomas: Probleme der Beschreibung lexikalischer Strukturen. Untersuchungen am Beispiel des französischen Verbs = Linguistische Arbeiten 19, Tübingen 1974.

Kühnhold, Ingeburg; Wellmann, Hans: Deutsche Wortbildung, Typen und Tendenzen in der Gegenwartssprache, 1. Hauptteil: Das Verb = Sprache der Gegenwart, Bd. 29, Düsseldorf 1973.

Lindgren, Kaj B.: Morphem – Wort – Wortart – Satzglied. Versuch einer Begriffsklärung, in: Wirkendes Wort, Bd. 17, 1967, S. 217–228.

Martinet, André: Composition, dérivation et monèmes, in: Wortbildung, Syntax und Morphologie (= Festschrift für Hans Marchand), 's-Gravenhage 1967, S. 143–149.

Martinet, André (Hrsg.): Linguistik. Ein Handbuch, Stuttgart 1973, bes. Kap. 2: D. François, Syntaktische Autonomie und Klassifizierung der Moneme, S. 5–9. (zu 2.1.)

Motsch, Wolfgang: Syntax des deutschen Adjektivs = Studia Grammatica, Bd. 3, Berlin 1965, bes. S. 14–88.

Neumann, Ingrid: Temporale Subjunktionen, Syntaktisch-semantische Beziehungen im heutigen Deutsch = Forschungsberichte des Instituts für deutsche Sprache, Bd. 11, Mannheim 1972.

Porzig, Walter: Wesenhafte Bedeutungsbeziehungen, in: Beiträge zur Geschichte der deutschen Sprache und Literatur, Bd. 58, 1934, S. 70–97.

Regula, Moritz: Grundlegung und Grundprobleme der Syntax = Bibliothek der allgemeinen Sprachwissenschaft, Reihe II, Heidelberg 1951.

Regula, Moritz: Kurzgefaßte erklärende Satzkunde des Neuhochdeutschen, Bern/München 1968.

Schmidt, Franz: Logik der Syntax, Berlin ^{4}1962. (Berlin 1959.)

Schmidt, Wilhelm: Grundfragen der deutschen Grammatik. Eine Einführung in die funktionale Sprachlehre, Berlin 1965, bes. S. 36–77.

Schmidt, Wilhelm: Lexikalische und aktuelle Bedeutung. Ein Beitrag zur Theorie der Wortbedeutung, Berlin 1963.

Schulz, Dora; Griesbach, Heinz: Grammatik der deutschen Sprache, München ^{8}1970. (München 1960.)

Stelzer, Steffen (Hrsg.): Probleme des „Lexikons" in der Transformationsgrammatik = Linguistische Forschungen 10, Frankfurt 1972.

Tesnière, Lucien: Eléments de syntaxe structurale, Paris ²1965 (Paris 1959), S. 51–94.

Trnka, B.: Words, semantemes, and semems, in: Festschrift für Roman Jakobson, The Hague 1967, S. 2050–2054.

Vater, Heinz: Das System der Artikelformen im gegenwärtigen Deutsch, Tübingen 1967.

Wahrig, Gerhard: Anleitung zur grammatisch-semantischen Beschreibung lexikalischer Einheiten = Linguistische Arbeiten 8, Tübingen 1973.

Weisgerber, Leo: Die vier Stufen in der Erforschung der Sprachen, Düsseldorf 1963, bes. S. 161–214.

Wellmann, Hans: Deutsche Wortbildung. Typen und Tendenzen in der Gegenwartssprache, 2. Hauptteil: Das Substantiv = Sprache der Gegenwart, Bd. 32, Düsseldorf 1975.

Werner, Otmar: Einführung in die strukturelle Beschreibung des Deutschen, Teil 1, = Germanistische Arbeitshefte 1, Tübingen 1970, bes. S. 85–96.

Wiegand, Herbert E.: Synchronische Onomasiologie und Semasiologie, Kombinierte Methoden zur Strukturierung der Lexik = Germanistische Linguistik 3, Marburg 1970.

Wunderlich, Dieter: Tempus und Zeitreferenz im Deutschen = Linguistische Reihe, Bd. 5, München 1970.

Zifonun, Gisela: Zur Theorie der Wortbildung am Beispiel deutscher Präfixverben = Linguistische Reihe, Bd. 13, München 1973. (bes. zu 2.5.)

3. Grundbegriffe des supraphonematischen Bereichs

3.1. Regens und Nukleus. Dependens und Satellit

Im Kapitel 1.6.wurde schon kurz dargelegt, daß Regens und Dependens die Terme einer Dependenzrelation sind.

Wird die N-Phrase

mein alter Hund

durch das Dependenzdiagramm

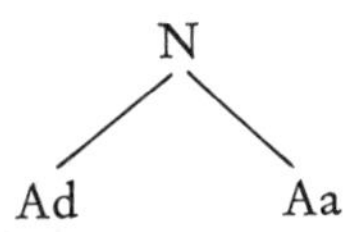

symbolisiert, so fungiert N als Regens, Ad und Aa sind dessen Dependentien.

Komplexere Konstrukte machen eine weitere Unterscheidung erforderlich. Der Satz

Der Spatz sitzt auf dem Dach(e).

(er ist, wie in 3.2. gezeigt wird, eine Verbalphrase) läßt sich wiedergeben durch das Diagramm

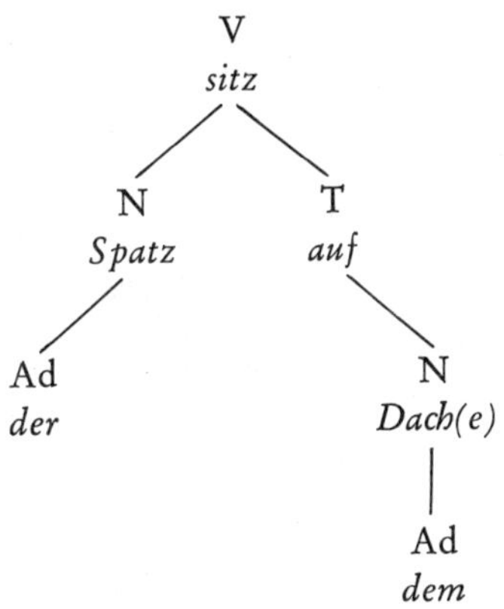

Dabei wird davon ausgegangen, daß das „Subjekt“ (*der Spatz*) sowie die Ortsbestimmung *auf dem Dach(e)* vom Verb V abhängen; ferner, daß in Präpositionlphrasen immer die Präposition T als dependentiell oberstes Element erscheint, und daß die Determinative Ad stets von den Nomina abhängen. Zu den Abkürzungen für Wortklassen s. Kapitel 2.6.

Dieser Satz enthält eine Präpositionalgruppe: *auf dem Dach(e).* Fragt man nach dem Regens dieser Gruppe, so kann man zweierlei antworten: das Verb *sitz-* regiert die gesamte Phrase sozusagen von außen her, die Präposition *auf* ist innerhalb der Gruppe höchstes, mithin regierendes Element. Wir unterscheiden hier, indem wir künftig nur noch das extern regierende Element als R e g e n s, das intern regierende Element aber als K e r n oder N u k l e u s bezeichnen. Gerade der Nukleus wird wichtig sein für die Definition spezieller Phrasen.

Die zweifache Sehweise der Rektionsverhältnisse kann übrigens auf „tiefer“ liegende Konstrukte projiziert werden. So enthält die Präpositionalgruppe *auf dem Dache* eine (dativische) N-Gruppe (*dem Dache*). Regens dieser N-Gruppe ist *auf*, ihr Nukleus ist *Dache* usw.

Auch bei den abhängigen Elementen ist eine begriffliche Unterscheidung nötig. In dem Diagramm (s. oben)

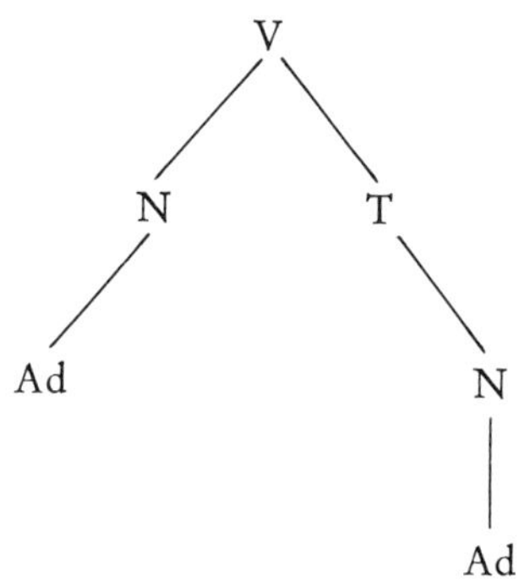

ist T Dependens von V, N Dependens von T, Ad Dependens von N, wobei nur die Elemente des rechten „Dependenzastes“ betrachtet werden. Man kann hierbei von jeweils unmittelbaren Dependentien sprechen. Mittelbar ist freilich auch – immer innerhalb des rechten Dependenzastes! – N und sogar Ad Dependens von V, und Ad ist mittelbares Dependens von T. Diese Unterschiede können durch Verwendung der Attribute „mittelbar“ bzw. „unmittelbar“ ohne weiteres deutlich gemacht werden. In allen

Fällen gilt jedoch, daß Dependens – ob mittelbar oder unmittelbar – immer nur ein Knoten im Diagramm sein kann.

Nun ist es oft nützlich, nicht ein einzelnes Dependens zu betrachten, sondern ein unmittelbares Dependens mit allen von ihm (mittelbar oder unmittelbar) abhängigen Elementen.

Die Wortgruppe

auf dem neuen Dache

kann durch das Diagramm

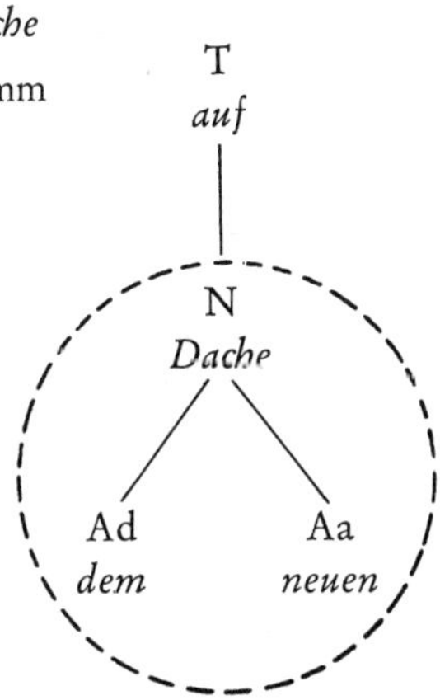

symbolisiert werden. Hier ist N unmittelbares Dependens von T. Die Gruppe *dem neuen Dache*, gebildet aus N, Ad und Aa, nennen wir den Satelliten von T. Eine solche Gruppe kann grundsätzlich auch aus einem Wort bestehen. So ist im obenstehenden Diagramm Ad Satellit von N, und dasselbe gilt für Aa, obwohl beide nur aus einem Wort bestehen.

Für den Satelliten gilt, wie für jedes in Dependenzrelationen stehende Element, daß es nur einen Nukleus haben kann (umgekehrt kann aber ein Nukleus mehrere Dependentien haben). Ein Satellit kann per definitionem keine Dependentien haben.

Unter den Begriffen Regens, Nukleus, Dependens, Satellit ist der des Satelliten immerhin der einzige, der mehr als einen Knoten im Diagramm bezeichnen kann. In der Regel wird man den Begriff des Satelliten nur benötigen, wenn er sich auf ein Konstrukt bezieht, das aus mehr als einem Knoten besteht.

3.2. Phrasen und Glieder

Der Satz

Sonja geht vors Haus.

enthält das Teilkonstrukt *vors Haus.* Solche Konstrukte nennt die traditionelle Grammatik meist „Wortgruppen" (hier liegt dann eine Präpositionalgruppe vor) oder Glieder, Satzglieder u. ä. Die generative Grammatik spricht von Phrasen (hier: Präpositionalphrase). Dieser terminologische Wirrwarr ist umso bedenklicher, als er vielfach mit begrifflicher Unklarheit gepaart ist. Im folgenden wird versucht, zuerst die Begriffe zu klären und dann geeignete Bezeichnungen einzuführen.

Offensichtlich sind zwei verschiedene Betrachtungsweisen möglich. Betrachtet man das Konstrukt *vors Haus* unabhängig von seiner Umgebung, also kontextfrei, so kann vor allem gesagt werden, daß *vor* als Nukleus fungiert:

T
vor
|
N
Haus
|
Ad
s

Man kann alle Konstrukte nach ihrem Nukleus benennen. Solche nach dem Nukleus benannten Konstrukte werden hier Phrasen genannt. *vors Haus* ist eine Präpositionalphrase oder eine T-Phrase. Klassen von Phrasen sind also nichts anderes als Nukleusklassen. Theoretisch gibt es so viele Klassen von Phrasen wie Wortklassen. Eine Phrase enthält mindestens ein Wort.

Näheres zu den Phrasen s. Teil 4.

Betrachtet man andererseits ein Konstrukt wie *vors Haus* in seiner Umgebung, also kontextabhängig, nämlich in Beziehung zu seinem Regens, so zeigt es sich, daß diese Phrase von einem Verb abhängt:

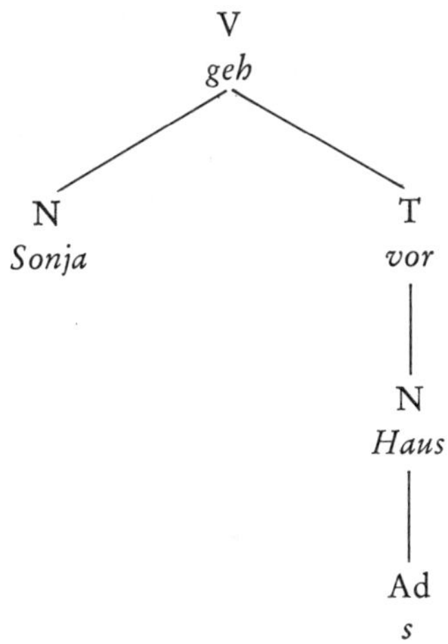

vors Haus ist also eines der Elemente, die von Verben wie *gehen* abhängen können. Die Frage, welche Satelliten hier außerdem in Frage kommen, führt uns auf eine Reihe

vors Haus
in den Keller
hinter die Mähmaschine
auf den Wilden Kaiser
nach Bamberg
usw.

Präpositionalphrasen mit anderen Präpositionen lassen sich anschließen. Aber ein Verb wie *gehen* läßt nicht nur Präpositionalphrasen zu; einsetzbar sind auch

hinaus
hinunter
dorthin
usw.

– sogenannte „Adverbien“, die hier zur Restklasse gezählt werden (s. 2.6.). Über eine Aufzählung der beim Verb *gehen* zulässigen Elemente hinaus kann ein allgemeines Merkmal dieser Dependentien angegeben werden: es handelt sich hier um eine Richtungsbestimmung. Was unter diesen Begriff fällt, kann – unabhängig von seiner Phrasenstruktur – eingesetzt werden. Man sieht hieraus, daß das Verb – übrigens wie auch andere

Lexeme – seine Dependentien auf eigene Weise selegiert, wobei die Beschränkung auf eine Phrasenklasse nicht die Regel ist.

Konstrukte, die von ihrem unmittelbaren Regens selegiert werden, heißen fortan Glieder. Das Konstrukt *vors Haus* in dem Satz *Sonja geht vors Haus.* ist ein Verbalglied. Entsprechend wäre *mit Oskar* in dem Konstrukt *Ärger mit Oskar* ein N-Glied, wenn man eine Struktur

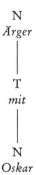

N
Ärger
|
T
mit
|
N
Oskar

für angebracht hält.

Es sei noch einmal darauf hingewiesen, daß Phrasen kontextfrei definiert werden, so daß der jeweilige Kontext nichts zur Klassifikation einer Phrase beitragen kann. Auf der anderen Seite können Glieder nie kontextfrei definiert werden, sondern nur in Abhängigkeit vom Kontext. Auf Grund dieses Kontextes ergeben sich Kommutationsklassen (Paradigmen), nach denen verschiedene Arten von Gliedern festgelegt werden können. Näheres hierzu s. Kapitel 3.4. sowie Kapitel 5.3., 5.4., 5.5. und 5.6.

Will man sich nicht festlegen, ob man ein Konstrukt als Phrase oder als Glied betrachtet, so kann man neutral von einer Gruppe (meist Wortgruppe) sprechen.

Daß diese begriffliche und terminologische Neufestsetzung nötig war, zeigen Unstimmigkeiten in vielen neueren Grammatiken. Wenn etwa eine generative Grammatik eine Erzeugungsregel aufstellt, nach der Verben wie *gehen* obligatorisch eine Präpositionalphrase verlangen – solche Regeln lassen sich dutzendweise belegen –, so ist diese Regel falsch, weil sie Sätze wie *Sonja geht hinaus.* nicht erzeugen kann. Der Ausweg, *hinausgehen* als eigenes Verb aufzufassen, ist dann nichts als das Eingeständnis der Unfähigkeit, eine Sprache auf ökonomische und kohärente Weise zu beschreiben. Der Fehler dieser Regel liegt darin, daß der Begriff der Phrase verwendet wurde, wo der Begriff des Gliedes angebracht gewesen wäre. Wenn andererseits das Konstrukt *im Haus*, ohne daß näher auf den Kontext eingegangen wird, als Satzglied (Präpositionalglied, Raumglied o. a.) bezeichnet wird, so ist das wenigstens insofern falsch, als hier nicht das Regens, sondern nur der Nukleus bekannt ist und somit allenfals von einer Präpositionalphrase gesprochen werden kann. Derlei Fehler, die eher in konventionellen Grammatiken (also auch in Schulgrammatiken) begegnen, beruhen auf der Verwendung des Gliedbegriffs anstelle des Phrasenbegriffs.

Nachlässigkeit in diesen Dingen ist gefährlich, weil sie nicht bloß zu Unklarheiten, sondern vielfach zu falschen Beschreibungen führt. Man wird nicht darum herumkommen, Phrasen und Glieder künftig streng zu unterscheiden.

3.3. Rektion und Valenz

Man kann grundsätzlich jedem Wort die Eigenschaft zuerkennen, andere Elemente zu regieren. Diese regierten Elemente können, da ihr Vorkommen je vom Regens abhängt, nur als Glieder definiert werden. Die Eigenschaft eines Wortes, Glieder zu regieren, heißt seine Rektion. Dieser Sprachgebrauch steht weitgehend in Übereinstimmung mit dem der traditionellen wie der neueren Grammatik; freilich wird der Begriff der Rektion häufig –vor allem in älteren Darstellungen – auf Satzglieder und hier wieder auf die kasusbestimmten Glieder, also auf die „Objekte", gelegentlich unter Einschluß des Subjekts, eingeschränkt. Unsere Definition erlaubt eine so enge Fassung nicht: solange nichts Einschränkendes gesagt und begründet wird, haben Elemente jeder Wortklasse ihre Rektion, und Rektion erstreckt si chauf alle dependenten Konstrukte.

Daß verschiedene Wortklassen verschiedene Rektion und damit verschiedene Dependentien haben, ist bekannt. Bei Nomina (und gelegentlich bei Adjektiven) redet man dabei gewöhnlich von Attributen (sie sind in den folgenden Beispielen gesperrt):

Karls Haus
Ärger mit Oskar
Gedanken an Sonja

Beim Verb spricht man von Satzgliedern (sie sind in den folgenden Beispielen gesperrt):

Es war ein herrlicher Sommertag.
Der Felsen glänzte rot.

Man weiß auch, daß nicht alle Elemente e i n e r Wortklasse dieselbe Rektion haben. Seit den ältesten Zeiten spricht die Schulgrammatik von Akkusativverben (wie *essen*), Dativverben (wie *helfen*), Genitivverben (wie *bedürfen*), auch Richtungsverben (wie *fahren*), schließlich von Verben ohne Objekt (wie *blühen*). Weniger bekannt ist, daß solche auf Teile der Wortklasse beschränkte Rektion auch bei Nomina und Adjektiven vorkommt:

Hoffnung auf Frieden

aber nicht:

**Gewißheit auf Frieden*

und *zufrieden mit Thomas*
eifersüchtig auf Thomas
gierig nach Ruhm
usw.

Solche a u f T e i l e v o n W o r t k l a s s e n b e s c h r ä n k t e R e k t i o n heißt fortan V a l e n z. Damit ist Valenz nichts als subklassenspezifische Rektion.

Die neuere und zum Teil auch die herkömmliche Grammatik kennt den Valenzbegriff durchaus. Sie hat ihn aber im allgemeinen nur unreflektiert und unsystematisch verwendet. Mißverständnisse unter den Linguisten, Mißverständnisse für die Lehrer waren die Folge. Der keineswegs neue, aber neu definierte Valenzbegriff könnte dem abhelfen.

3.4. Ergänzungen und Angaben

Im Zusammenhang mit dem Begriffspaar Rektion: Valenz ist auch die Unterscheidung von Ergänzungen und Angaben zu sehen (zu den speziellen Formen der Verbalergänzungen und Verbalangaben s. die Kapitel 5.3 bis 5.6.). Forschung und Schulgrammatik haben sich in letzter Zeit verstärkt dieser Frage zugewandt. Allerdings wurden häufig ungeprüfte oder auch widersprüchliche Annahmen als selbstverständlich hingestellt; manche Forscher glaubten das Problem zu lösen, indem sie der alten Soße einen neuen Namen gaben. Soweit überhaupt Definitionsversuche unternommen wurden, laufen sie fast alle darauf hinaus, daß Ergänzungen notwendig (obligatorisch, konstitutiv u. ä.), Angaben hingegen weglaßbar (fakultativ, frei u. ä.) seien; da man aber allgemein auch weglaßbare Ergänzungen zuließ, hoben sich solche Definitionen selbst wieder auf. Als brauchbarer

Rest bleibt nur, daß Angaben offenbar immer weglaßbar sind, während Ergänzungen nicht ebenso eindeutig charakterisiert werden können.

Die begriffliche Unsicherheit in diesem Bereich hat Forschung und Lehre sehr geschadet. Fragt man danach, was viele Grammatiker – häufig entgegen ihrer eigenen Aussagen – mit „Ergänzung“ und „Angabe“ gemeint haben, so kommt man zu gänzlich andersartigen Definitionen. Dies soll an zwei Beispielen erklärt werden.
Die Nominalphrase

das Bedürfnis nach Sicherheit in unserer Zeit

läßt sich durch folgendes Diagramm beschreiben:

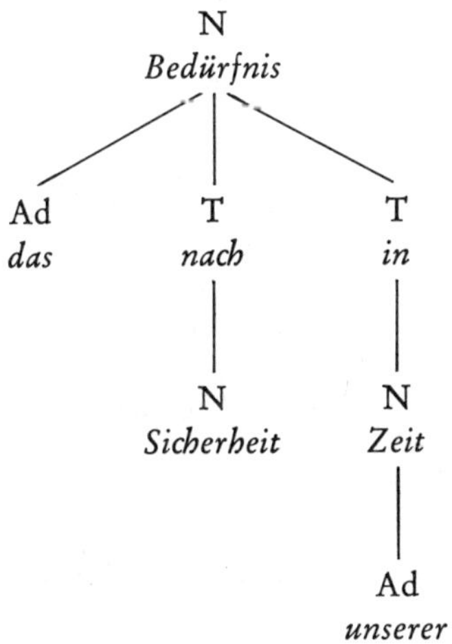

Das Nomen *Bedürfnis* hat, wenn man vom Artikel *das* absieht, zwei Satelliten: *nach Sicherheit* und *in unserer Zeit.* Das Verhältnis der beiden Satelliten zum Nukleus *Bedürfnis* ist aber nicht gleich. Eine Präpositionalphrase wie *in unserer Zeit* kann – als „adverbiales Attribut“ – bei jedem beliebigen Nomen vorkommen. Die Präpositionalphrase *nach Sicherheit* hingegen ist auf wenige Nomina wie *Ruf, Wunsch, Sehnsucht,* mithin auf eine Subklasse der Klasse Nomen beschränkt. Da außerdem die Präposition in dieser Präpositionalphrase – im Gegensatz zur erstgenannten Präpositionalphrase – nicht austauschbar ist, hat die angedeutete Subklasse von Nomina die Valenz „abhängige Präpositionalphrase mit *nach*“. Dieser wichtige Unterschied much auch im Diagramm zum Ausdruck gebracht werden. Wir markieren deshalb das Nomen *Bedürfnis* mit einem

Valenzindex, der vorläufig als *nach* in Spitzklammern erscheinen soll. Dann erscheint $N_{\langle nach \rangle}$ als Nukleus der Gesamtphrase. Damit fehlt aber der Hinweis, daß die Präpositionalphrase *in unserer Zeit* auch bei andern Nuklei, also bei N schlechthin, auftreten kann. Um dies auszudrücken, wird der Relationsanzeiger zwischen N und der Phrase *in unserer Zeit* durchkreuzt. —×— im Diagramm bedeutet also, daß der Bereich des Regens für diese Dependenzrelation größer ist als angegeben. Das exaktere Diagramm sieht folgendermaßen aus:

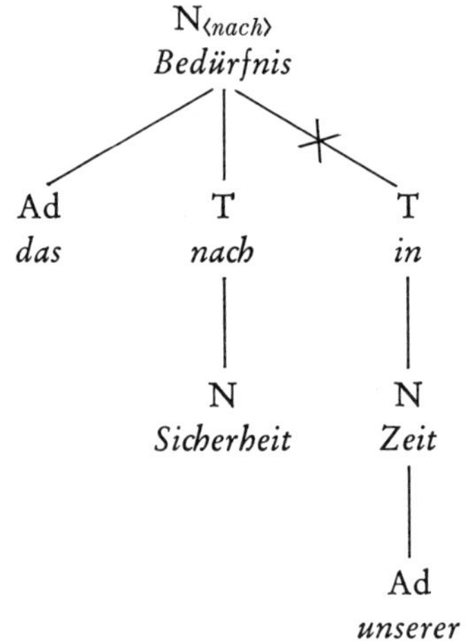

Von der Angabe der Kasusmerkmale wird, da sie hier nicht wichtig sind, wiederum abgesehen.

Ganz gleichartige Unterschiede ergeben sich bei Verbalsätzen.

Das Beispiel sollte zeigen, daß zwischen Elementen, die von allen Elementen einer Wortklasse abhängen können, und Elementen, die nur von einer Subklasse einer Wortklasse abhängen können, ein wichtiger Unterschied besteht; ein Unterschied, der offenbar in allen Definitionsversuchen für Ergänzungen und Angaben, wenn auch oft dem Grammatiker unbewußt, eine Rolle spielt. Nun kann neu definiert werden:

> Angaben sind Glieder, die von allen Elementen einer Wortklasse abhängen können.
>
> Ergänzungen sind Glieder, die nur von bestimmten Elementen einer Wortklasse abhängen (können). Oder: Ergänzungen sind subklassenspezifische Glieder.

In der Nominalphrase *das Bedürfnis nach Sicherheit in unserer Zeit* ist die Wortgruppe *in unserer Zeit* Angabe zu N, also eine Nominalangabe. Die Präpositionalphrase *nach Sicherheit* ist, da sie nur bei bestimmten Nomina vorkommt, eine Nominalergänzung. In dem Satz *Sonja kauft Töpfe auf dem Markt.* ist die Präpositionalphrase *auf dem Markt* eine Angabe zum Verb, also eine Verbalangabe. Die akkusativische Nominalphrase (*Töpfe*) ist, da sie nur bei bestimmten Verben vorkommt, eine Verbalergänzung. Über den Charakter des „Subjekts" wird in Kapitel 5.4. Näheres gesagt.

Zu den Ergänzungen und Angaben sind noch drei Bemerkungen zu machen.

Erstens. Ergänzungen und Angaben sind gemäß dieser Definition keineswegs auf den Bereich der unmittelbaren Verbdependentien beschränkt. Vielmehr können sie theoretisch bei beliebigen Wörtern als Dependentien vorkommen. Faktisch hat man, dies sei schon hier vorweggenommen, mit Ergänzungen und Angaben bei Adjektiv, Nomen und Verb zu rechnen. Man spricht zweckmäßig von Adjektivergänzungen, Nominalergänzungen, Verbergänzungen; Adjektivangaben, Nominalangaben, Verbangaben. Da man es in besonders vielen Fällen mit Verbergänzungen und Verbangaben zu tun hat, kann man sich darauf einigen, daß diese Glieder einfach als Ergänzung bzw. Angabe bezeichnet werden, wenn kein Zweifel möglich ist.

Zweitens. Die nunmehr getroffene Abgrenzung zwischen Ergänzung und Angabe ist nicht identisch mit der zwischen notwendigen und weglaßbaren Gliedern. Ohnehin sollte hier eine weitere Unterscheidung gemacht werden, nach der „notwendig" und „weglaßbar" nur im kommunikativen Bereich, „obligatorisch" und „fakultativ" nur im immanent linguistischen Bereich verwendet werden dürfen. N o t w e n d i g kann dann, vom Gemeinten aus gesehen, jedes beliebige Element eines Textes sein, weil sein Fehlen eben verhindern würde, das Gemeinte adäquat auszudrücken. Und umgekehrt ist im kommunikativen Sinne letzten Endes auch alles w e g l a ß b a r. Ein normalerweise nicht akzeptierter „Satz" wie

wenn der sich in die ...

kann in einer konkreten Situation, verbunden mit Gesten u. a., genau das wiedergegeben, was gemeint ist. O b l i g a t o r i s c h andererseits sind Elemente, die nach grammatischen Regeln unabdingbar sind, wie *neue Pässe* in

Wir brauchen neue Pässe.

Fakultativ sind solche Elemente, deren Elimination nicht zu grammatisch unkorrekten Sätzen führt, wie *bald* in

Wir brauchen bald neue Pässe.

Daß das Begriffspaar notwendig: weglaßbar nichts mit dem Begriffspaar Ergänzung: Angabe gemein hat, ist damit klargestellt. Was Fakultativität betrifft, so kann gesagt werden, daß sie generell für Angaben gilt, aber nur für einen Teil der Ergänzungen. Obligatorische Satelliten sind also immer Ergänzungen; ob fakultative Satelliten Angaben oder Ergänzungen sind, kann nur durch Feststellung ihres Regensbereichs entschieden werden.

Drittens. Der Begriff des Satzglieds, der selten definiert, aber seit mehr als einem halben Jahrhundert verwendet wird, so selbstverständlich, als seien Satzglieder wie Trüffel, die man nur auszugraben brauche, als seien sie nicht eine Erfindung von Grammatikern: dieser Satzgliedbegriff kann jetzt neu definiert werden als logische Summe von Verbergänzungen und Verbangaben. Auch dies ist keine grundlegende Neuerung: die Summe von Ergänzungen und Angaben auf Satzebene war fast immer gemeint, wenn von Satzgliedern die Rede war.

Freilich ist damit auch entschieden, daß Satzglieder dieser Art nicht durch Verschiebeproben ermittelt werden können, es sei denn der Nachweis möglich, daß Satzglieder – und nur sie – auf Satzebene verschiebbar seien; aber nicht der Nachweis dieser Behauptung, sondern der Gegenbeweis fällt leicht.

3.5. Attribute

Dies ist nur ein Nachspiel zum vorhergehenden Kapitel.

Manche Grammatiker wollen das Begriffspaar Ergänzung: Angabe durch eine Trichotomie Ergänzung: Angabe: Attribut ersetzen. Dies ist natürlich nutzlos, solange alle drei nicht ausreichend definiert sind; eine strenge Drittelung dürfte überdies wohl immer zu Widersprüchen führen.

Fragt man, was herkömmlich unter Attributen verstanden wird, so kommt man etwa auf

Sonjas in	*Sonjas Bank*
nach Sicherheit in	*Bedürfnis nach Sicherheit*
nach Wasserburg in	*Sehnsucht nach Wasserburg*

vielleicht auch auf

ziemlich in *ziemlich groß*
für mich in *gut für mich*
uns allen in *uns allen bekannt*

Dabei handelt es sich (in den jeweils ersten Beispielen) um Angaben zu Nomen bzw. Adjektiv, in den folgenden Beispielen um Ergänzungen zu Nomen bzw. Adjektiv. Der herkömmliche Attributbegriff unterscheidet also nicht zwischen Ergänzung und Angabe. Attributen gemeinsam ist aber, daß sie Satelliten von Nomen oder Adjektiv (und eventuell anderen Wörtern, keinesfalls aber von Verben) sind. Daraus läßt sich folgende Definition ableiten:

Attribute sind Ergänzungen oder Angaben, die von nichtverbalen Wörtern abhängen.

Literatur

Andresen, Helga: Ein methodischer Vorschlag zur Unterscheidung von Ergänzung und Angabe im Rahmen der Valenztheorie, in: Deutsche Sprache 1, 1973, S. 49–63. (bes. zu 3.4.)

Ballweg, Joachim; Hacker, Hans-Jürgen; Schumacher, Helmut: Valenzgebundene Elemente und logisch-semantische Tiefenstruktur, in: Linguistische Studien 2 = Sprache der Gegenwart, Bd. 22, Düsseldorf 1972, S. 100–145. (bes. zu 3.3., 3.4.)

Ballweg, Joachim: Zur Diskussion des syntaktischen Status der Präpositionalphrasen in Sätzen des Typs *Hans trifft das Fenster mit dem Stein.*, in: Helmut Schumacher (Hrsg.), Untersuchungen zur Verbvalenz = Forschungsberichte des Instituts für deutsche Sprache, Bd. 30, Tübingen 1976, S. 253–258.

Ballweg-Schramm, Angelika: Noch einmal: Grundbegriffe der Valenztheorie. Bemerkungen zu einem Papier von S. Pape, in: Helmut Schumacher (Hrsg.), Untersuchungen zur Verbvalenz = Forschungsberichte des Instituts für deutsche Sprache, Bd. 30, Tübingen 1976, S. 54–65.

Bartsch, Renate: Adverbialsemantik. Die Konstitution logisch-semantischer Repräsentationen von Adverbialkonstruktionen = Linguistische Forschungen 6, Frankfurt 1972.

Biere, Bernd Ulrich: Ergänzungen und Angaben, in: Helmut Schumacher (Hrsg.), Untersuchungen zur Verbvalenz = Forschungsberichte des Instituts für deutsche Sprache, Bd. 30, Tübingen 1976, S. 129–173. (bes. zu 3.4.)

Bondzio, Wilhelm: Das Wesen der Valenz und ihre Stellung im Rahmen der Satzstruktur, in: Wissenschaftliche Zeitschrift der Humboldt-Universität, Berlin 18, 1969, S. 233–240. (bes. zu 3.3.)

Bondzio, Wilhelm: Untersuchungen zum attributiven Genitiv und zur Nominalgruppe in der deutschen Sprache der Gegenwart, Berlin 1967. (bes. zu 3.2., 3.5.)

Bondzio, Wilhelm: Valenz, Bedeutung und Satzmodelle, in: G. Helbig (Hrsg.), Beiträge zur Valenztheorie, The Hague, Paris 1971, S. 85–103. (bes. zu 3.3., 3.4.)

Busse, Winfried: Klasse – Transitivität – Valenz. Transitive Klassen des Verbs im Französischen, München 1974.

Dal, Ingerid: Über Kongruenz und Rektion im Deutschen, in: Festschrift für Hugo Moser zum 60. Geburtstag, Düsseldorf 1969, S. 9–18. (bes. zu 3.3.)

Emons, Rudolf: Valenzen englischer Prädikatsverben = Linguistische Arbeiten, Bd. 22, Tübingen 1974.

Engel, Ulrich: Zur Beschreibung der Struktur deutscher Sätze, in: Duden-Beiträge, Heft 37, Mannheim, Wien, Zürich 1969, S. 35–52.

Engel, Ulrich: Thesen zur Syntax, in: Bulletin phonographique 12, 1971, S. 85–107.

Engel, Ulrich: Bemerkungen zur Dependenzgrammatik, in: Neue Grammatiktheorien und ihre Anwendung auf das heutige Deutsch = Sprache der Gegenwart, Bd. 20, 1972, S. 111–155.

Erben, Johannes: Deutsche Grammatik. Ein Abriß, München [11]1972. (Berlin 1958.)

Flämig, Walter (Hrsg.): Skizze der deutschen Grammatik, Berlin 1972.

Fourquet, Jean: Wortlaut, Phrase, spezifische Einheit, in: Festschrift für Hans Eggers, hrsg. von H. Backes, Tübingen 1972, S. 9–17.

Fourquet, Jean; Grunig, Blanche: Valenz und Struktur, in: Beiträge zur Valenztheorie, hrsg. von G. Helbig, The Hague, Paris 1971, S. 11–16.

Fourquet, Jean: Prolegomena zu einer deutschen Grammatik = Sprache der Gegenwart, Bd. 7, Düsseldorf [3]1971 (Düsseldorf 1970), bes. S. 24 ff.

Glinz, Hans: Der deutsche Satz, Düsseldorf [6]1965 (Düsseldorf 1957), bes. S. 78–115.

Glinz, Hans: Deutsche Grammatik 1, Bad Homburg 1970; Deutsche Grammatik 2, Frankfurt 1971.

Grebe, Paul (Hrsg.): Grammatik der deutschen Gegenwartssprache (Duden-Grammatik) = Der große Duden, Bd. 4, Mannheim [3]1973. (Mannheim 1959.)

Heger, Klaus: Valenz, Diathese und Kasus, in: Zeitschrift für Romanische Philologie 82, 1966, S. 138–170. (bes. zu 3.1., 3.3.)

Helbig, Gerhard: Der Begriff der Valenz als Mittel der strukturellen Sprachbeschreibung und des Fremdsprachenunterrichts, in: Deutsch als Fremdsprache, 1965, Heft 1, S. 10–23. (bes. zu 3.3.)

Helbig, Gerhard (Hrsg.): Beiträge zur Valenztheorie = Janua Linguarum, Series Minor 115, The Hague, Paris 1971. (bes. zu 3.3.)

Helbig, Gerhard; Buscha, Joachim: Deutsche Grammatik. Ein Handbuch für den Ausländerunterricht, Leipzig [3]1975 (Leipzig 1972), bes. S. 473–498. (bes. zu 3.4.) und S. 518–541 (bes. zu 3.5.)

Helbig, Gerhard; Schenkel, Wolfgang: Einführung in die Valenztheorie, in: Wörterbuch zur Valenz und Distribution deutscher Verben, Leipzig [3]1975 (Leipzig 1969), S. 11–92.

Henkel, Harald: Verbalmorphem und Verbalexem, in: Deutsche Sprache 1, 1974, S. 1–10.

Heringer, Hans-Jürgen: Einige Ergebnisse und Probleme der Dependenzgrammatik, in: Der Deutschunterricht 22, 1970, Heft 4, S. 42–98. (bes. zu 3.1.)

Heringer, Hans-Jürgen: Theorie der deutschen Syntax = Linguistische Reihe, Bd. 1, München [2]1973. (München 1970.)

Huber, Walter; Kummer Werner: Transformationelle Syntax des Deutschen I, München 1974.

Kaufmann, Gerhard: Grammatik der deutschen Grundwortarten. Systeme morphologisch-syntaktischer Merkmale als Grundlage zur Datenverarbeitung = Schriften der wissenschaftlichen Arbeitsstelle des Goethe-Instituts 1, München 1967.

Lindgren, Kaj B.: Morphem-Wort-Wortart-Satzglied. Versuch einer Begriffserklärung, in: Wirkendes Wort 17, 1967, Heft 4, S. 217–228. (bes. zu 3.2., 3.4.)

Martinet, André: Grundzüge der allgemeinen Sprachwissenschaft, Stuttgart [5]1971 (Stuttgart 1964), bes. S. 97 ff. (Eléments de linguistique générale, Paris 1960.)

Pape, Sabine: Bemerkungen zu einigen Grundbegriffen der Valenztheorie, in: Helmut Schumacher (Hrsg.), Untersuchungen zur Verbvalenz = Forschungsberichte des Instituts für deutsche Sprache, Bd. 30, Mannheim 1976, S. 21–53.

Schulz, Dora; Griesbach, Heinz: Grammatik der deutschen Sprache, München [8]1970. (München 1960.) (bes. zu 3.4., 3.5.)

Schumacher, Helmut (Hrsg.): Untersuchungen zur Verbvalenz = Forschungsberichte des Instituts für deutsche Sprache, Bd. 30, Tübingen 1976.

Stickel, Gerhard: Untersuchungen zur Negation im heutigen Deutsch = Schriften zur Linguistik, Bd. 1, Braunschweig 1970. (bes. zu 3.4.)

Tesnière, Lucien: Eléments de syntaxe structurale, Paris [2]1965 (Paris 1959), S. 102 ff.

4. Phrasen

4.1. Phrasenklassen

Der Begriff der Phrase ist schon im Kapitel 3.2. definiert worden. Hier geht es darum, die verschiedenen Klassen von Phrasen aufzuführen und kurz zu beschreiben.

Theoretisch kann mit ebensovielen Phrasenklassen gerechnet werden, wie es Wortklassen gibt. In Kapitel 2.6. wurden insgesamt 9 Wortklassen definiert. Sie werden noch einmal aufgelistet; dabei wird jeder Wortklasse ein Symbol zugeordnet.

V	Verb
N	Nomen
A	Adnomen
	Aa Adjektiv
	Ad Determinativ
	Ae exklusives Adnomen
P	Pronomen
S	Subjunktor
K	Kopulapartikel
T	Präposition
U	Konjunktor
R	Restklasse

Phrasen werden abgekürzt mit XP bezeichnet:

VP	Verbalphrase
AaP	Adjektivphrase
TP	Präpositionalphrase

usw.

Verbalphrasen (VP) sind von der Forschung am frühesten und am eingehendsten behandelt worden. Wenn man der Folge

Bei Nacht sind alle Katzen grau.

die (vereinfachte) Struktur

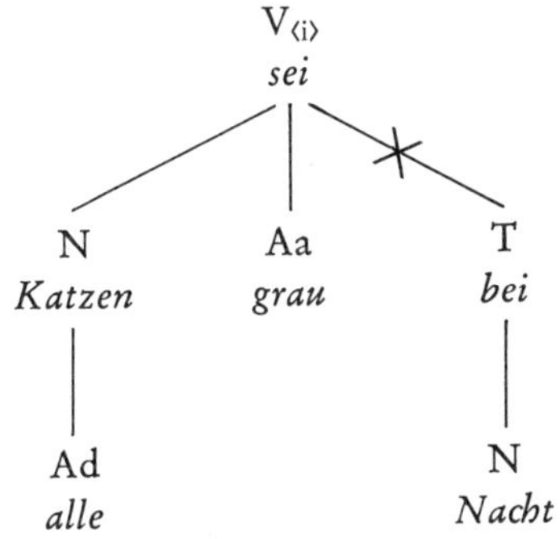

zuordnet – womit ohne weiteren Kommentar vorweggenommen ist, daß *alle Katzen* und *grau* Ergänzungen sind, *bei Nacht* aber eine Angabe ist –, liegt zweifellos eine Verbalphrase vor: ein Konstrukt mit V als Nukleus. Nun werden solche Konstrukte gemeinhin als Sätze bezeichnet. Die Struktur der Sätze ist so wichtig und so vielfältig, daß ihr hier ein eigener Teil (5.) vorbehalten ist.

Man kann aber noch in einem anderen Sinne von Verbalphrasen reden. Das letzte Diagramm ist nämlich auch insofern verkürzt, als es eigentlich nur den Verbalstamm *sei* angibt, die Flexionsform mit allen Implikationen aber außer acht läßt. Die neuere Grammatik hat diesen Mangel wohl bemerkt. Angesichts der damit verbundenen Schwierigkeiten salvieren sich die meisten Konstituentengrammatiken mit der Einführung eines Auxiliarkomplexes „aux“. Damit ist nicht viel mehr gesagt, als daß an dieser Stelle noch ungelöste Probleme liegen. Die Lösung dieser Probleme ist indessen, wie sich vor allem im Bereich „Deutsch als Fremdsprache“ zeigt, so wichtig und so diffizil, daß sie eine eigene Behandlung erfahren soll. Im folgenden wird die aus Verb einschließlich E_9 und Auxiliarkomplex bestehende „engere Verbalphrase“ als Verbalkomplex bezeichnet, zum Beispiel

lach-t
hat gelacht
wird lachen müssen
usw.

Adnominalphrasen (AP) zerfallen in AaP und AdP.

Adjektivphrasen (AaP) sind im allgemeinen nicht sehr umfangreich. Zum Adjektiv treten gelegentlich graduierende Elemente:

ziemlich (teuer)
zu (gut)
(besser) als ich dachte

Manche Adjektive haben eigene Valenz:

dem Doktor fremd
den Lärm gewohnt
des Treibens müde
auf Lohn erpicht

Näheres siehe Kapitel 4.3.

Determinativphrasen (AdP) könnten auftreten, wenn man eine Mehrzahl simultan bei N auftretender Determinative hierarchisch anordnete, zum Beispiel:

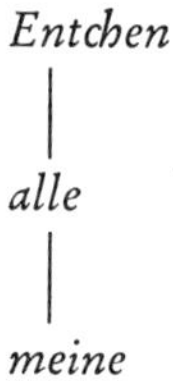

Die Gruppe *alle meine* wäre dann eine Determinativphrase. Es spricht in der Tat manches für ein solches Verfahren; vor allem kann die Kongruenz innerhalb der Nominalphrase, ferner die Abhängigkeit der Flexion der Adnomina von manchen Determinativen (Artikel u. a.) auf diese Weise am besten beschrieben werden. Gegen dieses Verfahren spricht nur die Komplexität des dadurch bedingten Beschreibungsapparates. Aus diesem Grund wird hier die vereinfachte, gleichwohl korrekte Diagrammform

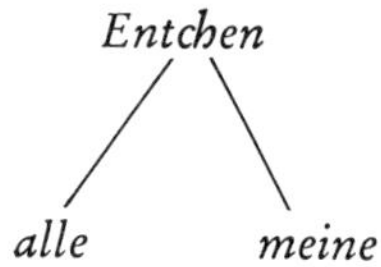

vorgezogen; alle von N abhängigen Determinative sind gleichgeordnet. Daraus folgt, daß in dieser Grammatik gar keine Determinativphrasen behandelt zu werden brauchen, denn Wortfolgen wie *alle diese* in

Alle diese sind bei mir gewesen.

werden durch Elimination aus N-Phrasen wie *alle diese Leute* erklärt.

Nominalphrasen (NP) sind bisher von allen nichtverbalen Phrasen am ausführlichsten behandelt worden. Dies hat gute Gründe: die Struktur dieser Phrasen differiert in wesentlichen Punkten von der Struktur vergleichbarer Phrasen in anderen Sprachen. Die Vielfalt der Nominalphrasen zeigt sich in folgenden Beispielen:

die Schuld
eine alte Schuld
die Schuld an dem Unglück
die Schuld an dem Unglück, die Albert auf sich genommen hat
usw.

Näheres siehe Kapitel 4.4.

Pronominalphrasen (PP) hat die Forschung bisher fast völlig vernachlässigt. Das ist vor allem bei den P1P nicht ohne weiteres verständlich, wenn man feststellt, daß sie einerseits relativ vielfältige Struktur haben können, andererseits strukturell weitgehend mit Nominalphrasen übereinstimmen. Man vergleiche:

du dort
du Armer
du armer alter Kumpel
du, der du mir so oft geholfen hast
du alter Kumpel, der du mir so oft geholfen hast
du alter Kumpel, der mir so oft geholfen hat
usw.

Für P2P gilt dies nur in geringerem Maße:

Er, der mir so oft geholfen hat.
Er dort.

P3P sind nur wenig ausbaufähig. Entsprechend selten und spärlich sind sie bisher beschrieben worden. Beispiele:

jemand Intelligentes
jemand Intelligentes, der meine Sachen auch gelesen hat
jemand von euch
wer von euch
was von all diesem Kram

Subjunkturphrasen (SP) sind im wesentlichen mit den „konjunktionalen Nebensätzen“ der traditionellen Grammatik identisch:

ob er das wirklich vergessen hat
daß man nichts Genaueres weiß

wenn diese Prophezeiung eintrifft
obwohl man die Türen schloß
usw.

Vom jeweiligen Subjunktor und bestimmten Stellungseigentümlichkeiten abgesehen, haben Nebensätze die Struktur der verbalen Hauptsätze.

Kopulapartikelphrasen (KP) haben nur geringe Ausbaumöglichkeiten, zum Beispiel:

völlig quitt
schrecklich angst (ist mir)

Präpositionalphrasen (TP) enthalten NP, AP oder PP. Ihre Beschreibung vereinfacht sich damit erheblich: sie kann sich beschränken auf die Präposition mit ihrer Kasusrektion und die eingebettete (an anderer Stelle zu beschreibende) Phrase:

auf deine Erzählungen
auf die kleinen Leute
auf sie

Konjunktorphrasen (UP) könnten vorliegen in allen Fällen, wo gleichartige Elemente gehäuft werden, falls man dann den Konjunktor als Regens ansieht:

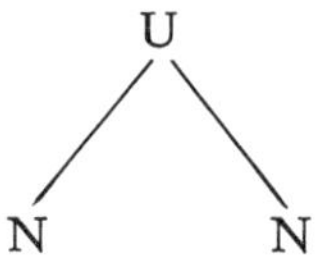

könnte stehen für *Hans und Grete*. Ein solches Beschreibungsverfahren würde aber zu sehr umständlichen Konventionen nötigen. Deshalb wird hier das Problem der Konjunktion (Reihung, Häufung, Nebenordnung u. ä.) anders gelöst (s. Teil 6.). Es gibt also in dieser Grammatik keine Konjunktorphrasen.

Partikeln der Restklasse sind nicht oder nur sehr beschränkt zu entsprechenden Phrasen (RP) ausbaufähig. Beispiele:

sehr wahrscheinlich
eben dort

Phrasen sind allein durch ihren Nukleus definiert, nicht durch ihre Dependentien. Wenn also

sehr wahrscheinlich

eine RP ist, dann ist – eine Struktur

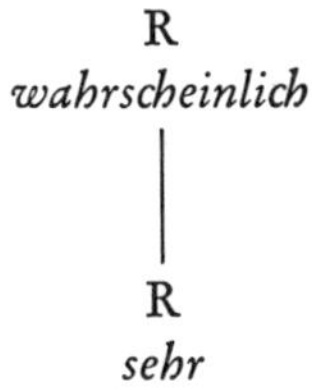

vorausgesetzt – auch

wahrscheinlich

eine RP. Wenn

der Mann, der Birnen verkauft

– eine Struktur

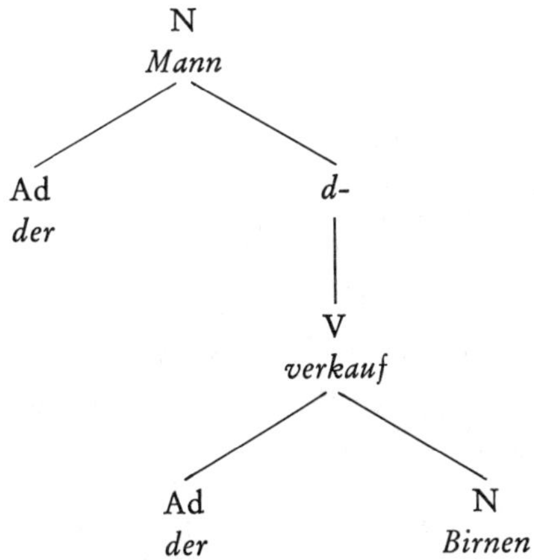

vorausgesetzt – eine NP ist, dann ist auch

der Mann

oder *Mann*

eine NP. Jedes Wort X ist eine Phrase XP, wenn es keine Dependentien hat; andernfalls bildet es mit diesen Dependentien zusammen eine XP. Es gibt freilich Wörter, die ohne Dependentien gar nicht vorkommen können: S, T und die meisten Verben sowie einige Adjektive (z. B. *wohnhaft*). Sieht man von diesen Fällen ab, so gilt die Regel, daß Phrasen auch aus einem einzigen Wort bestehen können.

4.2. Verbalkomplex (VP im engeren Sinn)

Die Klasse von Phrasen, die in manchen neueren Grammatiken mit Hilfe des Symbols „aux“ etikettiert und abgetan werden, erfordert eine eingehende Beschreibung. Man hat es dabei mit Wortgruppen wie

schneidet
hat geschnitten
wird geschnitten haben
muß geschnitten worden sein
usw.

und ihren zahllosen Varianten zu tun. Gemeinsam ist allen Verbalkomplexen, daß sie nur verbale Elemente enthalten, das heißt Verben oder Verbzusätze. Jede E_9 kann dabei als Teil des Verbalkomplexes betrachtet werden.

Die Darstellung ist zu gliedern nach folgenden Gesichtspunkten: Klassen verbaler Elemente, Ausdrucksformen verbaler Elemente, dependenzielle Anordnung verbaler Elemente, lineare Anordnung verbaler Elemente, Semantik des Verbalkomplexes; angeschlossen wird die Beschreibung zweier spezieller Strukturen im Verbalkomplex: der Kategorie „Phase“ und der Kategorie „Verbalgenus“.

Klassifikation verbaler Elemente

Es ist praktisch, bei den Verben Vollverben und Nebenverben zu unterscheiden. Die offene Klasse der Vollverben (Vv: *schneiden, stützen, erscheinen* u. a.) wird am besten eingegrenzt, indem man die geschlossenen Klassen der Nebenverben spezifiziert, die in Hilfsverben, Modalverben, Modalitätsverben und weitere Verben mit Infinitiv oder Partizip II zerfallen. Dabei werden unter Nebenverben allgemein Verben verstanden, die auf Grund ihrer Valenz andere Verben regieren.

Hilfsverben (Va) sind nur *haben, sein, werden,* wenn sie mit Partizip II eines anderen Verbs verbunden sind.

Modalverben (Vm) sind zunächst die sechs „klassischen“ Wörter *dürfen, können, mögen, müssen, sollen, wollen,* die alle mit dem Infinitiv eines anderen Verbs verbunden sind. Hinzu kommen, mit gleicher Kontextselektion, *werden* und *brauchen* (mit oder ohne *zu*).

Der Begriff des Modalitätsverbs (Vn) wurde geprägt für Verben wie *anfangen, belieben, pflegen, scheinen, verstehen,* die meist ein anderes Verb im Infinitiv mit *zu* in ihrer Umgebung haben, wobei für beide Verben, wie beim Modalverb, Identität des „Subjekts" gelten muß. Modalitätsverben ohne *zu* sind selten; eins der meistgebrauchten von ihnen ist *bleiben* in Fügungen wie *liegen bleiben.* Viele Modalitätsverben kommen auch als Vollverben vor; teilweise haben sie dann andere Bedeutung (zum Beispiel: *Die Sonne scheint. / Er scheint zu schlafen.*). Auch *haben* und *sein* gehören zu den Modalitätsverben, falls sie mit einem Verb im Infinitiv mit *zu* verbunden sind *(Er hat zu kommen. Das ist zu berichtigen.).* Nicht zu den Modalitätsverben gehören Wahrnehmungsverben wie *hören, sehen (Ich höre/sehe ihn kommen.),* die auch mit einfachen Ergänzungen vorkommen *(Ich höre/sehe etwas.)*: hier handelt es sich um Vollverben. Wohl aber gehören Verben wie *lassen,* die immer einen Infinitiv als E_9 (s. 5.4.) bei sich haben müssen *(Ich lasse ihn kommen.),* zu den Nebenverben. Wir bezeichnen sie als Vi.

Zu den Nebenverben gehören schließlich noch die Partizipialverben (Vp), die notwendig mit dem Partizip II eines andern Verbs verbunden werden müssen. Es handelt sich um *kommen, bekommen, kriegen* (*Er kommt gegangen., Er bekommt es gesagt.*).

V e r b z u s ä t z e (Vz) sind invariable Elemente, die mit einem Teil der Vollverben zusammen vorkommen und dann immer den Wortakzent tragen, jedoch nicht zugleich Adjektive sind. Es handelt sich um die sogenannten „trennbaren Präfixe" der Verben, also *ab, an, auf, aus, bei, durch, ein, her* (in bestimmten Verwendungen), *mit, nach, über* (in bestimmten Verwendungen), *unter* (in bestimmten Verwendungen), *vor, zu* und wenige andere. Verbzusätze sind großenteils formgleich mit Präpositionen, unterliegen aber ganz anderen Kombinationsregeln und haben gewöhnlich auch eine andere Bedeutung (es gibt auch Verbzusätze, die keine feststellbare Bedeutung haben). Grenzfälle, die noch genauer untersucht werden müssen, liegen vor in den Komposita *wohltun, totschießen* u. a. Hier sei nur betont, daß Zusammen- oder Getrenntschreibung kein Kriterium für die Klassifikation von Elementen des Verbalkomplexes sein kann.

Ausdrucksformen verbaler Elemente

Die Verben im Verbalkomplex können grundsätzlich in dreierlei Form auftreten: entweder in f i n i t e r Form (in Präsens/Präteritum/Konjunktiv I/Konjunktiv II, eventuell Imperativ) oder als Partizip II (*gesungen*) oder im Infinitiv. Wir schreiben V (f), V(p), V(i) oder, bei entsprechender Spezifikation, zum Beispiel Vv(f) für ein finites Vollverb, Vn(p) für ein Partizip des Modalitätsverbs usw. Das Partizip I (*singend*) gehört nicht in diesen Zusammenhang, weil es im Neuhochdeutschen nicht Bestandteil des Verbalkomplexes sein kann.

Die Kombination zweier Verben im Verbalkomplex hat immer zur Folge, daß die Form eines der beiden Verben verändert wird. Verbindet sich etwa das Hilfsverb *haben* mit einem Vollverb wie *lachen*, so erhält das Vollverb die Form des Partizip II: *hat gelacht*. Lediglich der (selbst unveränderliche) Verbzusatz verändert nicht die Form des Vollverb-Simplex, mit dem er sich verbindet: *vor* + *turnen* ergibt *vorturnen*.

Dependenzielle Anordnung verbaler Elemente

Wenn sich zwei oder mehr verbale Elemente im Verbalkomplex verbinden, stellt sich die Frage nach ihrer konnektiven – und das heißt hier: nach ihrer dependenziellen – Anordnung. Welches Element regiert welches Element? Da die dependenzielle Anordnung willkürlich ist, kann nur der Gesichtspunkt der Zweckmäßigkeit ausschlaggebend sein. Unter diesem Gesichtspunkt wird nun festgelegt, daß jedes verbale Element Regens desjenigen verbalen Elements ist, dessen Morphostruktur von ihm festgelegt wird. In der Phrase

hat gelegt

ist damit *hab* Regens von *leg*, weil *hab* als Hilfsverb festlegt, daß *leg* die Morphostruktur „Partizip II" hat. In der Phrase

wird wollen

ist *werd* Regens von *woll*, weil das Modalverb *werd* festlegt, das das Modalverb *woll* die Morphostruktur „Infinitiv" hat. Diese Entscheidung hat nichts mit der Frage zu tun, welches der beiden Elemente das andere determiniert, restringiert, modifiziert usw.; diese Frage muß später gestellt und geklärt werden. Vorläufig gilt nur, daß das jeweilige Regens zureichende Bedingung für die Morphostruktur des Dependens ist. Eine Sonderregelung ist für die trennbaren Präfixverben zu treffen. Obwohl Verbzusatz und Verbsimplex eine semantische Einheit bilden, ist es im Hinblick auf die Regelung der Position nützlich, beide schon im Dependenzteil zu trennen. Dabei soll gelten, daß der Verbzusatz vom Simplex abhängt:

Vv
fahr
|
Vz
ab

Das Simplex wird dann weiterhin als Vv geschrieben.

Zu manchen Verben mit Verbzusatz gibt es kein Simplex (z. B. *abkanzeln*). Auch in solchen Fällen muß jedoch die angegebene graphische Darstellung angewandt werden.

Nach der getroffenen Regelung können Vollverben innerhalb des Verbalkomplexes in den meisten Fällen keine andern verbalen Elemente regieren; nur in wenigen Fällen regiert ein Vollverb ein anderes Vollverb, und auch dann meist nur mittelbar *(Er hofft, es zu verstehen.)*. In jedem Fall ist dependenziell unterstes Verb eines Verbalkomplexes immer ein Vollverb. Da Verbzusätze nur in Vollverben vorkommen können, ist gegebenenfalls der Verbzusatz unterstes Dependens im Verbalkomplex.

Im übrigen hat die getroffene Dependenzregelung zur Folge, daß es im Verbalkomplex keine Verzweigungen gibt, sondern nur einsträngige Dependenzäste.

Beispiel:

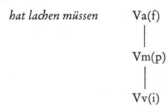

hat lachen müssen Va(f)
|
Vm(p)
|
Vv(i)

Das Diagramm zeigt, daß die Partizipialform des Modalverbs (*müssen*) als Partizip symbolisiert wird. Flexionsregeln haben sicherzustellen, daß dieses Partizip mit dem Infinitiv formgleich ist – allerdings nicht, wenn *müssen* als Vollverb gebraucht ist (*Er hätte es nicht gemußt.*). Gleiches gilt für die Subklasse Vi: *Ich habe es kommen sehen.* – aber: *Ich habe es gesehen.*

Weitere Beispiele:

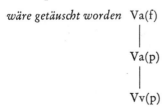

wäre getäuscht worden Va(f)
|
Va(p)
|
Vv(p)

hat vorfahren lassen Va(f)

|

Vi(p)

|

Vv(i)

|

Vz

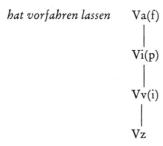

Lineare Anordnung verbaler Elemente

Die Position der Elemente im Verbalkomplex läßt sich besser beim Nebensatz darlegen, weil die Elemente hier in der Regel in einer ununterbrochenen Kette angeordnet sind, während im Hauptsatz die topologische Zweiteilung des Verbalkomplexes gilt; man vergleiche:

Er hat den Wagen überführt

... weil er den Wagen überführt hat

Will man die Positionsverhältnisse in der VP im ganzen beschreiben, so unterscheidet man zweckmäßigerweise zwischen einer Grundfolge und permutierten Folgen. Der Begriff „Grundfolge" erhebt dabei – wie allgemein – nicht den Anspruch, die häufigste, und er erhebt noch weniger den Anspruch, eine irgendwie „allgemeinere" Folge zu bezeichnen. Er hat vielmehr lediglich methodische Relevanz: Grundfolge ist die in der Grammatik zuerst erzeugte/beschriebene Folge, von der andere Folgen abgeleitet werden.

Die für den Nebensatz geltende Grundfolge läßt sich dann zunächst als unmittelbare Folge der Dependenzverhältnisse darstellen. Es gilt nämlich einfach, daß die Dependenzelemente so angeordnet werden, daß das unterste zuerst und das oberste zuletzt (d. h. am weitesten rechts) gesetzt wird. Der Dependenzast wird sozusagen nach rechts gekippt (um 90° gedreht). Das ergibt für die letzten drei Diagramme:

lachen müssen hat

getäuscht worden wäre

vorfahren lassen hat

Das erste und das dritte Beispiel entsprechen nicht der gegenwärtig geltenden Norm. Das hängt damit zusammen, daß in diesen Phrasen je ein Verb der Subklasse Vm oder Vi enthalten ist, der Verben also, deren Prinzip mit dem Infinitiv formgleich ist. Wenn solche Verben als Vpi bezeichnet werden, kann gesagt werden, daß in einem Verbalkomplex, der ein Element Vpi enthält, das auf Vpi folgende Element nach links – und zwar vor die Verbalphrase – gerückt wird. Dies ergibt in den beiden beanstandeten Fällen

(weil er) hat lachen müssen
(weil er) hat vorfahren lassen

– was der Norm im Nebensatz entspricht. Es gibt noch den Fall, daß auf Vpi mehr als ein Element folgt: Das Diagramm

Va(f)
|
Vm(p)
|
Vi(i)
|
Vv(i)
|
Vz

könnte stehen für die mögliche Nebensatzfolge *hat vorführen lassen wollen.* Daran läßt sich ablesen, daß nur die auf das jeweils letzte Vpi folgenden (d. h. ihm dependenziell übergeordneten) Elemente vor den Verbalkomplex treten. Übrigens stehen sie dann nicht immer unmittelbar vor dem Rest des Verbalkomplexes. Enthält nämlich der Satz noch eine E_5, E_6, E_7 oder E_8, so treten die dem letzten (obersten) Vpi folgenden Elemente meist auch vor diese E:

weil er nicht hat Bürgermeister werden wollen
weil ich ihn hätte herauf kommen hören sollen

Die (für den Nebensatz geltende) Grundfolgeregel für den Verbalkomplex lautet somit:

> Die Elemente der Verbalphrase werden entsprechend ihrer Dependenzrelation angeordnet, und zwar so, daß jeweils das Dependens links von seinem Regens steht. Enthält der Verbalkomplex ein Element Vpi, so treten alle auf das letzte Vpi folgenden Elemente in der Regel links vor E_5, E_6, E_7, E_8 und den Verbalkomplex.

Diese Regel erzeugt zahllose positionell korrekte Verbalphrasen. Abweichungen verlangt besonders der Hauptsatz, in dem das finite Verb V(f), genauer: das finite Simplex von den übrigen Elementen getrennt und an die zweite Stelle im Satz gerückt wird, während der Rest des Verbalkomplexes weiterhin am Satzende bleibt. Dies ergibt für die vier letztgenannten Diagramme die Hauptsatzfolgen:

hat . . . lachen müssen
(Grundfolge: *hat lachen müssen*)
wäre . . . getäuscht worden
(Grundfolge: *getäuscht worden wäre*)
hat . . . vorfahren lassen
(Grundfolge: *hat vorfahren lassen*)
hat . . . wollen vorführen lassen
(Grundfolge: *hat wollen vorführen lassen*)

Es muß betont werden, daß die Kompetenz verschiedener Sprecher der deutschen Gegenwartssprache hier offenbar verschiedene Positionen vorschreibt. Viele Sprecher ziehen beim letzten Beispielpaar die Position

hat . . . vorführen lassen wollen
(Grundfolge: *hat vorführen lassen wollen*)

vor. Unabhängig davon handelt es sich hier prinzipiell um obligatorische Permutationen. Weitere (fakultative) Permutationen sind unter verschiedenen Umständen möglich. Unsicherheit besteht weitgehend, wo infinitivförmige Partizipien vorkommen, wie bei den Modalverben. Viele Sprecher schwanken zum Beispiel zwischen

weil er hat Bürgermeister werden wollen

und

weil er Bürgermeister hat werden wollen

und ähnlich zwischen

weil man ihn hätte nach Göttingen gehen lassen sollen

und

weil man ihn nach Göttingen hätte gehen lassen sollen

Dabei sind auch soziale und regionale Subregeln im Spiel, die hier nicht eigens behandelt werden können.

Spezielle Strukturen im Verbalkomplex

Hier sind zwei Kategorien zu diskutieren, die gewöhnlich im Zusammenhang mit dem Verb behandelt werden und meist in eine Reihe mit anderen verbalen Flexemkategorien gestellt werden: die „Tempora“ Perfekt und Plusquamperfekt sowie die Aktiv-Passiv-Opposition. In beiden Fällen handelt es sich nicht um Flexemkategorien; sie waren deshalb nicht in

Kapitel 2.2. zu erwähnen. Da die wesentlichen hier in Frage kommenden Konstrukte aus mehreren Verben gebildet werden, handelt es sich um Arten von verbalen Phrasen, die zunächst auf Grund ihrer morphosyntaktischen Merkmale zu beschreiben sind; dabei ist nach semantischen Implikationen zu fragen.

Perfekt und Plusquamperfekt nennt man verbale Komplexe mit einem Vollverb im Partizip II sowie finiten *haben* oder *sein* im Präsens bzw. im Präteritum:

Er hat geschrieben.
Er hatte geschrieben.

Bei den Formen des Hilfsverbs liegt eine Opposition vor, die in die Flexemkategorie Verbal I gehört. Beide Formen lassen sich den entsprechenden einfachen Komplexen – ohne Partizip, mit finiter Form des Vollverbs – gegenüberstellen:

Er schreibt.
Er schrieb.

Der paradigmenbildende Unterschied, um den es hier geht, beruht auf dem jeweiligen Unterschied zwischen den komplexen und den einfachen Formen:

Er schreibt.
Er hat geschrieben.

bzw.

Er schrieb.
Er hatte geschrieben.

Es handelt sich somit um ein zweigliedriges Paradigma, das im übrigen bei allen Verben vorkommt. Es wird, in Anlehnung an verschiedene Linguisten, hier Phase genannt.

Bei der verbalen Phase handelt es sich nicht um eine weitere „zeitliche“ Kategorie, wie es die Schulgrammatik und auch die meisten wissenschaftlichen Grammatiken in ihrer Zusammenordnung von Präsens, Präteritum, Perfekt und Plusquamperfekt glauben machen wollen. Bei Perfekt und Plusquamperfekt (die Termini mag man beibehalten) handelt es sich nicht um zeitliche, sondern um aspektische Formen, vergleichbar dem (freilich viel weiter ausgebauten) slawischen Aspekt. Man kann nämlich sagen, daß die Formen des Paradigmas die semantischen Merkmale ‚+ abgeschlossen‘ (für Perfekt und Plusquamperfekt) bzw ‚— abgeschlossen‘ (für Präsens und Präteritum) tragen. Daß in gesprochener Sprache häufig das (aspektische) Perfekt für das (zeitliche) Präteritum eintritt, ist richtig und muß bei einer eingehenden Beschreibung berücksichtigt werden, macht aber eine theoretische Trennung beider Kategorien nicht überflüssig. Etwas anderes liegt in der süddeutschen Regionalsprache vor, wo überhaupt kein Präteritum mehr existiert und daher das Perfekt die Funktionen des gemeinsprachlichen Perfekts und des gemeinsprachlichen Präteritums zugleich übernehmen muß. Das Verbalsystem der süddeutschen Mundarten ist damit ein andersartiges als das gemeinsprachliche. Aber auch in der Gemeinsprache sind die Bedeutungen von Perfekt und Präteritum nicht immer so streng geschieden, wie es die hier gegebene Beschreibung nahelegt.

Die morphologische Markierung in der Kategorie Phase ist immer eindeutig: die Subkategorie ‚+ abgeschlossen' hat den Markanten *haben/sein* + Partizip II. Eine Verwechslung mit dem *sein*-Passiv (s. unten) ist nicht möglich, da alle Verben, die ein *sein*-Passiv erlauben, die Phase ‚+ abgeschlossen' mit *haben* bilden:

Er ist gelaufen. (Phase ‚+ abgeschlossen')
Er ist verloren. (*sein*-Passiv)

Die Opposition von Aktiv und Passiv gehört zur Kategorie Verbalgenus, die ein dreigliedriges Paradigma hat: Aktiv, *werden*-Passiv, *sein*-Passiv.

Passiv kommt nur bei einem Teil der Verben vor; darüber hinaus kommt *sein*-Passiv nur bei den Verben vor, die Passiv im allgemeinen erlauben. Die Menge der Verben mit *sein*-Passiv ist also eine Untermenge der Verben mit Passiv; andererseits gilt, daß jedes passivfähige Verb auch ein *werden*-Passiv bilden kann.

Die jeweilige Form des Verbalgenus ist immer morphologisch identifizierbar. Dabei kann das Aktiv als morphologisch unmarkiert gelten, das *sein*-Passiv hat den Markanten *sein* + Partizip II, das *werden*-Passiv *werden* + Partizip II. Das Paradigma wird an den verbalen Elementen in den folgenden Sätzen erkennbar:

Müller schreibt drei Briefe.
Drei Briefe werden (von Müller) geschrieben.
Drei Briefe sind geschrieben.

Die verschiedenen Formen des Verbalgenus unterscheiden sich auch semantisch. Dabei erscheint es am zweckmäßigsten, das Aktiv als auch semantisch unmarkierte Form aufzufassen. *werden*-Passiv und *sein*-Passiv zeigen demgegenüber eine Umkehrung der Blickrichtung: der vornehmlich durch das Verb bezeichnete Vorgang wird, im Gegensatz zum Aktiv, vom Endpunkt, vom Ziel, vom Ergebnis her gesehen. Damit ist auch gesagt (und die in den Beispielen eingeklammerten Bezeichnungen für das „Agens" deuten es ebenso an), daß das Augenmerk vom Ausgangspunkt des Vorgangs weg auf diesen Vorgang selbst hin gelenkt wird; daß beim *sein*-Passiv das Agens nur in ganz seltenen Fällen genannt wird, zeigt, daß hier der Ausgangspunkt des Geschehens praktisch keine Rolle mehr spielt. Weiter dominiert im *werden*-Passiv das Vorganghafte, im *sein*-Passiv das Zuständliche als Ergebnis des Vorgangs. Weisgerbers Kennzeichnung von *werden*-Passiv und *sein*-Passiv als „täterabgewandte Diathese" erweist sich somit als durchaus bestätigt, wenn auch damit nur e i n wichtiges Merkmal angesprochen ist.

Eine Sonderstellung nehmen die immer noch seltenen Fälle des *sein*-Passivs mit Agens ein:

Drei Briefe sind von Müller geschrieben.
Das Land ist von Müller auf Linkskurs gebracht.

Hier scheint das Zuständliche gegenüber dem Vorganghaften zurückgedrängt, und die Sätze können ebenso gut als Ellipsen aus perfektischen Vorgangssätzen (*. . . ist . . . worden*) interpretiert werden. Es muß allerdings darauf hingewiesen werden, daß hier eine Wandlung des Sprachgebrauchs im Gange zu sein scheint: In einer offenbar zunehmenden Zahl von Fällen wird das *sein*-Passiv anstelle des *werden*-Passivs verwendet, und die semantischen Unterschiede zwischen beiden Formen scheinen allmählich zu verschwinden.

Es erscheint noch ein kurzer Hinblick auf das sogenannte F u t u r angebracht, wie es in dem Satz

Wir werden den Stein erkennen.

vorliegt. Inwiefern das Futur semantisch unter die „Tempora" eingereiht, damit dem Präsens und Präteritum gleichrangig zur Seite gestellt werden dürfte oder gar sollte, kann hier nicht abschließend erörtert werden. Statistisch gesehen ist jedenfalls das Gefüge aus *werden* + Infinitiv häufiger „modal" (im Sinne einer Annahme, Vermutung u. ä.) als „temporal" zu interpretieren; dies ergibt sich aus den heute viel zahlreicheren Sätzen wie

Der wird wohl krank sein.

Das „Futur" wird daher hier den Modalverbgefügen gleichgestellt.

Semantik des Verbalkomplexes

Die Elemente des Verbalkomplexes haben ihre Bedeutungen, die in bestimmten Relationen zueinander stehen. Wie ergibt sich daraus die Bedeutung des Verbalkomplexes? Hier gilt allgemein: das Regens determiniert (prädiziert, „gilt für") sein Dependens bzw. seinen Satelliten. Dies ergibt eine gemäß dem Dependenzdiagramm von unten nach oben verlaufende Folge von Prädikationen. Beispiel:

könnte entschieden worden sein

Dieser Hauptsatzfolge entspricht das Diagramm

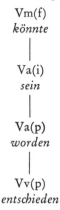

Vm(f)
könnte
|
Va(i)
sein
|
Va(p)
worden
|
Vv(p)
entschieden

Setzt man Inhaltselemente in einfache Anführungszeichen, so gilt hier: der Vorgang des ‚Entscheidens' (Vv) wird durch das Va *werden* als ‚vorgangsbezogen' und ‚täterabgewandt' charakterisiert; dieser Komplex wird durch das Va *sein* als ‚abgeschlossen', das Ganze durch das Vm als ‚möglich' und durch den Konjunktiv II als ‚irreal' (d. h. als nur unter bestimmten Bedingungen real) gekennzeichnet.

Geht man von der Position der Elemente aus, so gilt im groben die Regel „rechts determiniert links" – eine für das Deutsche einigermaßen atypische Regel. Da aber die Grundfolge keine einfache Spiegelung der Dependenzverhältnisse darstellt, ist es empfehlenswert, die semantische Beschreibung des Verbalkomplexes auf die Konnexionsstruktur aufzubauen. Von der Abhängigkeit der semantischen Struktur von der Konnexionsstruktur gibt es eine wichtige Ausnahme: der Verbzusatz, der Teil des Vollverbs ist und in den meisten Fällen mit diesem zusammen eine nicht weiter analysierbare semantische Einheit bildet, hat zwar seine Funktion in der Dependenzstruktur, spielt aber keine eigene Rolle beim Zustandekommen der Bedeutung des Verbalkomplexes.

4.3. Adjektivphrasen (AaP)

Es handelt sich hier um im ganzen wenig umfangreiche Phrasen, die entsprechend wenige Probleme bereiten.

Es empfiehlt sich, zuvor die Kombinatorik des Adjektivs im Vergleich mit der einiger verwandter, von den Grammatikern häufig im Zusammenhang mit den Adjektiven behandelter Elemente darzustellen. Es handelt sich dabei vor allem um einen Teil der sogenannten Adverbien sowie um die sogenannten Adjektivadverbien, deren Bezeichnung (und Definition) auf einer Verwechslung von Wörtern und Wortgruppen beruht. Wir unterscheiden bei diesen Elementen 1) adnominale Verwendung (z. B. attributives Adjektiv), 2) „prädikative" Verwendung (bei „Kopulaverben" als E_5 oder E_8) und 3) Verwendung als Verbalangabe (bei sonstigen Verben). Für die drei Verwendungsweisen stehen die folgenden Beispiele:

ein lieber Kerl
Susanne ist lieb.
Du hast uns lieb geholfen.

Die Kombinatorik der in Frage kommenden Elemente wird aus der folgenden Tabelle ersichtlich:

	adnominal	„prädikativ"	als Verbalangabe
a	*lieb*	*lieb*	*lieb*
	barfüßig	*barfüßig*	*barfüßig*
b	*wohnhaft*	*wohnhaft*	—
c	*ander-*	—	—
	baldig-	—	—
d	*täglich*	—	*täglich*
e	—	*anders*	*anders*
	—	*da*	*da*
	—	*barfuß*	*barfuß*
f	—	*quitt*	—
g	—	—	*gern*
	—	—	*dann*

Wir kommen damit auf insgesamt sieben kombinatorische Typen a – g. Gemäß der Definition aus Kapitel 2.6. sind nur die Typen a, b, c, d, zu den Adjektiven zu rechnen: nur was adnominal verwendbar ist, hat Kasus- und Genusparadigma. Zu Typ b ist anzufügen, daß er nur mit Ortsergänzung (*Er ist in Wasserburg wohnhaft.*) vorkommt; ähnliches gilt für eine kleine Anzahl weiterer Adjektive.

Die reichsten kombinatorischen Möglichkeiten des Adjektivs hat dabei Typ a.

Typ f wurde schon oben als Kopulapartikel eingeführt; diese Wörter sind auf die prädikative Verwendung beschränkt.

Die Typen e und g werden von den meisten Grammatikern als Adverbien bezeichnet. Wenn man lediglich von den Kombinationsmöglichkeiten ausgeht, scheint eine weitere Subklassifikation nicht möglich. Bezieht man aber semantische Relationen ein, so ist bei der Verwendung als Verbalangabe zu unterscheiden zwischen „Adverbien“, die das Verb determinieren, und solchen, die das „Subjekt“ oder andere Ergänzungen determinieren. Der Unterschied wird in den beiden folgenden Sätzen deutlich:

Ich habe den Brief da geschrieben.
Ich habe den Brief gerne geschrieben.

Gelegentlich finden sich die unterschiedlichsten semantischen Relationen bei ein und demselben Wort:

Es ist irgendwie anders.
Wir wollen das anders machen.

Dependenzstruktur der AaP.

Zu fast jedem Adjektiv können intensivierende oder quantifizierende Bestimmungen treten:

ganz nett
ziemlich albern
sehr erfreulich
völlig tot

Da manche Adjektive (wie *wohnhaft*) keine solchen Bestimmungen haben können, handelt es sich hier um Ergänzungen in Form von Adjektiven oder Partikeln. Daneben treten weitere Ergänzungen in sechserlei Art: im Akkusativ, im Genitiv, im Dativ, als Präpositionalgefüge, als Situativelemente, in Nebensatzform. Bezeichnet man Adjektivergänzungen als AaE und indiziert man Akkusativ mit 1, Genitiv mit 2, Dativ mit 3, Präpositionalgefüge mit 4 und Situativelement mit 5, so sind zu registrieren

AaE$_1$: *diese Unruhe (gewohnt, müde, satt* usw.)
AaE$_1$ kommen nur bei wenigen Adjektiven vor und haben meist frühere Genitivergänzungen ersetzt.

AaE$_2$: *des Treibens (müde, eingedenk, froh* usw.)
AaE$_2$ sind ebenfalls selten und offenbar gegenüber AaE$_1$ im Rückgang begriffen.

AaE$_3$: *ihm (fremd, neu, lieb* usw.)

AaE$_4$: *auf ihn (stolz, neugierig, erpicht* u. a.)
über ihn (verärgert u. a.)
in ihn (vernarrt, verliebt u. a.)
mit ihm (bekannt, befreundet u. a.)
usw.
AaE$_4$ bildet die umfangreichste Klasse der Adjektivergänzungen. Sie scheint die einzige noch erweiterungsfähige zu sein.
Bei AaE$_4$ kommen verschiedene vom Adjektiv selegierte Präpositionen vor; die einmal selegierte Präposition ist jedoch nicht austauschbar.

AaE$_5$: *in Böblingen (wohnhaft)*
AaE$_5$ sind sehr selten und auf wenige Adjektive restringiert.
Bei AaE$_5$ ist die Präposition immer austauschbar:

in Böblingen
bei Stuttgart
auf den Fildern } *wohnhaft*
am Neckar
usw.

Dies unterscheidet generell (nicht nur beim Adjektiv) E$_4$ von E$_5$.

Man hat daneben auch mit Adjektivangaben zu rechnen, vor allem mit Zeitangaben wie in

seit langem in Eurasburg wohnhaft
der seit langem in Eurasburg wohnhafte A.
usw.

Alle Adjektive mit Komparaditionsparadigma und manche anderen (z. B. *zinnoberrot*) können auch Ergänzungssätze der folgenden Art regieren:

alt, wie das Haus nun einmal ist

In diesem Zusammenhang sind auch Vergleichssätze beim Komparativ zu nennen:

ernster, als wir erwartet hatten

Genau genommen hängt hier der Nebensatz vom Komparativflexem ab; da dieses nur bei einer Subklasse der Adjektive vorkommt, handelt es sich wiederum um Ergänzungssätze.

Bei einer kleinen Subklasse der Adjektive wie *wohnhaft, verschossen (in)* sind die Ergänzungen obligatorisch.

Bisher wurden nur AaP in prädikativer Verwendung vorgestellt. Alle sind auch adnominal möglich:

(mein) diese Unruhe gewohnter (Nachbar)
(ein) mir völlig neuer (Autor)
(diese) auf ihre Unbeholfenheit stolzen (Leute)
(mein) in Böblingen wohnhafter (Schwager)
(mein) seit langem in Eurasburg wohnhafter (Onkel)

Adjektive mit Genitivergänzung scheinen adnominal nicht oder nur beschränkt möglich zu sein. In keinem Fall sind Adjektive mit Ergänzungssätzen adnominal verwendbar:

**(dieses) ernstere, als wir erwartet hatten, Ereignis*

Bei Verwendung des Adjektivs als Verbalangabe ist die Kombinatorik noch weitergehend beschränkt: hier sind vermutlich nur intensivierende, graduierende usw. Ergänzungen möglich:

Er hat ziemlich schnell gearbeitet.

Für die Position der Elemente in Adjektivphrasen gilt die Grundfolgeregel:

Nichtsatzförmige Adjektivangaben und Adjektivergänzungen gehen dem adjektivischen Nukleus vorher. Kommen mehrere Angaben und/oder Ergänzungen gleichzeitig vor, so ist die Anordnung weitgehend frei.

Beispiele:

ganz richtig
ihm ergeben
ihm völlig ergeben

Dabei stehen aber Elemente wie *sehr, ziemlich* immer unmittelbar beim adjektivischen Nukleus:

auf ihn sehr böse
nicht: **sehr auf ihn böse*

Nach der Grundfolgeregel stehen damit Adjektivergänzungen immer im Vorfeld der Phrase, also vor dem Nukleus.

Diese Vorfeldstellung gilt ausschließlich, wenn die AaP adnominal verwendet wird:

mein auf mich sehr böser Nachbar

Stellung der Ergänzung im Nachfeld, also rechts vom Nukleus, ist ebenfalls möglich, allerdings nur bei prädikativer Verwendung der AaP, und auch dann nur bei AaE_4 und AaE_5:

Oskar ist vertraut mit schnellen Autos.
Der Beklagte ist wohnhaft in Eurasburg.

Satzförmige Adjektivergänzungen kommen nur bei prädikativ gebrauchten Adjektiven vor; sie stehen dann immer hinter dem Adjektiv, gelegentlich auch im Nachfeld des Satzes (s. Abschnitt 5.8.5.):

Er ist älter gewesen, als wir gedacht hatten.

Daneben:

Er ist älter, als wir gedacht hatten, gewesen.

Für die Bedeutung der Adjektivphrase gilt: die Ergänzungen gehen mit dem Nukleus eine engere Verbindung ein, die gegebenenfalls durch die Angaben zusätzlich prädiziert wird. Kommen in einer AaP mehrere Ergänzungen vor, so bildet die dem Nukleus am nächsten stehende mit ihm die engste Verbindung; die im Vorfeld stehende Ergänzung bildet mit dem Nukleus eine engere semantische Verbindung als die im Nachfeld stehende.

Beispiele:

mit Kindern sehr vertraut

Das Bedeutungselement ‚vertraut' wird durch ‚sehr' intensiviert; dieser semantische Komplex wird durch die AaE_4 auf Kinder bezogen.

ziemlich unbequem für ihn

Das Bedeutungselement ‚unbequem' wird durch ‚ziemlich' (begrenzt) intensiviert; der neue semantische Komplex wird durch die postnukleare AaE_4 *für ihn* auf eine bestimmte Person ‚er' bezogen.

Es muß noch bemerkt werden, daß die Strukturregeln (dependenziell, positionell, semantisch) für die Adjektivphrase auch für Kopulapartikelphrasen gelten, zum Beispiel für

völlig quitt
schuld daran

Dies ist, soweit ich sehe, das einzige – und meines Erachtens schwache – Argument dafür, die Kopulapartikeln zu den Adjektiven zu rechnen.

Der Überblick über die Struktur der Adjektivphrasen soll nur die wichtigsten Kombinationsmöglichkeiten angeben. Es ist deutlich geworden, daß die oben eingeführte Dreiteilung nach adnominaler Verwendung, prädikativer Verwendung und Verwendung als Verbalangabe eine übersichtliche Darstellung der verschiedenen Strukturtypen ermöglicht.

4.4. Nominalphrasen (NP)

Die Ausbaumöglichkeiten sind besonders reich bei der NP, der klassischen Nominalphrase oder Substantivgruppe. Dabei sind wiederum Angaben und Ergänzungen zu unterscheiden; jene kommen bei allen Nomina, diese nur bei nominalen Subklassen vor. Angaben sind Determinative wie

der (Bastian)
dieser (Verschwender)
jeder (Eckensteher)

Struktur: N
|
Ad

und Adjektive wie

besagter (Weinkeller)
alter (Bordeaux)
hamburgischer (Seelachs)

Struktur: N
|
Aa

sowie unveränderliche Elemente wie

Hamburger (Seelachs)

Struktur: N
|
A

Auch der possessive Genitiv –

(die Zweige) des Apfelbaums
Sonjas (Bank)

Struktur:

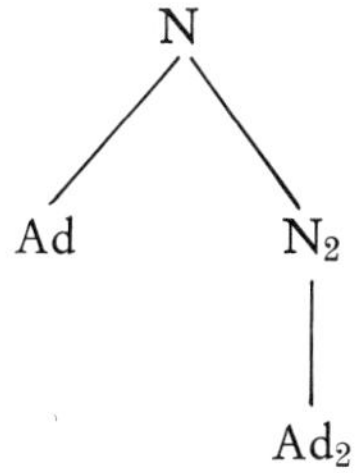

– wird hier zu den Angaben gerechnet, schließlich situative Bestimmungen:

(der Kumpel) dort
(die Hütte) am Rotgüldensee

Struktur:

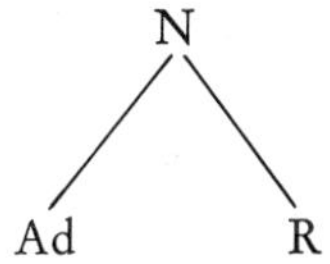

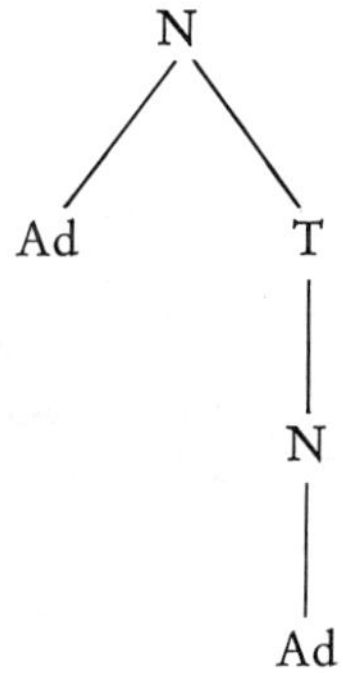

Erklärung der Symbole: siehe Kapitel 1.11., 2.6.

Phrasen wie

seine vergessenen Abenteuer

wird die Struktur

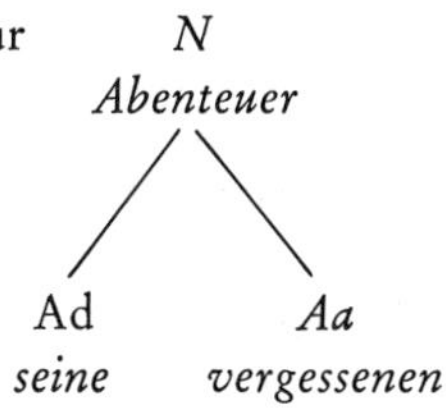

zugeordnet. Determinative und Adjektive erscheinen hier also als gleichrangige Angaben zum Nomen. Es handelt sich dabei um eine vereinfachte

Strukturbeschreibung. Die Kongruenzbeziehungen, die zwischen Determinativ und Adjektiv bestehen und die sich im wesentlichen in der Tatsache niederschlagen, daß die Wahl des jeweiligen adjektivischen Kasusparadigmas von der Wahl des Determinativs gesteuert wird, können aus solchen Diagrammen nicht unmittelbar abgeleitet werden; sie müssen also transformationell erklärt werden. Eine Möglichkeit, die Kongruenz zwischen Determinativ und Adjektiv dependenziell zu erklären, böte das folgende Diagramm:

N
Abenteuer
|
Ad
seine
|
Aa
vergessenen

Es wäre durchaus möglich, bei der Beschreibung so zu verfahren. Erforderlich ist dann allerdings eine sehr weitgehende Subklassifikation der Determinative und Adjektive, die zu mehr als einem Dutzend von Subklassen führt. Von so detaillierter Beschreibung soll hier abgesehen werden.

Nominalergänzungen (NP) sind alle übrigen von N abhängigen Elemente. Dazu gehören vor allem die nichtpossessiven Genitive, namentlich der Genitivus subjektivus –

(der Wurf) des Prätendenten
Theos (Erfindung)

– und der Genitivus objectivus:

(die Speisung) der Fünftausend
Oskars (Apotheose)

Auch für Genitivus subjectivus und Genitivus objectivus kann das Possessivpronomen substituiert werden, das seinen Namen um so weniger verdient, als es, wie die folgenden Beispiele zeigen, eben nicht nur für den possessiven Genitiv eintreten kann:

sein Entwurf
seine Erfindung
ihre Speisung
seine Apotheose

Diese Elemente kommen, wie leicht festzustellen ist, nur bei bestimmten Nomina vor. Weitere Ergänzungen haben die Form von Präpositionalgefügen:

(Hoffnung) auf Frieden
(Suche) nach dem Fleckenstein
(Vorliebe) für Fresien

Es handelt sich bei den Regentien solcher Präpositionalergänzungen häufig, aber keineswegs immer um deverbative Nomina.

Richtungsbestimmungen, die nur bei bestimmten (häufig deverbativen) Nomina vorkommen, sind ebenfalls Ergänzungen:

(der Weg) zum Rotgüldensee
(Marsch) durch die Wüste

Herkunftsbestimmungen, die sonst unter die Richtungsbestimmungen zu rechnen sind, sind zwar freier kombinierbar, aber doch auf „Konkreta" und Nomina actionis beschränkt:

der Brief aus Göttingen
der Anruf aus Göttingen

Wendungen wie

die Hoffnung aus Göttingen

dürften nur möglich sein, wenn metaphorischer Gebrauch vorliegt.

Viele vom Nomen abhängige Elemente lassen sich durch Nebensätze, meist Relativsätze, ersetzen:

Vaters Buch ⇒
das Buch, das Vater gekauft/geschrieben hat
die Frage nach der Ursache ⇒
die Frage (danach), worin die Ursache lag

Auch Infinitivsätze kommen vor:

Sehnsucht nach Ida ⇒
Sehnsucht, Ida wiederzusehen

Oft kommutieren verschiedenartige Nebensätze mit äußerlich identischen, strukturell aber disparaten einfachen Elementen und können so zu deren Disambiguierung beitragen:

die Abordnung, die mein Vater geschickt hatte ⇐
die Abordnung meines Vaters (Gen. subjectivus)
die Abordnung, die meinem Vater unterstand ⇐

die Abordnung meines Vaters (Gen. possessivus)
die Abordnung, die meinen Vater betraf ⇐
die Abordnung meines Vaters (Gen. objectivus)

Die genannten Angaben und Ergänzungen lassen sich innerhalb der NP nicht unbeschränkt kombinieren. Von den Restriktionen sind vor allem zwei zu beachten:

- In jeder NP kann höchstens ein Genitiv derselben Subkategorie vorkommen. Konstrukte wie

  **Vaters Schreibtisch des Direktors*

  sind damit ausgeschlossen.
- Im Vorfeld und ebenso im Nachfeld der NP (hinter dem Nomen) kann höchstens ein unmittelbar vom Phrasennukleus abhängiger Genitiv vorkommen, mag er possessivus, subjectivus oder objectivus sein, also

  der Karren des Schäfers
  die Aussage des Schäfers
  die Verurteilung des Schäfers

Eine NP

**die Verfluchung Catos der Stadt Carthago*

ist unmöglich, weil das Nachfeld zwei Genitivkonstrukte enthielte. Wohl aber ist möglich

Catos Verfluchung der Stadt Carthago

mit Genitivus subjectivus im Vorfeld und Genitivus objectivus im Nachfeld des Nukleus *Verfluchung.*

Die letzte Restriktion hat den Bereich der Konnexion schon überschritten und einen Teilbereich der Position einbezogen.

Die Folgeverhältnisse können hier nur in stark verallgemeinerter Form dargestellt werden. Nützlich ist auch hier die Unterscheidung von Vorfeld (was links vom Nukleus steht) und Nachfeld (was rechts vom Nukleus steht); vgl. dazu auch Kapitel 5.8., vor allem 5.8.4. und 5.8.5.

Grundfolge

An erster Stelle im Vorfeld stehen Partikeln wie

all
manch
solch

Beispiele:

all diese Argumente
manch schöner Traum
solch erlesene Delikatessen

Sie sind nicht miteinander kombinierbar und kommutieren außerdem mit dem (flektierbaren) Determinativ *all-* und dem „sächsischen Genitiv“ wie *Vaters (Hut)*, der allerdings die meisten Determinative ausschließt:

Vaters Enten
**Vaters diese Enten*

An zweiter Stelle stehen die restlichen Determinative, also

der, die, das
dies-
jen-
jed-
ein-
mein-, dein-, sein-, unser-, euer-, ihr-
kein-
manch-
u. a.

Beispiele:

der/dieser/jener/jeder/ein/mein/kein/mancher Passant

Hinzu werden diejenigen „Zahlwörter“ gerechnet, die nicht ohnehin Determinative sind.

Die Elemente der zweiten Klasse sind teilweise miteinander kombinierbar. an dritter Stelle stehen referenzielle Adjektive wie

bestimmt- (in *bestimmte Nachbarn*)
gewiß- (in *gewisse Zuhörer*)
besagt-
erwähnt-
solch-
derartig-
damalig-
dortig-

Sie weisen alle auf im Kontext oder in der Konsituation Vorhandenes hin. Viele von ihnen sind miteinander kombinierbar.

An vierter Stelle stehen qualitative Adjektive wie

schön-
braun-
eisern-

Beispiele:

diese schönen Verzierungen
ein brauner Hund
drei eiserne Tore

Viele von ihnen sind miteinander kombinierbar.

An fünfter und letzter Stelle im Vorfeld stehen nur klassifizierende Adjektive wie

päpstlich- („Zugehörigkeitsadjektive")
hamburgisch- („Herkunftsadjektive")
philosophisch-

Beispiele:

die letzten päpstlichen Erlasse
seine besten hamburgischen Erzählungen
solche beunruhigenden philosophischen Erkenntnisse

Auch hier wird wieder deutlich, daß morphologische Kongruenzbeziehungen zwischen Determinativen und Adjektiven durch eine verfeinerte dependenzielle Darstellung erklärt werden könnten; im allgemeinen dürfte aber die vereinfachte Darstellung, wie sie etwa für den Ausdruck *solche beunruhigenden philosophischen Erkenntnisse* im folgenden Diagramm wiedergegeben wird, völlig ausreichen:

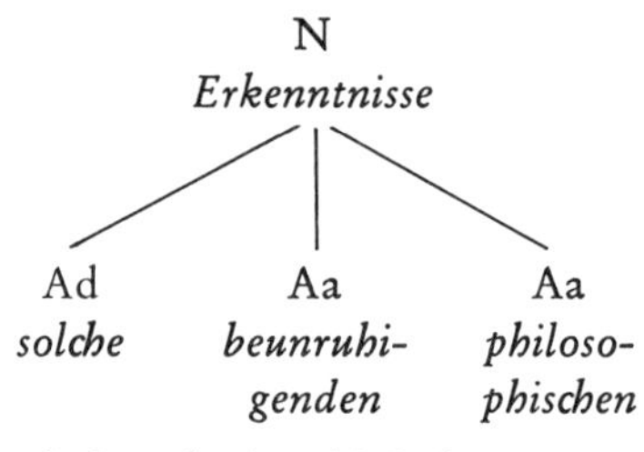

Viele von ihnen sind miteinander kombinierbar.

Außerdem sind fast alle Elemente der fünf verschiedenen Klassen von Vorfeldelementen miteinander kombinierbar. Ausnahmen gelten zum Beispiel für *all* und *manch-*:

**all mancher Abend*

für sächsischen Genitiv und die zweite Klasse (Determinative):

**Vaters dieser Hut*

für *der* und *solch-*:

**der solche Augenblick*

und einige andere.
In der Grundfolge ordnen sich die Vorfeldelemente gemäß den angegebenen Klassen:

all	*diese*	*damaligen*	*fleißigen*	*studentischen Hilfskräfte*
1	2	3	4	5

Im Nachfeld können (nichtsächsische) Genitive, Situativangaben und Präpositionalergänzungen zusammen vorkommen. Häufbar sind allenfalls die Situativangaben. Die Grundfolge ordnet diese Elemente folgendermaßen:

$I_2/E_2 - E_4 - I_{5/6}$

Dabei steht I für „Angabe", E für „Ergänzung". Von den Indizes bezeichnet 2 den Genitiv, 4 das Präpositivglied (Näheres s. Kapitel 5.4.), 5 das situative und 6 das direktive Glied. Näheres zu dieser Schreibweise findet man in Kapitel 1.11. und in Teil 5, wo das hier verwendete Notationssystem vollständig dargestellt ist.

Beispiele für Grundfolge im Nachfeld:

der Verzicht der Opposition auf weitere Einwände
der Aufenthalt seiner Mutter in Omsk

Beispiele für NP mit besetztem Vor- und Nachfeld:

ein wichtiger linguistischer Aufsatz meines Nachfolgers
die ersten bescheidenen Bemühungen der neuen Regierung um Wirtschaftshilfe

Nebensätze, die von Nomina abhängen, stehen immer am Ende des Nachfeldes, weil andernfalls Zuordnungsschwierigkeiten entstehen würden. Beispiel:

der Laden in Omsk, der ihm gehörte

Permutationen (als Abweichungen von der Grundfolge) sind nur in geringem Umfang möglich; hier sind auch noch zahlreiche eingehende Einzeluntersuchungen erforderlich. Manchmal dienen Permutationen der Disambiguierung. In

das Recht auf Arbeit in der DDR

bleibt zum Beispiel unklar, ob von einem Recht auf Arbeit, das in der DDR gilt, die Rede ist oder von einem Recht, das Arbeit in der DDR garantiert (daß praktisch beides zutrifft, ist hier unerheblich). Jedenfalls sind folgende beiden Strukturbeschreibungen möglich:

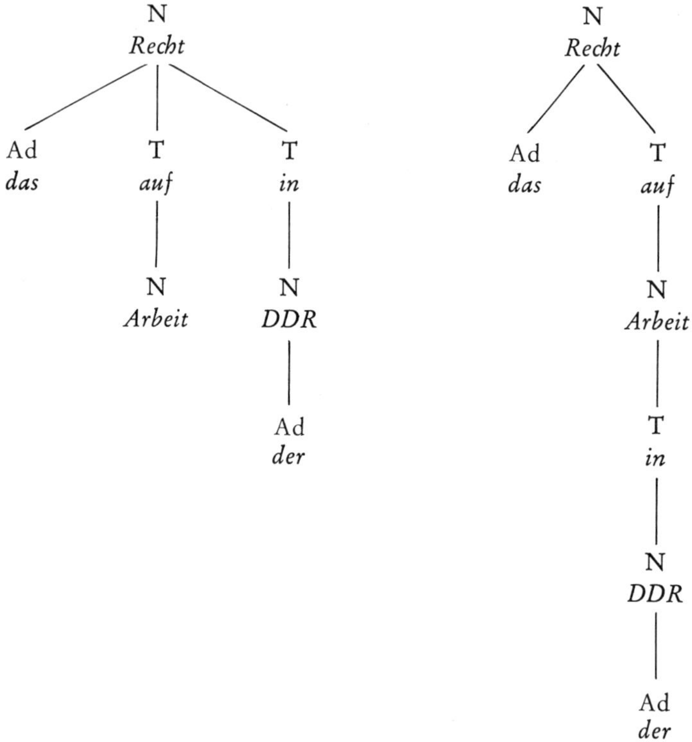

Eine Permutation zu

das Recht in der DDR auf Arbeit

wäre kaum akzeptabel. Sie wäre aber möglich, wenn *in der DDR* anaphorisiert wird:

das Recht dort auf Arbeit

Diese Formulierung ist immerhin eindeutig.

Im übrigen sind gewisse Permutationen möglich, wenn ein bestimmter semantischer Effekt angestrebt wird. Deshalb empfiehlt es sich, die Permutationen in Zusammenhang mit der *semantischen Struktur* der NP zu erörtern.

Auch hier gilt, daß die Bedeutung der NP zwar zum Teil auf der Bedeutung ihrer Teile beruht, daß aber auch die zwischen diesen Teilen bestehenden Relationen zur Gesamtbedeutung beitragen; dabei spielen konnektive und positionelle Relationen eine Rolle.

Ergänzungen stehen zum Nukleus in einer Relation, die durch die Valenz des Nukleus festgelegt wird. In

der Schrei der Zerlumpten nach Brot

ist im „Lexikoneintrag" von *Schrei* enthalten, daß die E_2 *der Zerlumpten* (als Genitivus subjectivus) das Agens bezeichnet, also die „Urheber" des Schreiens, die, die schreien, und die E_4 *nach Brot* den Inhalt, das Ziel des Schreis, das, wonach der Schrei verlangt, was er den Zerlumpten verschaffen soll. Diese komplexe Doppelrelation soll hier durch den Relator R symbolisiert werden, so daß gilt

R (Nuk, E_2, E_4)

Da bei Einsetzung anderer Nomina als Nukleus mit (mindestens teilweise) anderen Relationen zu rechnen ist, muß jedesmal ein neues R eingesetzt werden. Es ist nun davon auszugehen, daß in NP immer die Ergänzungen den engeren semantischen Komplex mit dem Nukleus Nuk eingehen. Dabei gibt es, sofern mehrere E vorhanden sind, keine Reihen- oder Rangfolge der E, auch ihre Position spielt keine Rolle. Entscheidend ist allein, welche semantische Funktion ihnen der Lexikoneintrag des Nukleus Nuk zuweist.

Von den Angaben ist lediglich der possessive Genitiv (I_2) auf dieselbe Art wie die Ergänzungen zu beschreiben. Auch er ist durch einen nukleusgesteuerten Relator semantisch mit dem Nukleus verbunden.

Für alle übrigen Angaben gilt ein genereller Relator, etwa mit der Bedeutung „gilt für", „determiniert", „bestimmt näher" oder einfach „prädiziert". Dieser Relator muß daher nicht eigens markiert werden; die Angaben außer I_2 können also selbst als Prädikat des engeren (aus Nukleus und Ergänzungen gebildeten) semantischen Komplexes fungieren.

Hier spielt nun aber die Position eine ausschlaggebende Rolle: die Nukleusnähe bestimmt die Reihenfolge der Prädikationen, und zwar so, daß durch die Angaben im Vorfeld wachsende semantische Komplexe entstehen, die am Ende durch die Nachfeldangaben – wieder entsprechend der Nukleusnähe – prädiziert werden. Verschiedene Stufung der Prädikationen bedingt also verschiedene Position der Angaben. Beispiel einer Grundfolge:

die drei philosophischen Fragen

Die semantische Struktur entspricht der Formel

Ad (Ad (Aa (N)))

Das bedeutet: ‚Fragen' werden zunächst als ‚philosophisch' bestimmt; von den philosophischen Fragen wird festgestellt, daß es sich um ‚drei' handelt; die drei philosophischen Fragen werden als ‚definit' d. h. als ‚vorerwähnt' gekennzeichnet. Daß es außer diesen dreien noch weitere philosophische Fragen gibt, wird nicht ausdrücklich gesagt, aber immerhin offengelassen.

Es ist nun auch die permutierte Form

die philosophischen drei Fragen

mit entsprechender Semantostruktur

Ad (Aa (Ad (N)))

möglich. Voraussetzung ist, daß mehrere Gruppen von (je) drei Fragen zur Diskussion stehen. Von diesen „Dreiergruppen" ist die der philosophischen Fragen gemeint. In solcher Weise ist die Semantik der Angaben in der NP von ihrer Position abhängig.

Allgemein gilt, wenn man die Menge der Angaben mit IK (Angabenkomplex) und die Menge der Ergänzungen entsprechend mit EK bezeichnet, für die Semantostruktur der NP die Formel

IK (R (N, EK))

Dabei wird der Genitivus possessivus zum EK gerechnet, was immerhin diskutabel ist, da seine Zuordnung nicht leicht zu klären ist.

4.5. Bemerkungen über PP

Die Pronominalphrasen haben teilweise nur geringe Ausbaumöglichkeiten, teilweise läßt sich ihre Struktur auch unmittelbar aus der Struktur der NP ableiten.

Dies letztere gilt vor allem für die P1P. Phrasen mit *ich/wir*, *du/ihr*, denen man (wegen übereinstimmender Ausbaumöglichkeit) das Lexem für distanzierte Anrede *Sie* zur Seite stellen kann, bieten zwar auf den ersten Blick keine Möglichkeit zu komplexer Strukturierung, weil sie offensichtlich kein Vorfeld haben. Im Nachfeld jedoch taucht vieles auf, was von der NP her vertraut ist:

du armer Kerl mit deinem Autopech

Wesentlich für die Beschreibung der P1P ist, daß in ihrem Nachfeld ein Nomen erscheinen kann, das seinerseits ausbaufähig ist. Freilich gelten hierfür Einschränkungen; deren wichtigste sind die folgenden:

– Im Nachfeld der P1P können im Singular nur Nomina erscheinen, die emotiv markierbar sind (und innerhalb der P1P auch immer emotiv markiert werden):

  du Dummkopf

  ist eine korrekte P1P, weil *Dummkopf* obligatorisch emotiv markiert ist;

  du Beamter

  ist eine korrekte P1P nur unter der Voraussetzung, daß *Beamter* (entgegen der Regel) hier emotiv markiert wird.

  Im Plural ist diese emotive Markierung nicht Bedingung:

  ihr Hannoveraner
  ihr Fußballer
  ihr Arbeitnehmer

– Der erste und der größte Teil der zweiten Klasse der Vorfeldelemente der NP kann nicht im Nachfeld der P1P (und damit im Vorfeld des von P1 abhängigen Nomens) erscheinen:

  **ich ein müder Mann*

  Solche Fügungen sind nur möglich, wenn eine Apposition vorliegt, also ein, wie in Kapitel 4.7. zu zeigen sein wird, phrasenexternes Konstrukt. Korrekt wäre indessen

  ich müder Mann

– In die P1P können nur Nomina eingesetzt werden, die eine Untermenge der Gegenstände bezeichnen, die durch den Phrasennukleus P1 intendiert werden; der Nukleus P1 und das eingesetzte Nomen müssen sich also auf denselben Gegenstand beziehen können. Und da *ich*, *du* usw. nur Menschen oder metaphorisch als Menschen gesehene Nichtmenschen bezeichnen, können für die P1P nur Nomina verwendet werden, die Menschen bezeichnen können. Diese Restriktion läßt zwar auch menschliche Körperteile (*Dickkopf*, *Fettwanst*), Tierbezeichnungen (*Ochse*, *Holzbock*) und wenige nichtmenschliche Gegenstände (*Volkswagen*, *(trübe) Tasse*) noch zu, schließt aber prinzipiell (und bei Hintanstellung weiterer Metaphern) alle Nomina actionis und ähnliches aus. Unmöglich ist also in aller Regel:

**du Durchfall*
**du Abgrenzung*
**du Trockenlegung*
usw.

Damit fallen aber auch diejenigen Nominalergänzungen weg, die auf derlei Nomina beschränkt sind.

Weitere Beispiele für P1P, die ein Nomen (und damit eine restringierte NP) enthalten:

ich mit euren Usancen weniger vertrauter Besucher aus Oberbayern
du alter schwäbischer Geizkragen da hinten

Ähnliche P1P ohne Nomen sind zahlreich:

ich mit euren Usancen wenig Vertrauter
du ewig Unzufriedener da hinten

Solche Phrasen lassen sich leicht erklären als P1P mit dependenter NP, in der das Nomen sekundär getilgt wurde.

Die in einigen der letzten Beispiele angewandte Großschreibung der Adjektive bedeutet nicht, daß sie dort als „Substantive" oder als „substantivierte Adjektive" gewertet würden; hier liegt nur eine (übrigens für dieses ganze Buch geltende) Konzession an die derzeit geltende Orthographieregelung vor.

Die Positionsverhältnisse in der P1P, soweit sie eine NP enthält, entsprechen weitgehend denen in der NP. Permutationen sind verhältnismäßig selten:

ihr drei philosophischen Köpfe
⇒ *ihr philosophischen drei Köpfe*

Die Permutation setzt voraus, daß mindestens zwei Einheiten (Mengen) von je drei „Köpfen" vorhanden sind, und daß sich durch Attribute wie *philosophisch*, *philologisch*, *pädagogisch* usw. eine Diszernierung dieser Einheiten erzielen läßt. All dies spielt sich im Nachfeld der P1P ab. Eine Permutation, die die Nachfeldelemente ins Vorfeld bringt, ist gleichfalls möglich:

du Dummkopf
⇒ *Dummkopf du*
ihr Unermüdlichen
⇒ *Unermüdliche ihr*

Diese Permutation ist jedoch nur unter zwei Bedingungen zulässig:

- Die P1P ist autonom, d. h. sie bildet nicht einen Teil eines größeren Konstrukts wie etwa eines Verbalsatzes. Unzulässig wäre somit

  **Unermüdliche ihr seid gekommen*

- Die eingebettete NP ist nur wenig umfangreich. Unzulässig wäre somit

  **drei braune Gesellen ihr*

Im allgemeinen können auch eingebettete NP, die Nachfeldelemente enthalten, nicht vor dem Nukleus erscheinen. Ungewöhnlich wäre jedenfalls

**Sohn meiner Wirtin du*
**Fremder aus Indien du*

Solche Folgen scheinen allenfalls in gehobener Sprache zulässig zu sein.

Umstellungen der Nachfeldelemente ins Vorfeld haben außerdem eine wichtige Konsequenz: Adjektive im Vorfeld werden (im Gegensatz zur Nachfeldstellung) auch im Plural „stark“ flektiert:

Arme ihr (gegen: *ihr Armen*)

Für die semantische Struktur der P1P gilt die einfache Formel

NP (P1)

Der semantische Komplex der NP (dessen Struktur in Kapitel 4.4. erläutert wurde) erscheint hier als Prädikat des Nukleus P1. In

du Dummkopf

wird der Gesprächspartner durch das Prädikat ‚Dummkopf‘ näher bestimmt. In

du Gast aus Westindien

wird der Gesprächspartner durch den Bedeutungskomplex

aus Westindien (Gast)

näher bestimmt.

Auch die Permutationen wirken sich auf die semantische Struktur aus. So unterscheiden sich

du Dummkopf
und *Dummkopf du*

dadurch, daß das vorgezogene *Dummkopf* noch stärker emotiv hervorgehoben wird.

Die P3P erlaubt nicht ohne weiteres eine Einbettung von NP. In die P3P kann eine Adjektivphrase (AaP) eingebettet werden, wobei das regierende Adjektiv als „stark" flektiertes Neutrum (ursprünglich handelt es sich um einen Genitiv) erscheint:

jemand Unerwartetes

In den Kasus obliqui wird *jemand* usw. nur flektiert, wenn kein Dependens vorhanden ist; sonst bleibt *jemand* usw. unverändert, und das Dependens trägt die Flexionsmerkmale:

jemandem
jemand Unerwartetem

Die Tatsache, daß von *jemand* usw. auch nichtadjektivische Elemente abhängen können, die auch in NP vorkommen, legt eine Beschreibung der P3.1P nahe, nach der auch in die P3P grundsätzlich NP eingebettet sind, in denen allerdings der Teilnukleus N obligatorisch getilgt ist und außerdem weitere Restriktionen gelten. Beispiele:

jemand aus Mexiko
jemand Unerwartetes aus Mexiko

Alle Dependentien von P3 stehen hinter dem Nukleus. Außerdem kann als Dependens von *jemand* usw. das Element *dergleichen*, abgekürzt *dgl.*, erscheinen, das sich nicht als Teil einer NP erklären läßt. Für die semantische Struktur gilt dann die Formel

NP (P3.1)
bzw. *dgl.* (P3.1)

Als Dependentien der Fragenomina *wer, was* (P3.2) können wohl nur einfache Adjektive vorkommen. Sie werden ausnahmslos „stark" flektiert und kommen nur hinter dem Nukleus, übrigens stets von ihm getrennt, vor:

wer (ist heute) Neues (gekommen?)
was (hat sich) Unerwartetes (ereignet?)

Es gilt die semantische Struktur

A (P3.2)

4.6. Bemerkungen zu sonstigen Phrasen

Hier werden die Determinativphrasen (AdP) wie

der mit seinen Satzbauplänen
jener im zweiten Absatz

die des Klägers
usw.

nicht eigens behandelt, weil sie sich aus NP (bei Tilgung des Nomens) ableiten lassen.

Unter den Partikelphrasen bieten die P r ä p o s i t i o n a l p h r a s e n (TP) keinerlei Probleme, weil sie sich ausnahmslos als NP, PP oder AaP beschreiben lassen, die von einer Präposition regiert werden und damit entsprechende Kasusmerkmale aufweisen, also

$T_{\langle i \rangle}$ — NP_i bzw. $T_{\langle i \rangle}$ — PP_i bzw. $T_{\langle i \rangle}$ — AaP_i

Beispiele:

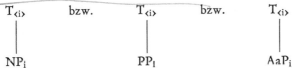

(sie hielt ihn) für einen engstirnigen Menschen
für jemanden, der Birnen verkauft
für völlig verdreht

S u b j u n k t o r p h r a s e n (SP) enthalten ausnahmslos eingebettete Verbalsätze, die unmittelbar vom Subjunktor abhängen:

S
|
VS

Wird der Verbalsatz

Pinkus hat den Hund gebürstet.

in eine SP mit dem Subjunktor *weil* transformiert, so ergibt sich der Nebensatz

weil Pinkus den Hund gebürstet hat

Die Struktur der Subjunktorphrasen gleicht damit größtenteils der der Verbalsätze, die in Teil 5 ausführlich behandelt werden; die Besonderheiten der Subjunktorphrasen werden dort in einem eigenen Kapitel (5.9.) beschrieben.

K o p u l a p a r t i k e l p h r a s e n (KP) ähneln in ihrer Struktur den Adjektivphrasen (AaP), weisen jedoch geringere Erweiterungsmöglichkeiten auf:

völlig quitt
ziemlich leid
usw.

Restpartikelphrasen (RP) zeigen verschiedenartige, im ganzen freilich äußerst beschränkte Ausbaumöglichkeiten. Beispiele:

ganz hinten
gerade jetzt
schrecklich gerne

Über alle bisher genannten Partikelphrasen ist noch sehr wenig bekannt; der Forschung bleibt damit ein weites und großenteils noch völlig unkultiviertes Feld.

4.7. Apposition

Vergleicht man die Konstrukte

Philipp, ein wunderbarer Gesellschafter
mit *Philipp, der ein wunderbarer Gesellschafter war*
und
Anna, braungebrannt von sizilianischer Sonne
mit *Anna, die von sizilianischer Sonne braungebrannt war*
sowie *die von sizilianischer Sonnne braungebrannte Anna*
oder auch
Jobst, in Katmandu, ließ nichts von sich hören.
mit *Jobst in Katmandu ließ nichts von sich hören.*

, so mag zunächst der Eindruck entstehen, daß die verglichenen Konstrukte gleiche Bedeutungsstruktur aufweisen. Bei näherem Zusehen tritt aber wiederum ein weitverbreitetes Mißverständnis zutage; was jeweils gemeint ist, ist offenbar nicht identisch; nur der dem Gemeinten zugrunde liegende Sachverhalt ist derselbe. Für die sprachliche Bedeutung zählt aber in erster Linie, was gemeint ist. Im Hinblick hierauf ist das jeweils erste Konstrukt mit den anderen durchaus nicht austauschbar.

Ein Teil des jeweils ersten Konstrukts zeigt zunächst eine gewisse syntaktische Selbständigkeit, die in der Schrift durch Kommas oder auch Gedankenstriche, in gesprochener Sprache durch Pausen und eigenes Sprechmelos, in beiden Bereichen durch einen Mangel an syntaktischer Kongruenz zum Ausdruck gebracht wird. Zwar ist, falls Nominalphrasen (NP) eingeschaltet sind, Kasusidentität zu dem vorausgehenden Konstrukt soweit die Regel, daß Appositionen in der deutschtümelnden Terminologie zurückliegender Zeit als „Beifügung im gleichen Fall" definiert werden:

meinem Bruder Philipp, einem wunderbaren Gesellschafter

Aber Beobachtungen und neuere Untersuchungen zeigen, daß diese Regel nur noch beschränkt gültig ist:

meinem Bruder Philipp, ein wunderbarer Gesellschafter

ist möglich und schon weithin üblich. Zudem wird die Apposition zu genitivischen Phrasen zunehmend im Dativ realisiert:

die Zusage Karl Heimanns, einem der wendigsten Boxmanager der letzten Jahre

Ob dabei die Möglichkeit, die Genitivphrase durch eine Präpositionalphrase mit *von* (mit Dativ) – also

die Zusage von Karl Heimann, einem ...

eine Rolle spielt, ist unerheblich; festzuhalten bleibt, daß die Kasuskongruenz keine unverrückbare Norm mehr darstellt.

Eine Beschreibung der Apposition, wie sie in den jeweils ersten der verglichenen Konstrukte vorliegt, hat beim Äußerlichen einzusetzen. Folgendes läßt sich sagen:

- Appositionen kommen nur bei Nominalphrasen oder Pronominalphrasen vor. Beispiele:

  der Betriebsleiter, ein aufgeweckter Mann
  ich, der erwähnte Zwischenrufer
  er, ein aufgeweckter Mensch

  Die gewählte Formulierung soll gleichzeitig zum Ausdruck bringen, daß Appositionen nicht Teile der Phrasen sind, denen sie zugeordnet werden.

- Appositionen folgen immer auf die Phrasen, denen sie zugeordnet sind, sie können nicht zwischen Teile dieser Phrasen eingeschoben werden:

  Jobst aus Katmandu, ein bemerkenswerter Mensch
  **Jobst, ein bemerkenswerter Mensch, aus Katmandu*

  Die zweite, höchst ungewöhnliche Formulierung wäre nur zulässig, wenn die Lokalbestimmung *aus Katmandu* ihrerseits eine Apposition zur Apposition *ein bemerkenswerter Mensch* wäre. Doch ist es möglich, daß für den mündlichen Sprachgebrauch keine derart rigorosen Bedingungen bestehen, so daß auch das zweite Beispiel unter Umständen bedeutungsgleich mit dem ersten sein könnte.

- Appositionen kommen nur als NP, AaP oder als Situativglieder vor. Beispiele:

Katarina, im Rausch jugendlicher Begeisterung
Gerhard, redselig und nicht mehr ganz nüchtern
Emilie, Studentenwirtin in Tübingen

- Appositionen sind durch Satzzeichen (Komma, Gedankenstrich) bzw. Pausen und melische Einschnitte von den Phrasen, denen sie zugeordnet sind, getrennt.
- Appositionen können paraphrasiert werden durch „Kopulasätze", in denen der Nukleus der übergeordneten Phrase als E_0 („Subjekt"), die Apposition als E_5, E_7 oder E_8 (vgl. Kapitel 5.4.) erscheint:

Katarina war/befand sich im Rausch jugendlicher Begeisterung
Emilie war eine Studentenwirtin in Tübingen
Gerhard war redselig und nicht mehr ganz nüchtern

Die dependenzielle Darstellung hat davon auszugehen, daß eine Apposition nur bei einer der genannten Phrasen vorkommen kann, der sie zugeordnet ist. Eine Abhängigkeit vom Nukleus dieser Phrase (Nuk) bietet sich an:

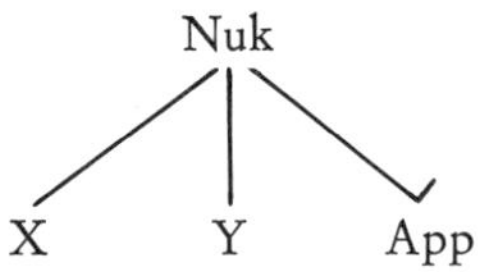

Wenn man die Apposition in der oben beschriebenen Weise subkategorisiert, ergeben sich als alternative Möglichkeiten

App_5 (situative Apposition)
App_7 (nominale Apposition)
App_8 (adjektivische Apposition)

(Näheres zu den Indizes s. Kapitel 5.4.)

Die situative Apposition (App_5) schließt ein situatives Attribut beim selben Nukleus aus. Außerdem scheint es, daß je Nukleus nur eine einzige (unmittelbare) Apposition vorkommen kann; allerdings ist diese Vermutung nicht empirisch abgesichert.

Semantisch unterscheidet sich die Apposition dadurch vom (oft weitgehend gleichlautenden) Attribut, daß sie die Funktion einer zusätzlichen, sekundären, das heißt nicht im voraus in die Struktur einer anderen Phrase einbezogenen Erläuterung hat. Dies kann Verschiedenes bedeuten: Die Apposition steht einerseits auch semantisch in lockererer Beziehung zum Nukleus. Sie kann andererseits eben durch ihre Herausstellung auch besonderen Nachdruck erhalten. Wenn für Attribute die generelle semantische Formel

Attr(Nuk)

oder (bei Ergänzungen)

R (Attr, Nuk)

gelten kann, so soll die semantische Relation der Apposition, die hier als beliebige Phrase mit XP notiert wird, zur übergeordneten Phrase durch einen besonderen Relator R_{app} bezeichnet werden. Es gilt also

R_{app} (XP, Nuk)

Der Relator R_{app} kann hier nicht weiter diskutiert werden; seine genaue Beschreibung bedarf zweifellos noch eingehender Forschungen, die auch das Verhältnis zwischen Apposition und Parenthese berücksichtigen müssen.

Literatur

Bechert, Johannes; Clément, Danièle; Thümmel, Wolf; Wagner, Karl-Heinz: Einführung in die generative Transformationsgrammatik. Ein Lehrbuch. = Linguistische Reihe, Bd. 2, München ³1973 (München 1970), bes. S. 35–52.

Bierwisch, Manfred: Grammatik des deutschen Verbs = Studia Grammatica 2, Berlin ³1966, S. 30–86. (bes. zu 4.2.)

Bondzio, Wilhelm: Untersuchungen zum attributiven Genitiv und zur Nominalgruppe in der deutschen Sprache der Gegenwart, Berlin 1967. (bes. zu 4.4.)

Brinker, Klaus: Das Passiv im heutigen Deutsch = Heutiges Deutsch I, 2, Düsseldorf 1971. (bes. zu 4.2.)

Brinker, Klaus: Zur Funktion der Fügung *sein* + *zu* + Infinitiv in der deutschen Gegenwartssprache, in: Neue Beiträge zur deutschen Grammatik = Duden-Beiträge, Bd. 37, Mannheim 1969, S. 23–34. (bes. zu 4.2.)

Brinkmann, Henning: Der deutsche Satz als sprachliche Gestalt, in: Wirkendes Wort, Sonderheft 1, 1953, bes. S. 12–25.

Buscha, Joachim; Heinrich, Gertraud; Zoch, Irene: Modalverben, Leipzig 1971. (bes. zu 4.2.)

Calbert, Joseph P.; Vater, Heinz: Aspekte der Modalität = Studien zur deutschen Grammatik 1, Tübingen 1975. (bes. zu 4.2.)

Chomsky, Noam: Syntactic Structures = Janua linguarum 4, s'Gravenhage 1957.

Chomsky, Noam: Aspekte der Syntax-Theorie, Frankfurt 1969 (Aspects of the Theory of Syntax, Cambridge, Mass. 1965), bes. S. 88–164.

Clément, Danièle: La structure des groupes nominaux complexes en allemand moderne, Universität Stuttgart, Lehrstuhl für Linguistik, Paper Nr. 10, August 1969 (hektogr.). (bes. zu 4.4.)

Clément, Danièle: Stellungsfaktoren bei Folgen epithetischer Attribute im Deutschen (hektogr.) 1966/67. (bes. zu 4.4.)

Engel, Ulrich: Regeln zur Wortstellung, in: Forschungsberichte des Instituts für deutsche Sprache, Bd. 5, 1970, S. 7–148, hier bes. S. 98–126. (bes. zu 4.2., 4.3., 4.4.)

Engel, Ulrich; Schramm, Angelika: Lexeme und Wortgruppen. Beiträge zu einer Grammatik der deutschen Gegenwartssprache, in: Deutsch als Fremdsprache und neuere Linguistik, hrsg. von G. Fritz und O. Werner, München 1975.

Erben, Johannes: Deutsche Grammatik. Ein Abriß, München [11]1972. (Berlin 1958.)

Fabricius Hansen, Cathrine: Über das ‚Prädikat' der neueren Wertigkeitstheorie, in: Kopenhagener Beiträge zur germanistischen Linguistik 1, 1972, S. 37–92. (bes. zu 4.2.)

Flämig, Walter (Hrsg.): Skizze der deutschen Grammatik, Berlin 1972, bes. S. 131–234.

Folsom, Marvin H.: The syntax of substantive and non-finite satellites to the finite verb in German, Paris 1966. (bes. zu 4.2.)

Fourquet, Jean: Wortart, Phrase, spezifische Einheit, in: Festschrift für Hans Eggers, hrsg. von H. Backes, Tübingen 1972, S. 9–17.

Gelhaus, Hermann: Das Futur in ausgewählten Texten der geschriebenen deutschen Sprache der Gegenwart. Studien zum Tempussystem = Heutiges Deutsch, Reihe I, 5, München 1975. (bes. zu 4.2.)

Gelhaus, Hermann; Latzel, Sigbert: Studien zum Tempusgebrauch im Deutschen = Forschungsberichte des Instituts für deutsche Sprache, Bd. 15, Mannheim 1974. (bes. zu 4.2.)

Grebe, Paul (Hrsg.): Grammatik der deutschen Gegenwartssprache (Duden-Grammatik) = der Große Duden, Bd. 4, Mannheim [3]1973. (Mannheim 1959.)

Günther, Heide; Pape, Sabine: Funktionsverbgefüge als Problem der Beschreibung komplexer Verben in der Valenztheorie, in: Helmut Schumacher (Hrsg.), Untersuchungen zur Verbvalenz = Forschungsberichte des Instituts für deutsche Sprache, Bd. 30, Tübingen 1976, S. 92–128. (bes. zu 4.2.)

Hauser-Suida, Ulrike; Hoppe-Beugel, Gabriele: Die Vergangenheitstempora in der deutschen geschriebenen Sprache der Gegenwart. Untersuchungen an ausgewählten Texten = Heutiges Deutsch Reihe I, 4, München, Düsseldorf 1972. (bes. zu 4.2.)

Helbig, Gerhard; Buscha, Joachim: Deutsche Grammatik. Ein Handbuch für den Ausländerunterricht, Leipzig [3]1975. (Leipzig 1972.)

Huber, Walter; Kummer, Werner: Transformationelle Syntax des Deutschen I, München 1974.

Kaufmann, Gerhard: Grammatik der deutschen Grundwortarten. Systeme morphologisch-syntaktischer Merkmale als Grundlage zur Datenverarbeitung = Schriften der wissenschaftlichen Arbeitsstelle des Goethe-Instituts 1, München 1967.

Lees, Robert B.: The grammar of English nominalisations, The Hague, Bloomington 1966. (bes. zu 4.4.)
Martinet, André (Hrsg.): Linguistik. Ein Handbuch, Stuttgart 1973, Kapitel 32: F. de Sivers: Wort, S. 185–188.
McCawley, James D.: Where do Noun Phrases come from, in: Jacobs-Rosenbaum (Hrsg.), Readings in English Transformational Grammar, Boston 1968. (bes. zu 4.4.)
Motsch, Wolfgang: Syntax des deutschen Adjektivs = Studia Grammatica 3, Berlin ²1965 (Berlin 1964), bes. S. 14–88. (bes. zu 4.3.)
Motsch, Wolfgang: Untersuchungen zur Apposition im Deutschen, in: Syntaktische Studien = Studia Grammatica 5, 1965, S. 87–132. (bes. zu 4.7.)
Motsch, Wolfgang: Können attributive Adjektive durch Transformationen erklärt werden?, in: Folia Linguistica 1, 1967, S. 23–48. (bes. zu 4.3.)
Neugeborn, Wolfgang: Zur Analyse von Sätzen mit finiter Verbform + Infinitiv, in: Helmut Schumacher (Hrsg.), Untersuchungen zur Verbvalenz = Forschungsberichte des Instituts für deutsche Sprache, Bd. 30, Tübingen 1976, S. 66–74. (bes. zu 4.2.)
Porzig, Walter: Das Wunder der Sprache. Probleme, Methoden und Ergebnisse der modernen Sprachwissenschaft, München ⁵1971. (München 1950.)
Rath, Rainer: Zur syntaktischen Analyse nominaler Gruppen der deutschen Gegenwartssprache, in: Beiträge zur Linguistik und Informationsverarbeitung 9, 1966, S. 7–28. (bes. zu 4.4.)
Rath, Rainer: Zur Erkennung nominaler Gruppen, in: Elektronische Syntaxanalyse der deutschen Gegenwartssprache, Tübingen 1969, S. 99–110. (bes. zu 4.4.)
Rath, Rainer: Die Partizipialgruppe in der deutschen Gegenwartssprache = Sprache der Gegenwart, Bd. 12, Düsseldorf 1971. (bes. zu 4.3.)
Regula, Moritz: Grundlegung und Grundprobleme der Syntax = Bibliothek der allgemeinen Sprachwissenschaft, Reihe II, Heidelberg 1951.
Regula, Moritz: Kurzgefaßte erklärende Satzkunde des Neuhochdeutschen, Bern/München 1968.
Ross, John Robert: Adjectives as Noun Phrases, in: D. A. Reibel und S. A. Shane (Hrsg.), Readings in Transformational Grammar, Englewood Cliffs 1969, S. 352–360. (bes. zu 4.3., 4.4.)
Vater, Heinz: Zur Tiefenstruktur deutscher Nominalphrasen, in: Beiträge zur Linguistik und Informationsverarbeitung 11, 1967, S. 53–71. (bes. zu 4.4.)
Weinrich, Harald: Die Stellung des Adjektivs im Französischen, in: Satz und Wort im heutigen Deutsch = Sprache der Gegenwart, Bd. 1, Düsseldorf 1967, S. 115–127. (bes. zu 4.4.)
Weisgerber, Leo: Die vier Stufen in der Erforschung der Sprachen, Düsseldorf 1963.
Zemb, Jean-Marie: Les structures logiques de la proposition allemande, Paris 1968, bes. S. 275–298.

Zint, Ingeborg: Zur Nominalphrase im Deutschen, in: Neue Grammatiktheorien und ihre Anwendung auf das heutige Deutsch = Sprache der Gegenwart, Bd. 20, Düsseldorf 1972, S. 174–183. (bes. zu 4.4.)

5. Sätze

5.1. Definition des Satzes

Es geht im folgenden um die Einheiten, die in vielen Grammatiken, auch moderneren, im Mittelpunkt stehen. Zwar soll der neuerdings häufig gehörten Behauptung, die Grammatik einer Sprache müsse alle in dieser Sprache möglichen Sätze erzeugen können und habe dann gewissermaßen ihre Aufgabe erfüllt, nicht das Wort geredet werden. Dessen ungeachtet kann der Satz aber als eine besonders wichtige und besonders vielseitig verwendbare sprachliche Einheit angesehen werden. Unter seinen Eigenschaften ist wohl die wichtigste die, daß er sich besser als alles andere zur Wiedergabe von Äußerungen eignet (Näheres hierzu in Kapitel 7.2.).

Der Satz kann im Rahmen des hier verwendeten Beschreibungsmodelles definiert werden als Verbalphrase im weiteren Sinne, letzten Endes als Phrase, deren Nukleus ein finites Verb oder ein Verb im Infinitiv ist. Diese Definition leuchtet unmittelbar ein bei Sätzen mit einfachem Verbalkomplex wie

Der Gast bestellte kein Getränk.

Das zugehörige Strukturdiagramm hat folgende vereinfachte Form:

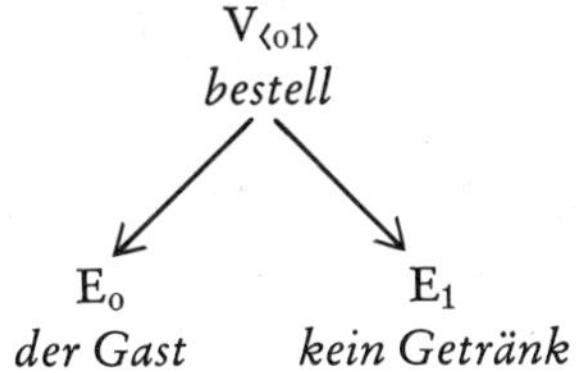

Bei mehrgliedrigen Verbalkomplexen hängen Ergänzungen und Angaben nicht unmittelbar vom Nukleus der Gesamtphrase ab, sondern vom Vollverb als dem dependenziell untersten Element des Verbalkomplexes (Näheres hierzu in Kapitel 4.2.);

Beispiel:

Der Gast scheint kein Getränk bestellen zu wollen.

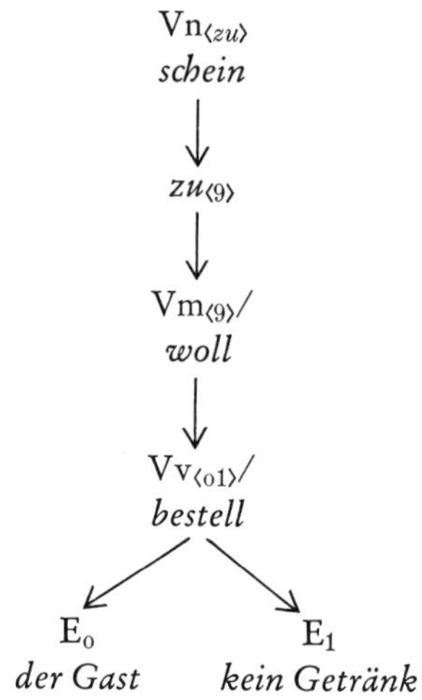

Hier bildet die "Kongruenz" zwischen Verbum finitum (*schien*) und E_0 (*der Gast*) eine gewisse, freilich verhältnismäßig einfach lösbare Schwierigkeit. Davon abgesehen zeigt das Diagramm, daß die Struktur des Satzes in seinen wesentlichen Teilen vom Vollverb (Vv) bestimmt wird. Nur der vom Vollverb abhängige Teil des Satzes soll im folgenden behandelt werden. Er wird, im Gegensatz zum Verbalkomplex als der Verbalphrase im engeren Sinn (VK), mit dem Symbol VS bezeichnet. Soll vom Gesamtsatz (unter Einschluß des gesamten Verbalkomplexes) die Rede sein, so wird das Symbol GS verwendet.

Oft wird geltend gemacht, daß auch Konstrukte wie

Richtig.
Den Hammer.
An den Hausmeister.
Dort drüben.
usw.

"Sätze" seien. Tatsächlich handelt es sich in vielen Fällen um eine Art Äquivalente zu Verbalsätzen. Solche Konstrukte werden hier Kurzsätze (KS) genannt. Die Legitimation freilich für eine Gesamtklasse, die VS und KS umgreift, kann erst auf einer höheren Ebene gegeben werden, auf der kommunikative Kriterien gelten (Näheres dazu in Kapitel 7.2.).

5.2. Satzränge, Satztypen und Satzarten

Die alte Unterscheidung zwischen Hauptsatz und Nebensatz ist viel problematischer, als gemeinhin angenommen wird: manches, was als Hauptsatz bezeichnet wird, ist gar kein Satz, und der Nebensatz ist prinzipiell kein Satz im Sinne unserer Definition. Dies wird erläutert an folgendem Beispiel:

Wenn du kommst, mache ich alle Lichter an.

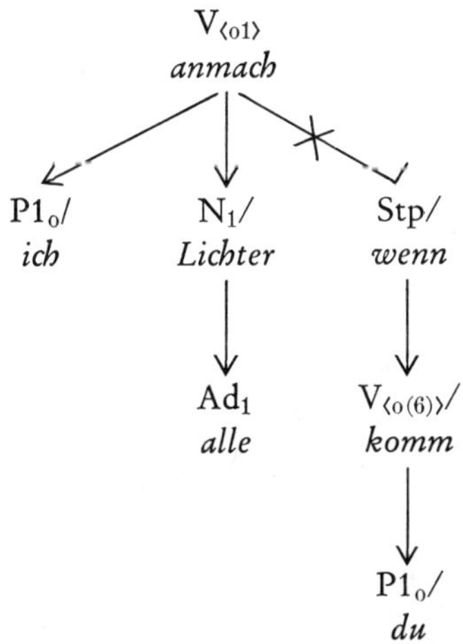

Stp = temporaler Subjunktor

Wie das Diagramm offenbart, enthält dieses Konstrukt zwei Sätze: *Wenn du kommst, mache ich alle Lichter an.* und *Du kommst.* – denn genau diese beiden Konstrukte haben ein V als Nukleus. Es ist weithin üblich, in einem solchen Falle den Satz *Ich mache alle Lichter an.* als Obersatz zu bezeichnen, das Konstrukt *wenn du kommst* hingegen als Untersatz. Streng genommen besteht jedoch der Obersatz aus Temporalbestimmung + *Ich mache alle Lichter an.*, und er könnte damit auch *Dann mache ich alle Lichter an.* lauten. Der Untersatz (hier: *wenn du kommst*) ist nämlich immer Teil des Obersatzes, in den er eingebettet ist. Es mag aber von Fall zu Fall auch erforderlich sein, den Teil des Obersatzes, der nach Abzug aller Untersätze übrig bleibt, eigens zu benennen. Daß es sich hier grundsätzlich um defektive Konstrukte handelt, wird deutlicher an dem komplexen Satz

Wer andern eine Grube gräbt, fällt selbst hinein.

Der verbleibende Rest – *fällt selbst hinein* – ist keinesfalls ein Satz. Immerhin enthält er das Verb, das alle übrigen Teile und somit auch den Untersatz regiert. Um dies anzudeuten, werden derartige Reste komplexer Sätze fortan Obersatzrest genannt. Es ist aber immer festzuhalten, daß der Obersatzrest nicht notwendig ein (vollständiger) Satz ist. Überdies handelt es sich beim Obersatzrest wiederum um einen relativen Begriff:

			bin ich froh.	OSR
Wenn Oskar,		*kommt,*		US I
	der krank war,			US II

OSR	=	Obersatzrest
US I	=	Untersatz 1. Grades
US II	=	Untersatz 2. Grades

Theoretisch kann jeder Untersatz seinerseits Obersatz gegenüber einem weiteren Untersatz sein:

Wenn mein Freund, der letzte Woche krank war, kommt, mache ich alle Lichter an.

Auch der Obersatz eines Konstrukts kann seinerseits als Untersatz einem weiteren Obersatz untergeordnet werden:

Du weißt, ich mache alle Lichter an.

Wir sprechen hier von Satzrängen. "Obersatz" und "Untersatz" sind dabei relative Begriffe. Ein Obersatz kann Untersätze verschiedenen Grades haben; dagegen wird einem Untersatz im allgemeinen nur ein einziger (unmittelbarer) Obersatz zugeordnet.

In der Konstituentengrammatik wird der Obersatz auch Matrixsatz, der Untersatz auch Konstituentensatz genannt.

Die Verhältnisse werden dadurch komplizierter, daß viele Grammatiker in einem Konstrukt wie *Wenn du kommst, mache ich alle Lichter an.* das Teilkonstrukt *Ich mache alle Lichter an.* als Hauptsatz bezeichnen. Das mag oft sinnvoll sein, so auch im vorliegenden Fall, wo jedoch, wie gezeigt, *wenn du kommst* als Temporalangabe zweifellos Teil des Hauptsatzes ist. Die oben gegebene Satzdefinition gilt, wie man sieht, zunächst für den gesamten Komplex, der also sämtliche eingebetteten Sätze mit umfaßt. Es ist dann überflüssig, von „Satzgefüge" zu sprechen, weil jeder Hauptsatz ein virtuelles Satzgefüge ist. Es wäre sogar überflüssig, überhaupt von „Hauptsatz" zu sprechen, wenn nicht ein Merkmal hinzu käme, das etwa

Du kommst heim.

von

heimkommen

oder

daß du heimkommst

unterscheidet: das Merkmal potentieller Autonomie; einfacher: der Hauptsatz (und nur dieser) kann immer allein stehen. Wenn nun eine unterscheidende Bezeichnung für den Hauptsatz mit eingebettetem Untersatz (genauer: mit n eingebetteten Untersätzen) benötigt wird, so kann man von komplexem (im Gegensatz zum einfachen) Hauptsatz reden: der Satz

Wenn du kommst, mache ich alle Lichter an.

ist ein komplexer Hauptsatz.

Wo von Hauptsätzen die Rede ist, begegnet man meist auch dem Begriff des Nebensatzes. Als Nebensatz gilt jeder VS und jede SP, die als Glieder eines anderen Konstrukts fungieren und nicht das Merkmal potentieller Autonomie aufweisen. In der Regel handelt es sich um Subjunktorphrasen; damit ist der Nebensatz kein Satz im Sinne der oben gegebenen Definition. Da aber der Sprachgebrauch unter Linguisten hier so einhellig ist und da überdies jede Subjunktorphrase notwendig einen Satz (als Verbalphrase im weiteren Sinn) enthält, kann auch für Subjunktorphrasen der Terminus "Nebensatz" beibehalten werden. Es muß jedoch darauf hingewiesen werden, daß nicht jeder Untersatz zugleich ein Nebensatz ist. In dem komplexen Satz

Ich glaube, es wird bald besser werden.

ist der Untersatz *es wird bald besser werden* ein Hauptsatz, da er das Merkmal potentieller Autonomie aufweist. Wir sprechen in solchen Fällen von abhängigen Hauptsätzen oder Untersätzen mit Zweitstellung des finiten Verbs.

Wo Hauptsatz und Nebensätze zur Diskussion stehen, sprechen wir von verschiedenen Satztypen.

Die Subkategorisierung von Haupt- und Nebensätzen führt zu verschiedenen Satzarten.

Bei den Hauptsätzen deckt sich die Gliederung der Satzarten weitgehend mit traditionellen Einteilungen. Es sind Konstativsätze, Interrogativsätze, Imperativsätze zu unterscheiden, und zwar auf Grund morphosyntaktischer Kriterien. In Imperativsätzen steht das Verb im Imperativ:

Laß doch mich fahren.

Hierher rechnen wir auch:

Kommen Sie doch bitte rein.

Interrogativsätze haben entweder ein Fragewort (das Anspruch auf die erste Position im Satz hat) –

Wer ist das gewesen?
Warum kommt er nicht?
Wie macht man das?

– oder sie lassen die Besetzung der ersten Position nicht zu:

Kommt er nicht?

Konstativsätze sind Hauptsätze, die keines der angegebenen Merkmale aufweisen, in denen also die erste Position zu besetzen ist und deren regierendes Verb nicht im Imperativ steht:

Jetzt kannst du mal fahren.

Der denkbare Vorwurf, daß hier Merkmale des Stellungsteils – also einer im Erzeugungsprozeß nachgeordneten Komponente – für die Definition eines konnexionellen Konstrukts verwendet werden, trifft nicht, denn es handelt sich nicht um Stellungseigenschaften, sondern um Bedingungen für solche – und Bedingungen für Stellungseigenschaften sind in allgemeiner Form schon großenteils im Konnexionsteil enthalten. Bei Textanalysen können freilich Stellungsphänomene für die Ermittlung von Satzarten nützliche Dienste leisten.

Satzarten (Hauptsatzarten) dürfen keineswegs, wie das heute noch in aller Selbstverständlichkeit geschieht, mit Äußerungsarten verwechselt werden. Sind Satzarten morphosyntaktisch definiert, so sind Äußerungsarten semantisch-pragmatisch definiert. Zwar besteht ein auffallender Parallelismus: der Reihe „Konstativsatz – Interrogativsatz – Imperativsatz" entspricht in gewisser Weise die Reihe „Aussage – Frage – Aufforderung". Es ist nicht zu übersehen, daß der Konstativsatz sich am ehesten für Aussagen eignet, er stellt sozusagen die Ausdrucksform für Aussagen par excellence dar, und tatsächlich haben die meisten Aussagen auch die Form des Konstativsatzes. Ähnliches gilt für das Verhältnis von Interrogativsatz zu Frage und von Imperativsatz zu Aufforderung. Mehr allerdings darf nicht gesagt werden. Aussagen wie

Kommt der reingeschneit wie der Briefträger!

Fragen wie

Das hat er dir auch erzählt?

Aufforderungen wie

Sie bringen mir die Entwürfe vor zehn Uhr.

zeigen, daß keine zwingenden Eins: eins-Entsprechungen vorliegen. Und deshalb wäre es gefährlich und irreführend, würde man weiterhin von „Aussagesätzen“, „Fragesätzen“, „Befehlsätzen“ und ähnlichem sprechen. Die Subkategorisierung der Nebensätze ergibt eine größere Zahl von Satzarten, da die Subkategorisierung sich unmittelbar auf die speziellen Dependenzrelationen stützen kann. Gliedsätze sind selbst Satzglieder, kommutieren also mit einfachen Satzgliedern:

{ *Als der Regen kam,* / *Am letzten Montag* / *Da* } *machten sie die Boote fertig.*

Man kann Ergänzungssätze und Angabesätze unterscheiden; sie lassen sich wie einfache Ergänzungen und Angaben subkategorisieren. Es gibt also zum Beispiel

Temporalsätze:

Als der Regen kam, machten sie die Boote fertig.

Kausalsätze:

Weil der Regen kam, machten sie die Boote fertig.

Konzessivsätze:

Obwohl der Regen kam, machten sie die Boote fertig.

Lokalsätze:

Wo sie Pfähle fanden, machten sie die Boote fest.

usw.

Attributsätze sind Satelliten von Nomina oder Adjektiven, sie kommutieren also mit einfachen Attributen:

der Mann von nebenan
, der Birnen verkauft,
eifersüchtig auf Egons Glück
, daß Egon solches Glück hatte,

Man kann die Nebensätze auch nach Ausdrucksmerkmalen gliedern (s. 5.9.1.). Dann dienen u. a. die Subjunktoren zur weiteren Subkategorisierung. Die Subjunktoren sind in Kapitel 2.6. exemplarisch aufgeführt worden. Näheres hierzu folgt in Kapitel 5.9.

5.3. Satzglieder: Satzergänzungen und Satzangaben (vgl. auch 3.4.)

Der Begriff des Satzgliedes spielt seit rund einem halben Jahrhundert eine zentrale Rolle bei der Beschreibung der deutschen Sprache. Er ist selten genug, noch seltener exakt und meines Wissens noch nie widerspruchsfrei definiert worden. Entsprechend vielfältig und unheilvoll waren die daraus resultierenden Mißverständnisse.

Hier werden unter Satzgliedern verstanden die unmittelbaren Satelliten des Vollverbs, soweit sie ein Paradigma bilden. Satzglieder sind entweder Satzangaben, die bei allen Verben vorkommen können (zum Beispiel Temporalbestimmungen, Negationen, existimatorische Bestimmungen wie *vielleicht* usw.), oder Satzergänzungen, die nur bei Subklassen der Vollverben vorkommen können (zum Beispiel Akkusativergänzungen). Wo kein Mißverständnis möglich ist, sprechen wir statt von Satzangaben und Satzergänzungen auch einfach von Angaben und Ergänzungen.

5.4. Ergänzungen (Satzergänzungen)

Objekte, Ergänzungen, Größen spielen in deutschen Grammatiken des letzten Vierteljahrhunderts eine wichtige Rolle. Die Grammatiker haben sich aber noch auf kein einheitliches Klassifikationsschema einigen können. Wie weit die Ansichten auseinandergehen, zeigt die folgende Tabelle, in der die Ergänzungsbegriffe folgender Autoren vergleichend einander gegenübergestellt sind (s. S. 160 f.):

Erben, Johannes: Deutsche Grammatik. Ein Abriß, München ^{11}1972.
Flämig, W. (Hrsg.): Skizze der deutschen Grammatik, Berlin 1972.
Glinz, Hans: Der deutsche Satz, Düsseldorf ^{6}1965.
Grebe, Paul (Hrsg.): Der Große Duden, Band 4: Grammatik der deutschen Gegenwartssprache, Mannheim ^{3}1973.
Helbig, Gerhard; Buscha, Joachim: Deutsche Grammatik. Ein Handbuch für den Ausländerunterricht, Leipzig ^{3}1975.
Heringer, Hans-Jürgen: Theorie der deutschen Syntax = Linguistische Reihe 1, München ^{2}1973.
Kaufmann, Gerhard: Grammatik der deutschen Grundwortarten = Schriften der wissenschaftlichen Arbeitsstelle des Goethe-Instituts 1, München 1967.
Schulz, Dora; Griesbach, Heinz: Grammatik der deutschen Sprache, München ^{8}1970.

Im Vorgriff auf das Folgende wurden in der ersten und letzten Spalte die Ergänzungsklassen, die dieser Darstellung zugrunde liegen, verzeichnet. Die Tabelle zeigt auf der einen Seite ein wirres Durcheinander von Termini und Begriffen. Sie läßt aber auf der andern Seite auch erkennen, daß über einen Teil der Ergänzungen, namentlich über die sogenannten Kasusobjekte, schon ein erhebliches Maß an Übereinstimmung herrscht. Neben den hier gebrauchten Termini sind in traditionellen Grammatiken noch weitere (wie "Prädikatsnomen") in Gebrauch.

Eine ausführliche Diskussion aller bisher bekannten Klassifikationsverfahren kann hier nicht erwartet werden. Auf einige Stellen, wo besonders große Diskrepanzen vorliegen, ist jedoch hinzuweisen.

An erster Stelle ist zu nennen die Einordnung des sogenannten Subjekts. Es ist zwar in sämtlichen Spalten der Tabelle verzeichnet. Das bedeutet aber keineswegs, daß alle Autoren das „Subjekt" als eine Ergänzung oder auch nur als den übrigen Ergänzungen irgendwie gleichgeordnetes Konstrukt auffassen. Wohl hat Lucien Tesnière in seinem 1959 (posthum) erschienenen Hauptwerk mit Nachdruck das „Subjekt" als actant neben anderen actants eingeordnet, und mehrere Grammatiker haben seine Auffassung übernommen. Aber die gesamte generativ-transformationelle Grammatik setzt das Subjekt dem Hauptteil des Satzes gegenüber; und auch eine moderne Grammatik wie die dritte Auflage der Duden-Grammatik beharrt auf diesem seit Aristoteles mehr oder weniger allgemein gültigen Standpunkt. Nun trifft es durchaus zu, daß in den meisten Äußerungen dem Subjekt eine besondere Rolle zukommt. Aber dies ist Angelegenheit einer höheren Betrachtungsebene, die mit der Satzsyntax höchstens mittelbar zu tun hat (vgl. zu „Subjekt" und „Prädikat" Kapitel 7.2.). Ein anderes Argument ist ernster zu nehmen: das „Subjekt" stimmt in Person und Numerus mit dem finiten Verb des Satzes überein. Person und Numerus des „Subjekts" sind also in jedem deutschen Verbalsatz doppelt ausgedrückt. Diese unbestreitbare flexivische Eigentümlichkeit räumt dem „Subjekt" in der Tat eine Sonderstellung gegenüber anderen Ergänzungen ein. Es fragt sich nur, ob diese Eigentümlichkeit sehr ins Gewicht fällt gegenüber den wesentlichen Übereinstimmungen des Subjekts mit den anderen Objekten: wie diese ist das Subjekt nach der hier zugrunde gelegten Theorie verbabhängig und subklassenspezifisch, wie sie ist es anaphorisierbar, wie bei einer Reihe anderer „Objekte" kommutieren auch beim Subjekt einfache Formen mit Nebensätzen usw. Diese Gemeinsamkeiten sind meines Erachtens höher zu veranschlagen als die erwähnten flexivischen Unterschiede.

	Erben	Flämig	Glinz	Grebe
E_0	E_1	Subjekt	Grundgröße	Subjekt
E_1	E_4	Akkusativobjekt	Zielgröße	Akkusativobjekt
E_2	E_2	Genitivobjekt	Anteilgröße	Genitivobjekt
E_3	E_3	Dativobjekt	Zuwendgröße	Dativobjekt
E_4	E_5	Präpositionalobjekt		Präpositionalobjekt
E_5	E_{adv}	Enge Adverbial- bestimmung (lokal/instrumental/ modal)	Lagegröße/Lage- angabe	Raumergänzung Zeitergänzung Begründungser- gänzung teilw. Artergänzung
E_6		Richtungsbestim- mung im engeren Prädikatsverband		Raumergänzung
E_7	E_6	substantivisches Prädikativ	Gleichgröße	Gleichsetzungs- nominativ, Gleich- setzungsakkusativ
E_8	E_{adj}	adjektivisches Prädikativ	Artangabe, Lage- größe	Artergänzung
E_9			abhängiger Infinitiv	(Infinitiv)

Der nicht weniger oft geäußerten Behauptung, die Sonderstellung des „Subjekts" gründe sich darauf, daß es im Gegensatz zu den anderen Ergänzungen bei jedem Verb auftrete, ist Folgendes entgegenzuhalten: Sätze wie

Mir graut vor dir.

Mich friert. und andere haben kein Subjekt; auch in den permutierten

Formen

Es graut mir vor dir.

Es friert mich.

Helbig	Heringer	Kaufmann	Schulz-Griesbach	
Subjekt	E_1	Subjekt	Subjekt Prädikatssubjekt	E_0
Akkusativobjekt	E_2	Akkusativobjekt	Akkusativobjekt Prädikatsobjekt	E_1
Genitivobjekt	E_4	Genitivobjekt	Genitivobjekt	E_2
Dativobjekt	E_3	Dativobjekt	Dativobjekt	E_3
Präpositionalobjekt		Präpositionalobjekt	Präpositionalobjekt	E_4
Adverbialbestimmung	E_5	Raumergänzung Zeitergänzung Maßergänzung Grundergänzung usw.	Lokal-, Temporal- Kausalergänzung	E_5
		Richtungsergänzung		E_6
Subjektsprädikativ Objektsprädikativ	E_6	Artergänzung	Prädikatsnominativ Prädikatsakkusativ	E_7
	prädikatives Adjektiv	Artergänzung	Modalergänzung	E_8
Infinitiv als lexikalisch-idiomatischer Prädikatsteil	Infinitivkonstruktion	Infinitiv als Ergänzung	Objektsprädikat	E_9

hat das *es* lediglich eine Leerstelle auszufüllen, weil im konstativen Hauptsatz die Stelle vor dem finiten Verb durch irgendein Element besetzt sein muß (Näheres s. Kapitel 5.8.); eine andere Funktion erfüllt das Element *es* hier nicht. Da der Klassifikation der Ergänzungen insgesamt das Prinzip der Subklassenspezifik zugrunde liegt, ist das „Subjekt" als eine unter mehreren Ergänzungen anzusehen.

Uneinigkeit unter den Grammatikern besteht weiter – dies zeigt die Tabelle – hinsichtlich der Zahl und der Art der Ergänzungen. Vor allem die Stellung gewisser „adverbialer" Bestimmungen ist umstritten.

So offenkundig es ist, daß Negationen (*nicht, keineswegs* usw.), Zeitbestimmungen, existimatorische Bestimmungen (*vielleicht, vermutlich*) bei beliebigen Verben vorkommen können, so kennt man doch seit langem Adverbialbestimmungen, die auf bestimmte Vollverben beschränkt sind. Dies gilt (nicht nur, aber) vor allem für Richtungsbestimmungen. Wenn Subklassenspezifik als Kriterium für Ergänzungsklassen akzeptiert wird, bleibt keine Möglichkeit, die Richtungsbestimmung in dem Satz

Der Gast fuhr weiter nach Heidelberg.

als Nicht-Ergänzung zu klassifizieren.

Das „Prädikatsnomen", also der nominale bzw. adjektivische Teil in Sätzen wie

Er ist ein Tolpatsch.
Er ist blind.

, wird von vielen Grammatikern heute noch nicht als Ergänzung, sondern als „Teil des Prädikats" oder gar als „Teil des Verbs" angesehen. Diese Auffassung braucht, nur weil sie alt ist, nicht schon schlecht zu sein. Tatsächlich hängt die Entscheidung von dem Begriff des Verbs, genauer: des Vollverbs ab, den man verwendet. Billigt man der „Kopula" keinen vollen Eigenwert zu, so bildet sie wirklich erst zusammen mit dem Prädikatsnomen das Vollverb, so wie *zu + nehmen* erst gemeinsam das Verb *zunehmen* bilden. Der Nachteil an dieser Lösung ist, daß das Lexikon – also das Moneminventar – auf diese Weise ungeheuer aufgeschwemmt würde, weil zum Beispiel statt des einen Verbs *sein* so viele Verben im Lexikon enthalten sein müßten, wie es Adjektive und Nomina gibt, die mit *sein* verbindbar sind: *alt sein, jung sein, fremd sein, frech sein* usw.; *Vater sein, Beamter sein, Betriebsrat sein, Mensch sein* usw. Nun ist die Klasse N1 die bei weitem größte, sich ständig erweiternde Klasse der deutschen Sprache; ein unübersehbar anschwellendes Verblexikon wäre die Folge einer solchen Entscheidung. Hier werden daher *sein, werden, bleiben* und andere „Kopulaverben" als Vollverben angesehen; die „Prädikatsnomina" erscheinen dann als Ergänzungen.

Über die Einordnung präpositionaler Gefüge wie *für mein Kind* herrscht noch weithin Unklarheit und Zwist. Dabei läßt sich leicht zeigen, daß – von der Valenz der Verben her – mindestens eine Unterscheidung getroffen werden kann danach, ob die Präposition vom Verb selegiert, damit notwendig und nicht austauschbar ist – wie in

Hannemann rechnet mit Verlusten.

–, oder ob sie verbunabhängig, damit austauschbar ist und unter Umständen sogar fehlen kann, wie in

Hannemann lebt in Darmstadt.
an der Bergstraße
hinterm Wald
drüben
dort

Selbst ein scharfsinniger Linguist wie Heringer faßt, obwohl er den Unterschied natürlich sieht, alle Präpositionalgefüge unterschiedslos in einer Kategorie (bei Heringer: E_5) zusammen und begibt sich damit einer wichtigen, nicht nur für den Fremdsprachenunterricht nützlichen Möglichkeit der Subklassifikation.

Die größte Verwirrung ist freilich in die Diskussion um die Ergänzungen dadurch gekommen, daß man auf Grund eines kaum begreiflichen Mißverständnisses versuchte, sie als „notwendige" Glieder den „freien", „entbehrlichen", also „weglaßbaren" Angaben gegenüberzustellen. Die alltäglich zu machende Beobachtung, daß es eben doch weglaßbare Ergänzungen gibt, zwang zahlreiche Forscher gerade der neuesten Zeit zu unglaublichen Verrenkungen und Winkelzügen, ohne daß dadurch das Problem wirklich hätte gelöst werden können. Angesichts dieser Forschungslage ist hier ganz unmißverständlich zu betonen, daß es nicht nur obligatorische Ergänzungen gibt –

Hans braucht einen Bürgen.

–, sondern auch fakultative Ergänzungen:

Sonja ißt Ziegenkäse.

Satzergänzungen werden hier, unabhängig davon, ob sie obligatorisch oder fakultativ sind, ausschließlich definiert als Satelliten von Vollverbsubklassen.

Damit ist freilich das Problem, wieviele und wie definierte Satzergänzungen es gibt, noch nicht gelöst, weil es sehr verschiedene Möglichkeiten gibt, die Vollverben zu subklassifizieren, – und weil es für jede dieser Möglichkeiten Argumente geben mag. Das hier gewählte Verfahren stützt sich auf zwei Voraussetzungen:

1. Satzergänzungen sind, wie alle syntaktischen Glieder, relativ frei austauschbar, sie bilden ein Paradigma. Als Paradigma kann dabei schon eine Menge von zwei austauschbaren Elementen gelten, jedoch darf in diesem Falle nicht eins dieser Elemente eine Anapher sein.

2. Jede Satzergänzungsklasse enthält ein einfaches, pronominales oder "adverbiales" Element: eine Anapher (z. B. *er, da* u. a.). Jede nicht-anaphorische oder nicht voll anaphorische Ergänzung läßt sich anaphorisieren.

Zusammen mit diesen beiden Voraussetzungen führt die Subklassifikation der Vollverben zu insgesamt zehn Satzergänzungsklassen. Diese Klassen werden mit indiziertem E bezeichnet; zusätzliche alternative Benennungen sind keineswegs als Hilfsdefinitionen, sondern lediglich als Merkhilfen zu verstehen.

E_0 Nominativergänzung.
Sie entspricht im wesentlichen dem traditionellen „Subjekt".
Anapher: Pronomen im Nominativ.

E_0 liegt vor in den Sätzen
Sonja sucht ihre Bank.
Meine Schwester hat mich eingeladen.
Der Mann, der Birnen verkauft, war schon wieder da.

Wie fragwürdig sprechende Benennungen wie „Nominativergänzung" sind, zeigt die E_0 in den Sätzen

Daß du wiederkamst, tut gut.
Dich zu sehen tut gut.

E_0 könnte danach allenfalls beschrieben werden als nominativische Phrase (die drei ersten Beispiele) oder alles, was mit einer nominativischen Phrase kommutiert (die beiden letzten Beispiele).

Keine E_0 ist das *es* in

Es ritten drei Ritter zum Tore hinaus.
Es friert mich.

Da dieses *es* nicht kommutiert, kann es kein Satzglied, mithin auch keine Satzergänzung sein; es muß hier als „Platzhalter" bezeichnet werden, der keine weitere syntaktische Funktion hat. E_0 ist hingegen das (kommutierende) *es* in

Es tut weh.

Die E_0 im Aktivsatz entspricht einer TP mit *von* oder *durch* im Passivsatz.

E_1 Akkusativergänzung.
Sie entspricht im wesentlichen dem traditionellen Akkusativobjekt.
Anapher: Pronomen im Akkusativ.

E_1 liegt vor in
Sonja sucht ihre Bank.
Meine Schwester hat mich eingeladen.
Das reute seine Tochter.

Auch E_1 tritt – wie E_0 – häufig in Nebensatzform auf:

Ich hoffe, dich bald wiederzusehen.
Ich hoffe, daß du am Ball bleibst.

Keine E_1 ist das nicht kommutierende *es* in

Er hält es mit den Mietern.

Dieses *es* wird als Teil des Verbs (*es halten*) betrachtet.
Keine E_1 liegt auch vor in

Das Palaver dauerte drei Stunden.

– weil die akkusativische Phrase hier nicht mit einer akkusativischen Anapher kommutiert, sondern mit Ausdrücken wie *lange, bis drei Uhr.*

Die E_1 im Aktivsatz entspricht einer nominativischen Phrase im Passivsatz.

E_2 Genitivergänzung.
Sie entspricht dem traditionellen Genitivobjekt.
Anapher: *dessen, deren.*

E_2 kommt nur noch bei wenigen Verben *wie bedürfen, sich enthalten, sich entsinnen* vor. Beispiele:

Dieses Gesetz bedarf der Zustimmung des Bundesrats.
Drei Tage enthielt er sich jeglichen Alkoholgenusses.

Nur in begrenzten Fällen sind nebensatzförmige E_2 möglich:

Er entsann sich, daß er das schon einmal gehört hatte.

Bei mehreren Verben liegt E_2 in Konkurrenz mit einer Präpositionalergänzung (E_4):

Freut euch des Lebens / am Leben.

E_3 Dativergänzung.
Sie entspricht im wesentlichen dem traditionellen Dativobjekt.
Anapher: Pronomen im Dativ.

Beispiele für E_3:

Damals half er oft seinem Vater.

Man sollte solchen Empfindungen nicht nachgeben.
Sag mir lieber die Wahrheit.

Als E_3 muß auch der Dativus sympathicus angesehen werden, wie er vorliegt in den Sätzen

Wir bauen unsern Kindern ein Gartenhaus.
Machst du mir bitte mal die Tür auf?

Denn diese – gewöhnlich durch eine Präpositionalphrase mit *für* ersetzbaren – Dativkonstrukte kommen durchaus nicht bei allen Verben vor:

**Er schläft seinem Vater drei Stunden.*
**Heinz sitzt dem Direktor in der Bahn.*

Es liegt also Subklassenspezifik vor. Trotzdem bringt es Nachteile mit sich, den Dativus sympathicus unbesehen zu den E_3 zu rechnen, weil dann die Klasse der „Dativverben" extrem ausgeweitet würde und letztlich praktisch alle Vollverben umfassen würde, die ein absichtliches Tun ausdrücken können(und bei Vorkommen des sympathicus auch ausdrücken). Deshalb wird hier festgelegt, daß, wenn immer im folgenden von E_3 die Rede ist, E_3 im engeren Sinne, also unter Ausschluß des Dativus sympathicus, gemeint sind. Der Dativus sympathicus wird als E_{s3} notiert. Er ist stets fakultativ. Dem Satz

Wir bauen unseren Kindern ein Gartenhaus.

entspricht dann das Diagramm

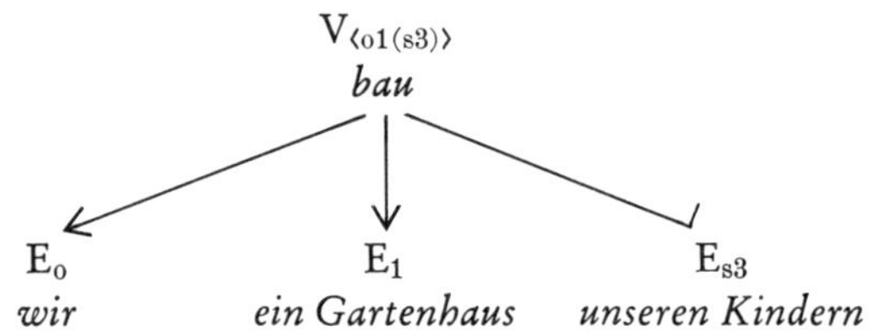

Dativus sympathicus ist nur möglich bei Verben, die keine E_3 regieren.

Mit dem Dativus sympathicus verwandt, wenn auch inhaltlich ihm in gewisser Weise entgegengesetzt ist der Dativus incommodi, den man zum Beispiel in dem Satz

Mir ist Großmutters Vase kaputtgegangen.

vorliegt. Der Dativ signalisiert hier, daß die Bezugsperson in spezieller Weise von dem Vorgang betroffen ist. Auch dieser Dativ, der manchmal nur schwer zu identifizieren ist, kommt nur bei einer Vollverbsubklasse vor. Wir notieren ihn als E_{i3} und ordnen dem letztgenannten Beispiel die folgende Struktur zu:

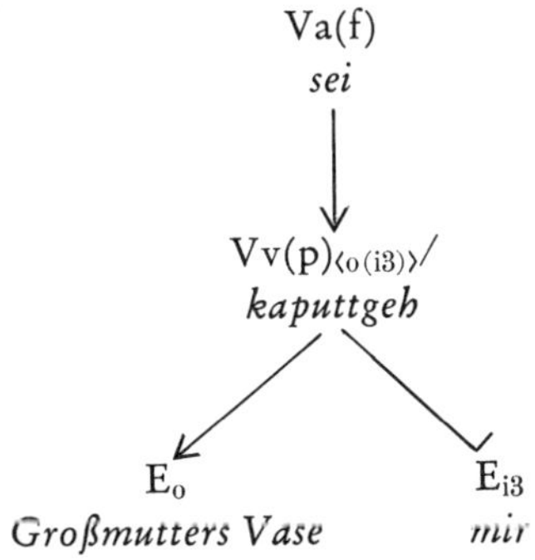

Der Dativus incommodi ist wahrscheinlich nur bei Verben möglich, die keine E_3 regieren.

Andersartige Probleme wirft der Dativus ethicus auf, wie er vorliegt in den Sätzen

Das ist mir eine verrückte Nacht.
Der fällt dir noch durchs Fenster.

Der Dativus ethicus kann bei vielen Verben stehen, sofern die Aussage emotiv markiert ist. Selten kommt er vor bei Verben, die eine E_3 regieren. Allerdings lassen sich Beispiele von Sätzen mit E_3 und ethischem Dativ finden:

Erzählt mir aber die Geschichte ja dem Albert nicht weiter.
Gib mir ja der Erbtante die Hand!
Sag mir ja dem Hauswirt Bescheid!
Ich hoffe, daß du mir dem Meister nicht die Unwahrheit sagst.
Der wird euch noch ausgerechnet dem Kuhlmann den Vertrag anbieten.

Da der Dativus ethicus jedoch sicherlich nicht bei allen Verben stehen kann, muß es sich auch bei ihm um eine Ergänzung handeln. Sie differiert aber insofern von der „normalen" E_3, als sie nur als (stets unbetontes) Pronomen P2 vorkommen kann, außerdem stets fakultativ ist, ferner nie den Satz einleiten und schließlich nie erfragt werden kann. Der Dativus ethicus wird mit E_{e3} notiert. Dem letzten Beispielsatz entspricht das Diagramm

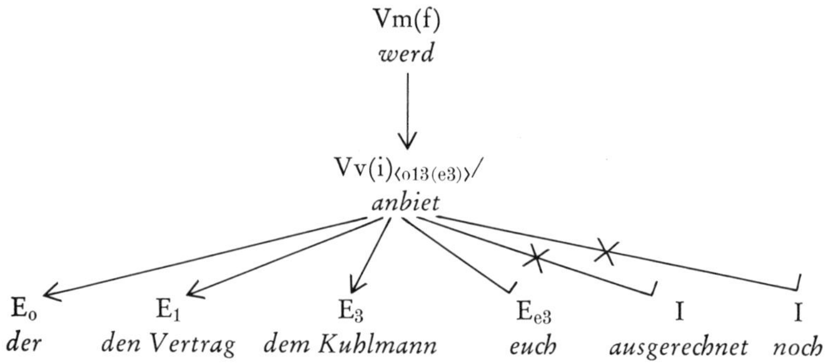

Eine weitere dativische Wortgruppe, die besonders leicht und besonders häufig mit der Dativergänzung verwechselt wird, liegt vor in dem Satz

Er sah i h r *ins Gesicht.*

Es handelt sich um den sogenannten Pertinenzdativ. Er ist weder Satzergänzung noch Satzangabe. In der Tat läßt sich leicht feststellen, daß sein Auftreten nicht in erster Linie vom Vollverb – hier *sehen* – gesteuert wird. Denn in dem Satz

Er sah übers Gebirge.

kann kein Pertinenzdativ eingesetzt werden; ein Konstrukt wie

**Er sah ihr übers Gebirge.*

wäre höchstens nach diversen metaphorischen Klimmzügen akzeptabel. Aus den Beispielen muß klar geworden sein, daß das Auftreten des Pertinenzdativs in erster Linie von einer andern Kategorie gesteuert wird. In den bisher vorgeführten Beispielen ist dies eine Richtungsbestimmung (*ins Gesicht, übers Gebirge*), in

Er drückt ihr die Hand.

eine E_1, in

Sie sitzt der Mutter auf dem Schoß.

eine Ortsbestimmung usw. Wenn die fragliche Kategorie mit einem Lexem entsprechender Bedeutung (‚menschlicher Körperteil', ‚unmittelbares Zubehör' o. ä.) besetzt ist, kann (in manchen Fällen: muß) der Pertinenzdativ realisiert werden. Er bezeichnet dann z. B. den Menschen, dessen Körperteil in einer anderen Ausdrucksform genannt wurde. Jedenfalls hat sich ergeben, daß der Pertinenzdativ nur von der Aktualisierung einer Kategorie abhängen kann, die ihrerseits als Satzergänzung fungiert.

Dem Satz

Sie sitzt der Mutter auf dem Schoß.

entspricht das (explizite) Diagramm

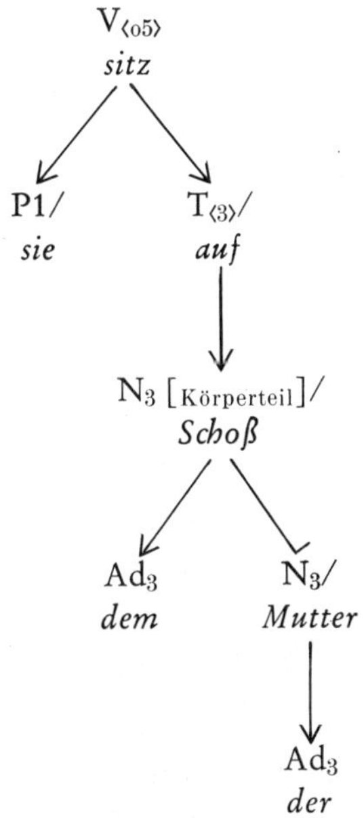

Die genannten Beispiele zeigen, daß das Auftreten des Pertinenzdativs gesteuert wird von einem Nomen, das seinerseits als Kern einer Satzergänzung fungiert. Solche den Pertinenzdativ ermöglichenden oder verlangenden Nomina kommen allerdings nur in bestimmten Ergänzungen vor, nämlich in E_0, E_1, E_5 und E_6. Insofern ist der Pertinenzdativ dennoch, wenn auch indirekt, vom Vollverb abhängig. In keinem Fall kann er jedoch als Satzergänzung gelten. Er muß, da er nur bei einer Subklasse der Nomina vorkommt, als Ergänzung betrachtet werden, jedoch als Nominalergänzung.

Der Pertinenzdativ wird notiert als E_{p3}. Das obenstehende Diagramm könnte also verkürzt folgendermaßen geschrieben werden (s. S. 170):

Mit E_0, E_1, E_2, E_3 ist die Reihe der „Kasusergänzungen" erschöpft. Man mag fragen, warum gerade die beschriebenen Indizes gewählt und damit eine bisher noch nicht allgemein übliche Zählung eingeführt wurde. Die

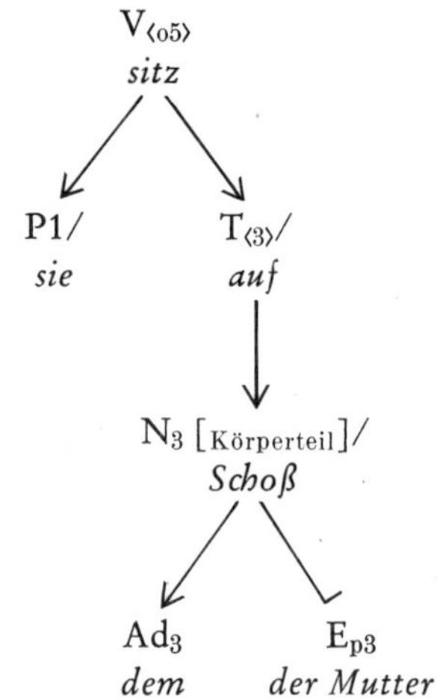

Antwort kann zugleich als Frage an alle andersartigen Zählungen verstanden werden: die Indizierung 0-1-2-3 erfolgte gemäß der Häufigkeit des Auftretens in Texten deutscher Gegenwartssprache. Daß nominativische Wortgruppen am häufigsten sind, bedarf keiner Begründung; daß Wortgruppen im Akkusativ an zweiter Stelle stehen, ist durch zahlreiche Zählungen erwiesen. Daß genitivische Wortgruppen an dritter Stelle stehen, kann nur den überraschen, der lediglich an „Genitivobjekte" denkt; rechnet man die gerade in der Gegenwartssprache überaus zahlreichen genitivischen Attribute hinzu, so ist leicht einsehbar, daß der Genitiv häufiger ist als der Dativ, der in den verschiedenen soeben beschriebenen Konstruktionen vorkommt, jedoch insgesamt ziemlich selten ist.

Auch die nächste Ergänzungsklasse weist meistens Kasusmerkmale auf, jedoch sind diese nicht vom Verb unmittelbar gesteuert. Es handelt sich um

E_4 Präpositivergänzung.

Sie entspricht weitgehend dem in verschiedenen neueren Grammatiken auftauchenden Präpositionalobjekt, ist jedoch kaum einmal völlig identisch mit dem, was an den betreffenden Stellen genau gemeint ist.

Die Anapher besteht in jedem Fall aus einer speziellen Präposition, zusätzlich entweder aus einem Pronomen in spezifischem Kasus (bei Personen) oder der Partikel *da(r)* (bei „Sachen"); also zum Beispiel *für ihn, dafür, auf ihn, darauf* usw.

Damit ist zugleich gesagt, daß E_4, soweit sie nicht durch einen Nebensatz realisiert ist (s. u.), als Nukleus eine vom Verb gesteuerte, notwendige und nicht austauschbare spezielle Präposition hat. Die Wörterbuchmacher hatten das längst erkannt, wenn sie „Präpositionalverben" wie

> *achten auf*
> *denken an*
> *rechnen mit*

aufführten. Die Schulgrammatik hat, von Ausnahmen abgesehen, daraus nicht die notwendige Konsequenz gezogen: das „Präpositionalobjekt" wurde nur zu oft mit adverbialen Ergänzungen/Bestimmungen/Angaben in einen Topf geworfen, was im didaktischen Bereich viel Unheil angerichtet hat.

E_4 tritt gewöhnlich als Präpositionalgefüge auf. Sie kann aber auch durch verschiedenartige Nebensätze realisiert werden, wobei bei manchen Verben eine präpositionale Anapher obligatorisch ist. Beispiele:

> *Ich habe mich auf dich verlassen.* verlassen auf mit Akk.

Hier ist, falls ein Nebensatz realisiert wird, die präpositionale Anapher obligatorisch:

> *Ich habe mich darauf verlassen, daß du kommst.*

In

> *Ich warte (darauf), daß du redest.*

ist *darauf* fakultativ.

In

> *Ich bitte dich zu bleiben.* bitten um E_1 E_4

wird die E_4 (bei *jemanden um etwas bitten*) ausschließlich durch den infinitivischen Nebensatz *zu bleiben* repräsentiert; jedoch ist auch die Form mit „Korrelat" –

> *Ich bitte dich darum, zu bleiben.*

– üblich.

Die angeführten Merkmale unterscheiden E_4 grundlegend von

E_5 Situativergänzung.

Sie taucht gelegentlich in Grammatiken als adverbiale Ergänzung, Adverbialobjekt u. ä. auf, meist ohne genaue Definition.
Anaphern sind *da* und einige andere.

E_4 wird realisiert durch:
a) Nebensatz
b) durch eine vom Verb gesteuerte, notwendige u. nicht austauschbare Präposition; der Kasus der Ngr. wird von der Präp. gesteuert.

Beispiele für E_5:

Kappus wohnt am Starnberger See.
in Kairo
auf Sylt
dort
usw.

Es kommen also auch hier Präpositionalphrasen vor, allerdings mit austauschbarer (und damit bedeutungsrelevanter) Präposition; Präpositionalphrasen kommutieren außerdem mit anderen Phrasen (z. B. RP) ohne Präposition. Ferner kommen E_5 bei manchen Verben als akkusativische Nominalgefüge vor:

Er lief einen halben Kilometer.
Das Fest dauerte siebzehn Stunden.

Diese akkusativischen Phrasen lassen sich nicht wie die E_1 anaphorisieren; Anaphern sind hier *so weit, so lange* u. ä.

Meist haben die E_5 räumliche Bedeutung, gelegentlich zeitliche Bedeutung (s. das letzte Beispiel). Möglicherweise gibt es auch „Kausalergänzungen" und andere.

Nicht immer einfach ist es, zwischen situativen Ergänzungen und situativen Angaben zu unterscheiden. Wo Situativa obligatorisch sind – wie bei *wohnen* –, handelt es sich allemal um Ergänzungen, weil Angaben stets fakultativ sind.

In

Er starb in Rußland.

ist das Situativ jedoch fakultativ, weil auch

Er starb.

ein vollständiger deutscher Satz ist. Trotzdem ist man versucht, auch bei *sterben* eine engere Beziehung zu einer Orts- (oder Zeit-)bestimmung anzunehmen, so daß eine Spezifik – die als Kriterium für Ergänzungen festgesetzt wurde – auch hier vorhanden ist. Zur Vermeidung von Mißverständnissen wird es sich dann empfehlen, einfach Listen von Verben mit Situativergänzungen anzulegen. Alle Versuche, anders zu verfahren, den Unterscheidungsprozeß zwischen Ergänzungen und Angaben zu operationalisieren, haben bis heute nicht zu befriedigenden Ergebnissen geführt.

Mit E_5 verwandt ist

E_6 Direktivergänzung.

Sie erscheint in Grammatiken gelegentlich als Richtungsobjekt, meist aber als Richtungsbestimmung, adverbiale Bestimmung u. ä.

Anaphern sind *(da)hin* und *von da/dort*.

Beispiele für E_6:

Monika geht nach Österreich.
Sonja kam aus Bleiburg.

Die Zahl der Verben mit Richtungsergänzung ist größer, als gemeinhin angenommen wird. Neben *gehen, reisen, fahren, sehen* und anderen können auch Verben wie *singen, keuchen, winken* mit E_6 verbunden werden:

Er sang die Straße hinab.
Er keuchte die Treppe hinauf.
Er winkte aus dem Zug.

In der Alltagssprache kann man sogar Sätze wie

Ich denke oft zu euch hin.

hören. Es scheint sich insgesamt um Vorgangsverben zu handeln, die E_6 verlangen oder zulassen; jedenfalls ist

**Er schlief aus dem Fenster.*

ungrammatisch.

Wie einige Beispiele zeigen, können einfache „adverbiale" E_6 durch Zusätze verstärkt werden. Soll der Raum, den der Vorgang durchläuft, präzisiert werden, so handelt es sich um akkusativische NP (*den Berg hinauf*); das Vorgangsziel wird meist durch eine präpositionale Phrase (*auf den Berg hinauf*) präzisiert.

E_5 und E_6 sind sowohl semantisch als in ihrer Morphostruktur verwandt. Es wäre daher denkbar, daß man sie in einer übergreifenden Kategorie zusammenfaßt; davon soll aber hier noch abgesehen werden.

Ähnliches gilt für die beiden folgenden Ergänzungen.

E_7 Subsumptivergänzung.

Sie taucht in allen Grammatiken auf, allerdings unter anderem Namen. Die traditionelle Grammatik führt die E_7 als „substantivisches Prädikatsnomen", womit sie als eine Art Teil des Prädikats ausgewiesen ist; jedenfalls wäre sie damit keine Ergänzung (wie ja auch die Verben *sein, werden, bleiben* usw. nach dieser Auffassung keine „richtigen" Verben, sondern „bloße" Kopulae sind). Modernere Bezeichnungen wie „Gleichgröße" (Glinz), „Gleichsetzungsnominativ" (Grebe) u. a. haben mit ihrer Anspielung auf die inhaltliche Leistung dieser Ergänzung eher Verwirrung gestiftet, denn in Sätzen wie

Meier ist mein Freund.

liegt ja keineswegs eine „Gleichsetzung" vor, sondern eine Klassifikation, eine Subsumption, also eine Einordnung einer Menge (hier einer Einermenge: *Meier*) in eine andere Menge (die meiner Freunde). Anapher ist *so* oder *es.*

E_7 kommen nominativisch und akkusativisch vor:

Meier ist mein Freund.
Meier nennt sich meinen Freund.
Spatzen sind lustige Vögel.
Diese Leute nannte er lausige Vögel.
Unser Nachbar heißt Jockel.
Unsern Nachbarn heißen/nennen wir Jockel.
Meier verhielt sich wie ein guter Nachbar.
Meier verhielt sich als guter Nachbar.

Soll der jeweils vorliegende Oberflächenkasus notiert werden, so schreibt man $E_{7:0}$ bzw. $E_{7:1}$.

E_8 Qualitativergänzung.

Sie taucht in manchen neueren Grammatiken (z. B. bei Glinz) als „Artangabe" auf, in der Duden-Grammatik als „Artergänzung". In der traditionellen Grammatik erscheint sie als adjektivisches Prädikatsnomen und beruht damit auf denselben Annahmen wie E_7.

Anaphern sind *so*, *solch-* oder *es*. Während E_7 aber immer ein Nomen oder Pronomen enthält, ist E_8 auf Adjektive (evtl. mit Partikeln zusammen) und die genannten Anaphern beschränkt. Beispiele:

Sonja ist durstig.
Das Steak scheint genießbar.
Dieses Buch gilt als lesbar.

Dagegen liegt in

Wir halten dieses Buch für lesbar.

eine E_4 vor, denn dieser Satz hat folgende Dependenzstruktur:

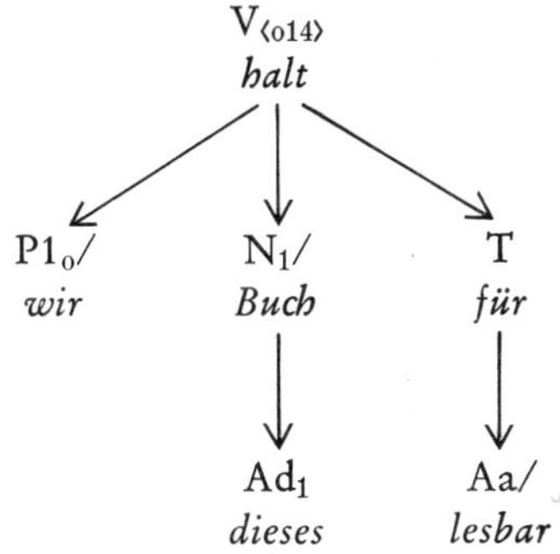

E_9 Verbativergänzung.

Sie taucht, obwohl sie in gleicher Weise wie die andern E als subklassenspezifische Ergänzung des Vollverbs zu betrachten ist, in keiner mir bekannten Grammatik ausdrücklich als eigene Ergänzung auf. Es handelt sich dabei vorwiegend um verbabhängige Infinitivsätze und andere Nebensätze, die nicht – wie bei

Ich habe so etwas vor.
Ich habe vor zu kommen.

– mit anderen, „einfachen" Ergänzungen kommutieren.

Als E_9 kommen vor allem Infinitivsätze und *daß*-Sätze vor:

Hannemann ließ die Kinder singen.
Er vermutet, daß ich nicht aufgepaßt habe.

E_9 als Infinitivsatz kommt nur bei wenigen Verben vor, vor allem bei *lassen*. In diesem Zusammenhang sind auch die Modalverben zu erwähnen, die generell die Valenz ⟨9⟩ haben:

Wer will Soldat werden?

Die E taucht hier allerdings, entsprechend der Definition in Kapitel 5.3., nicht als Satzergänzung auf, sondern als Ergänzung zum Modalverb.

Anapher ist hier *es tun, es sein, es geschehen* u. a.

E_9 mit *zu* kommen – wiederum nicht als Satzergänzungen – bei *gedenken* und anderen Modalitätsverben vor:

Der Präsident gedachte, nicht zu resignieren.
Es scheint zu klappen.

Anapher ist *es zu tun, es zu sein, zu geschehen* u. a.

E_9 als *daß*-Satz kommt etwa vor bei *vermuten* (Beispiel s. o.).

Anapher ist *es, das.*

Die Liste der zehn beschriebenen Ergänzungen berücksichtigt die meisten der in der deutschen Gegenwartssprache gegebenen Möglichkeiten. Einen Anspruch auf Vollständigkeit kann sie allerdings nicht erheben. Eine elfte Ergänzung, die quantitative Differenz ausdrückt, könnte vorliegen in den Sätzen

Das Thermometer ist um zwei Grad gestiegen.
Tante Erna hat drei Pfund abgenommen.

Doch sind Quantitätsbezeichnungen dieser und ähnlicher Art mit einer Reihe von Problemen verbunden, die hier nicht diskutiert werden können. Jedenfalls bedarf die Frage möglicher weiterer Ergänzungen noch eingehender Detailforschung.

Die Reflexivpronomina gelten nur dann als E, wenn sie mit nichtreflexiven Formen kommutieren, wie in

Er wäscht sich.
mich.
die Kinder.

Wo kein Paradigma vorliegt, bildet das Reflexivpronomen Teil des Verbs:

Er benimmt sich gut.

wird beschrieben durch das Diagramm

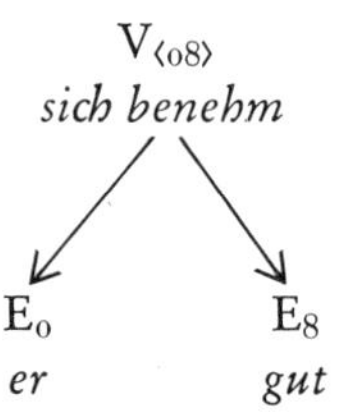

Zwar liegt rein morphologisch gesehen auch hier ein Paradigma vor:

Ich benehme mich gut.
Du benimmst dich gut.
Er benimmt sich gut.
usw.

Aber diese Kommutationsreihe, die eine unmittelbare Funktion der jeweiligen Form von E_0 ist, ist nicht als Paradigma im Sinne der Definitionen in Kapitel 5.3. und 5.4. anzusehen.

Fälle wie

Er täuscht sich.
euch

lassen sich durch Annahme von zwei Verben (hier: absichtliches/unabsichtliches Tun) erklären.

Die vorgeführten zehn Ergänzungen (E_0 bis E_9) sind zunächst als Satzergänzungen zu verstehen, also in ihrer Abhängigkeit von Vollverb-Subklassen. Jedoch können die Einteilungskriterien auch für andersartige Ergänzungen verwendet werden, also für Nominalergänzungen, Adjektivergänzungen, Modalverbergänzungen usw.; mit gewissen Modifikationen können dort auch die angegebenen Anaphern für die Identifikation der Ergänzungen verwendet werden.

Zu den Ergänzungsklassen insgesamt ist noch eine Bemerkung nachzutragen. Es war mehrfach die Rede davon, daß bestimmte Ergänzungen auch durch Nebensätze realisiert werden können. Dies gilt in erster Linie für die Ergänzungen E_0, E_1 und E_4; an den betreffenden Stellen wurden auch Beispiele gegeben. Nebensätze sind aber auch als Realisationen der übrigen E möglich (wir sehen hier ab von E_9, das ohnehin nur Nebensätze zuläßt). Nur ist diese generelle Realisationsmöglichkeit durch Nebensätze beschränkt auf einen ganz bestimmten Typus, nämlich den des indefinit generalisierenden Nebensatzes.

Beispiele:

E_0 *Wer andern eine Grube gräbt, fällt selbst hinein.*
Wer lang fragt, geht lang irr.
Der (wer) dies gesagt hat, ist ein Esel.

E_1 *Wen du fragst, plagst du.*
Er nimmt, was er kriegt.

E_2 *Wessen du willst, enthalte ich mich.*
Das Beispiel zeigt, daß indefinit generalisierende Nebensätze bei E_2 wenig üblich sind.

E_3 *Wem ich helfen kann, helfe ich auch.*
Ich danke, wem ich will.

E_4 *Achte, worauf zu achten ist.*

E_5 *Wo du wohnst, wollen sie auch wohnen.*

E_6 *Ich werde gehen, wohin du gehst.*

E_7 *Werde, der du bist.*
Ich bleibe, wer ich war.

E_8 *Bleib, wie du bist.*

Das Merkmal ‚indefinit generalisierend' ist grundsätzlich fakultativ. So kann der Nebensatz in *Wo du wohnst, wollen sie auch wohnen.* sich durchaus auf einen ganz konkreten und bekannten Ort beziehen.

Die im Grunde aspezifische Möglichkeit, E durch indefinit generalisierende Nebensätze zu realisieren, gilt nur unter zwei wesentlichen Voraussetzungen: der Obersatz enthält ein prinzipiell fakultatives, meist latentes Korrelat zum Nebensatz, und der Nebensatz muß ein diesem Korrelat oberflächensyntaktisch gleichendes Element enthalten. Ist zum Beispiel das Korrelat eine E_3, so muß auch der Nebensatz eine E_3 enthalten. Dies wird deutlich an dem folgenden Beispiel, bei dem das Korrelat in Klammern eingefügt ist:

Wem ich helfen kann, (dem) helfe ich auch.

Da das Korrelat dem Nebensatz entspricht und diesen auch vertreten kann, kann man auch sagen, daß der Nebensatz die E, die er selbst repräsentiert, noch einmal enthalten muß. Die Valenzen von Ober- und Untersatzverb müssen also in diesem einen Punkt übereinstimmen. Dies unterscheidet die indefinit generalisierenden Nebensätze von den übrigen auf E_0, E_1 und E_4 beschränkten Ergänzungssätzen und rückt sie in die Nähe der Relativsätze.

Die auf E_0, E_1 und E_4 beschränkten Ergänzungssätze werden im folgenden unter der Bezeichnung Ausbausätze zusammengefaßt.

Ein weiterer Unterschied zwischen Ausbausätzen und indefinit generalisierenden Nebensätzen (künftig kurz als IG-Sätze bezeichnet) besteht in der Form der Nebensatzeinleitung.

Ausbausätze sind entweder

daß-/ob-Sätze:

(E_1:) *Ich weiß, daß du es weißt.*
Ich frage mich, ob er noch kommt.

oder Infinitivsätze:

(E_0:) *Dich wiederzusehen tut gut.*
Noch eine halbe Stunde zu warten macht mir jetzt nichts mehr aus.

oder indirekte Fragesätze:

(E_1:) *Er weiß doch nicht, was er will.*
Frag ihn, wann er Zeit hat.

oder „hauptsatzförmige" Nebensätze:

(E_1:) *Er sagt, er kommt gleich.*
Er sagt, er komme gleich.

IG-Sätze hingegen sind immer durch ein *w*-Lexem oder durch ein (demonstratives) *d*-Lexem eingeleitet. Man kann dies so verstehen, daß die IG-

Sätze einen Subjunktor *w-* bzw. *d-* enthalten, der sich mit einem andern Lexem, meist einem Determinativ, verbindet. Dies wird in Abschnitt 5.9.2. näher ausgeführt.

Für alle Fälle sei darauf hingewiesen, daß nicht alle Verben mit spezifischer E auch entsprechende Ausbausätze zulassen. Es gibt zum Beispiel Akkusativverben wie *füttern*, bei denen die E_1 nicht ausbaufähig ist; andere Akkusativverben wie *beschreiben* lassen bei E_1 *w*-Sätze zu; wieder andere wie *wissen* lassen bei E_1 *daß-/ob*-Sätze, *w*-Sätze und Nebensätze mit Zweitstellung des Finitums zu:

Er beschreibt, wohin wir zu gehen haben.
Ich weiß, daß du es nicht so gemeint hast.
Ich weiß nicht, ob das der beste Ausweg ist.
Ich weiß, er war es.

Prinzipiell hängt die Realisierung eines Nebensatzes davon ab, daß die betreffende E einen Sachverhalt bezeichnen kann. Gleichartige Sub-subklassenspezifik gilt für alle Valenzklassen der Verben (immer mit Ausnahme der indefinit generalisierenden Nebensätze). Der Lexikoneintrag jedes einzelnen Verbs muß also auch Hinweise auf die Ausbaufähigkeit jeder E enthalten.

Ausbausätze, IG-Sätze und E_9 werden unter dem weiteren Begriff des Ergänzungssatzes (genauer: Satzergänzungs-Satzes) wieder zusammengefaßt.

5.5. Satzmuster und Satzbaupläne

Zwischen den zehn beschriebenen Satzergänzungen sind verschiedenartige Kombinationen möglich. Subklassifiziert man die Verben nach ihrer Valenz, so ergeben sich Subklassen mit je spezifischen Ergänzungen. Es gibt dabei Verben ohne Ergänzungen (manche Autoren sprechen von nullwertigen Verben), und es gibt auf der anderen Seite wohl bis zu vierwertige Verben. Eine Gliederung der Verben lediglich nach der Anzahl ihrer Ergänzungen scheint mir jedoch nicht sehr sinnvoll, weil dann zum Beispiel (als dreiwertig) so verschiedene Verben wie

(etwas) (zu etwas) machen
(etwas) (wohin) bringen
(jemanden) (zu etwas) überreden
(jemandem) (etwas) sagen

und andere zusammengeworfen würden. Die Struktur des Satzes wird zwar entscheidend durch die Valenz des Verbs bestimmt; dabei spielt aber die Art der jeweiligen Ergänzungen eine wenigstens ebenso große Rolle wie ihre Anzahl. Ein Überblick über die Kombinationsmöglichkeiten von Ergänzungen hat also deren Zahl und Art zu berücksichtigen. Solchermaßen festgelegte Kombinationsmöglichkeiten werden Satzmuster genannt. Sie spielen seit jeher in den meisten Wörterbüchern und neuerdings auch in manchen Grammatiken eine Rolle; systematisch registriert und ausreichend definiert wurden sie freilich nur selten.

Es gibt, geht man von den in Kapitel 5.4. definierten Ergänzungen aus, in der deutschen Gegenwartssprache um die vierzig Satzmuster. Die folgende Liste nennt die mutmaßlich wichtigsten, erhebt aber keinen Anspruch auf Vollständigkeit. Die Kodierung bedient sich der Indizes bei den E; jeder Zahlenkombination ist ein einfacher Beispielsatz beigegeben:

– *Es taut.*
0 *Johanna fiebert.*
02 *Er entledigt sich seiner Kleider.*
03 *Streusalze schaden den Fahrzeugen.*
04 *Ich denke an dich.*
05 *Das Dorf liegt an der Autobahn.*
06 *Wir fahren nach Bamberg.*
07 *Dieser Mann ist ein Spion.*
08 *Dieser Mann ist gefährlich.*
09 *Er ließ die Kinder ein Lied singen.*
34 *Mir graut vor dir.*
034 *Man riet ihm zum Nachgeben.*
036 *Sie halfen ihm aufs Pferd.*
038 *Man war ihm unfreundlich begegnet.*
044 *Sie sprachen mit den Nachbarn über Utas Haus.*
47 *Es ist ein Elend mit ihm.*

1 *Mich friert. / Es friert mich.*
01 *Pinkus pfeift den Kaiserwalzer.*
011 *Sie lehrt ihn eine neue Sprache.*
012 *Man beschuldigt ihn der Unaufmerksamkeit.*
013 *Er sagte ihr, was er dachte.*
0136 *Uli bringt dem Vater die Mappe ins Büro.*
014 *Sie überredeten das Opfer zu einer angeblichen Spazierfahrt.*
15 *Hier gibt es das beste Brot der Welt.*
015 *Sie verbrachten drei Tage im Elsaß.*
016 *Sie brachte ihr Gepäck an den Flughafen.*
017 *Man nennt ihn einen Duckmäuser.*
018 *Man nennt ihn zwielichtig.*

48 *Es steht nicht gut um unsere Pläne.*
048 *Man ging noch recht sanft mit ihm um.*

Die Anordnung der Satzmuster berücksichtigt die Tatsache, daß es zu vielen einfacheren Mustern eine akkusativische Entsprechung gibt. Dabei beruht das jeweilige akkusativische Muster allerdings nicht einfach auf einer „Akkusativierung" des Musters ohne Akkusativ. Verbpaare wie

fiebern : *brauchen*
schaden : *sagen*
liegen : *verbringen*
usw.

zeigen deutlich, daß die Unterschiede der Lexembedeutung gewöhnlich mindestens ebenso groß sind wie die Valenzunterschiede. Nur ganz selten kann wirkliche Akkusativierung („Kausativierung") angenommen werden, so bei

sterben : *töten*
schlafen : *einschläfern*
fallen : *fällen*

und wenigen andern.

Zu überlegen ist, ob das „unpersönliche" Verb *geben* (*es gibt*) nicht nur bei Satzmuster 15, sondern auch bei Satzmuster 1 aufzuführen wäre. Beide Lexeme hätten dann verschiedene Bedeutung. $geben_{\langle 15\rangle}$ hätte etwa die Bedeutung ‚(an einem bestimmten Ort) vorkommen', $geben_{\langle 1\rangle}$ jedoch die Bedeutung ‚existieren'. Ökonomischer scheint es jedoch, beide Lexeme unter der abstrakteren Bedeutung ‚vorkommen' zusammenzufassen, wobei eine Differenzierung entsprechend ‚an einem bestimmten Ort vorkommen' und ‚(überhaupt) vorkommen' vorzusehen ist. Die E_5 wäre dann im Valenzindex als fakultativ aufzuführen: $geben_{\langle 1(5)\rangle}$. Diese Notation leitet bereits von den Satzmustern zu den Satzbauplänen über.

In den Satzmustern werden zwar die kombinierbaren E zusammengestellt, es wird aber zwischen obligatorischen und fakultativen E nicht unterschieden. Dieser wichtige Unterschied gehört ebenfalls zur Valenz, ist also wie Zahl und Art der E vom Verb gesteuert. Man berücksichtigt ihn in der Kodierung am besten, indem man alle fakultativen E einklammert. Auf diese Art entstehen aus Satzmustern Satzbaupläne. Wenn man den Satzbauplan als Verbindex in Spitzkammern schreibt, gilt zum Beispiel

$fiebern_{\langle 0\rangle}$
$brauchen_{\langle 01\rangle}$

essen$_{\langle o(1)\rangle}$
verbringen$_{\langle o15\rangle}$
sagen$_{\langle o1(3)\rangle}$
raten$_{\langle o34\rangle}$
usw.

Von Satzbauplänen ist in manchen neueren Grammatiken die Rede. Der Terminus wird allerdings recht verschieden (und oft überhaupt nicht explizit) definiert, so daß unter einem scheinbar altbekannten Namen wieder einmal höchst Heterogenes durcheinanderpurzelt und der bedauernswerte Benutzer, für den letzten Endes Bücher wie das vorliegende geschrieben werden, entweder Irriges oder Willkürliches für wissenschaftliche Erkenntnis nimmt – oder aber vor so viel Gelehrteneigensinn resigniert und sich seine eigene Behelfsgrammatik baut, hausgemacht, ohne höhere Weihen, aber solide und mit Erfolgsgarantie. Auf diese Art wird seit Jahrzehnten Sprachunterricht betrieben, ja es scheint, daß gerade der beste Fremdsprachenunterricht auf solcher hausgemachten Theorie beruht. Das vorliegende Buch will weniger andere wissenschaftliche Theorien stürzen als die hausgemachten Grammatiken stützen, indem es sie verbessert. Darum sind noch einige Bemerkungen zum Begriff des Satzbauplans erforderlich.

Daß Leo Weisgerber den Satzbauplan in der deutschen Grammatik heimisch gemacht hat, ist zu wenig bekannt und gewürdigt. Das muß freilich nicht heißen, daß Weisgerbers Begriff des Satzbauplans unverändert jeder grammatischen Beschreibung zugrundegelegt werden müsse. Insbesondere scheint es mir nicht möglich, jedem Satzbauplan, wie Weisgerber offenbar wollte, eine spezifische Bedeutung zuzuschreiben. Satzbaupläne sind primär morphosyntaktische Strukturen; sie haben ihre Bedeutungen nur insoweit, als die sie konstituierenden E und die Relationen zwischen den E und dem Verb eigene Bedeutungen haben. Wenn man also allgemein der E_7 die inhaltliche Leistung ‚Subsumption', der E_8 die inhaltliche Leistung ‚Qualifikation' zuschreiben will, enthalten Satzbaupläne mit E_7 bzw. E_8 ein entsprechendes Bedeutungselement. Ähnlich kann man E_5 und E_6 die Inhalte ‚Situierung' (in speziellem Sinn) bzw. ‚Richtung, Ziel' zuschreiben, und Satzbaupläne mit E_5 bzw. E_6 enthalten wieder entsprechende Bedeutungselemente. Aber es kann nie gelingen, E_0 bis E_4 und E_9 je eigene Bedeutungen zuzuschreiben. Insgesamt hängen die Satzbedeutungen viel mehr von den einzelnen Lexembedeutungen, vor allem von den Verben mit ihrer individuellen Inhaltsvalenz ab als von den Satzbauplänen.
Satzbaupläne sind abstrakte, nichtlineare Strukturmodelle für Sätze. Sie

legen lediglich das Verb (als Element einer verbalen Subklasse) und seine Ergänzungen fest. Damit bleibt Raum für zahlreiche Variationen. Solche Variationen betreffen, wenn einmal von kommutierenden Wörtern abgesehen wird, hauptsächlich folgende Bereiche:

- „Satzgliedfolge". Der Satzbauplan 01(3) erlaubt zum Beispiel also die Sätze

  Der Boß sagt mir Bescheid.
  Bescheid sagt mir der Boß.
  Mir sagt der Boß Bescheid.
  usw.

- Satzart:

  Der Boß sagt mir Bescheid.
  Sagt mir der Boß Bescheid?
  Sag mir Bescheid!

- Satztyp:

  Der Boß sagt mir Bescheid.
  daß mir der Boß Bescheid sagt
  um mir Bescheid zu sagen

- Erweiterung durch Angaben:

  Der Boß sagt mir nicht Bescheid.
  Der Boß sagt mir deshalb Bescheid.
  Der Boß sagt mir deshalb nicht Bescheid.

- „Tempus":

  Der Boß sagte mir Bescheid.

- Phase:

  Der Boß hatte mir Bescheid gesagt.

Andere Abwandlungsmöglichkeiten existieren, sollen hier aber nicht weiter erörtert werden.

5.6. Angaben (Satzangaben)

Einen wesentlichen (und nicht selten den kommunikativ wichtigsten) Teil des Satzes bilden die Satzangaben (vgl. auch oben 3.4.).

Satzangaben kann man nach Ausdrucksform und nach Inhaltsform ordnen.

Folgende A u s d r u c k s f o r m e n kommen vor:

1. Präpositionalphrasen (TP):

   Ich hab ihn auf dem Bahnhof gesehen.
   Roggenmas ist am Freitag hier gewesen.
   Ich habe ihren Brief mit Vergnügen gelesen.

   Präpositionalphrasen kommutieren gewöhnlich mit

2. R-Partikelphrasen (RP):

   Ich hab ihn dort gesehen.
   Roggenmas ist damals hier gewesen.
   Ich habe ihren Brief gerne gelesen.

   Bei modifizierenden Angaben (und einigen anderen) ist auch die Form der

3. Adjektivphrase (AaP) möglich:

   Ich habe ihren Brief vergnügt gelesen.

   Seltener sind

4. Akkusativische Nominalphrase (NP_1):

   Kunisch hat zwei Stunden gewartet.
   Dann ist er drei Kilometer gelaufen.

5. In manchen Fällen kommutieren Präpositionalphrasen mit genitivischen Nominalphrasen (NP2):

   Maria stand eines Tages vor der Tür.

   Die Verwendungsmöglichkeiten für genitivische Nominalphrasen sind allerdings beschränkt, sie scheinen auch nur noch im Bereich der Temporalangaben zu gelten. Jedenfalls sind Formen wie *andernorts* als lexikalisiert zu betrachten.
   Häufig sind

6. Angabesätze, die ausschließlich als Subjunktorphrasen (SP) vorkommen:

   Er verließ uns, als der Regen kam.
   Wir kamen zusammen, wo sich Fuchs und Hase Gute Nacht sagen.

Üblicher und mindestens für den Sprachunterricht nützlicher ist eine i n h a l t l i c h e Ordnung der Angaben. Im folgenden werden – möglichst vollständig – die verschiedenen Inhaltsklassen von Satzangaben im Deutschen aufgeführt. Angaben werden dabei allgemein als I symbolisiert.

Nachgestellte Zusätze bedeuten Inhaltsmerkmale, Zahlenindizes markieren gegebenenfalls die Ausdrucksstruktur. Allerdings muß betont werden, daß sowohl die Klassifikation als die gewählte Terminologie vorläufiger Natur ist. Sie lehnt sich eng an bisher Übliches an, richtet sich im übrigen nach Folgemerkmalen (vgl. Abschnitt 5.8.3.), beruht aber auf keinem stringenten System und bedarf daher der Verbesserung.

Ein erster Überblick führt zu sechs Klassen von Angaben: Circumstanten (der Terminus wurde in freier Anlehnung an Tesnière gewählt), Valuativa, Existimatoria, Modificativa, Negationsangaben, adjungierte Adverbialia. Diese Angabenklassen sind im folgenden zu erläutern und weiter zu subklassifizieren.

Die Circumstanten umfassen den größten Teil der „ursprünglichen Adverbien" sowie die mit ihnen kommutierenden Wortgruppen (meist Präpositionalphrasen), ferner Adjektivphrasen und andere. Sie bezeichnen im weiteren Sinne die Situation, in die der durch die übrigen Satzglieder verbalisierte Sachverhalt eingebettet ist. Man kann fünf Subklassen unterscheiden:

Ik kausale, konditionale und konsekutive Angaben: *deshalb, aus diesem Grund, weil er Erfolg hat*; *dann, unter bestimmten Voraussetzungen*; *folglich, infolge dieser Vereinbarung* usw.;

It temporale Angaben außer gewissen Valuativa und Indefinita: *damals, früher, nächsten Freitag, am nächsten Freitag, als der Regen kam* usw.;

Iloc lokale Angaben: *da, dort, im Kino, wo wir sie gesehen hatten* usw.;

If finale und konzessive Angaben: *dazu, dafür, um Oskars willen, um ihn zu zwingen*; *trotzdem, trotz diesem Einwand* usw.; hierzu auch instrumentale Bestimmungen wie *mit Hilfe eines Messers;*

Ikr Konkomitanzangaben und restriktive Angaben: *mit meinen Eltern, mit Uta, in Begleitung einer fremden Frau, ohne Hut*; *hinsichtlich der Folgelasten, finanziell* (*geht es ihm gut*) usw.

Die Valuativa

Iv enthalten wertende Angaben wie *bald, endlich, fast* u. a.; möglicherweise gehört auch die Partikel *kaum* hierher. Stellungsgleich und darum ihnen zugeordnet sind indefinite Temporalangaben wie *immer, bisweilen*, außerdem die temporalen Partikeln *noch* und *schon*.

Die Existimatoria (von lat existimare = ‚einschätzen') geben die persönliche Ansicht oder Stellungnahme des Sprechers zum verbalisierten

Sachverhalt wieder. Es lassen sich hinsichtlich der Position fünf Subklassen unterscheiden, die allerdings nicht inhaltlich definierbar sind; sie können daher auch nur numerisch indiziert werden:

Iex1: *allerdings, zum Beispiel, natürlich, vermutlich, wahrscheinlich* u. a.;
Iex2: *erstens* und die weiteren entsprechenden „Zahladverbien"; ferner *einerseits, andererseits, auf der anderen Seite* u. a.;
Iex3: *immerhin, jedenfalls, zweifellos* u. a.;
Iex4: *an sich, eigentlich, sozusagen, höchstens, mindestens* u. a.;
Iex5: *tatsächlich* u. a.

Die Beispiele zu den Iex sind notwendig unvollständig und schaffen, da eine intensionale Definition der Subklassen nicht möglich scheint, erhebliche Zuordnungsprobleme. Die fünf Subklassen der Existimatoria sind im Grunde nur auf Grund von Stellungseigenschaften (weiteres vgl. 5.8., vor allem 5.8.3.) definierbar; deshalb müssen letztlich Verschiebeproben über die Klassifizierung weiterer Elemente entscheiden.

Die Modificativa (Imod) sind zum größten Teil Adjektivphrasen und mit ihnen kommutierende Präpositionalphrasen. Sie modifizieren teils den gesamten Sachverhalt, teils den durch das Verb bezeichneten Vorgang. Subklassifikation erscheint vorderhand nicht angebracht.

Beispiele:

fleißig, mit großem Eifer, eifrig, voller Eifer, schnell, mit beachtlicher Geschwindigkeit, gerne u. a.

Mit den Modificativa nahezu stellungsgleich und deshalb hier ihnen zuzurechnen sind die Erstreckungsangaben (*zwei Stunden, zwei Kilometer* u. a.).

Die Negationsangaben (Ineg) umfassen Partikeln wie

nicht, keineswegs, nie
und entsprechende Wortgruppen wie
in keiner Weise

Bei den bisher vorgestellten Angaben handelt es sich ohne Ausnahme um offene Klassen. Es folgt eine Gruppe geschlossener Klassen, die somit, zumal sie jeweils nur wenige Elemente enthalten, durch Aufzählung definiert werden können.

Diese Angaben nenne ich adjungierte Adverbialia, weil sie nicht nur als selbständige Angaben vorkommen, sondern häufig (zumal im Vorfeld) einem anderen Element in besonderer Weise zugeordnet – „adjungiert" – sind:

Heiner haut jetzt a u c h drauf.
A u c h Heiner haut jetzt drauf.

Inhaltlich handelt es sich auch hier um eine Art existimatorischer Elemente (somit enthalten die oben definierten Klassen Iex nur einen Teil der Existimatoria im weiteren Sinne). Acht Subklassen sind zu unterscheiden:

Ia1: *denn* im Fragesatz,
ja im Aussagesatz.
Die beiden sich exkludierenden Elemente sind stets unbetont.
Beispiele:

Kannst du das denn nicht verstehen?
Das ist ja ganz anders gewesen.

Ia2: *aber,*
also nicht kausal oder konsekutiv,
doch zustimmungsheischend, nicht adversativ.

Diese Elemente sind immer unbetont. Beispiele:

Ich sehe das aber gar nicht so.
Also das kann ich gar nicht finden.
Das willst du doch nicht behaupten!?

Ia3: *eben* nicht temporal, mit regionaler Dublette *halt*; beide weisen auf die Unabänderlichkeit eines Sachverhalts hin und bezeichnen diese als unerheblich. *eben* und *halt* sind immer unbetont.
nur in Wunsch- und Aufforderungssätzen,
nicht zustimmungsheischend nur im rhetorischen Fragesatz,
wohl präsumptiv.

Beispiele:

Er ist eben ein Dummkopf.
Er ist halt ein Dummkopf.
Mach nur so weiter.
Wenn er nur nicht durchdreht.
Hat er nicht vorhin zugestimmt?
Ihr werdet dann wohl wieder drüben sein.

Ia4: *einfach* (= schlechthin),
sogar

Beispiele:

Er ist einfach großartig.
Sie hat sogar Cembalo gespielt.

Ia5: *doch* affirmativ, eine vorausgegangene (wenn auch oft nur implizite) Negation negierend, betont,
durchaus,
schon konzessiv, beschwichtigend, nicht temporal.

Beispiele:

Nun haben wir es doch anders gemacht.
Diese Sache ist durchaus gelungen.
Es wird schon gut gehen.

Ia6: *auch*

Beispiel:

Habt ihr auch genügend Zeit?

Ia7: *lediglich*
nur restriktiv, zu unterscheiden von *nur* in Ia3,
bloß als Dublette von *nur*.

Beispiele:

Ich wollte lediglich mal reinschauen.
Ich wollte nur mal reinschauen.
Ich wollte bloß mal reinschauen.

Ia8: *schnell* mit süddeutscher Dublette *geschwind*, stets unbetont, zu unterscheiden von *schnell* Imod oder E_8.

Beispiel:

Ich wollte nur mal schnell telefonieren.

Zur Aspezifizität der Angaben ist noch eine Bemerkung zu machen. Dieses Prinzip bedeutet selbstverständlich nicht, daß jede konkrete Angabe mit jedem beliebigen Verb kombinierbar sei. Gemeint ist vielmehr, daß die verzeichneten Kategorien von Angaben mit beliebigen Verben verträglich sind. Also: jedem Verb kann eine Temporalangabe, eine Negationsangabe, eine existimatorische Angabe usw. beigegeben werden. Deshalb wäre es auch ein verfehltes Unterfangen, die hier vorgenommene Definition der Angaben mit ungrammatischen Sätzen wie

**Wasser gefriert gestern bei Null Grad Celsius.*

in Frage zu stellen, wie das mitunter versucht wird; hier sind semantische Restriktionen im Spiel, die außer der Bedeutung des Verballexems auch das aktualisierte „Tempus" und vieles andere einbeziehen. Es ergibt sich so ein Netz vielfältiger semantischer Beziehungen; ein Teilgebiet ist besonders eingehend, wenn auch noch nicht abschließend von Wunderlich in seinem Tempusbuch beschrieben worden. Weitere Untersuchungen über die Angaben sind daher notwendig.

5.7. Zur Bedeutungsstruktur von Sätzen

Jeder Satz besteht aus einer Anzahl von Gliedern, die ihrerseits als Phrasen je eigene Bedeutungen haben. Darüber wurde in Teil 4, besonders in den Kapiteln 4.2., 4.3. und 4.4 das Mögliche gesagt. Hier geht es um die Frage, nach welchen Regeln die semantischen Strukturen dieser Phrasen zur semantischen Struktur des Satzes zusammengefügt werden.

Für Satzergänzungen gilt auch hier, daß nicht nur ihre Zahl und ihre Art, sondern auch die semantische Relation zwischen Ergänzung und Verb vom regierenden Verb gesteuert werden. Der Lexikoneintrag jedes Verbs enthält also einen semantischen Relator, der zum Beispiel festlegt, daß E_0 bei *singen* das Agens, E_0 bei *erhalten* aber das Patiens oder auch das Ziel des Vorgangs bezeichnet. Eine beschreibbare Bedeutung der E_0 „an sich" gibt es nicht. Liegen mehrere Ergänzungen vor, so enthält der Lexikoneintrag des Verbs einen entsprechend komplexen Relator.

Auch im Verbalsatz geht der Nukleus – das Vollverb – mit den Ergänzungen eine engere semantische Verbindung ein:

R (V, EK)

– wobei EK den Gesamtkomplex der Ergänzungen laut Satzbauplan bezeichnet. Dieser engere Komplex wird durch die Angaben (IK – „Komplex der Angaben") weiter prädiziert, also

IK (R (V, EK))

Die Angaben, die ihre je spezifischen Bedeutungen haben, prädizieren also unmittelbar den übrigen Teil des Satzes, und es bedarf hier keines weiteren Relators.

Beispiel:

Sonja hat gestern die Tiere gefüttert
E_0 It E_1

Die Tätigkeit ‚füttern' wird von ‚Sonja' als Agens ausgeübt und auf die ‚Tiere' als Betroffene angewandt; für die Konstitution dieses engeren semantischen Komplexes sorgt der Relator R beim Verb. Das so umschriebene Bedeutungskonstrukt wird durch die Zeitbestimmung ‚gestern' unmittelbar prädiziert; dadurch wird der Agens-Patiens-Tätigkeit-Komplex zeitlich situiert.

Solche „umgangssprachlichen" Umschreibungen semantischer Strukturen wirken immer unzulänglich; hier wird die Unfähigkeit natürlicher Sprache, sich selbst zu beschreiben, besonders augenfällig. Kalkülformeln haben demgegenüber den Vorteil der Konsistenz, der theoretischen Unangreifbarkeit; aber eben dieser Vorteil macht sie für den Bereich der angewandten Linguistik nahezu unbrauchbar, weil er in der Regel mit extremer Gedankenblässe verbunden ist.

Übrigens gibt es hinsichtlich der Bedeutungsstruktur von Sätzen weitere Probleme, die mit der Stellung der Satzglieder, vor allem mit dem Auftreten mehrerer Satzangaben im selben Satz zusammenhängen. Auf diese Fragen kann erst in Kapitel 5.8. (dort im Zusammenhang mit den Permutationen) eingegangen werden.

5.8. Folgeregeln für den einfachen Hauptsatz

5.8.0. Der Inhalt dieses Kapitels wird in vielen neueren Grammatiken immer noch stiefmütterlich behandelt. Meist liegt dem Komplex der Folgeerscheinungen keine kohärente Theorie zugrunde oder aber eine einseitige Theorie, die naturgemäß nur Teilerklärungen liefern kann. Insgesamt räumen die Grammatiken den Folgeerscheinungen, sieht man von Ausnahmen ab, zu wenig Raum ein.

Forschungen der letzten Jahre haben eine Reihe neuer Einsichten geliefert, die heute eine zusammenhängende und einigermaßen vollständige, teilweise neuartige Darstellung der Folgeerscheinungen im Deutschen ermöglichen. Im folgenden werden die Grundzüge einer solchen Darstellung wiedergegeben.

5.8.1. Allgemeines

Die Folgeerscheinungen werden hier so beschrieben, daß zuerst – für verschiedene topologische Bereiche des Satzes – eine Grundfolge festgelegt wird, zu der dann Folgevarianten aufgezeigt und erklärt werden. Die Grundfolge beruht dabei ausschließlich auf einer methodischen Setzung: sie ist diejenige für alle Elemente gültige Folge, die in der Grammatik als erste erzeugt wird und von der alle anderen Folgen abgeleitet werden. Zwar wurden für die Grundfolge nicht gerade die ausgefallensten Anordnungen für Folgeelemente gewählt. Es muß aber betont werden, daß Grundfolge weder beansprucht, irgendwelche Häufigkeitsbedingungen zu erfüllen, noch in irgendeiner anderen als in methodischer Hinsicht anderen Abfolgen vorgeordnet zu sein.

Die Abfolge der Elemente beruht zu einem erheblichen Teil auf der Konnexionsstruktur. Das heißt zum Beispiel, daß sich die Stellung eines Elements (unter anderem) danach richtet, ob es Ergänzung oder Angabe ist und, falls es sich um eine Ergänzung handelt, ob man es mit E_0, E_1, E_8 usw. zu tun hat. Allerdings müssen gegenüber den Kategorien des Konnexionsteils, wie sie hier vorgeschlagen wurden, Subkategorisierungen vorgenommen werden, die teilweise flexivischen, teilweise semantischen, teilweise weiteren Merkmalen folgen. Man kann also zum Beispiel nicht von der Stellung der E_0 schlechthin reden; wohl aber ist einer E_0 mit bestimmten anzugebenden Eigenschaften eine bestimmte Stellung in der Grundfolge zuschreibbar. Bei alledem bleibt aber die Abhängigkeit der Position von der Konnexion grundlegend; sie ist jedenfalls größer, als im allgemeinen angenommen wird.

Auf der anderen Seite wirkt die Tiefensemantik, die Struktur des Gemeinten (s. Kapitel 1.8.) auch unmittelbar auf die Position ein, dabei weniger auf die Grundfolge als auf abgeleitete Folgen. Ob man

Deshalb hat Sonja sich heute die Haare gewaschen.

oder

Deshalb hat Sonja sich die Haare heute gewaschen.

oder auch

Sonja hat sich deshalb heute die Haare gewaschen.

sagt, dies läßt sich nicht mehr aus der Konnexionsstruktur erklären (weil alle drei Sätze dieselbe Konnexionsstruktur haben). Es handelt sich hier vielmehr um Unterschiede des Gemeinten, die im vorausgegangenen Teil des Erzeugungsprozesses (vgl. das Diagramm auf S. 36) bisher nicht berücksichtigt wurden und erst an dieser Stelle des Positionsteils „abgearbeitet" werden (vgl. Näheres S. 193 ff. und S. 209 ff.).

Schließlich muß darauf hingewiesen werden, daß alle im folgenden formulierten Aussagen über die Abfolge immer nur für Klassen von Elementen, nie für Einzelelemente gelten. Es können als Regeln für die Position eines konkreten Konstrukts nur insoweit angegeben werden, als dieses Konstrukt Element einer Klasse ist.

5.8.2. Grundzüge der Position im einfachen Hauptsatz

Typisch für den deutschen Satz ist der Satzrahmen. Er besteht im Hauptsatz aus den verbalen Elementen, also dem Verbalkomplex unter Einschluß der Verbativergänzung E_9. Dabei steht immer das finite Verb an zweiter Stelle, die übrigen verbalen Elemente am Satzende:

Dann hat der Kleine nichts mehr sagen wollen.
Es muß an seiner Aussprache gelegen haben.
Pinkus hätte auch gefragt werden müssen.

Die Abfolge der verbalen Elemente ist in Kapitel 4.2. beschrieben worden. Dort war allerdings die für den Nebensatz gültige Folge zugrunde gelegt worden, weil im Nebensatz keine topologische „Spaltung“ des Verbalkomplexes eintritt und so eine einfachere Beschreibung möglich ist:

weil Pinkus auch hätte gefragt werden müssen

Dieser Umstand hat, wie schon oben angedeutet wurde, einige Grammatiker veranlaßt, bei der topologischen Beschreibung deutscher Sätze vom Nebensatz auszugehen und den Hauptsatz sekundär aus dem Nebensatz abzuleiten. Auch wenn man einmal das Faktum, daß die Position nur einen relativ kleinen Teil der Grammatik ausmacht, aus dem Spiel läßt, bietet dieses Verfahren neben einigen Vorteilen auch entschiedene Nachteile; es wird deshalb hier nicht angewandt.

Der Satzrahmen teilt den Satz in drei Felder: in Vorfeld, Mittelfeld und Nachfeld. Die drei Felder sind im folgenden Beispiel markiert:

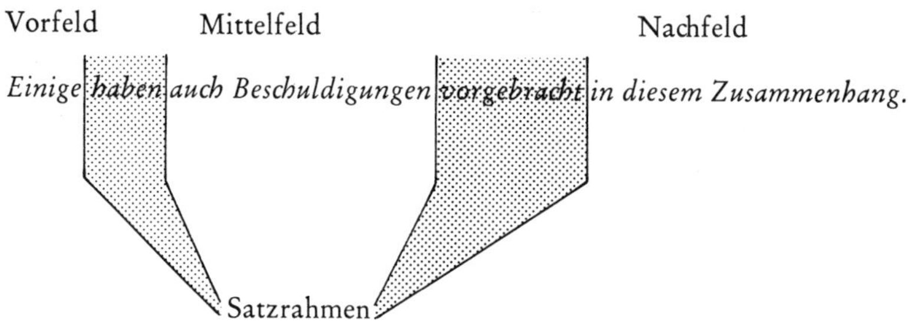

An diesem Satz kann schon abgelesen werden, daß das Nachfeld nicht besetzt zu werden braucht (auch der Satz *Einige haben in diesem Zusammenhang auch Beschuldigungen vorgebracht.* wäre korrekt), das Vorfeld hingegen im konstativen Hauptsatz immer besetzt sein muß. Spezifikationen folgen unten.

Der Satzrahmen kann manchmal nicht vollständig ausgeführt sein, so daß etwa im Hauptsatz nur sein erster Teil vorhanden ist:

Einige trinken auch Rotwein abends.

Der zweite Rahmenteil kann aber jederzeit gewonnen werden, indem man etwa statt des Präsens das Perfekt einsetzt oder den Satz durch ein Modalverb erweitert:

Einige werden auch Rotwein trinken abends.

Durch diese Substitution wird auch geklärt, welche Elemente dem Mittelfeld, welche dem Nachfeld zuzurechnen sind.

Im folgenden ist zu beschreiben, wie die drei Felder besetzt werden können. Dabei geht es um folgende Fragen:

- Welche Elemente können, welche Elemente können nicht in ein bestimmtes Feld treten?
- Welche Grundfolge gilt, falls mehrere Elemente in einem Feld zusammentreffen?
- Welche Änderungen der Grundfolge sind möglich? Unter welchen Bedingungen sind sie möglich?

5.8.3. Das Mittelfeld

Als Stellungselemente im Mittelfeld sind häufig die Satzglieder (s. Kapitel 5.3. bis 5.6.) genannt worden; der Nachweis, daß genau die Satzglieder hier als Stellungselemente fungieren, ist allerdings nie erbracht worden. Verschiebeproben – hier die einzige legitime Methode – führen zwar größtenteils auf Subklassen von Satzgliedern, sie ergeben aber darüberhinaus eine kleinere Menge von Nominal- und Adjektivattributen, die ebenfalls als Stellungselemente im Hauptsatz fungieren können.

Bei den Satzgliedern erweist sich die Unterscheidung zwischen Ergänzungen und Angaben auch hier als brauchbar. Eine grobe positionelle Strukturierung des Mittelfeldes ergibt drei Gruppen: E_0, E_1, E_3 stehen an erster Stelle, es folgen die Angaben, schließlich E_2, E_4 bis E_8 (E_9 wird, wie in 5.8.2. gesagt, hier zum Satzrahmen gerechnet):

E_0		E_2
		E_4
E_1	$I_1 \ldots\ldots I_n$	E_5
		E_6
E_3		E_7
		E_8

Beispiele:

Am Samstag hat Sonja lange nach ihrer Bank gesucht.
E_0 It E_4

Man wollte die Kinder für eine Woche ins Engadin schicken.
E_1 It E_6

Die Geschichte war allen nachgerade peinlich geworden.
E_3 It E_8

Zu E_0 ist positionell auch das „Subjekt" des Passivsatzes zu rechnen, das auf Grund der Verbvalenz als E_1 erscheint. Die (hier nicht ausgeführte) Passivtransformation wandelt E_1 zu einem nominativischen Konstrukt, das hier als $E_{1 \Rightarrow 0}$ bezeichnet wird. Entsprechendes gilt für E_0 des Aktivsatzes, die nach der Passivtransformation als $E_{0 \Rightarrow 4}$ (mit *von* oder *durch*) erscheint. Wenn $E_{1 \Rightarrow 0}$ wie E_0 und $E_{0 \Rightarrow 4}$ wie E_4 behandelt werden, brauchen keine neuen zusätzlichen Symbole und Regeln eingeführt zu werden.

Es ist schon hier nachdrücklich darauf hinzuweisen, daß dieses angegebene Schema nur einer ersten Übersicht dienen soll. Es muß im folgenden präzisiert und stellenweise korrigiert werden. Vor allem wird dies im Bereich der „Kasusergänzungen" E_0, E_1 und E_3 erforderlich sein: es gibt über E_2 hinaus bestimmte Kasusergänzungen, die normalerweise h i n t e r dem großen Teil der Angaben stehen.

Dieses Problem muß behandelt werden im Zusammenhang mit den Folgeerscheinungen beim Zusammentreffen mehrerer Ergänzungen. Zwar schließen sich die Ergänzungen E_2, E_4, E_5, E_6, E_7, E_8 aus. Aber die Ergänzungen E_0, E_1, E_3 können durchaus kumuliert werden, und die an sich naheliegende Reihenfolge $E_0 - E_1 - E_3$ wird durch Sätze wie

Er hat ihnen eine Geschichte erzählt.
E_3 E_1
Dann hat er ihnen eine Geschichte erzählt.
E_0 E_3 E_1

fragwürdig. Tatsächlich kann man brauchbare Folgeregeln für das Mittelfeld nur formulieren, wenn man bei E_0, E_1, E_3 mindestens drei strukturell (konnexionell) verschiedene Subklassen ansetzt.

Die erste Subklasse umfaßt *man* (mit seinen obliquen Formen *einem, einen*), ferner die Pronomina P1 und P2, sofern sie unbetont sind; wir bezeichnen die Elemente dieser Subklasse mit $E1_i$. Für sie gilt die Grundfolge $E1_0 - E1_1 - E1_3$. Beispiele:

Ich habe es ihm gesagt.
$E1_1$ $E1_3$
Damals hat er sie zum letzten Mal gesehen.
$E1_0$ $E1_1$
Die Geschichte hat man euch eben so erzählt.
$E1_0$ $E1_3$
Dann hat er es ihr anders erklärt.
$E1_0$ $E1_1$ $E1_3$

Die zweite Subklasse umfaßt pronominale, adnominale oder nominale Wortgruppen (PP oder NP), die mehr oder weniger stark betont sind, immer aber das Merkmal ‚definit' tragen. Neben entsprechenden Determinativen (*der*, *dieser* usw. bei Elimination von N) kommen dabei als Nuklei Nomina in Frage, die einen definiten Artikel oder ein „definites" Determinativ (Demonstrativum, Possessivum u. a.) regieren. Die Elemente dieser Subklasse werden hier mit $E2_i$ bezeichnet. Für sie gilt die Grundfolge $E2_0 - E2_3 - E2_1$. Beispiele:

Ich hab dem die Geschichte erzählt.
$E2_3$ $E2_1$
Gestern hat sein Vater den Nichten gratuliert.
$E2_0$ $E2_3$
Schließlich hat die Portiersfrau dem Reporter die ganze Geschichte erzählt.
$E2_0$ $E2_3$ $E2_1$

Die dritte Subklasse umfaßt Wortgruppen, die das Merkmal ‚indefinit' tragen und (immer) mehr oder weniger stark betont sind; hier handelt es sich sowohl um pronominale als auch um adnominale und nominale Wortgruppen. Neben indefiniten Determinativen (*ein-*, *kein-* u. a.) und P3 (*jemand-*, *niemand-*) kommen Nominalphrasen mit indefinitem Artikel u. ä. in Frage. Die Elemente dieser Subklasse werden mit $E3_i$ bezeichnet. Für sie gilt wieder die Grundfolge $E3_0 - E3_3 - E3_1$. Beispiele:

Trotzdem hat irgendwer einem von ihnen Geheimnisse erzählt.
$E3_0$ $E3_3$ $E3_1$
Da hat irgendwer vertrauliche Informationen weitergegeben.
$E3_0$ $E3_1$

Beim Zusammentreffen von Elementen aus E1, E2 und E3 tendieren immer die Konstrukte mit höherer Kennzahl zum Satzende, so daß sich folgende Grundfolge ergibt:

$E1_0$ - $E1_1$ - $E1_3$ - $E2_0$ - $E2_3$ - $E2_1$ - $E3_0$ - $E3_3$ - $E3_1$

Beispiele:

Gestern haben wir ihn seiner Mutter zurückgebracht.
$E1_0$ $E1_1$ $E2_3$

Dem hab ich es gegeben.
$E1_0$ $E1_1$

Dem hat es mein Bruder aber gegeben.
$E1_1$ $E2_0$

Trotzdem hat man seinen Eltern nicht Bescheid gesagt.
$E1_0$ $E2_3$ $E3_1$

Trotzdem hat man seine Eltern nicht verständigt.
$E1_0$ $E2_1$

Man hat meinem Bruder eine Attrappe angedreht.
$E2_3$ $E3_1$

Zu der oben angegebenen Grundfolge der E im Mittelfeld gibt es eine wichtige Ausnahme, und zwar bei den Verben *sich ereignen, geschehen, passieren, zustoßen* u. ä. Enthalten mit solchen Verben gebildete Sätze eine E_0 in indefiniter Form (als $E3_0$), so bildet diese in der Regel den semantischen Schwerpunkt des Satzes. Daher leitet sich die Zusatzregel ab, daß bei den genannten und ähnlichen Verben die $E3_0$ in der Grundfolge als letzte von allen E erscheint. Konkurrenz zur $E3_1$ tritt nicht auf, weil diese Verben insgesamt keine E_1 haben können. Es gilt aber, daß die $E3_0$ hier immer hinter der $E3_3$ erscheint. Beispiele:

Zum Glück ist diesmal meinem Onkel nichts passiert.
$E2_3$ $E3_0$

Zum Glück ist diesmal keinem Fahrer etwas passiert.
$E3_3$ $E3_0$

Dativus sympathicus, Dativus ethicus und Pertinenzdativ werden dabei im großen ganzen wie Ergänzungen behandelt. Beispiele für sympathicus:

Wir haben ihr ein Haus gekauft.
$E1_{s3}$ $E3_1$

Wir haben unserer Oma ein Haus gekauft.
$E2_{s3}$ $E3_1$

Der ethische Dativ tritt nur als (stets unbetontes) Pronomen auf, er wird daher immer der Subklasse $E1_3$ zugeordnet:

Das hat mir einen Lärm gemacht.
$E1_{e3}$ $E3_1$
Ich werde euch Gurken klauen!
$E1_{e3}$ $E3_1$

Der Pertinenzdativ kommt, wie der sympathicus, in wechselnden Formen vor:

Wir haben unserer Oma das Fahrrad repariert.
$E2_{p3}$ $E2_1$
Wir haben ihr das Fahrrad repariert.
$E1_{p3}$ $E2_1$

Es gilt allerdings die Restriktion, daß der Pertinenzdativ immer vor dem Element steht, von dem er regiert wird, sofern dieses kein $E1_1$ ist, also:

Wir haben einer jungen Dame das Fahrrad repariert.
$E3_{p3}$ $E2_1$

Hingegen:

Wir haben es ihr repariert.
$E1_1$ $E1_{p3}$

Die Kombinatorik der Ergänzungen wird durch die Satzbaupläne (s. Kapitel 5.5.) relativ eng begrenzt. Angaben hingegen (mit Ausnahme der eben behandelten Dativangaben) sind fast unbegrenzt kumulierbar und verursachen daher weit schwierigere Folgeprobleme. Sie lassen sich nur lösen durch weitreichende Subkategorisierung und eine entsprechend detaillierte Festlegung der Grundfolge.

Die in Kapitel 5.6. genannten Klassen und Subklassen von Angaben können gemäß der Grundfolge linearisiert werden nach der Formel

Ia1 - Ia2 - Ia3 - Ik - It - Iloc - If - Ikr - Iex1 - Iex2 - Iex3 - Iex4 - Iex5 – Ia4 – Ia5 – Ia6 – Iv – Ia7 – Ineg – Ia8 – Imod

Alle diese Angaben stehen inmitten der E; und zwar kommen in der Grundfolge die meisten Angaben zwischen $E2_1$ und $E3_0$ zu stehen (s. obige Formel), Ineg, Ia8 und Imod jedoch zwischen $E3_3$ und $E3_1$. Damit ergibt sich folgende Gesamtformel für die Grundfolge im Mittelfeld:

$E1_0$ – $E1_1$ – $E1_3$ – $E2_0$ – $E2_3$ – $E2_1$ – I(meiste) – $E3_0$ – $E3_3$ – Ineg – Ia8 – Imod – $E3_1$ – E_2 . . . E_8

Dieses Schema ist aber seinerseits wieder allzu stark vereinfacht, weil es übersieht, daß zwischen vielen Angaben (besonders den Ia) obligatorische

Folgeregeln gelten. Bezieht man diese obligatorischen Regeln in das Grundfolgeschema mit ein und faßt im übrigen die stellungsmäßig nicht streng festgelegten I möglichst weitgehend zusammen, so erhält man folgendes Gesamtschema für die Grundfolge im Mittelfeld:

$E1_0$ - $E1_1$ - $E1_3$ - $E2_0$ - $E2_3$ - $E2_1$ - Ia1 - Ia2 - Ia3 - Icirc - Iex - Ia4 - Ia5 - Ia6 - Iv - Ia7 - $E3_0$ - $E3_3$ - Ineg - Ia8 - Imod - $E3_1$ - E_2/E_4 - E_5/E_6/E_7/E_8

Die in diesem Schema als eigene Klassen aufgeführten I sind in ihrer Abfolge relativ streng festgelegt.

Beispiele:

Habt ihr denn aber tatsächlich kein Schamgefühl?
$E1_0$ Ia1 Ia2 Iex5 $E3_1$

Er hat eben doch recht.
Ia3 Ia5

Man sollte nur nicht auf einmal Burgen bauen wollen.
Ia7 Ineg Imod $E3_1$

Sie müßte heute eigentlich hier sein.
It Iex4 E_5

Ich habe aus diesem Grund bei der Sitzung jedenfalls alles mitgeschrieben.
Ik Iloc Iex3 $E3_1$

Ich war bei solchen Bedingungen nämlich nicht daran interessiert.
Ikr Iex1 Ineg E_4

Es bedarf hierzu erstens eines besonderen Fingerspitzengefühls.
If Iex2 E_2

Nun ist Sonja endlich gekommen.
$E2_0$ Iv

Sie war sogar gerne gekommen.
Ia4 Imod

Hol das Mädchen doch bitte schnell rein.
$E2_1$ Ia2 Iex1 Ia8 E_6

Die meisten durch die Grundfolgeregel für Angaben erzeugten Folgen werden ohne weiteres akzeptabel erscheinen. In verhältnismäßig wenigen Fällen ergeben sich Folgen, die Anstoß erregen mögen, so

Sie ist aus eigenem Antrieb sogar mitgegangen.
Ik Ia4

Es ist durchaus einzuräumen, daß hier eine wenig häufige Form vorliegen dürfte. Sie ist aber zweifellos korrekt – falls nämlich gemeint ist, daß durch das Element *sogar* ausgedrückt werden soll, daß das ‚Mitgehen' außergewöhnlich sei; sie hat also *aus eigenem Antrieb* noch weiteres getan, das aber hier eben nicht als außergewöhnlich bezeichnet wird. Die sicher häufigere Folge

Sie ist sogar aus eigenem Antrieb mitgegangen.

meint ganz anderes: daß etwas *aus eigenem Antrieb* geschah, wird hier als außergewöhnlich bezeichnet.

Man sieht, daß die Folgeunterschiede hier im Gemeinten begründet liegen. Ehe jedoch solche und andere durch die Tiefensemantik begründeten Folgevarianten erörtert werden, ist auf eine weitere Menge von Elementen einzugehen, die nicht Satzglieder sind, aber doch wie diese als Stellungselemente in Sätzen fungieren. Solche Elemente liegen vor in:

Es gibt keine Hoffnung mehr für ihn.
Er war über die Tiere froh.

Diese Elemente sind wie Satzglieder verschiebbar:

Es gibt für ihn keine Hoffnung mehr.
Er war froh über die Tiere.

Sie hängen aber nicht vom Verb, sondern von einem Nomen (im ersten Beispiel) bzw. einem Adjektiv (im zweiten Beispiel) ab, sind also Attribute. Da sie nur bei Subklassen von Nomen und Adjektiv vorkommen, handelt es sich um Ergänzungen. Da sie weiterhin ausschließlich als Präpositionalphrasen auftreten, sind sie als nominale bzw. adjektivische Präpositivergänzungen (NE_4 bzw. AaE_4) zu bezeichnen.

NE_4 und AaE_4 haben keine spezifischen Positionseigenschaften. Sie werden genau wie die Verbalergänzungen E_4 behandelt und tauchen deshalb in der Grundfolge nicht als eigene Stellungselemente auf.

Das Grundfolgeschema wirkt in der vorliegenden Form äußerst kompliziert. Ein ganz einfaches, dreiteiliges Schema, wie es auf Seite 193 angegeben wurde, ist jedoch wenig brauchbar, weil es allzu viele Einzelfälle ungeklärt läßt.

Variationen der Grundfolge erstrecken sich auf nahezu alle Mittelfeldelemente. Es ist zweckmäßig, wieder zwischen Ergänzungen und Angaben zu unterscheiden.

Permutationen von Ergänzungen

Hier gibt es nur verhältnismäßig wenige Restriktionen. Die wichtigste betrifft $E1_0$, die nur-pronominale Nominativergänzung, die unter allen Umständen am Anfang des Mittelfeldes stehen muß:

Deshalb hat er es ihm auch nicht gesagt.

Jede Permutation würde einen Übergang in die Subklasse $E2_0$ bedingen:

(*)*Deshalb hat es ihm er auch nicht gesagt.*

Auch die übrigen E1 sind verhältnismäßig fest an den Anfang des Mittelfeldes gebunden, mit Ausnahme der sogenannten echten „Reflexivpronomina", die als $E1_1$ bzw. $E1_3$ klassifiziert werden. Sie sind besonders leicht verschiebbar, auch wenn dies von Zuchtmeistern des deutschen Stils immer wieder mißbilligt wird:

Dort haben sie sich mit den Truppen des Generals York vereinigt.
$E1_0 E1_1$ E_4
Dort haben sie mit den Truppen des Generals York sich vereinigt.
$E1_0$ E_4 $E1_1$

Die sogenannten unechten Reflexivpronomina, wie sie bei den Verben *sich waschen, sich kämmen, sich verschaffen* u. a. vorliegen, werden als normale Ergänzungen (E_1, E_3) behandelt. Für die „echten" Reflexivpronomina besteht jedoch in der Gegenwartssprache zweifellos eine Tendenz, möglichst nahe zum Vollverb zu rücken, mit dem sie zusammen eine Lexikoneinheit bilden.

Dies gilt vor allem für Sätze mit zahlreichen Mittelfeldelementen, die andernfalls unübersichtlich werden, wie in:

Er hat sich diese unglaubliche Geschichte nach den Ereignissen jener Nacht ja wohl erst ausgedacht.

Auf der anderen Seite bedeutet dies, daß das Reflexivpronomen in Sätzen ohne Nebenverben meist nahe am Anfang des Mittelfeldes steht:

Er hielt sich erst seit drei Tagen in dieser Stadt auf.
(*)*Er hielt erst seit drei Tagen in dieser Stadt sich auf.*

Das Gegenstück zu den nicht oder kaum permutierbaren Elementen der Subklasse E1 (mit Ausnahme des Reflexivums) bilden solche Elemente, die unter bestimmten Bedingungen mit hoher Wahrscheinlichkeit permutiert werden.

Dazu gehören vor allem die unbetonten anaphorischen Formen der Ergänzungen E_4 bis E_8, die häufig vor der Gruppe der I erscheinen. Beispiele:

E_4: *Deshalb haben die Kinder schon lange nicht mehr mit*
$E2_0$ I I I
seiner Mitarbeit gerechnet.
E_4
Deshalb haben die Kinder schon lange nicht mehr damit gerechnet.
$E2_0$ I I I E_4
Deshalb haben die Kinder damit schon lange nicht mehr gerechnet.
$E2_0$ E_4 I I I

E_5: *Diesmal haben Ausländer im Hotel gewohnt.*
$E3_0$ E_5
Diesmal haben Ausländer dort gewohnt.
$E3_0$ E_5
Diesmal haben dort Ausländer gewohnt.
E_5 $E3_0$

Bei E_6 ist diese Permutation weniger wahrscheinlich, im Falle der Anapher *hin* ist sie unmöglich:

Er hat die Kinder gestern nach Obsteig gebracht.
$E2_1$ I E_6
Er hat die Kinder gestern dorthin gebracht.
$E2_1$ I E_6
(*)*Er hat die Kinder dorthin gestern gebracht.*
$E2_1$ E_6 I
**Er hat die Kinder hin gestern gebracht.*

Bei E_7 und E_8 tendiert die Anapher *es* sehr stark, die Anapher *so* weniger stark zum Mittelfeldanfang. *es* steht immer vor der gesamten Gruppe der I, häufig auch vor E_0, E_1, E_3:

Dann ist Kunisch wohl der Täter gewesen.
$E2_0$ I E_7
Dann ist Kunisch es wohl gewesen.
$E2_0$ E_7 I
Dann ist es Kunisch wohl gewesen.
E_7 $E2_0$ I
Dann ist es wohl Kunisch gewesen.
E_7 I $E2_0$

es aus E_7 oder E_8 kann jedoch nie vor $E1_0$ stehen:

Dann bin ich es doch gewesen.
$E1_0 E_{7/8}$ I

Die Folge

Dann bin es ich doch gewesen.

legt zwingend dar, daß in diesem Falle *ich* als $E2_0$ zu klassifizieren ist.

Beispiele für *so* aus E_7:

Also hat dieser Mann offenbar tatsächlich Hanisch geheißen.
$E2_0$ I I E_7
Also hat dieser Mann offenbar tatsächlich so geheißen.
$E2_0$ I I E_7

Weniger üblich ist

(*)*Also hat dieser Mann so offenbar tatsächlich geheißen.*
$E2_0$ E_7 I I

Kaum akzeptabel wäre

(*)*Also hat so dieser Mann offenbar tatsächlich geheißen.*
E_7 $E2_0$ I I

Auch für E_2, das im wesentlichen die (nie ganz unbetonten) Anaphern *dessen, deren, seiner, ihrer* hat, bestehen entsprechende Permutationsmöglichkeiten:

Deshalb hatte man Hanisch auch nicht des Meineids bezichtigt.
$E1_0$ $E2_1$ I I E_2
Deshalb hatte man Hanisch auch nicht dessen bezichtigt.
$E1_0$ $E2_1$ I I E_2
Deshalb hatte man Hanisch dessen auch nicht bezichtigt.
$E1_0$ $E2_1$ E_2 I I

Unüblich wäre

(*)*Deshalb hatte man dessen Hanisch auch nicht bezichtigt.*
$E1_0$ E_2 $E2_1$ I I

Schließlich sind die Kasusergänzungen E_0, E_1, E_3 – von den besprochenen Ausnahmen abgesehen – gegeneinander verschiebbar:

Nun habe ich Wanda diese Geschichte erzählt.
$E1_0$ $E2_3$ $E2_1$

Nun habe ich diese Geschichte Wanda erzählt.
$E1_0$ $E2_1$ $E2_3$

Es stellt sich die Frage, welchen Effekt solche Permutationen von E im Text/beim Hörer hervorrufen; sprecherbezogen ausgedrückt: warum wird permutiert? was will man durch Variationen der Grundfolge mitteilen? Und daran schließt sich die Frage an, ob auch der Grundfolge eine semantische Funktion zuzusprechen ist.

Wie in Kapitel 5.7. dargelegt wurde, gehört zum Lexikoneintrag des Verbs ein Relator, der die semantischen Relationen zwischen Verb und Ergänzungen (EK = Komplex von Ergänzungen) festlegt und so einen (engeren) semantischen Komplex konstituiert:

R (V, EK)

Da dieser Relator unabhängig von der Position der Ergänzungen existiert, können die durch ihn festgelegten Relationen durch Permutationen nicht verändert werden: E_0 von *füttern* bleibt Agens, gleich an welcher Stelle es sich befindet:

Hans hat soeben die Tiere gefüttert.
Die Tiere hat Hans soeben gefüttert.
Soeben hat mein Bruder Hans die Tiere gefüttert.
Soeben hat die Tiere mein Bruder Hans gefüttert.

Dennoch treten hier Änderungen semantischer Art auf, die außerhalb des durch den Relator Festgelegten liegen müssen. Diese Änderungen betreffen das Gewicht, das einem Bedeutungselement zugesprochen wird, den Akzent, der auf seine Bedeutung gelegt wird: den Mitteilungswert. Im allgemeinen gilt, daß Ergänzungen, die gegenüber der Grundfolge nach rechts (dem Mittelfeldende zu) verschoben werden, höheren Mitteilungswert erhalten, während Ergänzungen, die nach links verschoben werden, geringeren Mitteilungswert erhalten. Dies läßt Rückschlüsse auf die Grundfolge zu: auch hier haben generell rechtsstehende Elemente höheren Mitteilungswert als linksstehende; allerdings wird der Unterschied des Mitteilungswertes bei Abweichungen von der Grundfoge deutlicher, als wenn diese beibehalten wird.

Beispiele:

Heiner hat dem Hausbesitzer die Buttertöpfe gestohlen.
Heiner hat die Buttertöpfe dem Hausbesitzer gestohlen.

Im ersten Beispiel hat die E_1 *(die Buttertöpfe)* einen geringfügig höheren Mitteilungswert als die E_3 (*dem Hausbesitzer*); im zweiten Satz gilt Umgekehrtes: die nun nach rechts gerückte E_3 (*dem Hausbesitzer*) hat deutlich höheren Mitteilungswert als die vorgezogene E_1 (*die Buttertöpfe*). Daß die Rechtsstellung eines Elements im zweiten Falle den Mitteilungswert mehr verstärkt als im ersten, liegt daran, daß im zweiten Beispiel von der Grundfolge abgewichen wird.

Diese den Mitteilungswert verändernde semantische Funktion der Permutationen gilt für alle E mit Ausnahme der nur-pronominalen E_1. Diese sind in gewissen Grenzen permutierbar, ohne daß ein semantischer Effekt feststellbar wäre:

Ich hab's ihr gesagt.
$E1_1$ $E1_3$
Ich hab ihr's gesagt.
$E1_3E1_1$
Willst du es mir überlassen?
$E1_1E1_3$
Willst du mir (e)s überlassen?
$E1_3$ $E1_1$

Unterschiedlicher Mitteilungswert wird häufig mit dem Bekanntheitsgrad verbunden: Unbekanntes hat höheren Mitteilungswert als Bekanntes. Dies entspricht der überwiegenden Mehrzahl der Fälle und vermag zum Teil zu erklären, daß in der Grundfolge die meisten definiten E2 den indefiniten E3 vorangehen. Manche Grammatiker gehen so weit, die Reihenfolge „vom Bekannten zum Unbekannten" zum Bauprinzip deutscher Sätze schlechthin zu erheben. Auch wenn sich dieses Prinzip vielfach bestätigt – es dürfte im übrigen über die deutsche Sprache hinaus einigermaßen universelle Geltung haben –, so zeigen viele mögliche Permutationen, daß es gravierende Ausnahmen gibt. So ist der durchaus korrekte Satz

Deshalb hat ein Fremder dem Onkel die Post gebracht.
$E3_0$ $E2_3$ $E2_1$

nicht mit diesem Prinzip zu vereinbaren, weil von allen E gerade die, die das „Unbekannte" enthält (*ein Fremder*), den beiden E, die „Bekanntes" nennen (*dem Onkel*, *die Post*), vorgeordnet ist. Und eine ebenfalls permutierte Folge wie

Deshalb hat Onkel einem Fremden die Post gebracht.
$E2_0$ $E3_3$ $E2_1$

liefert ein weiteres Beispiel dafür, daß der Mitteilungswert eines definiten (Bekanntes bezeichnenden) Elements wie *die Post* höher sein kann als der

Mitteilungswert eines indefiniten (Unbekanntes bezeichnenden) Elements wie *einem Fremden.*

Es ist allerdings zu betonen, daß hier ausschließlich von der Funktion der Position die Rede ist. Der Leser mag das eine oder andere Beispiel anders interpretieren, als hier vorgeschlagen wurde: dann hat er eben vorrangig mit Mitteln der Intonation den Mitteilungswert festgelegt. Intonation und Position gehen im Deutschen häufig Hand in Hand. Es wäre aber bedenklich, die eine unbeschränkt als Funktion der anderen aufzufassen, weil sie, wie angedeutet wurde, gelegentlich auch gegenläufig wirken. Dies ist der Grund dafür, daß die Position hier methodisch strikt von der Intonation getrennt behandelt wird.

Permutationen von Angaben

Auch hier gibt es Restriktionen, zunächst solche im Hinblick auf die Ergänzungen: keine Angabe kann vor einer nur-pronominalen Ergänzung ($E1_i$) stehen. Unkorrekt wären somit die Sätze

**Darum bin eben ich gekommen.*
Ia3 $E1_0$
**Man hat heute ihn geschickt.*
It $E1_1$

Unbefangenes (lautes) Lesen offenbart sofort, was passiert; die Elemente aus E1 werden zwangsläufig betont und gehen damit automatisch in Klasse E2 über.

Bei Kumulation von Angaben gilt die Restriktion, daß die existimatorischen Elemente (Iex) nicht hinter Imod, Ineg und Ia8 stehen können. Falsch wären danach die Sätze

**Sie ist zu schnell vermutlich gelaufen.*
Imod Iex1
**Sie ist nicht wahrscheinlich gestorben.*
Ineg Iex1
(*)*Er hat schnell offenbar die Tür zugemacht.*
Ia8 Iex1

Überhaupt erscheint Imod in einer Folge von Angaben in aller Regel am weitesten rechts. Es steht damit unmittelbar vor einem Element aus E_2, E_4 bis E_8 oder, wo solche Ergänzungen fehlen, am Ende des Mittelfeldes.

Für die Ia gilt die Grundfolge mit wenigen Ausnahmen als obligatorisch. Falsch wären daher die Sätze:

> **Du hast dich wohl ja übernommen.*
> Ia3 Ia1
> **Kunisch ist sogar doch Kreismeister geworden.*
> Ia4 Ia2

Im letzten Beispiel liegt unbetontes *doch* vor.

Eine Ausnahme bildet *auch* (Ia6), das hinter *schnell* (Ia8) treten kann. Korrekt ist somit der Satz

> *Ich wollte schnell auch reinschauen.*
> Ia8 Ia6

Im übrigen sind die Angaben frei permutierbar, insgesamt in viel höherem Maße als die Ergänzungen. Man vergleiche mit der Grundfolge die Sätze

> *Hans hat heute seinen Freund besucht.*
> It $E2_1$
> *Diese Kinder sind nicht nur rebellisch.*
> Ineg Ia8
> *Diese Kinder sind nur nicht rebellisch.*
> Ia8 Ineg

Die beiden letzten Beispiele geben Anlaß zu der Frage nach dem semantischen Effekt der Permutation von Angaben. Es ist evident, daß in dem Satz *Diese Kinder sind nicht nur rebellisch.* die E_8 *rebellisch* durch die vorausgehende Ia7 (*nur*) als exklusiv („nur rebellisch – sonst nichts") dargestellt wird. Die Exklusivität von *rebellisch* wird durch die weiterhin vorausgehende Ineg (*nicht*) negiert: die Kinder haben noch weitere Eigenschaften. Für beide Angaben gilt nach dieser Erläuterung, daß sie das jeweils Rechtsfolgende prädizieren. Dies läßt sich ohne weiteres auch an dem Satz *Diese Kinder sind nur nicht rebellisch.* nachweisen: das durch die E_8 (*rebellisch*) Bezeichnete wird zunächst durch die Ineg (*nicht*) negiert; die Negation der Eigenschaft wird durch *nur* als exklusiv vorgestellt: andere Eigenschaften mögen wohl vorhanden sein. Es handelt sich hier offenbar nicht nur um Unterschiede in der oberflächlichsten Struktur, sondern auch um grundlegende Unterschiede in der Bedeutungsstruktur, ja selbst im zugrundeliegenden Sachverhalt: im erstgenannten Beispiel sind die Kinder wirklich rebellisch, im zweiten nicht.

Die beiden Sätze weisen auf das grundlegende Prinzip, das der Position von Angaben zugrundeliegt: sie prädizieren (determinieren, gelten für) Rechtsfolgendes.

Folgt rechts nichts außer verbalen Elementen, so werden nur diese prädiziert:

Hans hat leichtfertig zugesagt.
Imod

Bei einteiligem „Prädikat" wird gleichwohl der verbale Komplex prädiziert:

Hans lacht leichtfertig.

Um die Bedeutungsstruktur eines Satzes, der Angaben enthält, zu ermitteln, müssen also jeweils alle verbalen Elemente ans Ende des Mittelfeldes versetzt werden. Dies bedeutet nichts anderes, als daß die für den Nebensatz gültige Position hergestellt wird:

(weil) Hans leichtfertig lacht

Damit wird nicht die weitreichende Behauptung erhoben, der „syntaktische Ort" des Verbs sei das Mittelfeldende oder gar das Satzende. Uns geht es hier nur um die Position von Angaben und die daraus resultierenden semantischen Effekte.

Trotzdem wird das Prinzip „links prädiziert rechts", das hier für den Bereich der Angaben aufgestellt wurde, bei vielen Lesern Proteste auslösen, denn es läßt nur noch begrenzten Raum für die hergebrachte Unterscheidung zwischen „Satznegation" und „Satzgliednegation". Diese Unterscheidung ist im Mittelfeld in der Tat auch fragwürdig. Der Klärung bedarf in Einzelfällen, wie groß der Bereich des „Rechtsstehenden" ist, der jeweils prädiziert wird. Ist das satzregierende Verb (das Vollverb) mit prädiziert, so liegt vor, was die Schulgrammatik heute wie ehedem als Satznegation kennt. Da bislang keine sehr exakten Kriterien bekannt sind, nach denen die Reichweite der Prädikation durch Angaben zu bemessen ist, kann kaum zwingend angegeben werden, wo keine „Satznegation" mehr vorliegt. Viele Sätze werden mehrdeutig bleiben, auch wenn die Intonation oft klärend wirkt. Eindeutige Gliednegation liegt nur vor, wenn ein negiertes Element sich im „Außenfeld", zumal im Vorfeld befindet:

Nicht Hans hat leichtfertig zugesagt.

In

Hans hat nicht leichtfertig zugesagt.

muß als auf Grund der Position ungeklärt (und unklärbar) gelten, ob nur das Satzglied *leichtfertig* oder mit dem Verb der ganze Satz negiert wird; es bleibt also offen, ob Hans überhaupt zugesagt hat oder nicht.

Von dem genannten Prinzip „links determiniert rechts" werden nicht nur Angaben, sondern auch Ergänzungen betroffen. Wenn nämlich der Satz

Sonja hat die Schlüssel gestern gekauft.
E2₁ It

permutiert wird zu

Sonja hat gestern die Schlüssel gekauft.

, so kann man sagen, die Angabe *gestern* sei nach links verschoben worden, aber ebensogut auch, die Ergänzung *die Schlüssel* sei nach rechts verschoben worden. Der Effekt der Permutation ist derselbe: die Angabe *gestern* prädiziert am zweiten Satz die E_1 und hier offensichtlich auch das Verb (*gekauft*), im ersten Satz hingegen nur das Verb; gleichzeitig wird der E_1 durch die Permutation ein höherer Mitteilungswert zugesprochen, weil sie nach rechts verschoben wurde.

Es muß nun deutlich geworden sein, daß die Abfolge der Angaben im Verbalsatz deshalb semantisch relevant ist, weil von ihr die Stufung der Prädikationen abhängt: jede Angabe prädiziert das Rechtsstehende, und zwar möglicherweise alles Rechtsfolgende. Dies ermöglicht eine Komplettierung der semantischen Regel für den einfachen Verbalsatz. Generell gilt

IK (R (V, EK))

konkreter:

I_1 (. . . (I_n (R (V, EK))))

Daß daneben Satzgliednegationen vorzusehen sind, wie möglicherweise in

Ich will das nicht heute erleben.

– wo eventuell eine Semantostruktur

{*nicht* (*heute*)} (R (*erleb*, *ich*, *das*))

anzusetzen wäre –, bleibt unbestritten, obwohl hier auch die Struktur

nicht (*heute* (R (*erleb*, *ich*, *das*)))

denkbar wäre.

Das Prinzip „links prädiziert rechts" bedarf indessen eines Zusatzes und einer Einschränkung.

Der Geltungsbereich einer Prädikation kann durch intonatorische Mittel, auch durch Pausen, näher bestimmt werden. In dem Satz

Damals hatte der Besucher natürlich auch den Chef begrüßen wollen.

prädiziert *natürlich* zunächst das gesamte Konstrukt *auch den Chef begrüßen wollen (hatte)*. Hier kann zum Beispiel durch starke Betonung von *auch* (und eventuell eine folgende kurze Pause) erreicht werden, daß *natürlich* nur noch auf *auch* zu beziehen ist. Gleiches ist möglich für die Sequenz *auch den Chef*. So kann aus der Menge aller rechtsfolgenden Elemente eine Teilmenge isoliert werden, die nun allein als Gegenstand der Prädikation (als „Argument" im formallogischen Sinne) gilt.

Intonatorische Regeln können in gewissen Fällen sogar die Stellungsregeln überspielen. So kann im oben genannten Satz auch das Element *Besucher* stark betont werden. Wenn keines der folgenden Elemente weiter betont ist, gilt *natürlich* (zumal wenn es durch eine Pause vom Folgenden abgetrennt ist) als Determinans von *der Besucher*. Das zugrundeliegende Prinzip darf jedoch nicht als „rechts prädiziert links" formuliert werden; es lautet etwa „Angabe determiniert intonatorisch Markiertes".

Solche Neutralisierung von Stellungsregeln mit Hilfe der Intonation tritt im ganzen selten auf, am häufigsten wohl bei existimatorischen Angaben; sie wird wieder zur Sprache kommen bei der Beschreibung des Vorfelds (5.8.4.).

5.8.4. Das Vorfeld

Es ist bekannt, daß im Vorfeld des konstativen Hauptsatzes genau e i n Element steht. Ausnahmen in poetischer Sprache, zumal im Volkslied, wo der Hauptsatz ohne Vorfeldelement auftritt, so in

Kommt ein Vogel geflogen ...

bleiben hier unberücksichtigt. Ebensowenig werden mehr oder weniger lexikalisierte Formen wie

Danke für Ihren Rat!
Bitte zu kommen.

u. a. hier erörtert. Zu erwähnen ist aber das unbesetzte Vorfeld bei emotiver Redeweise (vorwiegend in gesprochener Sprache):

Kommt der Kerl raus und erzählt ...
Haben wir vielleicht gelacht!

In anderen Fällen wie

Habe nun, ach! Philosophie ... studiert ...
Weiß mir keinen anderen Rat.
Kannst noch ein bißchen zuhören.

liegt Elision des Pronomens der 1. und 2. Person vor; diese Möglichkeit ist allerdings auf die gesprochene Sprache und unter bestimmten Voraussetzungen auch auf die poetische Sprache beschränkt. Im übrigen ist die Regel, daß das Vorfeld des Hauptsatzes genau ein Element enthält, bindend, allerdings nur für Konstativsätze (die herkömmliche Grammatik spricht etwas leichtfertig von „Aussagesätzen") und Interrogativsätze, in denen ein Element im Satz erfragt wird (sogenannte „Sachfragen"):

Das|habt ihr allein gemacht.
Was|habt ihr allein gemacht?

In Imperativsätzen und alternativen Interrogativsätzen bleibt das Vorfeld unbesetzt. Allerdings kennt die gesprochene Alltagssprache Imperativsätze wie

Du fang mir nicht mehr davon an.

Außerdem können im Vorfeld von Imperativsätzen bestimmte Angaben stehen, zum Beispiel

So laß das doch.
Nun komm schon rein.
Dann sei mal schön still.
Jetzt hör auf zu heulen.

Die Liste dieser Elemente ist begrenzt, und sie kommutieren nicht mit bestimmten expliziteren Phrasen. Unkorrekt wäre also

**In drei Minuten komm rein.*

Möglicherweise werden diese Imperativsatzeinleitungen am besten durch Elision eines Obersatzrestes erklärt:

Dann sag ich dir: sei mal schön still.

In andern Fällen kann man jedoch dem satzeinleitenden Lexem eine Vertreterfunktion für einen expliziten Nebensatz zum (ebenfalls elidierten) Obersatz zuschreiben:

Wenn du's nicht sehen kannst, (empfehle ich dir:)
schau weg.
⇒ *Dann schau weg.*
Wenn es dir zu lange dauert, (schlage ich dir vor:)
komm einfach rein.
⇒ *Dann komm einfach rein.*
Da du immer einen guten Rat weißt, (bitte ich dich:)
sag, was du denkst.
⇒ *Deshalb sag, was du denkst.*

Es muß aber schon hier darauf hingewiesen werden, daß in diesen vier transformationell erklärten Imperativsätzen – es handelt sich in jedem

Fall einwandfrei um einen einzigen Satz – verschiedene Äußerungsarten zusammengeflossen sind (vgl. dazu Näheres 7.2.): während *dann* eine originäre Aussage vertritt, gibt *sei mal schön still* eine Aufforderung wieder. Dies offenbart gewisse Unvereinbarkeiten zwischen Satzsyntax und Textsyntax, die bedauerlicherweise immer noch vielfach durch irreführende Terminologie oder unklare Begriffsbildung verschleiert werden.

Die Menge der vorfeldfähigen Elemente ist großenteils, aber nicht völlig mit der Menge der mittelfeldfähigen Elemente identisch.

Es gibt ein einziges Element, das nur im Vorfeld auftreten kann: das „expletive" *es* in Sätzen wie

Es kommen Tiere aus dem Dschungel.

Das expletive *es* (vgl. Seite 164) kann neben E_0 oder $E_{1 \Rightarrow 0}$ auftreten, sofern es sich um $E2_0$ ($E2_{1 \Rightarrow 0}$) oder $E3_0$ ($E3_{1 \Rightarrow 0}$) handelt. Dabei stehen E_0 ($E_{1 \Rightarrow 0}$) in der Regel im Mittelfeld:

Es haben sich auch Hausfrauen gemeldet.

Wird E_0 ($E_{1 \Rightarrow 0}$) durch einen Nebensatz realisiert, so kann dieser auch im Nachfeld stehen (jedoch nicht im Mittelfeld):

Es hat auch gedämpften Optimismus verursacht, daß er letzte Woche angerufen hat.

Expletives *es* kann im allgemeinen nur auftreten, wenn E_0 ($E_{1 \Rightarrow 0}$) im Delokutiv steht. Ungrammatisch wäre daher

**Es haben wir die Stadt gesehen.*

Bei Aufzählungen gilt diese Einschränkung jedoch nicht:

Es sind ein paar Studenten gekommen, zwei Dozenten und ich.
Es habt ihr euch gemeldet, zwei Hausfrauen und drei Rentner.

Verwandt ist das expletive *es* mit einem gleichlautenden Element bei Verben ohne E_0, fakultativ etwa bei *grauen* (*Es graut mir vor dir.*), obligatorisch bei *regnen*. Aber dieses suppletive *es* ist nicht auf das Vorfeld beschränkt (vgl. *Mir graut es vor dir. Jetzt regnet es.*).

Alle Ergänzungen sind vorfeldfähig mit Ausnahme von $E1_1$ und $E1_3$. Zwar sind die Sätze

Ihn kenne ich doch.
Mir gefällt das nicht.

korrekt. Aber die zumindest schwache Betonung dieser Vorfeldelemente, die obligatorisch ist, zeigt, daß es sich um $E2_1$ bzw. $E2_3$ handelt.

Alle Angaben mit Ausnahme der meisten Ia sind vorfeldfähig:

Gestern ist sie angekommen.
Lange wird die nicht bleiben.
Sauber habt ihr gearbeitet.
Freilich hab ich das kommen sehen.

Falsch wäre

**Doch ist er gekommen.*
**Nicht hat er heut den Zapfenstreich geblasen.*

Es gibt allerdings auch einige Ia oder mit ihnen homomorphe Elemente, die vorfeldfähig sind, so konsekutives *also* (das *also* aus Ia2 war als „nicht konsekutiv" definiert), unbetontes adversatives *doch* (das *doch* aus Ia5 war als „stets betont" definiert), *auch* aus Ia6, *nur*, *bloß* aus Ia7. Dagegen ist betontes *schon* aus Ia5, das als „nicht temporal" definiert wurde, nicht vorfeldfähig. In dem Satz

Schon ist er krank gewesen.

wird das Vorfeldelement *schon* automatisch als temporales Element interpretiert.

Unter „Vorfeldfähigkeit" wird hier allerdings die Eigenschaft eines Elements verstanden, allein das Vorfeld besetzen zu können. Von der Fähigkeit gerade der Ia, zusammen mit anderen Elementen das Vorfeld zu besetzen, wird unten die Rede sein.

Gemäß dem bisher Gesagten ist auch der infinite Teil des Verbalkomplexes (einschließlich E_9) vorfeldfähig. Man kann also transformieren:

Gestern hat es geregnet.
⇒ *Geregnet hat es gestern.*
Ihr dürft euch nicht erwischen lassen.
⇒ *Erwischen lassen dürft ihr euch nicht.*
Roger soll gewarnt worden sein.
⇒ *Gewarnt worden sein soll Roger.*

Anaphorische E_5 und E_6 werden in solchen Fällen in der Regel mit ins Vorfeld übernommen:

Roger soll weggeschickt worden sein.
Weggeschickt worden sein soll Roger.

weg ist hier E_6 und nicht etwa verbales Element.

Unter Umständen können noch weitere vom Vollverb abhängige Elemente – also Satzglieder – mit den infiniten Verbteilen zusammen ins Vorfeld rücken:

Er pflegt mit den Hühnern ins Bett zu gehen.
⇒ *Mit den Hühnern ins Bett zu gehen pflegt er.*

Auf der anderen Seite können auch T e i l e der infiniten Verbgruppe ins Vorfeld treten, nämlich das Hauptverb und eine variable Anzahl mit ihm in einem Dependenzast verbundener Elemente:

(*)*Gewarnt soll Roger worden sein.*
(*)*Gewarnt worden soll Roger sein.*

Nicht jedoch ist möglich:

**Gewarnt sein soll Roger worden.*
**Sein soll Roger gewarnt worden.*

Der Grund für die Unkorrektheit dieser Sätze liegt darin, daß im Vorfeld nicht durch einen Dependenzast unmittelbar verbundene Elemente stehen.

Einzige nicht für sich vorfeldfähige Teile des Verbalkomplexes sind die V e r b z u s ä t z e. Falsch wäre daher

**Ab ist der Zweig gebrochen.*
**Ein sollst du diese Tablette nehmen.*

Dagegen kann der Verbzusatz zusammen mit dem Vollverb jederzeit ins Vorfeld treten:

Abgebrochen ist der Zweig.
Einnehmen sollst du diese Tablette.

Einige Verbzusätze stehen unter bestimmten Bedingungen insofern an der Grenze zu den Kopulapartikeln, als sie auch bei Kopulaverben auftreten können, zum Beispiel *an*, *zu* in

Das Licht ist an.
Die Tür ist zu.

Diese Elemente sind dann in Verbindung mit bestimmten Verben vorfeldfähig:

An sollst du das Licht machen.
Zu sollst du die Tür machen.

Präpositionale Nominal- und Adjektivergänzungen (NE_4, AaE_4) sind häufig vorfeldfähig:

Mit den Kindern hatten sie viel Spaß.
Über den Regen war er nicht traurig.

Eine weitere, im Grunde ungewöhnliche und lange Zeit nicht beachtete Möglichkeit, Teile von Satzgliedern ins Vorfeld zu rücken, existiert bei indefiniten E_0 und E_1 mit Nomen als Nukleus und bestimmten quantifizierenden und qualifizierenden Attributen, wie sie vorliegen in den Sätzen

Gestern haben ihm viele Kinder zugeschaut.
Der braucht keinen Doktor mehr.
Er hat oft gute Gedanken.
Es gibt keine brauchbaren Leiterwagen mehr.

Hier sind Permutationen der Art möglich, daß das Nomen ins Vorfeld tritt, die Attribute jedoch im Mittelfeld verbleiben:

Kinder haben ihm gestern viele zugeschaut.
Doktor braucht der keinen mehr.
Gedanken hat er oft gute.
Leiterwagen gibt es keine brauchbaren mehr.

Ähnliches ist bei NP möglich, die das Element *all-* enthalten:

Die Tiere sind alle bestaunt worden.

Allerdings ist *all-* schon innerhalb der NP verschiebbar:

Dann sind alle die Tiere bestaunt worden.
⇒ *Dann sind die Tiere alle bestaunt worden.*

Zu der Regel, daß genau ein Element das Vorfeld besetzt, sind vier Ausnahmen zu verzeichnen.

1. Von den verschiebbaren präpositionalen NE und AaE ist schon gesagt worden, daß sie allein ins Vorfeld treten können. Aber sie sind auch zusammen mit dem Rest der Phrase vorfeldfähig:

Viel Spaß mit den Kindern hatten sie.
Traurig über den Regen } *war er nicht.*
Über den Regen traurig }

Streng genommen befinden sich hier jeweils zwei Stellungselemente im Vorfeld; jedes von ihnen könnte auch allein das Vorfeld besetzen.

2. Von der Möglichkeit, infinite verbale Elemente zusammen mit anderen Mittelfeldelementen ins Vorfeld zu rücken –

Mit den Hühnern ins Bett zu gehen pflegt er.

–, war ebenfalls schon die Rede. Daneben ist es in begrenztem Rahmen auch zulässig, Sequenzen von Satzgliedern ohne ein verbales Element ins Vorfeld zu stellen:

Mit den Hühnern ins Bett pflegt er zu gehen.

Voraussetzung ist allerdings, daß eines dieser Elemente – gewöhnlich das letzte – der Ergänzungsklasse E_4, E_5, E_6, E_7 oder E_8 angehört:

E_4: (*)*Zu unrecht auf dich hat sie sich verlassen.*
E_5: (*)*Lange in Südfrankreich haben sie gelebt.*
E_6: (*)*Im Frühjahr nach Kairo wollen sie gehen.*
Mit den Hühnern ins Bett pflegt er zu gehen.
E_7: (*)*Mit großer Nachhilfe neuer Präsident ist er geworden.*
E_8: *Lange Zeit untröstlich waren wir alle.*

Solche Kumulationen von Elementen verschiedener Klassen dürfen nicht in einen Topf geworfen werden mit Häufungen von Elementen derselben Klasse, die generell möglich sind und somit alle Regeln über zahlenmäßige Begrenzung von Elementen aufheben oder doch modifizieren:

Aus Kairo über Tunis, Rom, Mailand floh er nach Südfrankreich.

3. Die dritte Ausnahme von der Regel, daß nur ein Element im Vorfeld auftreten dürfe, bilden die Quasiattribute. Darunter fasse ich gewisse Iex und Ia zusammen, wenn sie neben anderen Elementen das Vorfeld besetzen. Es kommen in Frage

aus Iex1: *allerdings, beispielsweise, freilich, jedoch, nämlich, übrigens, zwar* u. a.;
aus Iex2: *andererseits* (u. a.?);
aus Iex3: *immerhin, jedenfalls, vor allem*;
aus Iex4: *höchstens, wenigstens, sozusagen* u. a.;
aus Ia2: *aber, also*;
aus Ia4: *sogar*;
aus Ia7: *lediglich, nur, bloß*;

hinzu kommt – und dies weist auf eine auffallende Gemeinsamkeit mit den Ia hin – Ineg, vor allem *nicht*.

aber und *also* können dabei allgemein gesehen vor oder hinter dem „Erstglied“ stehen, dessen Quasiattribut sie darstellen:

Aber Oskar ist es nicht gewesen.
Oskar aber ist es nicht gewesen.

Also Dienstag kann er nicht.
Dienstag also kann er nicht.

Von den übrigen Quasiattributen stehen die Iex in der Regel hinter, die Ia in der Regel vor dem Erstglied:

Regine allerdings geht wieder weg.
Damit freilich muß er allein fertig werden.
Norbert andererseits war zu leichtfertig.
Ein paar Wochen immerhin ist noch Zeit.
Der Bauer sozusagen ist auch ein Mensch.
Nur diesmal war sie nicht anwesend.
Sogar jetzt bin ich noch ratlos.

neben:

Jetzt sogar bin ich noch ratlos.

4. Vierte Ausnahme: einige Konjunktoren wie *und*, *denn*, (kausales) *also* können vor das Vorfeldelement treten:

Und morgen ist Feiertag.
Denn dies war nicht zu erwarten.
Also so hast du dies gemeint.

In diesem Zusammenhang ist schließlich noch die geltende Regelung beim Vorkommen von Korrelaten zu Nebensätzen zu erörtern. In bestimmten Fällen können nämlich diese Nebensätze zusammen mit ihrem Korrelat im Vorfeld erscheinen, werden dann allerdings durch Komma getrennt:

So viel zu arbeiten, das halte ich für verrückt.

Die Frage der vorfeldfähigen Elemente war relativ ausführlich zu erörtern, weil gerade hierüber noch sehr viele Unklarheiten zu bestehen scheinen. Wesentlicher ist aber die Frage nach der semantischen Funktion der Vorfeldbesetzung. Ich sehe dafür insgesamt drei Möglichkeiten, die kurz zu beschreiben sind. Es muß aber prinzipiell auch der Fall vorgesehen werden, daß die Vorfeldstellung keine semantische Funktion hat: wenn nämlich überhaupt nur ein einziges Element zur Verfügung steht. Die Sätze

Es regnet.
Hans turnt.
Regine denkt nach.

haben ein Vorfeldelement zunächst – und möglicherweise nur –, weil eine obligatorische morphosyntaktische Regel existiert, die generell im konstativen Hauptsatz ein Vorfeldelement verlangt; erst sekundär können hier semantische Funktionen hinzukommen.

In den übrigen (und das heißt in den meisten) Fällen kommen für das Vorfeldelement folgende semantische Funktionen in Frage:

1. Anschluß an den vorhergehenden Text (s. dazu auch Teil 7.4.). Diese Funktion liegt besonders rein vor bei unbetonten anaphorischen Elementen, zum Beispiel in

Er kennt diesen Apparat nicht.

Alle E1 haben reine Anschlußfunktion.

Auch in Sätzen wie

Ich habe Formulierungsschwierigkeiten.

kann Anschlußfunktion des Vorfeldelements vorliegen, obwohl eine explizite Vorerwähnung des Sprechers (als Referent von *ich*) nicht vorzuliegen braucht; man spricht dann am besten von einer allgemeineren Funktion „Anschluß an Kontext oder Konsituation".

Aber auch Nominalphrasen können Anschlußfunktion haben, besonders wenn sie ein definites Element enthalten:

Die Brüder wissen noch nichts davon.

Vorfeldelemente mit indefinitem Artikel oder ohne Artikel haben, sofern es sich nicht um Eigennamen handelt (die sich wie Nomina mit definitem Artikel verhalten), nie reine Anschlußfunktion.

Insgesamt kann gesagt werden, daß Anschlußfunktion, rein oder gemischt mit anderen Funktionen, bei der Mehrzahl der Vorfeldelemente vorliegt.

2. Hervorhebung. Auch hier können rein anaphorische Elemente vorkommen; sie müssen allerdings mindestens leicht betont sein:

Soweit glaube ich sie zu kennen.
Das habe ich nicht gesagt.

Häufiger sind Phrasen, die ein Nomen enthalten:

Mit diesen Dingen will ich nichts zu tun haben.
Nächsten Dienstag gibt's Pfifferlinge.

Es gibt offenbar eine weite Skala von Hervorhebungsgraden, die von verschiedenen Voraussetzungen abhängen: der inhaltliche Zusammenhang mit dem Kontext spielt eine Rolle, aber wohl auch der Umfang des Vorfeldelements und anderes. Intonatorische Hervorhebung („Betonung“) kann hinzukommen, obligatorisch ist sie aber nur bei rein anaphorischen Elementen. Das Fehlen intonatorischer Merkmale wirkt übrigens kaum kommunikationsstörend; dies beweist das Beispiel der Schriftsprache, die entsprechende Mittel drucktechnischer Hervorhebung zwar kennt, aber nur selten anwendet. Freilich ist solche totale Abstinenz von aller Intonation nur in der Schriftsprache möglich; wo, wie in der gesprochenen Sprache, betont werden kann, wird auch durch den Verzicht auf Intonation ein Zeichen gesetzt.

Der Hervorhebungsgrad von Elementen scheint übrigens mit der Wahrscheinlichkeit des Auftretens im Vorfeld zusammenzuhängen. Bei E_0, die nach umfangreichen Auszählungen an verschiedenartigen Texten in durchschnittlich etwa 60 Prozent aller Sätze im Vorfeld steht, dominiert zum Beispiel die Anschlußfunktion. E_1 und E_3, die relativ selten (gewöhnlich in unter 5 Prozent der Fälle) im Vorfeld erscheinen, stehen meist in überwiegender Hervorhebungsfunktion. Und die erwähnten Nuklei, die wie in

Doktor braucht der keinen mehr.

ohne ihr Attribut ganz außergewöhnlich selten ins Vorfeld treten, sind immer hervorgehoben.

3. Spezielle Situierung. Es wurde schon dargelegt, daß Angaben verschiedener Art das jeweils Rechtsfolgende „situieren“. Der Bereich, auf den sich eine solche Situierung bezieht, ist freilich oft, vor allem in mehrgliedrigen Sätzen, nicht völlig eindeutig: in dem Satz

Er wird freilich alles noch einmal durchsehen müssen.

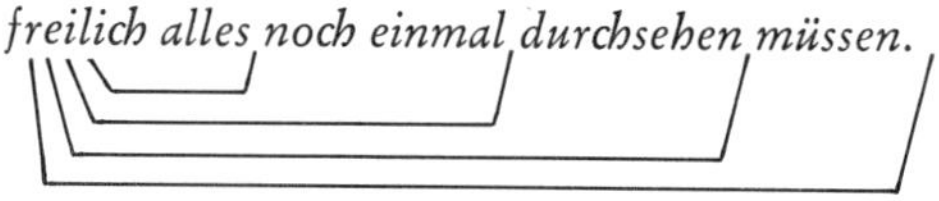

kann das Element *freilich*, das als Angabe Rechtsfolgendes situiert, die durch liegende Klammern angedeuteten vier verschiedenen Geltungsbereiche haben. Solche Unsicherheit ist besonders bedenklich, wenn ein so wichtiges Element wie die Negationspartikel *nicht* die Stelle von *freilich* einnimmt, weil dann erhebliche Zweifel darüber entstehen können, was gemeint, nämlich: was verneint ist: wieviel muß noch einmal durchgesehen werden? muß überhaupt noch einmal durchgesehen werden? usw.

In solchen Fällen besteht die Möglichkeit, durch Vorfeldstellung spezielle Elemente zu situieren. Zwar können auch intonatorische Mittel manches verdeutlichen; letzte Klärung verbürgen oft auch sie nicht. Die einzige

Möglichkeit, den Geltungsbereich einer Situierung genau zu definieren, liegt darin, ihn auf bestimmte Elemente zu beschränken. Und dies ist nur im Vorfeld (und, sehr beschränkt, auch im Nachfeld) möglich. Die Angaben im Vorfeld, die als Quasiattribute fungieren, haben also die Funktion, eine Situierung in genau festgelegtem Geltungsbereich vorzunehmen:

Oskar freilich ist es nicht gewesen.
Die Vögel nämlich haben wir vergessen.
Nicht dort haben wir haltgemacht.

Wenn man also wirklich eine „Satzgliednegation" von einer „Satznegation" unterscheiden will, so wäre die Satzgliednegation zuallererst im Vorfeld zu finden. Negationen im Mittelfeld sind von unterschiedlicher und oft schwer feststellbarer Reichweite; Festlegungen, die stichhalten, erfordern noch sehr viele Detailuntersuchungen. Wichtig scheint mir hier aber auch, daß man die Negation im größeren Zusammenhang weiterer Situierungen sieht: es gibt, wenn die schulgrammatische Zweiteilung akzeptiert wird, Situierung einzelner Elemente und Situierung kompletter Sätze; die beiden Arten der Negation sind dann nur noch ein Sonderfall dieser allgemeineren Möglichkeiten.

Spezielle Situierung ist immer mit einem gewissen Grad der Hervorhebung verbunden. Sie kommt deshalb nie bei rein anaphorischen Elementen (wie E1) vor.

Es muß noch kurz erörtert werden, welche Funktion die Stellung des Quasiattributs hat. Die Frage ist überflüssig, wo – wie in den meisten Fällen – nur eine Stellung in Frage kommt. Sie wird erst interessant, wo, wie bei *aber* und *also*, Voran- und Nachstellung möglich ist:

Aber Fernande war nicht im Saal.
Fernande aber war nicht im Saal.
Also das war gemeint!
Das also war gemeint!

Fest scheint zu stehen, daß nicht nur der zu verbalisierende Sachverhalt, sondern auch die Stellungnahme des Sprechers zum Sachverhalt in den jeweiligen Satzpaaren identisch sind. Es differiert noch die Art und Weise, in der Stellung genommen wird: sie ist nüchtern, wertfrei, „merkmallos" im jeweils ersten Satz, während im zweiten Satz ein gewisses Pathos, Abweichung von Alltagsnormen, gravitätische Ausdrucksweise festzustellen sind. Die Grammatiker pflegen seit hundert Jahren solche Unterscheidungen der „Stilistik" zuzuweisen, aber das hieß und heißt häufig nur, daß sie selber diese Unterschiede nicht erklären konnten oder wollten. Grammatiker haben zu erklären, wie gesprochen werden kann, und warum in bestimmter Weise gesprochen wird. Die Aufgabe, die Stellung der Quasiattribute zu erklären, muß von Grammatikern gelöst werden.

Es muß noch einmal betont werden, daß die drei Funktionen der Vorfeldstellung selten rein auftreten. Nur wenige Elemente haben überhaupt keine Anschlußfunktion. Es gibt andererseits Elemente, bei denen weder Hervorhebung noch spezielle Situierung vorliegt; dies läßt sich, da man hierfür relativ exakte Kriterien zur Hand hat, in Einzelfällen ziemlich eindeutig entscheiden. Was nun das „Mischungsverhältnis" verschiedener Funktionen in einzelnen Vorfeldelementen angeht, so sehe ich zur Zeit weder Möglichkeit noch Notwendigkeit, zu exakten Bestimmungen zu kommen. Wichtig scheint mir vorderhand, daß jeweils alle drei Möglichkeiten vorgesehen werden.

Von besonderer Wichtigkeit ist ein anderes Problem. Keine der drei Funktionen ist auf Vorfeldelemente beschränkt. Anschlußfunktion können auch Mittelfeldelemente ausüben:

Ich habe d e s h a l b nichts weiter unternommen.
Man kann d a s P r o b l e m so oder anders lösen.

Auch Hervorhebung ist bei Mittelfeldelementen möglich:

Richard hatte den Blumenstrauß R e g i n e gegeben.
Sonja hat g e r a d e d a m a l s nichts unternehmen können.

Und auch spezielle Situierung ist, wenngleich nicht immer völlig eindeutig, mit Hilfe intonatorischer Merkmale jedoch präzisierbar, auch bei Mittelfeldelementen möglich:

Der Gast hat sich n a t ü r l i c h f ü r d a s h i n t e r e Z i m m e r entschieden.
Für das hintere Zimmer hat sich d e r G a s t n a t ü r l i c h entschieden.

Alle drei Funktionen sind also nicht distinktiv für Vorfeldelemente; allenfalls mag man sie als typische Vorfeldmerkmale bezeichnen. Gibt es aber überhaupt spezifische Vorfeldmerkmale?

Man hat von einer obligatorischen ausdruckssyntaktischen Regel auszugehen, nach der im Vorfeld bestimmter Hauptsätze genau ein Element stehen muß. Aber diese Regel bezieht sich auf vorfeldfähige Elemente schlechthin; sie enthält keinen Hinweis auf das konkret auszuwählende Element. Alles hängt dann davon ab, ob zwischen den Sätzen

Allen haben die Tiere gefallen.

und

Die Tiere haben allen gefallen.

ein semantischer Unterschied gesehen wird. Meines Erachtens besteht ein solcher Unterschied. Er hat nichts mit dem zugrundeliegenden Sachverhalt zu tun – der in beiden Sätzen identisch ist –, sondern offenbar mit der Art, in der hier inhaltliche Elemente zu einer Aussage verknüpft werden. Die uralte, von der modernen Linguistik wieder aufgegriffene Dichotomie vom Genannten, zu Besprechenden und der Aussage über das Genannte vermag am ehesten eine Erklärung zu liefern: Vorfeldstellung, Topikalisierung bewirkt primär und prinzipiell Thematisierung eines Elements. Da es sich somit aber um ein Merkmal der Äußerungsstruktur, nicht mehr der Satzstruktur handelt, wird auf dieses Phänomen in Teil 7 zurückzukommen sein.

5.8.5. Das Nachfeld

In keinem Satz muß das Nachfeld aus grammatischen Gründen besetzt werden. Da selten mehr als ein Element im Nachfeld steht, gibt es hier auch nicht in nennenswertem Ausmaß interne Folgeprobleme. Andererseits ist die Besetzung des Nachfeldes bei allen Arten von Verbalsätzen möglich, bei Hauptsätzen, Subjunktorsätzen usw. Wo, wie in Sätzen mit einteiligem Verbalkomplex, die Grenze zwischen Mittel- und Nachfeld nicht explizit markiert ist, genügt eine Transformation ins Perfekt/Plusquamperfekt, eine Erweiterung durch ein Modalverb o. a., um die Felder einwandfrei zu trennen:

Es ist ein Kreuz mit ihm.

⇒ { *Es ist ein Kreuz gewesen mit ihm.*
Es muß ein Kreuz sein mit ihm. }

Zu beschreiben ist in erster Linie, welche Elemente ins Nachfeld treten können und welcher Effekt durch Nachfeldstellung erzielt wird.

Die Menge der nachfeldfähigen Elemente ist eine Teilmenge der vorfeldfähigen Elemente, die ihrerseits (abgesehen vom expletiven *es*) eine Teilmenge der Mittelfeldelemente bilden. Es gilt also, wenn Mengen von Stellungselementen durch SE bezeichnet und die ihnen offenstehenden Felder durch Indizes angegeben werden,

$$SE_n \subset SE_v$$
$$(SE_v - \textit{es}\ \text{expl}) \subset SE_m$$
$$SE_n \subset SE_m$$

Im ganzen ist die Menge der nachfeldfähigen Elemente äußerst begrenzt. Unbeschränkt nachfeldfähig sind nur:

Präpositivergänzungen (VE_4, NE_4, AaE_4):

> *Es war nicht mehr zu rechnen mit seinem Manuskript.*
> *Er hatte den Glauben verloren an ihre Zuverlässigkeit.*
> *Du müßtest zufrieden sein mit diesem Angebot.*

Viele Angaben, so (die folgenden Beispiele sind teilweise nur in gesprochener Sprache akzeptabel)

It: *Bei uns hat es Spaghetti gegeben gestern.*
Ik: *Das ist kein Wunder bei diesem Streß.*
Iloc: *Habt ihr nichts gefunden im Kaufhaus?*
If: *Ich habe nichts gespendet dafür.*
Ikr: *Es ist ihm gut gegangen in finanzieller Hinsicht.*
Iv: *Er hat Gedichte gemacht hin und wieder.*
Iex: *Es konnte nicht anders organisiert werden wahrscheinlich.*

Nicht nachfeldfähig sind Ia und Imod. Unkorrekt wären also die Sätze

> **Mit solchen Dingen will sie nichts zu tun haben eben.*
> **Ihr habt in den letzten Tagen gearbeitet fleißig.*

Es ist aber denkbar, daß für gesprochene Alltagssprache besondere Regeln, die auch solche Fügungen zum Teil zulassen, eingeführt werden müssen.

Auch andere Ergänzungen als E_4 können ins Nachfeld treten, wenn sie syndetisch gehäuft auftreten (vgl. dazu Teil 6.). Es gibt dann grundsätzlich zwei Möglichkeiten. Nach der ersten können syndetisch gehäufte Elemente ins Nachfeld treten, wenn das erste Element der Häufung im Mittelfeld oder auch im Vorfeld steht.

E_1: *Wir haben den Präsidenten getroffen und seinen Außenminister.*
E_7: *Er wird Regierungsdirektor sein oder Ministerialrat.*
E_1: *Den Präsidenten haben wir getroffen und seinen Außenminister.*
E_7: *Regierungsdirektor wird er sein oder Ministerialrat.*

Die zweite Möglichkeit setzt alle gehäuften Elemente ins Nachfeld:

E_1: *Wir haben in diesem Jahr aus Steuergeldern gebaut über fünftausend Sozialwohnungen, sechsundzwanzig Kindergärten und dreiundzwanzig Schulen.*

Eine weitere Möglichkeit besteht darin, daß auch nicht gehäufte, an sich nicht nachfeldfähige E ins Nachfeld treten können, sofern sie durch nachgestellte Attribute, besonders Attributsätze erweitert sind. Solche Elemente sind immer betont:

> *Wir haben aus Steuergeldern gebaut Wohnungen für nahezu zwanzigtausend Menschen.*
> *Wir haben aus Steuergeldern gebaut Wohnungen, in denen nahezu zwanzigtausend Menschen untergebracht werden können.*

Die Nachfeldstellung mancher der zuletzt genannten Elemente mag nicht von allen Sprechern akzeptiert werden. Sie ist zweifellos geläufiger in gesprochener Alltagssprache, kommt aber auch in halboffiziösen Verlautbarungen (auf Pressekonferenzen u. a.) vor; in der Sachprosa und zumal in gehobener literarischer Sprache ist sie recht ungewöhnlich. Meines Erachtens sollten Erzeugungsregeln für die deutsche Gegenwartssprache aber diese Nachfeldstellungen berücksichtigen.

Es gibt schließlich eine Klasse von Elementen, die zwar durchaus nicht obligatorisch, aber doch in der Mehrzahl der Fälle im Nachfeld erscheinen. Es handelt sich um die kategoriell sonst nicht festgelegten Vergleichselemente, wie sie vorliegen in den Sätzen

(E_0:) *Die Mieten sind schneller gestiegen als die Lebensmittelpreise.*
(Iloc:) *In Hamburg ist es kälter gewesen als in Berlin.*

Kumulation kategoriell verschiedener Elemente im Nachfeld ist möglich, aber ziemlich selten; zum Beispiel:

> *Wir haben zwei Stunden gewartet auf euch gestern.*

Solche Nachfeldstellung findet sich im allgemeinen nur bei nachfeldfähigen Elementen. Allerdings können auch Ia (und zwar nur in solchem Falle) determinierend zu einem weiteren Nachfeldelement treten:

> *Ich habe sie damals gesehen auch ohne Begleitung.*

Der Geltungsbereich der Determination durch Ia ist dann, genau wie im Vorfeld, auf das folgende Element beschränkt, so daß sich die „spezielle Situierung" als Charakteristikum des Nachfelds wie des Vorfelds erweist.

Die Abfolge kategoriell verschiedener Elemente stimmt nicht unbedingt mit der Grundfolge überein. Da es sich nämlich, abgesehen von E_4, fast ausschließlich um Angaben handelt, bestimmt hier wie im Mittelfeld in der Regel das Prädikationsverhältnis die Abfolge.

Nachfeldstellung eines Elements kann zwei verschiedene semantische Funktionen haben:

1. Nachtrag. Dieser liegt immer vor, wenn – gewöhnlich infolge mangelnder Vorausplanung des Satzes, wie sie vor allem bei mündlicher Rede häufig vorkommt – ein Element „nachgetragen" wird, das normalerweise im Mittelfeld, eventuell auch im Vorfeld stehen würde:

   Bei uns hat es Spaghetti gegeben gestern.
   Ich habe mich schrecklich geärgert über diesen Typ.

   Nachgetragene Elemente können, je nach dem kommunikativen Wert, den ihnen der Sprecher beimißt, unbetont bis stark betont sein. Im letzteren Falle mischt sich die Nachtragsfunktion mit der Funktion der

2. Hervorhebung des Nachfeldelements. Sie ist in der Mehrzahl der Fälle vorausgeplant und hebt ein Element, zumal wenn es zusätzlich betont ist, stärker als bei Mittelfeldstellung hervor:

   Ich habe gekündigt aus diesem und keinem anderen Grunde.

   Hervorgehobene Elemente sind meist, aber nicht notwendig, umfangreicher als nachgetragene Elemente.

Bei alledem ist freilich zu berücksichtigen, daß das Prinzip des Satzrahmens im Deutschen zu Kommunikationshemmungen, ja Kommunikationsstörungen führen kann, wenn das Mittelfeld zu viele und/oder zu umfangreiche Elemente enthält:

Sonja hat mehrere Wochen lang vergeblich ihre Bank gesucht.

Dieser Satz ist, falls Kontext oder Konsituation nicht klären (und damit darf nicht generell gerechnet werden), erst verständlich, wenn das letzte Element – das Partizip des Vollverbs – ausgesprochen wurde. Eine nicht nur von Schulmeistern empfohlene, sondern in der Alltagssprache spontan und häufig geübte Technik zieht nun den sinntragenden verbalen Rahmenteil nach vorn, indem nachfeldfähige Elemente nach hinten gestellt werden, etwa:

Sonja hat vergeblich ihre Bank gesucht mehrere Wochen lang.

Solche um leichterer Verständlichkeit willen vorgenommene Nachfeldstellung soll also nicht nur das „Nachklappen" des Verbzusatzes, wie in

Sie nahmen das Gerät zwischen zwei und drei Uhr im Beisein des zuständigen Vertreters ab.

, vermeiden. Sie gilt vielmehr immer dann, wenn die Gefahr besteht, daß der Satzrahmen überdehnt wird.

Man muß deshalb eine weitere Funktion der Nachfeldstellung vorsehen, die einfach im Durchschaubarmachen der Satzstruktur besteht. Es handelt sich jedoch nicht notwendig um eine semantische Funktion. Prinzipiell geht es ja darum, den Hörer/Leser zeitig wissen zu lassen, ob – wie im letzten Beispiel – das Verb *nehmen, abnehmen, annehmen, einnehmen, mitnehmen, vornehmen, zunehmen* oder noch anders heißt, oder – dies gilt für alle Verbalphrasen mit Nebenverben – wie überhaupt das satzregierende Vollverb heißt. Solche Informationen sind noch nicht selbst semantischer Natur, wohl aber eine Voraussetzung für die semantischen Informationen, die die Satzbedeutung konstituieren.

Durchschaubarmachen der Satzstruktur, Hervorhebung und Nachtrag können in fast beliebigem Verhältnis gemischt auftreten; dies ist bei der Interpretation der Nachfeldstellung einzelner Elemente immer zu berücksichtigen.

5.8.6. Weitere Folgeprobleme

Die Abfolge sprachlicher Elemente hängt zwar in erster Linie, aber eben nicht ausschließlich von der Konnexionsstruktur und den angegebenen Primärinhalten des tiefensemantischen Bereichs ab. Sekundärinhalte können daneben auf verschiedene Weise wirksam werden. So klingen etwa bestimmte Nachfeldstellungen hervorgehobener Elemente, zumal wenn es sich um andere Ergänzungen als E_4 handelt, im allgemeinen archaisch oder archaisierend, weil diese Stellung noch im 16. Jahrhundert üblich war, heute jedoch als unkorrekt gelten muß:

Und nach uns wird kommen nichts Nennenswertes.

Da uns derartige Fügungen am ehesten durch die Luthersche Bibelübersetzung vertraut sind, erhalten sie für uns leicht einen „biblischen“ Klang. Nicht nur in gehobener Sprache, sondern durchaus auch in der Gebrauchsprosa kann eine entsprechende Sekundärinformation, die sich aus der Stellung ergibt, eine Rolle spielen.

Noch unbestimmter formuliert werden müssen die Zusammenhänge zwischen Sprechrhythmus und Abfolge. Daß durch spezielle Abfolge gegebener Elemente ein bestimmter Rhythmus teils angestrebt, teils unwillkürlich bewirkt wird, ist unbestreitbar; Sekundärinformationen können an rhythmisch bedingte Abfolgen gebunden sein.

Dies und anderes schafft eine Fülle zusätzlicher Probleme, die hier allenfalls gestreift werden können. Auf *eine* Bedingung für die Abfolge von Elementen ist aber noch näher einzugehen.

Es handelt sich um die Stellung von Elementen in Sätzen, die durch die Stellung von Elementen in anderen Sätzen mitbedingt ist. Wo es um die

Anknüpfung an vorausgehende Sätze geht, ist zunächst das Vorfeld betroffen, aber – da Vorfeldelemente in der Regel virtuelle Mittelfeldelemende sind – indirekt auch das Mittelfeld. Solche Anknüpfung kann, wie besprochen, einfach durch eine im Vorfeld stehende Anapher geleistet werden:

Es war einmal ein König, der hatte eine wunderschöne Frau.

In anderen Fällen kann die Anknüpfung durch symmetrische Redemuster erfolgen:

Der König hatte sein Geld, das Glück aber hatte der Gänsehirt.

Eine etwas andersartige Wirkung wird durch parallele Redemuster erzielt:

Der König hatte sein Geld, der Gänsehirt aber hatte das Glück.

Weitere Muster sind der Forschung seit langem bekannt. Es handelt sich hier jedoch um Regeln, die noch eingehender Untersuchung bedürfen, auch wenn die Rhetorikforschung schon wichtige Erkenntnisse erbracht hat.

5.9. Nebensätze

Nebensätze sind definiert als Sätze oder Subjunktorphrasen, die in einem anderen Konstrukt eine Gliedfunktion innehaben und nicht das Merkmal potentieller Autonomie aufweisen.

5.9.1. Ausdrucksformen

Schon die traditionelle Grammatik unterscheidet zwischen eingeleiteten und nicht eingeleiteten Nebensätzen. Diese Zweigliederung kann hier verfeinert werden, wobei für die Subkategorisierung ausschlaggebend sein soll, durch welches monematische Mittel die Gliedfunktion zum Ausdruck gebracht wird.

Am eindeutigsten ist, auch wenn sie nur für einen Teil der Fälle gilt, die Endstellung des regierenden Verbs, das gemäß dem Verbalparadigma in finiter oder infiniter Form auftritt; diese Endstellung ist in den meisten Fällen unmittelbar Funktion einer einleitenden (unterordnenden) Partikel des Nebensatzes. Steht das den Nebensatz regierende Verb im Infinitiv, so ist es in Abhängigkeit vom Obersatz teilweise mit *zu* verbunden:

(Ich sehe ihn) weitergehen.
(Ich habe Lust) weiterzumachen.

Das finite Verb in Endstellung ist häufig mit einem Subjunktor verbunden:

daß er weitergeht

In anderen Fällen ist das nachgestellte finite Verb mit einem Relativelement verbunden:

(der Mann,) der Birnen verkauft

Eine dritte Möglichkeit sieht neben dem nachgestellten Finitum ein Frageelement vor:

(Er weiß nicht mehr,) wo ihm der Kopf steht.

Die „uneingeleiteten Nebensätze“ haben das Verb an erster Stelle (wie Entscheidungsfragen):

Kommt er heute auch nicht (, dann ist etwas passiert.)

Diese Nebensätze können nach meinem Sprachgefühl nur vor dem Obersatz stehen; mir ist bekannt, daß manche Sprecher anderer Ansicht sind.

Daneben stehen Sätze, bei denen das konjugierte (hier immer finite) Verb an zweiter Stelle steht. Hier sollte man nicht von „hauptsatzförmigen Nebensätzen“ sprechen, erstens weil es ja auch Hauptsätze gibt, in denen das Verb an erster Stelle steht: Interrogativsätze ohne Fragewort und Imperativsätze; zweitens und vor allem, weil es sich wegen der potentiellen Autonomie nicht um Nebensätze handeln kann. Der Terminus „abhängiger Hauptsatz“ wäre eher angemessen (daneben: „Untersatz mit Zweitstellung des finiten Verbs“, s. Kapitel 5.2.). Abhängige Hauptsätze werden in Abschnitt 5.9.2. zusammen mit den Nebensätzen behandelt.

Einige dieser abhängigen Hauptsätze haben als morphologischen Markanten den Konjunktiv als Anzeiger für direkte Rede:

(Er sagt), er wisse es nicht.
(Er sagt), er wüßte es nicht.
(Er sagt), er würde dabei sein.

Andere Sätze dieser Subklasse sind – wenn man von prosodischen Merkmalen absieht – vor allem in der gesprochenen Sprache ohne jeden morphologischen Markanten:

(Er sagt), er weiß es nicht.

(In geschriebener Sprache werden entsprechende Nebensätze gewöhnlich mit *daß* eingeleitet.)

5.9.2. Die Subjunktion

Die Unterordnung von Sätzen unter andere Sätze ist auf Grund des im vorliegenden Buch dargelegten Beschreibungsverfahrens schon im ersten syntaktischen Teilprozeß angelegt. Daher bedarf es keiner primären Erzeugung von „Kernsätzen" o. ä., die sekundär in Nebensätze umgewandelt werden. Im Konnexionsteil werden allerdings nur einfache Satzstrukturen wie etwa

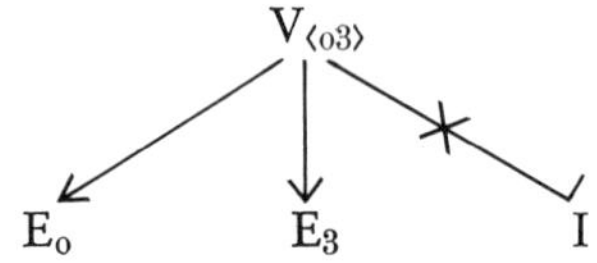

erzeugt. Die solche Strukturen konstituierenden Kategorien sind sehr abstrakter Natur; sie umfassen prinzipiell einfache Phrasen wie Nominalphrasen, Pronominalphrasen usw. ebenso wie Sätze. Das obenstehende Diagramm kann also Sätze wie

Mein Vater hilft dem Nachbarn jeden Samstag.
Er hilft mir gerne.
Daß du noch da bist, hilft mir ungemein.
usw.

repräsentieren. Wählt man ein partiell explizites Diagramm, das alle drei Beispiele berücksichtigt, so könnte etwa geschrieben werden:

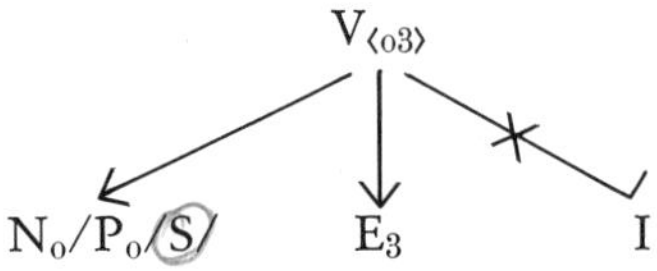

N (Nomen) und S (Subjunktor) haben dabei weitere Dependentien, die hier nicht angegeben sind.

Einer Subkategorisierungstransformation bedarf es freilich für die Auswahl eines der drei zur Verfügung stehenden Elemente; diese Transformation wird von der Tiefensemantik gesteuert.

Dies ändert nichts daran, daß die Subjunktion – als Unterordnung eines Satzes unter ein anderes Konstrukt – im wesentlichen dependenziell beschrieben wird. Da dieser Prozeß aber erheblich komplizierter ist, als weithin angenommen wird, müssen einige Einzelschritte besprochen werden.

Man kann unterscheiden Subjunktion von

1. Satzergänzungssätzen (jedoch ohne 2.) und Attributsätzen mit Ergänzungsfunktion,
2. indefinit generalisierenden Nebensätzen,
3. Relativsätzen,
4. Adverbialsätzen,
5. „weiterführenden Relativsätzen"

Ergänzungssätze ohne indefinit generalisierende Nebensätze kommen als E_0, E_1, E_4 und E_9 vor; Ausdrucksformen sind *daß*- und *ob*-Sätze, indirekte Interrogativsätze, Infinitivsätze und abhängige Hauptsätze.
Beispiele:

E_0: *Wer es war (, ist mir schon lange klar.)*
Daß du kommst (, ist entscheidend.)
E_1: *Ob du kommst (, will ich wissen.)*
E_4: *(Ich erinnere mich,) daß du dich gewundert hast.*
E_9: *(Sie scheint) abzuwarten.*

Außer in Satzgliedfunktion kann E_4 auch als Nominal- und Adjektivergänzung vorkommen; außerdem können E_2 als Nominalergänzung und E_9 als Adjektivergänzung auftreten. Beispiele:

NE_4:	*(die Frage,) ob er einverstanden ist*	*(Frage nach)*
NE_4:	*(die Lust) weiterzumachen*	*(Lust zu)*
AE_4:	*(fähig,) den Schutt zu beseitigen*	*(fähig zu)*
NE_2:	*(die Tatsache,) daß er daran glaubt*	
AE_9:	*(geneigt,) alles abzugeben*	

Diese Attributsätze unterliegen im übrigen denselben Regeln, die im folgenden am Beispiel der Satzgliedsätze ausgeführt werden.

Die jeweilige Form des Nebensatzes wird vom Obersatzverb und der Tiefensemantik gesteuert. So muß der Lexikoneintrag jedes Verbs Angaben darüber enthalten, ob eine bestimmte Ergänzung als *daß*-Satz, Infinitivsatz usw. aktualisiert werden kann; durch unmittelbaren Zugriff der Tiefensemantik wird eine Möglichkeit ausgewählt. Fällt dabei die Entscheidung für eine Subjunktorphrase, so kommen hier vor allem *daß* und *ob* in Frage, und zwar *daß*, wenn der subjungierte Satz ein Konstativsatz, *ob*, wenn er ein Interrogativsatz ist. Der Subjunktor erscheint als Regens des Nebensatzes:

Ich warte, daß er kommt.

ist also als Subjunktion aus Strukturen entsprechend

Ich warte E_4 und *Er kommt.*

zu beschreiben. Soll demgemäß ein Satz mit der Struktur

in einem Satz mit der Struktur

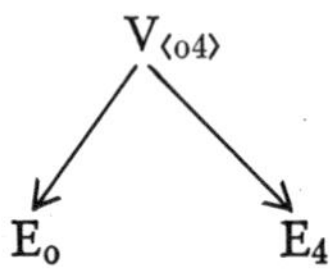

an der Stelle E_4 subjungiert werden, so ergibt sich die Gesamtstruktur

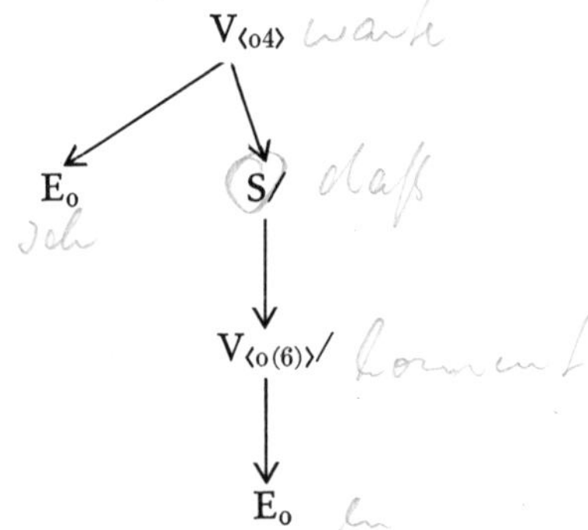

Hier ist S = *daß.*

Ebenso erfolgt die Subjunktion von

Kommt er?

in

Ich weiß nicht E_1

an der Stelle E_1. Aus den Einzelstrukturen

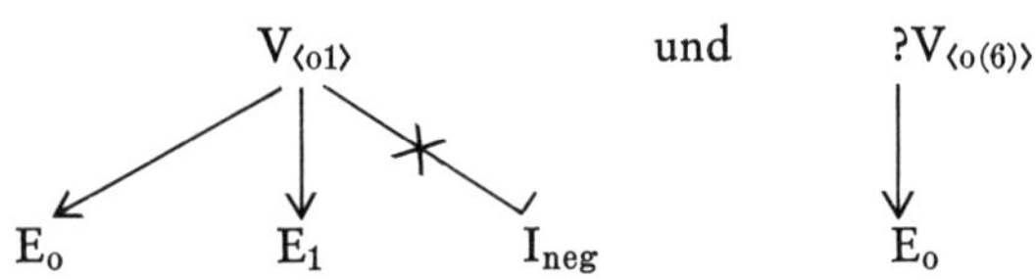

ergibt sich die Gesamtstruktur

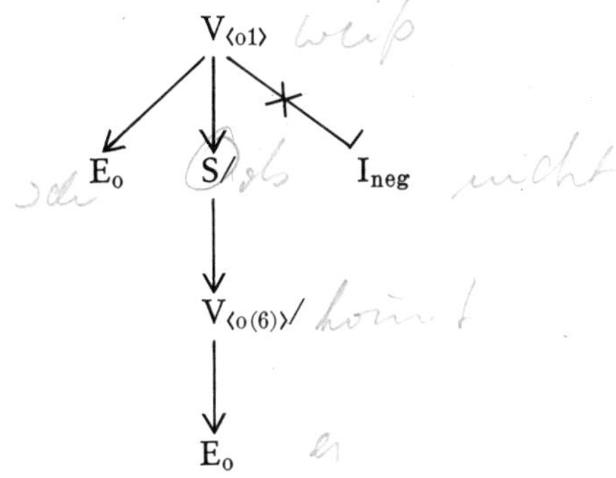

Hier ist S = *ob*.

Wird ein „Korrelat" zum Nebensatz aktualisiert *(Ich rechne damit, daß er kommt. Ich weiß es nicht, ob er kommt.)*, so erscheinen Korrelat wie Subjunktor als Dependentien des Obersatzverbs, aber nur der Subjunktor regiert den eingebetteten Satz:

Ich weiß es nicht, ob er kommt.

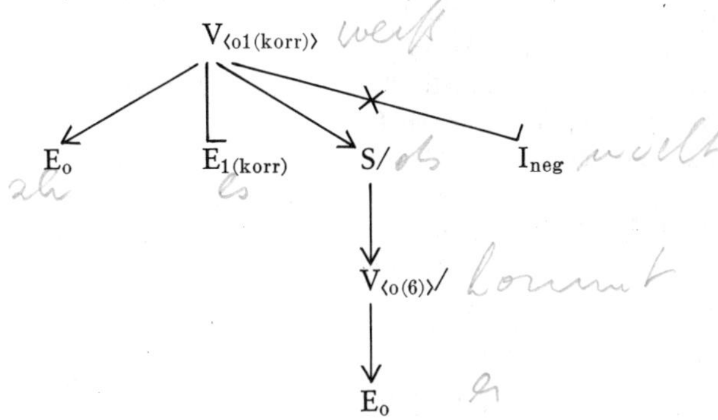

Je nachdem, ob das Korrelat obligatorisch oder fakultativ ist, wird das entsprechende Symbol durch → oder ┘ mit seinem Regens verbunden. In jedem Fall wird die spezielle Valenz des satzregierenden Verbs, falls Korrelate möglich sind, entsprechend erhöht. Anders ist es, wenn an die Stelle des Korrelats eine Wortgruppe tritt, die ein N enthält. Statt *Es ist wahr, daß ich Schwierigkeiten habe.* (mit Korrelat *es*) kann etwa gesagt werden *Die Behauptung, daß ich Schwierigkeiten habe, ist wahr.* In diesem Fall ist der Nebensatz nicht mehr Satzergänzungssatz, sondern Attributsatz.

Dies verdeutlicht das Diagramm:

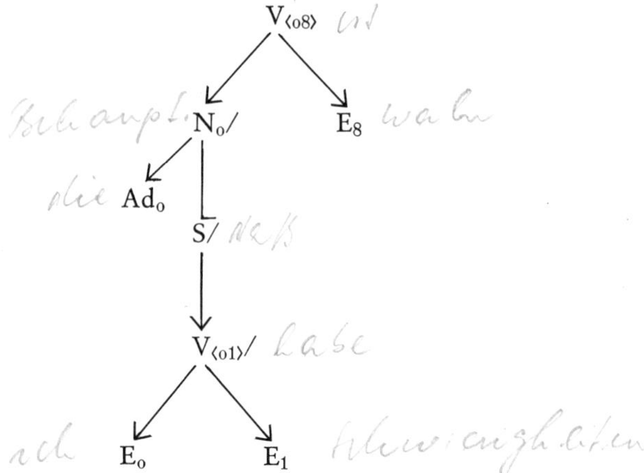

Der Subjunktor ist jetzt nicht mehr Dependens des Obersatzverbs, sondern der N *Behauptung*.

Semantische Voraussetzung für die Einbettung von Satzergänzungssätzen ist, daß volle Verträglichkeit zwischen der betreffenden E (bzw. dem Korrelat) und dem Nebensatz besteht. Dies bedeutet in der Regel, daß die (speziellere) referentielle Bedeutung des Nebensatzes die referentielle Bedeutung der betreffenden E (bzw. des Korrelats) impliziert; umgekehrt: daß das referentielle Bedeutungspotential der betreffenden E (bzw. des Korrelats) das referentielle Bedeutungspotential des Nebensatzes inkludiert. Bei Attributsätzen der geschilderten Art sind allerdings die semantischen Voraussetzungen erheblich schwerer durchschaubar als bei Ergänzungssätzen.

Die indefinit generalisierenden Nebensätze vom Typ

Wem er vertraut (, hilft er auch.)

kommen als beliebige Ergänzungen, auch als Angaben, ja selbst als Attribute vor:

Wes Brot ich eß, des Lied ich sing.

Sie lassen sich auf demonstrative Hauptsätze zurückführen:

Dessen Brot esse ich.

Der zugehörige Obersatz würde lauten:

Des Lied sing ich.

oder

Ich singe des(sen) Lied.

Die Subjunktion erfolgt hier mit Hilfe eines Elements *w-*, genauer einer Monemgruppe *w-((auch) immer)*, die (alternativ zu anderen Subjunktoren) vom Obersatzverb abhängt und das Nebensatzverb regiert. Für

Wem er vertraut, hilft er auch.

gilt also das Diagramm

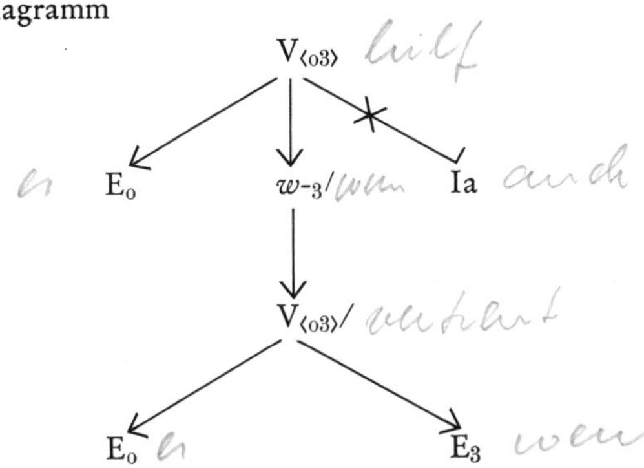

Nicht nur in

Wes Brot ich eß, des Lied ich sing.

, sondern auch in

Wem er vertraut, dem hilft er auch.

enthält der Obersatz schon ein einfaches Glied, das die Valenz auch allein erfüllt; der Nebensatz ist also hier Attributsatz. Dem letzten Beispielsatz entspricht das Diagramm

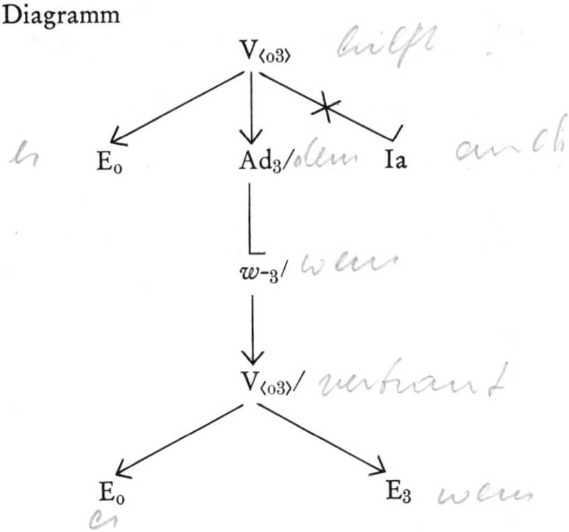

Daß das Wort *dem* als Ad_3 markiert wird, könnte manchen Leser stutzig machen, weil Adnomina generell nur bei Nomina vorkommen und alleinstehende Adnomina (wie oben) aus der Elision eines Nomens zu erklären sind; eine Restituierung etwa zu

Wem er vertraut, dem Manne hilft er auch.

ist jedoch sicherlich nicht möglich. Man darf aber grundsätzlich nicht davon ausgehen, daß jede Oberflächenstruktur eine solche Restituierung zuläßt. Es ist am zweckmäßigsten, die Elision des Nomens unmittelbar an die konnexionelle Erzeugung des Obersatzes (etwa: *Dem Manne hilft er auch.*) anzuschließen und erst dem solchermaßen transformierten Hauptsatz einen anderen Satz zu subjungieren. Andere Beschreibungsweisen sind möglich, meines Erachtens aber nicht sehr hilfreich.

Der übrige Teil der Subjunktion verläuft im letztgenannten Fall wie beim indefinit-generalisierenden Ergänzungssatz. Für alle Fälle sei hinzugefügt, daß ein w-$_3$-Element keineswegs nur ein $V_{\langle o3\rangle}$ regieren kann, sondern jedes Verb, das mindestens die Valenz 3 hat, also etwa auch $V_{\langle o13\rangle}$:

Wem er diese Geschichte erzählt, dem vertraut er auch.

Das nebensatzregierende w-Element (wie es der Kürze halber einmal genannt sei) wird durch eine Transformation für das demonstrative *d-* substituiert. Folgeregeln haben festzulegen, daß das mit w beginnende Wort am Anfang des Nebensatzes steht.

Voraussetzung für die Subjunktion indefinit generalisierender Nebensätze ist, daß Ober- wie Nebensatz ein referenzidentisches u n d dependenziell gleichgeordnetes Element enthalten. Handelt es sich um Ergänzungen, so muß also dieselbe Ergänzungsklasse vorliegen. Bei

Wem er vertraut, hilft er auch.

ist dies E_3; Obersatzverb und Nebensatzverb haben demnach die Valenz$_{\langle 3\rangle}$ gemeinsam.

R e l a t i v s ä t z e lassen sich wie die indefinit generalisierenden Nebensätze auf Demonstrativsätze zurückführen. Da sie selbst in der Regel ein *d*-Element als Regens enthalten, erscheint die Subjunktion oberflächlich gesehen weniger einschneidend; sie hat immerhin – wie beim w-Element und den übrigen Subjunktoren – die Wirkung, daß das finite Verb ans Satzende rückt.

Dem Ausdruck

Der Mann, der Birnen verkauft

entspricht im groben folgendes Diagramm:

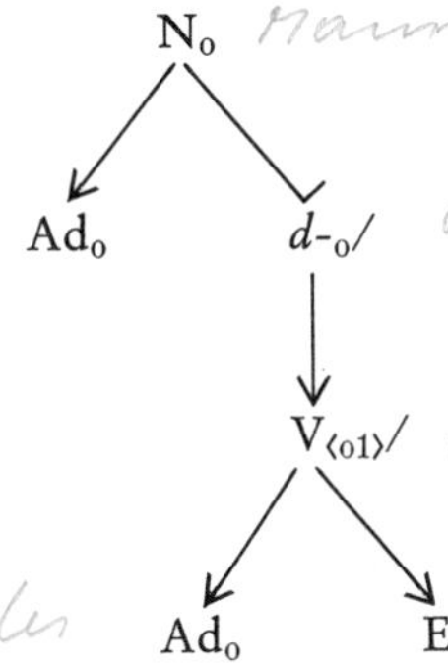

Das *d*-Element wird bei Ad_0 des Nebensatzes substituiert (Ad_0 wird zwar oft als *der* aufzufassen sein, könnte aber auch *jener* u. a. heißen).

Die Relativ-Subjunktion legt fest, daß der Nebensatz in aller Regel nachgeordnet ist, also auf das Bezugselement folgt. Voraussetzung für die Relativ-Subjunktion ist Referenzidentität zwischen Bezugselement und dem Element des Nebensatzes, in den das relative *d*-Element substituiert wird, so daß die Bedeutung des Relativsatzes als Prädikat zum Bezugselement des Obersatzes fungieren kann. Im Gegensatz zu den indefinit generalisierenden Nebensätzen müssen die beiden Elemente aber nicht dependenziell gleichgeordnet sein, wie zahlreiche Beispiele zeigen, etwa

dem Mann, der Birnen verkauft

Daß das Relativelement weitgehend beliebigen Teilen des Nebensatzes substituiert werden kann, zeigen Sätze wie

Der Mann, auf dessen Buch wir so lange gewartet haben, ist mir längst bekannt.

Das zugehörige Strukturdiagramm hat folgende Form (vgl. S. 236):

Die sogenannten weiterführenden Relativsätze (s. S. 238 f.) werden erst weiter unten besprochen, weil es sich in Wirklichkeit nicht um Relativsätze zu einzelnen Elementen des Obersatzes handelt, sondern um Angabesätze (Satzangabesätze).

Unter dem Begriff Adverbialsätze fasse ich Nebensätze mit temporaler, lokaler, konditionaler, finaler, konsekutiver, konzessiver Funktion zusammen, gleichgültig, ob es sich um Ergänzungs- oder um Angabesätze handelt. Damit wird ein Terminus, der zunächst aus triftigen Gründen eliminiert worden war, wieder eingeführt und gleichzeitig neu definiert. „Adver-

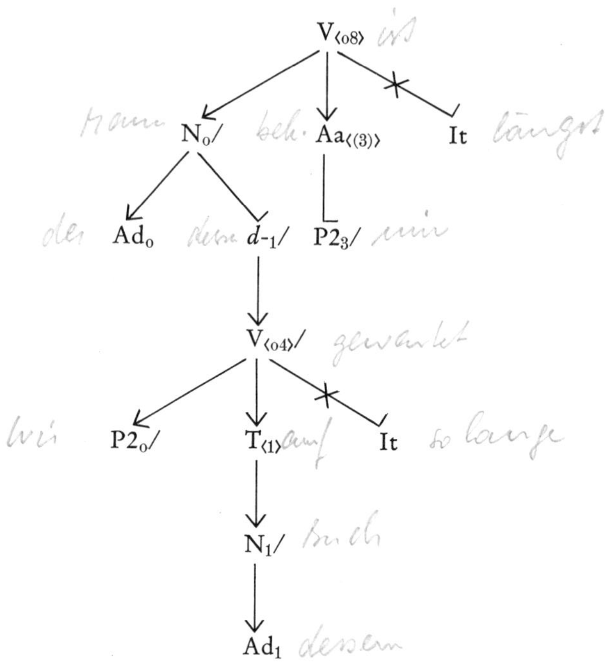

Das Relativelement *d-* wird mit Ad_1 (*sein*, *dessen* o. ä.) amalgamiert.

bial" darf hier nicht etymologisch verstanden werden, etwa als das, was „beim Verb steht", „zum Verb gehört", „das Verb modifiziert" usw. Gedacht ist vielmehr an das, was schon bisher mit den Bezeichnungen „Adverb", „adverbial" im wesentlichen gemeint war: Bestimmungen, die die Umstände eines Geschehens angeben, die Sachverhalte, Vorgänge in einem sehr allgemeinen Sinne situieren – etwa das, was Tesnière hätte meinen müssen und leider nur vorwissenschaftlich und partiell unzulänglich definiert hat, als er den Begriff des circonstant prägte. Zugegebenermaßen ist eine intensionale Definition des Adverbs, des Adverbiale, des „Adverbialen" schlechthin problematisch. In solchen Fällen ist Aufzählung der Elemente einer Menge nicht der schlechteste Weg: Adverbialsätze sind alle Angabesätze mit Ausnahme der sogenannten weiterführenden Relativsätze sowie satzförmige E_5 und E_6.
Für die nähere Beschreibung muß unterschieden werden zwischen Temporal- und Lokalsätzen einerseits und sonstigen Adverbialsätzen andererseits.

Temporal- und Lokalsätze setzen eine entsprechende E oder I im Obersatz voraus. Zugleich aber geben sie selbst Sachverhalte wieder, die in der Zeit bzw. im Raum situiert sind. Man muß also annehmen, daß sie ihrerseits eine Temporal- bzw. eine Lokalangabe enthalten. Eine solche Annahme ist notwendig, weil die Subjunktion eine semantische Relation zwischen Obersatz- und Nebensatzangabe konstituiert. Im Falle des Subjunktors *als* liegt zum Beispiel Identität vor, Vor- bzw. Nachzeitigkeit bei *ehe* bzw. *nachdem* usw. Bei Lokalsätzen wie in

Wir warteten, wo er die Fässer abgestellt hatte.

kommt im allgemeinen nur Identität in Frage.

Die Subjunktion für den komplexen Satz

Als der Regen kam, da machten sie die Boote fertig.

ergibt folgende Gesamtstruktur:

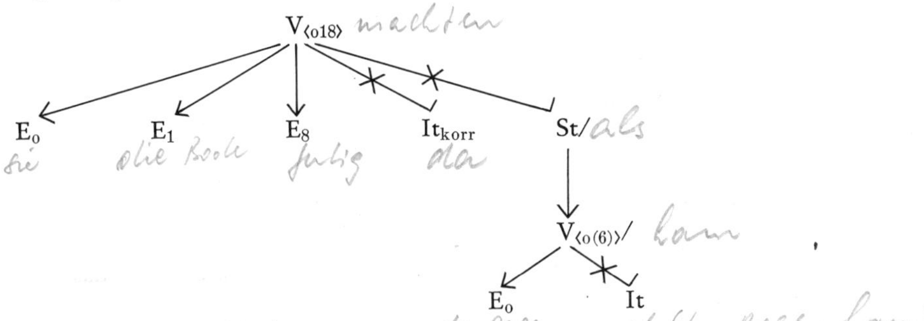

St = temporaler Subjunktor

Bedingung für die Subjunktion ist ‚It_{obers}' = ‚It_{nebens}'. Einfache Anführungszeichen kennzeichnen auch hier die Inhalte der betreffenden Kategorien. Die It *da* des Obersatzes erscheint hier als Korrelat. Korrelat des Obersatzes wie Temporalsatz (auch beide zugleich) können getilgt werden; die It des Nebensatzes aber muß immer getilgt werden. ??

Weitere Temporalangaben kann der temporale Nebensatz allgemein nur in dem Maß enthalten, in dem Häufungen von Temporalangaben überhaupt möglich sind (vgl. dazu Teil 6). Entsprechendes gilt für Lokalsätze. Bei den übrigen Adverbialsätzen handelt es sich um Final-, Kausal-, Konditional-, Konsekutiv- und Konzessivsätze. Ihre Subjunktion erfolgt entsprechend, sofern der Obersatz eine entsprechende Angabe enthält. Allerdings kann hier nicht auch generell eine entspre-

z. B.: Korrelat im Konditional: wenn – dann

chende Angabe im Nebensatz angenommen werden. Es fiele auch schwer, für jede der genannten Nebensatzarten eine entsprechende einfache Angabe anzugeben. Wohl scheint im Kausalsatz *nämlich*, im Konzessivsatz *zwar* die entsprechende Funktion zu erfüllen; dies wird auch dadurch bestätigt, daß beide bei der Subjunktion eliminiert werden. Bei den übrigen Adverbialsätzen läßt sich aber keine spezifische Angabe finden. Es gibt wohl Lexeme wie *folglich*, *hierfür* und andere als Obersatzelemente; aber es scheint keine adverbialen Elemente zu geben, die in den einzubettenden Sätzen Zielsetzung (im Finalsatz), Bedingung (im Konditionalsatz), Voraussetzung (im Konzessivsatz) bezeichnen. Dies ist freilich auch gar nicht erforderlich. Semantische Voraussetzung für die Subjunktion dieser zweiten Gruppe von Adverbialsätzen ist nämlich, daß der gesamte durch den Satz wiedergegebene Sachverhalt als Ziel, Grund/Ursache, Bedingung, Voraussetzung, unerheblicher Gegensatz im Verhältnis zu dem im Hauptsatz wiedergegebenen Sachverhalt fungiert. Dies ist ein wesentlicher Unterschied zu Lokal- und Temporalsätzen, bei denen nur ein Satzglied zu einem Satzglied des Hauptsatzes in Beziehung gesetzt wird. Der komplexe Satz

Obwohl es kalt war, trug er keinen Mantel.

hat somit folgende Struktur:

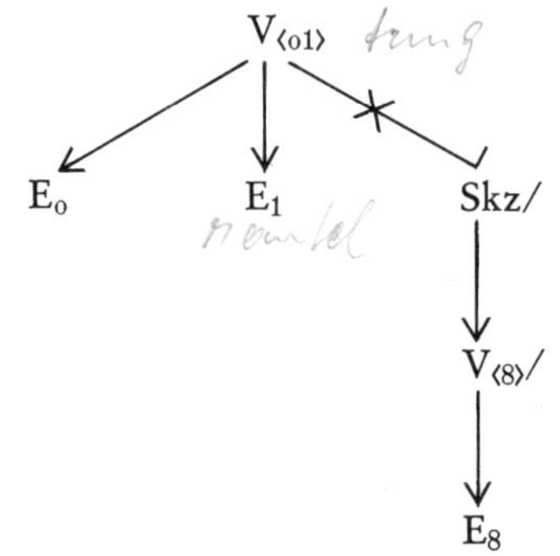

Skz = konzessiver Subjunktor *(obwohl)*

Die sogenannten weiterführenden Relativsätze wie

(Regine trank schnell,) was ungewöhnlich war.

beziehen sich auf den gesamten Obersatz. Sie können in Abhängigkeit vom Obersatzverb dargestellt werden, und zwar als Angabesätze, weil jedes beliebige Verb einen solchen Anschluß erlaubt. Dem eben genannten Satz entspricht somit das Diagramm

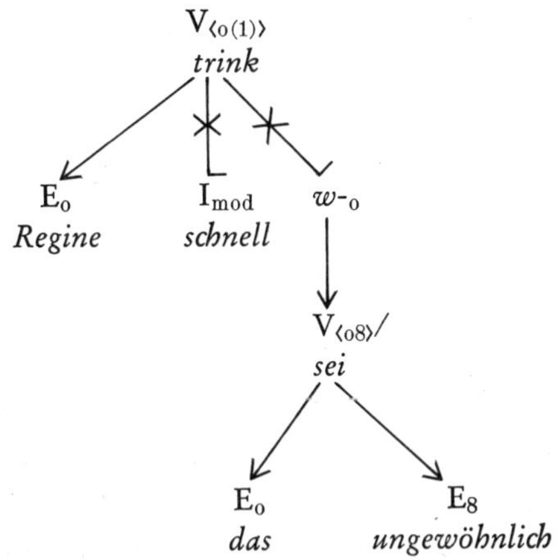

Diese satzbezogenen weiterführenden Relativsätze werden immer von einem *w*-Element regiert. Sie folgen in aller Regel dem Obersatz, können ihm aber unter bestimmten Umständen auch vorausgehen:

Was ungewöhnlich war: Regine trank schneller als er.

Es gibt daneben weiterführende Relativsätze, die von Teilen des Obersatzes abhängen, zum Beispiel

(Regine leerte das Glas,) das sie sofort wieder füllte.

Solche Nebensätze sind wie andere Relativsätze (siehe oben) zu beschreiben.

Mit diesem Abriß der Subjunktion wurde weder hinsichtlich der einzubettenden Satztypen noch hinsichtlich der Beispiele Vollständigkeit angestrebt. Das allgemeine Verfahren der Subjunktion wurde jedoch so eingehend dargelegt, daß es auf beliebige komplexe Sätze anwendbar ist.

Zu den Nebensätzen im einzelnen vgl. auch die Kapitel 5.4., 5.5. und 5.6.

5.9.3. Folgeverhältnisse im Nebensatz

Hauptunterschied zur Hauptsatzfolge ist, daß das finite Verb hinter die übrigen verbalen Elemente tritt:

Er hat gestern den Bogen überspannt.
: weil er gestern den Bogen überspannt hat

Dies gilt auch für den Infinitiv in Infinitivsätzen, die gewöhnlich Nebensätze sind:

gestern den Bogen überspannt (zu) haben

Von der Endstellung kann das finite Verb unter bestimmten Bedingungen wieder entfernt werden:

weil er gestern den Bogen hat überspannen wollen

Alle Einzelheiten sind in Kapitel 4.2. beschrieben worden. Jedenfalls hat man davon auszugehen, daß der Verbalkomplex im Nebensatz eine topologische Einheit bildet. Will man Folgen wie

weil er gestern hat den Bogen überspannen wollen

zulassen, tritt also ein Satzglied zwischen Teile des Verbalkomplexes, so müssen die Folgeregeln entsprechend geändert werden. Hier wird darauf nicht weiter eingegangen. (Näheres s. Kapitel 4.2).

Zweiter Unterschied zur Hauptsatzfolge ist, daß das Vorfeld immer unbesetzt bleibt. Folgen wie

einmal noch wenn du reinkommst
den wenn ich treffe

sind offenbar nur in regionalen Grenzen akzeptabel (und wohl auch hier auf die Subjunktoren *wenn*, *falls* und wenige andere beschränkt).

Dritter Unterschied: die Stelle des finiten Verbs im Hauptsatz wird vom Subjunktor eingenommen. Schematisch dargestellt:

Er hat gestern den Bogen überspannt.
weil er gestern den Bogen überspannt hat

Wenn man dieses Schema zugrunde legt, gelten im übrigen genau die Folgeregeln für den Hauptsatz (Mittelfeld und Nachfeld). Zwar muß bei der Subjunktion eines Hauptsatzes dessen Vorfeldelement ins Mittelfeld (oder eventuell ins Nachfeld) inseriert werden, wie man am letzten Beispielpaar sehen kann. Aber alle dafür erforderlichen Regeln sind in Kapitel 5.8. bereitgestellt worden. Wie lückenlos der Parallelismus ist, mag noch ein letztes Beispielpaar zeigen:

Du wirst wahrscheinlich auch noch deinen ganzen Kredit verlieren.
: weil du wahrscheinlich auch noch deinen ganzen Kredit verlieren wirst

Literatur

Admoni, W. G.: Die Struktur des Satzes, in: Hugo Moser (Hrsg.), Das Ringen um eine neue deutsche Grammatik, Darmstadt 1962 (^{2}1969), S. 381–398.

Admoni, W. G.: Über die Wortstellung im Deutschen, in: Hugo Moser (Hrsg.), Das Ringen um eine neue deutsche Grammatik, Darmstadt 1962 (^{2}1969), S. 376–380. (bes. zu 5.8.)

Admoni, W. G.: Die umstrittenen Gebilde der deutschen Sprache von heute. II. Der Satzrahmen, in: Muttersprache, 1962, S. 166–171. (bes. zu 5.8.)

Admoni, W. G.: Zu Problemen der Syntax. Entwicklungstendenzen des deutschen Satzbaus von heute, in: Deutsch als Fremdsprache 7, 1970, S. 9–17.

Admoni, W. G.: Der deutsche Sprachbau, München ^{3}1970. (Leningrad 1960.)

Admoni, W. G.: Die Komposition des Satzes, in: Linguistische Studien 1 = Sprache der Gegenwart, Bd. 19, Düsseldorf 1972, S. 7–16.

Admoni, W. G.: Die Entwicklungstendenzen des deutschen Satzbaus von heute = Linguistische Reihe, Bd. 12, München 1973.

Antal, Lászlo: Word order and syntactic position, in: Linguistics 8, 1964, S. 31–42. (bes. zu 5.8.)

Ballweg, Joachim; Hacker, Hans-Jürgen; Schumacher, Helmut: Satzbaupläne und Semantik, in: Muttersprache 81, 1971, Heft 4, S. 224–234. (bes. zu 5.5., 5.7.)

Ballweg, Joachim; Hacker, Hans-Jürgen; Schumacher, Helmut: Valenzgebundene Elemente und logisch-semantische Tiefenstruktur, in: Linguistische Studien 2 = Sprache der Gegenwart, Bd. 22, Düsseldorf 1972, S. 100–145. (bes. zu 5.3., 5.4., 5.6., 5.7.)

Ballweg, Joachim, 1: SE mit fakultativem Korrelat, in: Helmut Schumacher (Hrsg.), Untersuchungen zur Verbvalenz = Forschungsberichte des Instituts für deutsche Sprache, Bd. 30, Tübingen 1976, S. 249–252. (bes. zu 5.9.)

Ballweg, Joachim: Zur Diskussion des syntaktischen Status der Präpositionalphrasen in Sätzen des Typs *Hans trifft das Fenster mit dem Stein.*, in: Helmut Schumacher (Hrsg.), Untersuchungen zur Verbvalenz = Forschungsbeberichte des Instituts für deutsche Sprache, Bd. 30, Tübingen 1976, S. 253–258.

Ballweg-Schramm, Angelika: Noch einmal: Grundbegriffe der Valenztheorie. Bemerkungen zu einem Papier von S. Pape, in: Helmut Schumacher (Hrsg.), Untersuchungen zur Verbvalenz = Forschungsberichte des Instituts für deutsche Sprache, Bd. 30, Tübingen 1976, S. 54–65.

Ballweg-Schramm, Angelika: Korrelat und Satzgliedstellung dargestellt am Beispiel satzförmiger E_0 und E_1, in: Helmut Schumacher (Hrsg.), Untersuchungen zur Verbvalenz = Forschungsberichte des Instituts für deutsche Sprache, Bd. 30, Tübingen 1976, S. 240–247. (bes. zu 5.9.)

Ballweg-Schramm, Angelika; Engel, Ulrich; Pape, Sabine; Schumacher, Helmut: Einleitung, in: Ulrich Engel und Helmut Schumacher, Kleines Valenzlexikon deutscher Verben = Forschungsberichte des IdS, Bd. 31, Tübingen 1976.

Bartsch, Renate: Adverbialsemantik. Die Konstitution logisch-semantischer Repräsentationen von Adverbialkonstruktionen = Linguistische Forschungen 6, Frankfurt 1972.

Bechert, Johannes; Clément, Danièle; Tümmel, Wolf; Wagner, Karl-Heinz: Einführung in die generative Transformationsgrammatik, München [3]1973. (München 1970.)

Beneš, Eduard: Die Ausklammerung im Deutschen als grammatische Norm und als stilistischer Effekt, in: Muttersprache 78, 1968, Heft 10, S. 289–298. (bes. zu 5.8.5.)

Beneš, Eduard: Über zwei Aspekte der funktionalen Satzperspektive, in: Actes du Xe Congrès International des Linguistes, I, Bukarest 1970, S. 1022–1026. (bes. zu 5.8.)

Beneš, Eduard: Die Besetzung der ersten Position im deutschen Aussagesatz, in: Fragen der strukturellen Syntax und der kontrastiven Grammatik = Sprache der Gegenwart, Bd. 17, Düsseldorf 1971, S. 160–182. (bes. zu 5.8.4.)

Betz, Werner: Zur Überprüfung einiger Worstellungsregeln, in: Studien zur Texttheorie und zur deutschen Grammatik. Festgabe für Hans Glinz zum 60. Geburtstag = Sprache der Gegenwart, Bd. 30, Düsseldorf 1973, S. 243–267. (bes. zu 5.8.)

Beyrich, Volker: Historische Untersuchungen zur Ausklammerung, in: Wissenschaftliche Studien des pädagogischen Instituts Leipzig 1967, Heft 1, S. 88 ff. (bes. zu 5.8.5.)

Boost, Karl: Neue Untersuchungen zum Wesen und zur Struktur des deutschen Satzes, Berlin [5]1964. (Berlin 1955.) (bes. zu 5.7., 5.8.)

Brinkmann, Hennig: Der deutsche Satz als sprachliche Gestalt, in: Wirkendes Wort, Sonderheft 1, 1953, S. 12–25. (bes. zu 5.8.)

Brinkmann, Hennig: Satzprobleme, in: Wirkendes Wort 8, 1957/58, S. 129–141.

Brinkmann, Hennig: Die deutsche Sprache. Gestalt und Leistung, Düsseldorf [2]1971. (Düsseldorf 1962.)

Clausen, Ove K.: Ein deutsches Satzschema, in: K. Hyldgaard-Jensen und Steffen Steffensen (Hrsg.), Kopenhagener germanistische Studien, Bd. 1, Kopenhagen 1969, S. 118–126. (bes. zu 5.8.)

Daneš, František: Order of Elements and Sentence Intonation. To Honor Roman Jakobson, Vol. 1, The Hague, Paris 1967, S. 499–512. (bes. z. 5.8.)

Diderichsen, Paul: Logische und topische Gliederung des germanischen Satzes, in: Diderichsen, Paul, Helhed og Struktur, Kopenhagen 1966, S. 52–63. (bes. zu 5.8.)

Eggers, Hans: Stimmführung und Satzplan, in: Wirkendes Wort 6, 1955, S. 129–138. (bes. zu 5.8.)

Eggers, Hans: Bindung und Freiheit im deutschen Satzbauplan, in: Festschrift für Hugo Moser zum 60. Geburtstag, Düsseldorf 1969, S. 24–38. (bes. zu 5.8.)

Eggers, Hans: Sind Konsekutivsätze „Gliedsätze"?, in: Studien zur Syntax des heutigen Deutsch = Sprache der Gegenwart, Bd. 6, Düsseldorf 1970, S. 85–96. (bes. zu 5.9.)

Emons, Rudolf: Valenzen englischer Prädikatsverben = Linguistische Arbeiten, Bd. 22, Tübingen 1974, bes. S. 3–11 und 100–105. (bes. zu 5.3., 5.4., 5.5.)

Engel, Ulrich: Zur Beschreibung der Struktur deutscher Sätze, in: Duden-Beiträge, Heft 37, Mannheim, Wien, Zürich 1969, S. 35–52. (bes. zu 5.4., 5.5.)

Engel, Ulrich: Regeln zur Wortstellung, in: Forschungsberichte des Instituts für deutsche Sprache, Bd. 5, 1970, S. 7–148. (bes. zu 5.8.)

Engel, Ulrich: Studie zur Geschichte des Satzrahmens und seiner Durchbrechung, in: Studien zur Syntax des heutigen Deutsch = Sprache der Gegenwart, Bd. 6, 1970, S. 45–61. (bes. zu 5.8.5.)

Engel, Ulrich: Die deutschen Satzbaupläne, in: Wirkendes Wort 1970, Heft 6, S. 361–392. (bes. zu 5.5.)

Engel, Ulrich: Die Stellung der Satzglieder im Deutschen. Ein Beitrag zum Kapitel „Wortbildung", in: Der deutsche Lehrer im Ausland, 1971, Heft 6, S. 148–156, Heft 7, S. 193–199. (bes. zu 5.8.)

Engel, Ulrich: Umriß einer deutschen Grammatik (Xerokopie) 1972, 58 S.

Engel, Ulrich: Regeln zur „Satzgliedfolge". Zur Stellung der Elemente im einfachen Verbalsatz, in: Linguistische Studien 1 = Sprache der Gegenwart, Bd. 19, Düsseldorf 1972, S. 17–75. (bes. zu 5.8.)

Engel, Ulrich: Plauderei über Satzbaupläne, in: Mitteilungen des Instituts für deutsche Sprache für seine Freunde und Förderer, Bd. 1, Mannheim 1972, S. 9–25. (bes. zu 5.5.)

Engel, Ulrich; Schumacher, Helmut: Kleines Valenzlexikon deutscher Verben = Forschungsberichte des IdS, Bd. 31, Tübingen 1976.

Engelen, Bernhard: Eine Möglichkeit zur Beschreibung komplexer Sätze. Mit einigen Bemerkungen zum Verhältnis von Syntax und Semantik, in: Sprache der Gegenwart, Bd. 5, Düsseldorf 1969, S. 159–170. (bes. zu 5.9.)

Engelen, Bernhard: Der Relativsatz, in: Neue Beiträge zur deutschen Grammatik, Hugo Moser zum 60. Geburtstag gewidmet = Duden-Beiträge, Heft 37, 1969, S. 53–62. (bes. zu 5.9.)

Engelen, Bernhard: Die Satzbaupläne II 8 und II 2 (Die Mutter macht die Suppe warm. Man nennt ihn Emil.), in: Studien zur Syntax des heutigen Deutsch = Sprache der Gegenwart, Bd. 6, ²1971 (Düsseldorf 1970), S. 62–84. (bes. zu 5.5.)

Engelen, Bernhard: Untersuchungen zu Satzbauplan und Wortfeld in der geschriebenen deutschen Sprache der Gegenwart, in: Heutiges Deutsch I, 3.1 und I, 3.2, München 1975.

Erben, Johannes: Deutsche Grammatik. Ein Abriß, München ¹¹1972 (Berlin 1958), bes. S. 241–320.

Fabricius Hansen, Cathrine: Transformative, intransformative und kursive Verben = Linguistische Arbeiten 26, Tübingen 1975.

Fenske, Hannelore: Zur Kodierung von Satzbauplänen. Ein Arbeitsbericht, in: Forschungsberichte des Instituts für deutsche Sprache, Bd. 6, Mannheim 1971, S. 25–81. (bes. zu 5.5.)

Firbas, Jan: Thoughts on the communicative function of the verb in English, German and Czech, in: Brno Studies in English, Bd. 1, 1953, S. 39–63.

Firbas, Jan: On defining the theme in functional sentence analysis, in: Travaux linguistiques de Prague 1, 1964, S. 267–280. (bes. zu 5.8.)

Firbas, Jan: On the interplay of means of functional sentence perspective, in: Abstracts of Papers, 10th International Congres of Linguists, Bukarest 1967, S. 94–95. (bes. zu 5.8.)

Flämig, Walter: Grundformen der Gliedfolge im deutschen Satz und ihre sprachlichen Funktionen, in: Beiträge zur Geschichte der deutschen Sprache und Literatur, Halle 1964, Heft 86, S. 309–349. (bes. zu 5.8.)

Flämig, Walter (Hrsg.): Skizze der deutschen Grammatik, Berlin 1972, S. 60–62 (bes. zu 5.1.), S. 79–111 (bes. zu 5.3.), S. 235–279 (bes. zu 5.8.) und S. 295–309 (bes. zu 5.9.).

Folsom, Marvin H.: Zwei Arten von erweiterbaren Richtungsergänzungen, in: Forschungsberichte des Instituts für deutsche Sprache, Bd. 4, 1970, S. 31–44. (bes. zu 5.4.)

Fourquet, Jean: Grammaire de la phrase allemande simple, Paris 1956. (mehrere Kapitel aus 5.)

Fourquet, Jean: Zur neuhochdeutschen Wortstellung, in: Das Ringen um eine neue deutsche Grammatik, Darmstadt 1962, S. 360–375. (bes. zu 5.8.)

Fourquet, Jean: Prolegomena zu einer deutschen Grammatik = Sprache der Gegenwart, Bd. 7, Düsseldorf [3]1971. (Düsseldorf 1970.) (mehrere Kapitel aus 5.)

Fourquet, Jean: Satzgliedfolge und Satzverneinung als Probleme der Struktur, in: Fragen der strukturellen Syntax und der kontrastiven Grammatik = Sprache der Gegenwart, Bd. 17, Düsseldorf 1971, S. 151–159. (bes. zu 5.8.)

Glinz, Hans: Die innere Form des Deutschen. Eine neue deutsche Grammatik, Bern, München [4]1965. (Bern 1952.)

Glinz, Hans: Der deutsche Satz, Düsseldorf [4]1965. (Düsseldorf 1957.)

Glinz, Hans: Deutsche Grammatik 1 und 2 = Studienbücher zur Linguistik und Literaturwissenschaft, Bd. 2, Bad Homburg 1970, Bd. 3, Frankfurt a. M. 1971.

Götze, Lutz: Grundstrukturen und Satzbaupläne im Unterricht „Deutsch als Fremdsprache“, in: Helmut Schumacher (Hrsg.), Untersuchungen zur Verbvalenz = Forschungsberichte des Instituts für deutsche Sprache, Bd. 30, Tübingen 1976, S. 259–280. (bes. zu 5.5.)

Grebe, Paul (Hrsg.): Grammatik der deutschen Gegenwartssprache (Duden-Grammatik) = Der Große Duden, Bd. 4, Mannheim [3]1973.

Hartung, Wolfdietrich: Die zusammengesetzten Sätze des Deutschen – Studia Grammatica 4, [5]1971. (Berlin 1964.) (bes. zu 5.9.1.)

Hartung, Wolfdietrich: Die zusammengesetzten Sätze in der generativen Grammatik, in: Acta Linguistica Academiae Scientiarum Hungaricae 14, 1964, S. 85–95. (bes. zu 5.9.)

Hartung, Roland: Zum Verhältnis von Satz, Hauptsatz und Nebensatz, in: Zeitschrift für Dialektologie und Linguistik 38, 1971, Heft 1, S. 16–46. (bes. zu 5.2., 5.9.)

Heger, Klaus: Monem, Wort, Satz und Text, Tübingen [2]1976 (1971), bes. S. 222–232.

Heidolph, Karl-Erich: Einfacher Satz und Kernsatz im Deutschen, in: Acta Linguistica Academiae Scientiarum Hungaricae 14, 1964, S. 97–109. (bes. zu 5.1., 5.2.)

Heidolph, Karl-Erich: Zur Bedeutung negativer Sätze, in: M. Bierwisch, K.-E. Heidolph (Hrsg.), Progress in Linguistics, Paris 1970, S. 86–101. (bes. zu 5.7.)

Helbig, Gerhard und Buscha, Joachim: Deutsche Grammatik. Ein Handbuch für den Ausländerunterricht, Leipzig [3]1975 (Leipzig 1972), S. 473–498 (bes. zu 5.3., 5.4.), S. 548–558 (bes. zu 5.5.), S. 492–498 (bes. zu 5.6.), S. 498–517 (bes. zu 5.8.) und S. 559–599 (bes. zu 5.9.).

Heringer, Hans-Jürgen: Wertigkeiten und nullwertige Verben, in: ZdS 23, 1967, S. 13–34. (bes. zu 5.3., 5.4., 5.6.)

Heringer, Hans-Jürgen: Präpositionale Ergänzungsbestimmungen im Deutschen, in: ZfdPh 87, 1968, S. 426–475. (bes. zu 5.4.)

Heringer, Hans-Jürgen: Einige Ergebnisse und Probleme der Dependenzgrammatik, in: Der Deutschunterricht 22, 1970, Heft 4, S. 42–98. (bes. zu 5.3., 5.4., 5.5.)

Heringer, Hans-Jürgen: Theorie der deutschen Syntax = Linguistische Reihe, Bd. 1, München [2]1973 (München 1970), S. 42–53 (bes. zu 5.1.), S. 100–215 (bes. zu 5.4.) und S. 85–99 (bes. zu 5.7.).

Huber, Walter; Kummer, Werner: Transformationelle Syntax des Deutschen I, München 1974.

Ihlenburg, K. H.: Zur Beweglichkeit der Satzglieder im deutschen Aussagesatz, in: Deutschunterricht 18, 1965, S. 609–623. (bes. zu 5.8.)

Jørgensen, Peter: German Grammar, 3. Bde., London 1959, 1963, 1966.

Kaufmann, Gerhard: Grammatik der deutschen Grundwortarten. Systeme morphologisch-syntaktischer Merkmale als Grundlage zur Datenverarbeitung = Schriften der wissenschaftlichen Arbeitsstelle des Goethe-Instituts 1, München 1967.

Kiefer, Ferenc: The Problem of word order: a transformational approach. Xeme Congrès International des Linguistes. Résumés des Communications, Bucarest 1967, S. 182–183. (bes. zu 5.8.)

Kirkwood, Henry W.: Aspects of word order and its communicative function in English and German, in: Journal of Linguistics, Bd. 5, 1969, S. 85–107. (bes. zu 5.8.)

Kirkwood, Henry W.: Some systemic means of „functional sentence perspective“ in English and German, in: IRAL 1970, S. 103–114. (bes. zu 5.8.)

Köhler, Karl-Heinz: Zum Problem der Korrelate in Gliedsätzen, in: Helmut Schumacher (Hrsg.), Untersuchungen zur Verbvalenz-Forschungsberichte des Instituts für deutsche Sprache, Bd. 30, Tübingen 1976, S. 174–239. (bes. zu 5.9.)

Lindgren, Kaj B.: Morphem-Wort-Wortart-Satzglied. Versuch einer Begriffsklärung, in: Wirkendes Wort 17, 1967, Heft 4, S. 217–228. (bes. zu 5.3.)

Lindgren, Kaj B.: Zur Klärung des Begriffs „Satz“, in: Studien zur Texttheorie und zur deutschen Grammatik = Sprache der Gegenwart, Bd. 30, Düsseldorf 1973, S. 199–208. (bes. zu 5.1.)

Martinet, André (Hrsg.): Linguistik. Ein Handbuch, Stuttgart 1973, S. 60–62 (Kap. 11). (bes. zu 5.1.)

Maurer, Friedrich: Untersuchungen über die deutsche Verbstellung in ihrer geschichtlichen Entwicklung, Heidelberg 1926. (bes. zu 5.8.)

Motsch, Wolfgang: Syntax des deutschen Adjektivs = Studia Grammatica 3, Berlin 1966.

Pape, Sabine: Bemerkungen zu einigen Grundbegriffen der Valenztheorie, in: Helmut Schumacher (Hrsg.), Untersuchungen zur Verbvalenz = Forschungsberichte des Instituts für deutsche Sprache, Bd. 30, Mannheim 1976, S. 21–53.

Porzig, Walter: Das Wunder der Sprache. Probleme, Methoden und Ergebnisse der modernen Sprachwissenschaft, München 1950 (^{5}1971), bes. S. 79–148. (bes. zu 5.1.)

Rath, Rainer: Trennbare Verben und Ausklammerung. Zur Syntax der deutschen Sprache der Gegenwart, in: Wirkendes Wort 15, 1965, S. 217–232. (bes. zu 5.8.5.)

Regula, Moritz: Grundlegung und Grundprobleme der Syntax = Bibliothek der allgemeinen Sprachwissenschaft, Reihe II, Heidelberg 1951.

Regula, Moritz: Kurzgefaßte erklärende Satzkunde des Neuhochdeutschen, Bern/München 1968.

Ries, J.: Was ist ein Satz? Beiträge zur Grundlegung der Syntax, Heft 3, 1931. (bes. zu 5.1.)

Rosengren, Inger: Zur Valenz des deutschen Verbs, in: Moderna Språk 1970, 1970, S. 45–58. (bes. zu 5.3., 5.4., 5.6.)

Rosengren, Inger: Ein freier Dativ, in: Germanistische Streifzüge = Acta Universitatis Stockholmiensis 16, 1975, S. 209–221.

Saltveit, Laurits: Akkusativ und Dativ in ihren Beziehungen zum Verb, in: Sprachnorm, Sprachpflege, Sprachkritik = Sprache der Gegenwart, Bd. 2, Düsseldorf 1968, S. 251–267. (bes. zu 5.4.)

Schulz, Dora und Griesbach, Heinz: Grammatik der deutschen Sprache, München ^{8}1970 (München 1960), S. 311–353 (bes. zu 5.3.) und S. 296–311 (bes. zu 5.8.).

Schumacher, Helmut: Zum deutschen Valenzlexikon, in: Neue Grammatiktheorien und ihre Anwendung auf das heutige Deutsch = Sprache der Gegenwart, Bd. 20, Düsseldorf 1972, S. 184–193. (bes. zu 5.3., 5.4.)

Schumacher, Helmut (Hrsg.): Untersuchungen zur Verbvalenz = Forschungsberichte des Instituts für deutsche Sprache, Bd. 30, Tübingen 1976.

Sgall, Petr: L'ordre des mots et la sémantique, in: Studies in syntax and semantics, Dordrecht 1969, S. 231–240. (bes. zu 5.8.)

Sommerfeldt, K.-E.: Wortstellung und Mitteilungswert, in: Sprachpflege 13, 1964, S. 8–11. (bes. zu 5.8.)

Sommerfeldt, K.-E.: Zum Vorfeld im Aussagesatz, in: Sprachpflege 15, 1966, S. 129–132. (bes. zu 5.8.)

Stickel, Gerhard: Untersuchungen zur Negation im heutigen Deutsch = Schriften zur Linguistik, Bd. 1, Braunschweig 1970. (bes. zu 5.6.)

Stolt, Birgit: Der prädikative Rahmen und die Reihung = Moderna Språk, Language Monographs 9, 1966. (bes. zu 5.8.5.)

Ströbl, Alex: Aus den Überlegungen zur Bearbeitung der Wortstellung für das „Grunddeutsch", in: Forschungsberichte des Instituts für deutsche Sprache Bd. 4, Mannheim 1970, S. 45–104.

Svantesson, Ulla: Die Ausklammerung. Satzbautendenzen der deutschen Gegenwartssprache, Stockholm 1966 (mimeo). (bes. zu 5.8.5.)

Tesnière, Lucien: Eléments de syntaxe structurale, Paris ²1965. (Paris 1959.)

Trnka, B.: On word order in structural linguistics, in: Travaux linguistiques de Prague 3, 1968, S. 47–51. (bes. zu 5. 8.)

Thümmel, Wolf: Vorüberlegungen zu einer Grammatik der Satzverknüpfungen. Koordination und Subordination in der generativen Transformationsgrammatik, Stuttgart 1970 (unveröff.).

Weisgerber, Leo: Die vier Stufen in der Erforschung der Sprache, Düsseldorf 1963.

Winter, Werner: Relative Häufigkeit syntaktischer Erscheinungen als Mittel zur Abgrenzung von Stilarten, in: Phonetica, Bd. 7, Nr. 4, 1961, S. 193–216. (bes. zu 5.8.)

Wunderlich, Dieter: Tempus und Zeitreferenz im Deutschen = Linguistische Reihe, Bd. 5, München 1970.

Zemb, Jean-Marie, Les structures logiques de la proposition allemande, Paris 1968. (bes. zu 5.4., 5.8.)

Zimmermann, Heinz: Zu einer Typologie des spontanen Gesprächs. Syntaktische Studien zur baseldeutschen Umgangssprache = Basler Studien zur deutschen Sprache und Literatur, Heft 30, Bern 1965. (bes. zu 5.8.)

6. Häufung

6.1. Begriff der Häufung

Unter Häufung wird hier das simultane Vorkommen gleichartiger Elemente verstanden, die unverbunden oder durch bestimmte Fügungselemente verbunden sein können. „Gleichartig“ sind dabei Elemente, die derselben Kategorie angehören, z. B. derselben Lexemklasse, Phrasenklasse, Gliedklasse. Gleichen Kategorien gehören etwa verschiedene Arten von T (zum Beispiel *von*, *an*, *mit*), verschiedene Arten von TP (*auf ihn*, *in der Hand*, *hinter dem Hoftor*), verschiedene Arten von E_4, verschiedene Arten von Ia (*wohl*, *sogar*, *auch*) usw. an.

Von der Häufung zu unterscheiden ist die Kumulation von Elementen verschiedener Kategorien. Meist bleibt die Betrachtung dabei im Rahmen einer Großkategorie (wie „Angabe“ oder „Ergänzung“). In diesem Sinne können zum Beispiel Ie *(wahrscheinlich)* und It *(heute)* kumuliert werden. Aber auch simultanes Auftreten von Ergänzungen und Angaben fällt unter den Begriff der Kumulation. Entscheidend ist, daß kumulierte Elemente ein und dasselbe Regens haben (soweit überhaupt ein Regens vorliegt), zum Beispiel

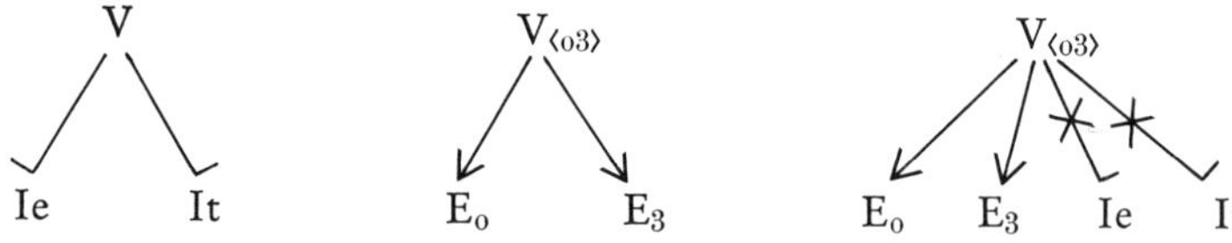

Die in den Diagrammen auftretenden jeweiligen Dependentien sind kumulierte Elemente.

Die Häufung wird in anderen grammatischen Darstellungen unter Bezeichnungen wie Reihung, Nebenordnung, Konjunktion behandelt. Davon ist zunächst die Bezeichnung „Reihung“ abzulehnen, weil sie reine Vorkommensrelationen mit dem Begriff der Linearität verknüpft, während in dieser Grammatik die Linearisierung erst auf Grund gegebener Vorkommensrelationen erfolgt. „Konjunktion“ verbindet die Häufung allzu eng mit der Lexemklasse „Konjunktor“ und würde damit suggerieren, daß nur Häufungen wie *für oder gegen, alte und reiche Leute* gemeint seien, nicht aber *alte, reiche Leute* oder *viele reiche Leute* usw. „Nebenordnung" schließlich setzt grammatische Prämissen, die erst noch zu rechtfertigen wären. „Häufung" dagegen meint zunächst nichts als das Phänomen simultanen Auftretens gleichartiger Elemente und belastet die Definition nicht mit vorweggenommenen Interpretationen.

6.2. Ausdrucksformen

Es kommen Asyndese und verschiedene Formen der Syndese in Betracht. Asyndese stellt gleichartige Elemente unvermittelt zusammen:

reiche alte (Leute)
morgen gegen Mittag

Syndese verwendet verschiedene Fügungselemente. Wohl am häufigsten, jedenfalls am vielseitigsten sind Konjunktoren:

für oder gegen (mich)
große und kleine (Sorgen)

Hier spreche ich von U-Syndese.

Andersartige Häufungen kommen mit Hilfe des Kommas zustande, also durch Kommasyndese:

reiche, blasierte (Leute)
Es läutet zum Gottesdienst, der Hund heult.

Bei mehr als zwei gehäuften Elementen ist die Möglichkeit der Mischsyndese vorzusehen:

(am) ersten, dritten und siebten (Tage)

Mischsyndese verbindet zwar in der Mehrzahl der Fälle zwei Elemente (nach Anwendung der Folgeregeln die beiden letzten) durch U, die übrigen durch Komma. Diese althergebrachte Schulregel ist aber durchaus nicht obligatorisch, wie folgendes Beispiel zeigt:

junge und alte, gescheite und einfältige Personen

Auch ist bei Häufung von mindestens drei Elementen Mischsyndese keineswegs verbindlich:

alte, gescheite, besonnene Frauen

Die Ausdrucksform der Häufung hängt natürlich primär vom Gemeinten ab. Die Art der gehäuften Elemente setzt aber gewisse Restriktionen. So ist zum Beispiel Häufung isomorpher Elemente nur kommasyndetisch möglich:

Viele, viele (Fallschirme)

6.3. Darstellungsprobleme

Die generative Grammatik sah sich außerstande, die Häufung im Rahmen streng hierarchischer Darstellung zu beschreiben. Da sie in der phrasenstrukturellen (= konstituenziellen) Komponente verständlicherweise nicht unterzubringen war, wurde eine eigene Konjunktionstransformation eingeführt. Die Vertreter anderer Richtungen sind in dieser Frage gewöhnlich wenig explizit, scheinen aber ähnliche Lösungen zu befürworten. Bei der prinzipiellen Äquivalenz von Konstituenz und Dependenz müßte für die vorliegende Darstellung Entsprechendes gelten.

Die Frage nach der Möglichkeit einer dependenziellen Beschreibung der Häufung sollte immerhin noch einmal aufgeworfen werden. Kann sie positiv entschieden werden, so mag dies auch Rückwirkungen auf das Verfahren der generativen Grammatik haben.

Mann kann eine Regel formulieren, nach der jedes Element B sich mit einem gleichartigen Element sowie mit einem Fügeelement Y verbinden kann. Dabei bezeichnet B Lexeme oder Konstrukte größeren Umfangs; Y bezeichnet Konjunktor oder Komma. Es gilt dann folgende Formel:

'B (+ "B (+ Y))

Damit ist nicht nur gesagt, daß die Häufung 'B + "B fakultativ ist, sondern auch, daß die (fakultative) Aktualisierung des Fügeelements Y an die Aktualisierung von "B gebunden ist. Falls B ein Adjektiv in der NP *mein armer, kranker Vater* ist, könnte ein Diagramm folgende Form haben:

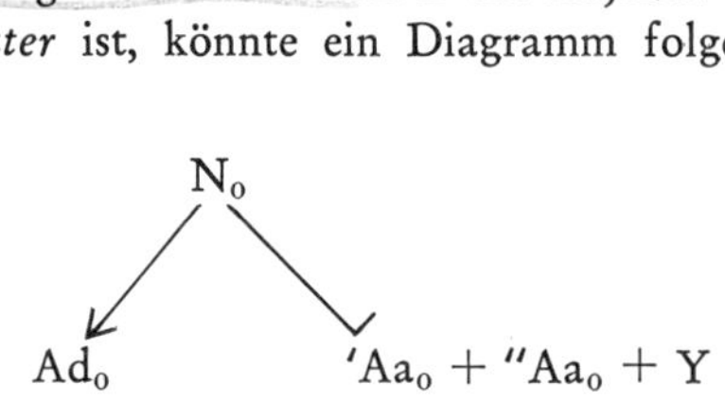

– wobei Y als Komma zu lesen ist. Von konsistenter dependenzieller Darstellung kann hier freilich nicht mehr die Rede sein. Da nun "A nur bei Aktualisierung von 'A, Y nur bei Aktualisierung von "A aktualisiert werden kann, drängt sich die folgende dependenzielle Darstellung geradezu auf:

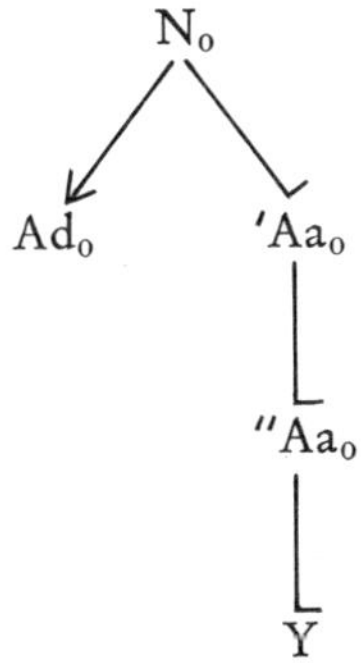

Ohne daß im übrigen das Beschreibungsverfahren wesentlich geändert werden müßte, bedarf es hierzu lediglich einer „globalen“ Regel, die besagt, daß für jedes Element B ein im übrigen völlig gleichartiges Element 'B eingesetzt werden kann; der Unterschied zwischen B und 'B besteht lediglich darin, daß letzteres dependenziell höchstes Element einer Häufung,ist. 'B regiert ein kategoriell gleiches Element "B, das u. U. ein verbindendes Element Y regiert.

Spezifikationen dieser Beschreibung sind je nach den gehäuften Elementen nötig. So gibt es die isomorphen Elemente (s. oben), die nur kommasyndetisch gehäuft werden können *(viele, viele Frauen)*, oder bestimmte Adjektive, die nur asyndetische Häufung erlauben *(beachtliche erzieherische Erfolge)*. Darauf wird hier nicht weiter eingegangen.

Die folgenden Abschnitte geben auf verschiedenen Ebenen Beispiele für Häufungen und erläutern diese. Dabei kommen auch Folgeregeln zur Sprache.

6.4. Häufungen in Nominalphrasen (NP)

In jeder NP kann der Nukleus gehäuft werden:

Räuber und Mörder

Man kann in solchen Fällen auch von mehreren NP sprechen. Eine entsprechende Beschreibung ist sogar unumgänglich, wenn spezifische Satelliten für die verschiedenen Nuklei vorliegen:

zwei Räuber und ein Mörder

Allerdings ist die Annahme einer einzigen NP praktisch, wenn nur einmal angeführte Satelliten sich auf alle Nuklei beziehen:

lauter Diebe, Räuber und Mörder

Allein die Zuordnungsverhältnisse entscheiden also darüber, ob eine Häufung von Nuklei innerhalb einer NP oder eine Häufung von NP vorliegt. Die Frage der Referenzidentität ist offenbar dabei ohne Belang. Dies zeigt das folgende Beispiel, wo zwei gehäufte NP (als E_7) anzusetzen sind, deren Referenzidentität außer Zweifel steht:

Er ist ein Räuber und ein Mörder.

Bei der Häufung pränuklearer Satelliten in der NP ist zunächst zwischen identifikativen und qualifikativen Elementen zu unterscheiden. Im groben kann gesagt werden, daß die (meisten) Determinative identifikative, die übrigen Elemente – Partikeln, Genitiv, Adjektive – qualitative Funktion haben. Diese Klassifikation überlagert und vereinfacht partiell die Gliederung der pränuklearen Satelliten in fünf Klassen, wie sie in Kapitel 4.4. vorgenommen wurde. Die Zweigliederung ist wichtig, weil sie Hinweise auf die Referenz bietet: Häufung identifikativer Satelliten signalisiert im allgemeinen verschiedene, Häufung qualitativer Satelliten eher identische Referenz des Nukleus und damit der NP; man vergleiche

der oder jener Baum
diese und jene Überlegung
dieser neue und überraschende Gedanke

Nur im dritten Beispiel, das eine Häufung qualitativer Elemente enthält, liegt Referenzidentität des Nukleus vor.

Asyndetische Häufung ist bei identifikativen wie bei qualitativen Elementen möglich:

dieser mein Bruder
schöne alte Pendeluhren

Asyndese ist die einzige mögliche Häufung, falls ein identifikatives und ein qualitatives Element kombiniert werden:

diese feine Politik

Bei der Häufung identifikativer Elemente bestehen besonders starke Restriktionen. Sie haben teilweise mit semantischer Verträglichkeit zu tun –

**dieser jener Mittelsmann*

–, teilweise sind sie nicht weiter erklärbar; jedenfalls sehe ich keine (semantische) Erklärungsmöglichkeit für die Tatsache, daß

**der mein Bruder*

(neben korrektem *dieser mein Bruder*) ungrammatisch ist.

Die Abfolge der asyndetisch gehäuften Elemente richtet sich, wie schon in Kapitel 4.4. dargelegt wurde, nach dem Prinzip „links determiniert rechts" und führt so zu abgestufter Prädikation:

italienisches (handgeblasenes (Glas))
handgeblasenes (italienisches (Glas))

Permutationen sind hier im allgemeinen enge Grenzen gesetzt, ohne daß für jeden Einzelfall eine einleuchtende Begründung angegeben werden könnte. Jedenfalls müssen Abfolgen wie

(*)*philosophische neue Untersuchungen*
(*)*gußeiserne teure Töpfe*
(*)*Hamburger fragwürdige Geschichten*

als ganz unüblich gelten.

Syndetische Häufung ist im ganzen weitergehend möglich. Sie unterliegt allerdings starken Restriktionen bei den Identifikativa:

**der und mein Bruder*
**mancher, dieser Satz*

Offenbar sind identifikative Elemente nur häufbar, wenn sie einer Subkategorie (etwa: „possessiv", „demonstrativ" u. a.) angehören. Daher können

dieser und jener Garten
meine, deine Sorgen

als grammatisch gelten.

Zwischen Kommasyndese, U-Syndese und Mischsyndese bestehen nur geringe semantische Unterschiede. Wesentlich ist, daß syndetisch gereihte Satelliten von N nicht gestufte Prädikation, sondern Mehrfachprädikation bewirken:

$$\left\{\begin{array}{l}\textit{meine}\\ \textit{deine}\end{array}\right\}\ \textit{(Sorgen)}$$

Die Abfolge führt lediglich zu einer Gewichtung der Satelliten: weiter Rechtsstehendes ist stärker hervorgehoben. Auch hierzu enthält Kapitel 4.4. weitere Ausführungen.

Isomorphe Elemente können nur unter sehr eingeschränkten Voraussetzungen gehäuft werden. Von den identifikativen Elementen erlauben einige U-Syndese bzw. Mischsyndese, sofern der Nukleus verschiedene Referenz hat, zum Beispiel:

der, der und der Mitarbeiter

Akzeptabel sind solche Phrasen nur, wenn ihre Äußerung von Zeigegesten begleitet wird.

Qualitative isomorphe Elemente scheinen nur häufbar zu sein, wenn sie eine emotive Komponente enthalten. Er scheint nur Kommasyndese möglich zu sein:

viele, viele Tiere
schöne, schöne Muster

In diesen Fällen kann man nicht sagen, daß das zweite Element stärker hervorgehoben sei als das erste; man kann aber dem jeweils zweiten (semantisch äquivalenten) Element eine rein intensivierende Funktion zuschreiben.

Von den postnuklearen Satelliten sind nur die situativen Angaben asyndetisch häufbar; die dafür geltenden Restriktionen entsprechen denen für Verbalangaben, wie sie in Kapitel 5.6. erläutert wurden. Beispiele:

die Bank dort unten
diese Bemerkung neulich vor Weihnachten

Die Stufung der Prädikationen richtet sich dabei nicht nach der Abfolge der Satelliten, sondern nach dem Prinzip „Konkreteres determiniert Abstrakteres“, wobei der Komplex der Angaben als Ganzes den Nukleus determiniert. Außerdem bilden die pränuklearen Angaben mit dem Nukleus einen engeren semantischen Komplex, der durch die postnuklearen Angaben wiederum prädiziert wird. Für die oben genannten NP gilt also folgende Semantostruktur:

$\{$ *unten (dort)* $\}$ *(die (Bank))*
$\{$ *vor Weihnachten (neulich)* $\}$ *(diese (Bemerkung))*

Syndetische Häufung ist bei allen postnuklearen Satelliten möglich:

die Geschäfte meines Onkels und seines Sohnes
Hoffnung auf Versöhnung und Zusammenarbeit
der Unfall gestern oder vorgestern

Die Abfolge der Satelliten beruht häufig einfach auf dem Prinzip enumerativer Redeweise: Attribute werden so geäußert, wie sie dem Sprecher eben einfallen. In anderen Fällen ordnen sie sich nach der Enge der semantischen Beziehungen: wenn etwa der Onkel Geschäftsinhaber oder maßgebender Mann, sein Sohn ihm aber untergeordnet ist, wird der Onkel zuerst genannt. Nur wo solche Bedingungen nicht vorliegen, kann das jeweils rechts Stehende auf Grund dieser Position stärker gewichtet sein.

6.5. Häufungen von Satzgliedern

Ergänzungen können nur syndetisch gehäuft werden, Angaben (soweit sie überhaupt häufbar sind) zum Teil auch asyndetisch.

Angaben (ohne Dativangaben)

Asyndetische Häufung ist möglich bei lokalen und temporalen Angaben, bei adjungierten Adverbialia und bei Modelangaben.

Iloc: *Wir haben dort auf dem Marktplatz gestanden.*
It: *Wir haben damals im Dezember davon gesprochen.*

Bei Iloc und It ist – wie innerhalb der NP – das konkretere Element Determinans, das abstraktere Determinatum. Insofern ist das im übrigen für Verbalangaben gültige Prinzip „links determiniert rechts" einzuschränken.

Ia: *Wenn er nur auch Zeit hat!*
Ich möchte doch schnell mitessen.
Er hat es eben doch vergessen.

Hier scheint das Prinzip „links determiniert rechts" zu gelten. Da für Paare von Ia, von wenigen Ausnahmen abgesehen, nur eine obligatorische Abfolge gilt, sind die semantischen Relationen hier weitgehend unveränderlich.

Bei Imod ist asyndetische Häufung nur beschränkt möglich

Er hat gerne freiwillig gearbeitet.

Es gilt „links determiniert rechts".

Syndetische Häufung jeglicher Art ist bei den meisten Angaben möglich (zu den Abkürzungen s. Kapitel 5.6.):

Iloc: *Ich habe in Belgrad und in Athen Freunde besucht.*
It: *Hans geht morgen oder übermorgen nach Heidelberg.*

Ik: *Er ist deshalb und aus einem weiteren Grund gegangen.*
If: *Dazu und für dein Studium haben wir gespart.*
Ikr: *Gesundheitlich und finanziell ging es ihm noch gut.*
Iv: *Er wird bald oder sofort kommen.*
Imod: *Der Alte hatte gut und schnell gearbeitet.*
Ineg: *Ich bin nicht, in keiner Weise beteiligt.*

Iex und Ia können hier als je eine Klasse von Angaben angesehen werden; bei beiden ist syndetische Häufung vermutlich unmöglich.

Stellvertretend für alle Ergänzungen mag eine syndetische Häufung von E_4 stehen:

An Franz und an Ernie kann ich mich noch gut erinnern.

Häufung von E_4 in Gliedsatzform:

Ich kann mich noch gut erinnern, wie Franz angekommen ist und wie Ernie ihn abgeholt hat.

In beiden letztgenannten Fällen – bei E_4 und bei Gliedsätzen, übrigens auch bei anderen E mit Präposition – ist allerdings eine Häufung von Satzgliedteilen wohl häufiger; dabei wird der Nukleus nur einmal genannt:

An Franz und Ernie kann ich mich noch gut erinnern.
Ich kann mich noch gut erinnern, wie Franz angekommen ist und Ernie ihn abgeholt hat.

Über semantische Konsequenzen der Abfolge gehäufter Satzglieder kann hier nichts allgemein Verbindliches gesagt werden. Meist wird wohl enumerativ, gemäß der Abfolge von Vorstellungen, aneinandergereiht. Daß syndetisch gereihte Elemente zur Mehrfachprädikation führen, gilt jedoch auch für Satzglieder.

6.6. Häufungen von Sätzen

In Kapitel 6.4. wurden Häufungen im Rahmen bestimmter Phrasen, in Kapitel 6.5. Häufungen im Rahmen von (Haupt- und Neben-)Sätzen behandelt. Im vorliegenden Kapitel geht es um die Häufung von Hauptsätzen. Rahmeneinheit hierfür ist der Text oder eine irgendwie geartete, den Satz übergreifende Texteinheit. Insofern bildet dieses Kapitel den Übergang zu Teil 7.

Sätze können nur syndetisch gehäuft werden. Auf der anderen Seite gibt es keinen Satz, der nicht mit einem gleichartigen Satz zusammen eine Häufung bilden könnte. Kategorien gleichartiger Elemente bilden dabei die Satzarten: Konstativsatz kann nur mit Konstativsatz, Interrogativsatz nur mit Interrogativsatz, Imperativsatz nur mit Imperativsatz zusammen eine Häufung eingehen:

Der Abend war langweilig, und wir verabschiedeten uns früh.
Ist dir nicht gut, oder hast du dich über irgendetwas geärgert?
Geh hinaus und kehr die Straße.

Die Regel, daß nur Sätze gleicher Art häufbar sind, kann lediglich in einem Fall durchbrochen werden: zwei verschiedenartige Sätze, die derselben Äußerungsart angehören, können gehäuft werden. So ist die Folge

Sei jetzt still, oder du fliegst raus.

als korrekte Häufung anzusehen, weil beide Teilsätze (als Äußerungen) Drohungen oder auch Aufforderungen sind; dem steht durchaus nicht entgegen, daß hier ein Imperativsatz mit einem Konstativsatz kumuliert wird. Auf der anderen Seite ist eine Folge wie

Komm doch, oder willst du lieber hier bleiben?

nicht als Häufung zu betrachten (es handelt sich also um zwei unabhängige Äußerungen), weil hier – in aller Regel wenigstens – eine Aufforderung und eine Frage aneinandergereiht werden. Näheres zu den Äußerungsarten s. Kapitel 7.2.

Reine Kommasyndese kommt vor:

Der Abend war langweilig, wir verabschiedeten uns früh.

In solchen Fällen kommutiert freilich das Komma mit Strichpunkt und Punkt bzw. Fragezeichen bzw. Ausrufezeichen — in Abhängigkeit teils vom inhaltlichen Zusammenhang der Sätze, teils von individuellem Sprachgebrauch. Es ist außerdem nicht möglich, auf dieser Ebene noch von reiner U-Syndese zu sprechen, weil die derzeit geltenden Interpunktionsregeln im allgemeinen neben dem Konjunktor (genau: vor diesem) mindestens ein Komma verlangen – allerdings nur bei „vollständigen" Sätzen; aber um solche handelt es sich hier ausschließlich.

Die Abfolge gehäufter Sätze läuft oft parallel zur Assoziation von Vorstellungen bzw. zur beobachtbaren Abfolge von Sachverhalten; weitere semantische Implikationen sind nicht festzustellen.

An einem semantischen Unterschied zwischen rein kommasyndetisch und anderweitig verbundenen Sätzen kann freilich nicht gezweifelt werden.

Aber auch dieser Unterschied ist mit gängigen Kategorien nicht zu greifen. Die beiden gehäuften Sätze

Der König ist tot, es lebe der König.

stehen, wenn man es so sehen will (was legitim ist), in einem Kausalverhältnis; die beiden gehäuften Sätze

Diesmal lachte sie nicht, und das verwirrte ihn.

kann man ebenfalls als kausal verbunden ansehen. Etiketten wie „implizite Verbindung": „explizite Verbindung" benennen, anstatt zu erklären. D a ß aneinandergereihte Sätze auf irgendeine Art zur Konstitution höherer semantischer Einheiten beitragen, darf vorausgesetzt werden; w i e dies geschieht, läßt sich an manchen Einzelbeispielen anschaulich darlegen – generalisierbare Beschreibungsansätze fehlen noch weitgehend. Lediglich ein paar Schritte in dieser Richtung können im folgenden Teil getan werden.

Literatur

Bechert, Johannes; Clément, Danièle; Thümmel, Wolf; Wagner, Karl Heinz: Einführung in die generative Transformationsgrammatik, München ³1973. (München 1970.)

Brinkmann, Henning: Die deutsche Sprache. Gestalt und Leistung, Düsseldorf ²1971, S. 581–588.

Chomsky, Noam: Syntactic structures = Janua linguarum 4, s'Gravenhage 1957.

Chomsky, Noam: Aspekte der Syntax-Theorie, Frankfurt, Berlin 1969. (Aspects of the Theory of Syntax, Cambridge, Mass. 1965.)

Erben, Johannes: Deutsche Grammatik. Ein Abriß, München ¹¹1972. (Berlin 1958.)

Flämig, Walter (Hrsg.): Skizze der deutschen Grammatik, Berlin 1972.

Glinz, Hans: Deutsche Grammatik 1 und 2 = Studienbücher zur Linguistik und Literaturwissenschaft, Bd. 2, Bad Homburg 1970, Bd. 3, Frankfurt a. M. 1971.

Grebe, Paul (Hrsg.): Grammatik der deutschen Gegenwartssprache (Duden-Grammatik) = Der Große Duden, Bd. 4, Mannheim ³1973. (Mannheim 1959.)

Harweg, Roland: Phrasale *und*-Koordination in der generativen Grammatik, in: Zeitschrift für Phonetik, Sprach- und Kommunikationswissenschaft 1970, Bd. 23, S. 192–214.

Heringer, Hans-Jürgen: Theorie der deutschen Syntax, München ²1973 (München 1970), bes. S. 271–280.

Huber, Walter; Kummer, Werner: Transformationelle Syntax des Deutschen I, München 1974.

König, Ekkehard: Kumulative Komparative (Ein Beitrag zu dem Problem: Allquantor und Konjunktion), in: A. von Stechow (Hrsg.), Beiträge zur generativen Grammatik = Schriften zur Linguistik 3, Braunschweig 1971, S. 100–111.

Reichenbach, H.: Elements of Symbolic Logic, New York 1966, bes. S. 40–43.

Tesnière, Lucien: Eléments de syntaxe structurale, Paris ²1965 (Paris 1959), S. 323–358.

Thümmel, Wolf: Vorüberlegungen zu einer Grammatik der Satzverknüpfungen. Koordination und Subordination in der generativen Transformationsgrammatik, Stuttgart 1970 (unveröff.).

7. Text

Es geht in diesem letzten Teil mehr, unmittelbarer als in den vorhergehenden um den eigentlichen Gegenstand der Sprachwissenschaft: alle linguistischen Wege führen zum Text, und tun sie dies nicht, so sind es Irrwege, Sackgassen, die zwar durchaus ihren Nutzen für den Fortschritt unserer Erkenntnis haben mögen, aber dennoch möglichst schnell mit möglichst eindeutigen Warnschildern versehen werden sollten. Es gibt im Bereich der Linguistik zu viele (und großenteils dringende) Aufgaben, und das Häuflein der Linguisten ist zu klein, als daß man sich vermeidbare Um- und Abwege leisten könnte, zumal wenn die Um- und Abwege auf mangelnder Kenntnis der Forschungslage beruhen: das aber ist auch heute noch eher die Regel als die Ausnahme.

Nur in Texten verständigen sich Menschen untereinander, und dies – zwischenmenschliche Kommunikation – war einleitend als die zentrale Funktion der Sprache bezeichnet worden. Wörter, Phrasen, Sätze sind dabei nur Hilfsmittel, methodologisch: Vorstufen bei der Beschreibung des Gegenstandes. Das vorliegende Buch müßte dem einsichtigen Leser völlig disproportioniert erscheinen, zumal da Syntax in Kapitel 1.3. als der Teil der Grammatik definiert wurde, der sich mit der Kombinatorik der Elemente befaßt. Kombinatorik wurde dabei keineswegs auf den Bereich des Satzes beschränkt. Zur Syntax der Phrasen und zur Syntax des Satzes gesellt sich die Textsyntax.

Daß Textsyntax hier nicht viel mehr als die Rolle eines Anhangs spielt, spiegelt zunächst die Forschungslage wider. Auch daß in den letzten Jahren die Textlinguistik starken Zulauf gefunden hat, ändert wenig am Gesamtbild: es gibt zahlreiche Entwürfe, Kritiken bisheriger Forschung, Kritiken von Kritiken und so weiter: es gibt noch keine halbwegs vollständige und dabei konsistente Textsyntax der deutschen Sprache (und dies, obwohl Textlinguistik eine vorwiegend kontinentale, ja nahezu deutsche Domäne geworden ist).

Zur Rechtfertigung einer Syntax der deutschen Gegenwartssprache in der hier vorgetragenen Zusammensetzung kann freilich noch einiges weitere gesagt werden. Die linguistischen Wege, von denen oben die Rede war, können nicht allein durch ihre Zielsetzung begründet werden. Das Imperium Romanum mag Dauer und Festigkeit zum wesentlichen Teil seiner Staatsidee verdanken; die römische Staatsidee hat unter anderem das erst heute wiederholbare Straßensystem hervorgebracht. Hätten aber die Römer nicht über die Kunst des Gewölbebaus verfügt, sie hätten nicht in gleichem Ausmaß Gewässer und Täler überwinden und so die entlegensten Teile des Weltreichs mit der Zentrale verbinden können. Die Technik des Straßen- und Brückenbaus ist darum, gerade im Hinblick auf Konstitution und Geschichte des Imperiums, eingehender Betrachtung wert. Ohne die Fachkenntnisse zahlloser Handwerker hätten tausende von Brücken, die das europäische Mittelalter beschämen, nicht gebaut werden können. Wer aber als Linguist – und das mag nun heißen: als „Textlinguist“ – das Wort *darunter* in dem Satz *Darunter fallen auch Ausgaben für versorgungsbedürftige Verwandte.* als „Adverb“ bezeichnet, der beweist damit, daß es ihm an handwerklichen Fähigkeiten noch fehlt. Und wer, wiederum als Linguist/Textlinguist, eine Klasse „Ergänzung mit Präposition“ ansetzt, die gleicherweise in

Kappus wohnt in Kairo.

wie in

Kappus täuscht sich in Wilhelm.

vorliegt, der mag zwar sein Handwerk verstehen, macht aber nur unzulänglich und unangemessen Gebrauch davon (Näheres dazu in Kapitel 5.4.). Man kann nicht Textlinguistik betreiben, wenn man über Textkonstituenten nicht Bescheid weiß, und man müßte als Textlinguist auch Bescheid wissen über Verfahren, die zur Erzeugung von Textelementen erforderlich sind. Die Kapitel 2 bis 6 dienten genau diesem Ziel; auf sie – oder irgend äquivalente Darstellungen –wird auch künftig keine textbezogene Grammatik verzichten können.

7.1. Textlinguistik

Der Teil der Linguistik, der sich mit Texten, mit ihrer Erzeugung und ihrer Struktur befaßt, sei hier Textlinguistik genannt. Sie beruht, wie gesagt wurde, in weitem Maße auf der zuvor dargestellten subtextualen Linguistik. Aber obwohl Phrase, Satz und Text als Rahmeneinheiten des supraphonematischen Bereichs eine zusammenhängende Reihe bilden und durch mancherlei Gemeinsamkeiten verbunden sind, zeigt der Text doch wesentliche spezifische Merkmale. Sie sind hier kurz zu umreißen.

Das wichtigste unterscheidende Merkmal des Textes gegenüber anderen linguistischen Einheiten ist, daß er aus Stellungnahmen zu Sachverhalten besteht. Diese Stellungnahmen werden hier Äußerungen genannt. Erst Äußerungen ermöglichen interhumane verbale Kommunikation.

Nur Äußerungen also, nicht Sätze oder noch kleinere Einheiten, stiften Bezüge zu Sachverhalten, haben Referenz. Wo in den vorangegangenen Teilen Referenz ins Spiel kam, wurde also ein textlinguistischer Begriff zur Beschreibung subtextualer Kategorien und Prozesse verwendet. Das ist durchaus legitim, wie überhaupt in praxi die Trennung der linguistischen Teildisziplinen voneinander nicht zum Fetisch werden darf. Daß die Anaphorisierung, die ohne Referenz undenkbar wäre, zur Klassifikation der Ergänzungen verwendet wurde, diente der Übersichtlichkeit im Bereich der Phrasen- und Satzsyntax. Daß die Subjunktion von Sätzen in dem Teil behandelt wurde, der dem Verbalsatz gewidmet ist, muß schon deshalb einleuchten, weil Nebensätze und Hauptsätze viel mehr Gemeinsamkeiten als Unterschiede aufweisen und weil Nebensätze als Teile von Sätzen eben dort ihren systematischen Ort haben; aber auch Subjunktion von Sätzen war, darauf wurde hingewiesen, großenteils nur mit Hilfe des Begriffs der Referenzidentität beschreibbar.

Äußerungen als Stellungnahmen zu Sachverhalten sind Sprechakte, Sprechhandlungen. Die Texttheorie ist damit eingebettet in eine allgemeine menschliche Handlungstheorie; daß sie sich in diesem weiteren Rahmen auf sprachliche Phänomene und auf linguistische Prozesse zu konzentrieren hat, bedarf keiner weiteren Rechtfertigung.

7.2. Äußerungen

Sieht man von der in verschiedener Hinsicht bemerkenswerten Grammatik von Schulz-Griesbach ab, so gibt es kaum linguistische Darstellungen, in denen Satz und Äußerung wohl unterschieden sind. Mit der Erörterung dieser beiden Begriffe ist deshalb zu beginnen.

Hans kommt nicht.

ist ohne Zweifel ein Satz. Das Strukturdiagramm

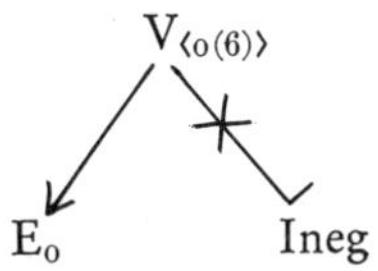

weist ihn als Verbalphrase im weiteren Sinne aus; ein das Ganze regierendes Obersatzverb liegt hier nicht vor; *Hans kommt nicht.* kann darum kein Untersatz sein. Ist dieser Satz aber zugleich eine Äußerung?

Die Subjunktion in

Gritli sagt, Hans kommt nicht.

zeigt, daß dasselbe Konstrukt auch als Untersatz vorkommt:

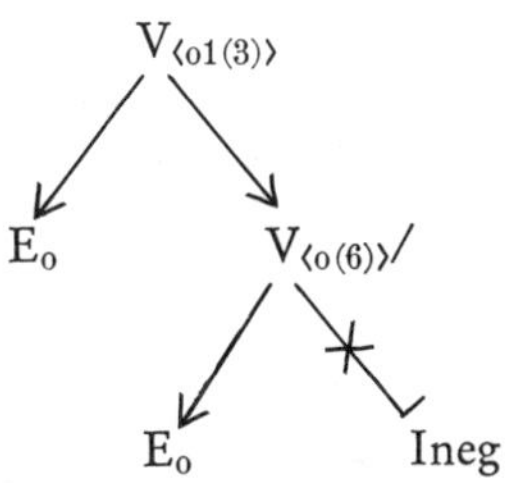

In dieser Funktion kommutiert *Hans kommt nicht.* mit einem Subjunktorsatz:

Gritli sagt, daß Hans nicht kommt.

Dem *daß*-Satz fehlt nun ein Merkmal, das man gemeinhin (freilich im Grunde zu unrecht) dem Hauptsatz zuschreibt: ein „illokutionäres" Element. Der Begriff „illokutionär" spielt in der Sprechakttheorie, ausgehend von Austin und Searle, eine zentrale Rolle. Er bezieht sich – bei teilweise unterschiedlicher Terminologie – auf das Element, das ein sprachliches Konstrukt zu einem Sprech-Akt macht. Ursprünglich dachte man dabei vor allem an nichtsprachliche Handlungen, die beim Äußern eines sprachlichen Konstrukts wie

Ich taufe dich auf den Namen Regine.
Ich eröffne die Versammlung.
Ich erteile Herrn B. das Wort.

usw. mitvollzogen werden. Heute schreibt man jedem kommunikativ verwendeten Konstrukt ein illokutionäres Element – Stellungnahme zu Sachverhalt, Aufforderung zu sprachlichem/nichtsprachlichem Reagieren usw. – zu. *Hans kommt nicht.* ist zunächst lediglich ein Satz. In der Regel wird ihm aber zugleich das illokutionäre Element „Stellungnahme" zugeschrieben. Entsprechendes gilt für fast alle kommunikativ verwendeten Hauptsätze: etwas wird geäußert und damit zugleich als wahr oder falsch bezeichnet (man kann ihm einen Wahrheitswert zuweisen), oder es wird in Frage gestellt, oder es wird als postuliert ausgewiesen usw. Der *daß*-Satz hingegen enthält den Inhalt des kommunikativ verwendeten Hauptsatzes minus illokutionäres Element. Inhalt des *daß*-Satzes ist also etwas wie ‚das Nicht-Kommen von Hans'. Dieser Inhalt wird als Proposition bezeichnet. Damit ist der hier verwendete Propositionsbegriff erheblich weiter als bei vielen neueren Linguisten (wo er lediglich eine Art Inhaltskern unter Ausschluß negierender, modifizierender, situierender, existimatorischer und anderer Elemente meint).

Wesentlich ist nun, daß der Inhalt, die Bedeutung nicht nur der Nebensätze, sondern auch der Hauptsätze lediglich die Proposition ist; das illokutionäre Element kommt allein der Äußerung zu. Der Inhalt einer Äußerung läßt sich also durch die Formel

ill (Prop)

wiedergeben.

Daß Satz und Äußerung gewöhnlich verwechselt werden, hat zwei Ursachen. Erstens tritt das illokutionäre Element, das nicht nur den Satz als Stellungnahme (als Äußerung) ausweist, sondern zugleich die Art der Stellungnahme – Aussage, Frage, Aufforderung, Wunsch, Warnung, Drohung usw. – angibt, in der Oberflächenstruktur oft nicht unmittelbar in Erscheinung, sondern hinterläßt nur indirekte Spuren, so in der Prosodik (besonders bei Fragen: *Du kommst morgen?*). Dies gilt allerdings in diesem Umfang nur für gewisse Sprachen wie für das Deutsche; die slawischen Sprachen etwa haben ein eigenes „Morphem" für Entscheidungsfragen (z. B. russisch *-li*, polnisch *czy*), und es gibt andere Sprachen, die auch Aussagen durch ein spezielles Monem kennzeichnen (können). Im Deutschen aber sind, vor allem in geschriebenen Texten, Satz und Äußerung oft nicht oder nur schwer zu unterscheiden. Zweitens ist der (Haupt-)Satz die Ausdrucksform par excellence für die Äußerung. Vom Nebensatz kann gesagt werden, daß er (falls keine Obersatzellipse vorliegt) nie ein illokutionäres Element enthält. Wird ein kommunikativ verwendeter Hauptsatz einem anderen Hauptsatz subjungiert (wodurch er zum Untersatz wird), so erfährt er eine Inhaltsreduktion: sein Inhalt besteht nur mehr in der Proposition. Einem alleinstehenden Hauptsatz sieht man es oft nicht ohne weiteres an, ob er zugleich eine Äußerung ist. Äußerungen haben, soweit es sich nicht um Kurzsätze oder elliptische Formen handelt, die Ausdrucksform von Hauptsätzen.

Der Text besteht aus Äußerungen. Es muß nach dem Gesagten – zunächst mindestens theoretisch – möglich sein, in gegebenen Texten festzustellen, was Satz, was Äußerung ist. Damit ist aber über den Umfang der einzelnen Äußerung noch nichts gesagt.

Oben wurde dargelegt, daß Äußerungen Sprechakte sind. Vorarbeiten zu einer Klassifikation der Sprechakte haben die bislang nicht sehr zahlreichen Vertreter der Sprechakttheorie, vor allen anderen Austin und Searle, geleistet. Entscheidend ist jeweils die Absicht, die der Sprecher mit seiner Äußerung verfolgt. Es ist leicht zu zeigen, daß man mit den drei klassischen „Redeabsichten" Aussage-Frage-Aufforderung nicht auskommt; als weitere Typen werden Wunsch, Vorwurf, Warnung, Drohung, Versprechen und andere genannt, darunter auch so spezielle wie Taufen, Trauern, Eröffnen, die an konkrete Situationen und meist einzelne Lexeme gebunden sind. Offensichtlich handelt es sich bei den Sprechaktarten um eine offene Liste. Das bislang einigermaßen Gesicherte erlaubt gleichwohl Überlegungen zur formalen Darstellung. Ich schlage vor, daß ein Symbol für die jeweilige Sprechaktart dem Vollverb Vv (vgl. Kapitel 4.2.) vorangestellt wird. Dabei soll stehen

.V für Aussage, Mitteilung
¿V für Frage
¡V für Aufforderung

Andere Arten werden durch .V (Vv) und vorangestellte Abkürzungen gekennzeichnet, zum Beispiel

droh. V für Drohung
verspr. V für Versprechen

Fehlt die Kennzeichnung vor V(Vv), so bleibt offen, ob das Konstrukt zugleich eine Äußerung ist.

Es liegt auf der Hand, daß ein Sprechakt, eine Äußerung nur einer gleichbleibenden Sprechaktart zugeordnet werden kann, wobei Mischformen durchaus möglich (vielleicht sogar die Regel) sind. Ein Wechsel der Sprechaktart zeigt jedenfalls immer auch das Ende einer Äußerung und den Beginn einer neuen an. Damit ist eine obere Grenze für den Umfang einer Äußerung gewonnen. Aber dieses Kriterium ist unzureichend für die Mehrzahl der Fälle. Die Sequenz

> *Ein ähnlicher Prozeß läßt sich auch bei der Magnetisierung von Weicheisenstäben feststellen. Weicheisen ist ein Material, das sich unter dem Einfluß eines Magnetfeldes magnetisiert ... Auch hier läßt sich feststellen, daß ein jungfräulicher Stab andere Relationen zwischen dem magnetischen Moment und der Feldstärke aufweist als ein bereits einmal magnetisierter Stab. Auch hier zeigt die Kurve eine charakteristische Schleifenform ...*
> (Aus Günter Pflug, Sprache und Informationstheorie, in: W. A. Koch Hrsg., Perspektiven der Linguistik II, Stuttgart 1974, S. 64)

enthält vier Sätze (darunter zwei komplexe Sätze), die alle einer einzigen Sprechaktart angehören: der Mitteilung (was in wissenschaftlichen Abhandlungen die Regel ist). Wenn man hier auch vier Äußerungen sehen will, so kann die Sprechaktart nichts mehr zu ihrer Abgrenzung beitragen. Man muß sich also um zusätzliche Kriterien bemühen.

Solche Kriterien bieten sowohl die traditionelle wie die neuere Linguistik an. Es war immer wieder von bestimmten Elementen die Rede, die eine Äußerung/eine Aussage/einUrteil/einen Satz usw. konstituieren. Meist handelt es sich um Paare von Elementen.

Das in der deutschen Grammatik älteste (darum allein freilich nicht ehrwürdigste) Zweigespann ist das von Subjekt und Prädikat. In diesem Zusammenhang kann allerdings nicht das „grammatische Subjekt" und nicht das „grammatische Prädikat" gemeint sein, also unsere E_0 einerseits, der Rest des Satzes andererseits. Denn erstens würde dann der Umfang der Äußerung von vornherein (und unbegründet) auf den Bereich des Verbalsatzes festgelegt. Und zweitens wären dann auch Nebensätze (und generell alle Untersätze) Äußerungen. Dies ist aber unmöglich, weil der Inhalt eines Nebensatzes nur die Proposition sein kann, weil Nebensätze somit (abgesehen vom Fall der Obersatzellipse) nie eigene Stellungnahmen zu Sachverhalten wiedergeben können. Aber auch das „psychologische Subjekt" und das „psychologische Prädikat" – Begriffe, die nach Georg von der Gabelentz mindestens seit Hermann Paul eine wechselnde Rolle spielten – tragen zur Lösung des Problems nichts bei, weil sie unzureichend definiert sind, jedenfalls eine Dimension einführen, in der intersubjektive Kontrolle mit linguistischen Mitteln nicht mehr möglich ist.

Eher könnten die Begriffe Thema und Rhema als Definitionshilfe für die Äußerung dienen. Sie sind zwar in der neueren Linguistik erst ein halbes Jahrhundert alt, lassen sich aber auf die linguistisierende Logik des Aristoteles zurückführen. Mißlich ist vorderhand nur, daß über Thema und Rhema selbst in der Prager linguistischen Schule, wo diese Begriffe am eingehendsten diskutiert wurden, keine Einigkeit besteht; ferner daß das Begriffspaar Topic and Comment (auch Focus), für eine Reihe amerikanischer Linguisten zunächst nichts als eine Übersetzung für Thema und Rhema, heute zunehmend in Konkurrenz zu Thema – Rhema tritt. Eine Abklärung der Begriffe ist daher unumgänglich.

Thema und Rhema sind eng mit der funktionalen Satzperspektive oder Mitteilungsperspektive verbunden, die seit den dreißiger Jahren ebenfalls von der Prager Schule in die Linguistik eingeführt wurde. Nach dem Prinzip der funktionalen Satzperspektive haben die Glieder eines Satzes – aber durchaus auch größere oder kleinere Einheiten – unterschiedlichen Mitteilungswert, so daß innerhalb einer gegebenen Rahmeneinheit eine auf dem Mitteilungswert beruhende Hierarchie der Glieder entsteht. Der Mitteilungswert kann die Oberflächenstruktur sprachlicher Einheiten auf verschiedene Weise beeinflussen. Im Deutschen wirkt er oft unmittelbar auf die Position ein. Wird der Satz

Sonja hat Thomas ihr Manuskript zu lesen gegeben.

permutiert zu

Sonja hat ihr Manuskript Thomas zu lesen gegeben.

, so darf man annehmen, daß *Thomas* im zweiten Beispiel einen höheren Mitteilungswert besitzt als im ersten. Prinzipiell der gleiche Effekt kann – mit oder ohne Änderung der Gliedfolge – durch intonatorische Mittel erreicht werden:

Sonja hat Thómas ihr Manuskript zu lesen gegeben.

Innerhalb einer Wortgruppe hat ein Vorstellungskomplex geringeren Mitteilungswert, wenn er als pränukleare Partizipialgruppe, und höheren Mitteilungswert, wenn er als postnuklearer Relativsatz aktualisiert wird:

mein mit dieser Materie vertrauter Rechtsanwalt
mein Rechtsanwalt, der mit dieser Materie vertraut ist

Und auch hier kann entsprechende Intonation denselben – verstärkenden oder auch gegenläufigen – Effekt haben. Mindestens das letzte Beispiel zeigt, daß die funktionale Satzperspektive grundsätzlich nicht mit Endketten, die voll lexematisiert sind, zu tun hat, sondern mit teilweise prälexikalischen Inhalten; die Festlegung des Mitteilungswertes muß also auf einer sehr frühen Stufe des Erzeugungsprozesses erfolgen.

Die Möglichkeit, die Glieder in Konstrukten beliebigen Umfangs und beliebigen Ranges nach ihrem Mitteilungswert zu ordnen, ergibt letzten Endes kontinuierliche Reihen mitteilungsperspektivisch geordneter Elemente.

Diese Vorstellung, die neuerdings auch in der Prager Linguistik Boden gewinnt, macht aber eine Dichotomisierung in Topic/Thema (Glied(er) mit geringerem Mitteilungswert) und Focus/Rhema (Glied(er) mit höherem Mitteilungswert) überflüssig, ja unmöglich. Ich spreche deshalb (unter Verzicht auf den Topic/Thema-Begriff im Sinne der funktionalen Satzperspektive) fortan nur noch von Focusierung und gegebenenfalls vom Focusierungsgrad eines Elements. Er entspricht weitgehend dem, was der Prager Linguist Jan Firbas und andere unter „kommunikativer Dynamik" verstehen; kommunikative Dynamik meint das Gewicht des Beitrags, den ein Element/Glied zur im Kommunikationsakt angestrebten Verständigung leistet.

Ein alter, freilich verständlicher Irrtum kann nun leicht ausgeräumt werden: der Focusierungsgrad von Elementen kann nicht an das Antonymenpaar ‚bekannt': ‚unbekannt (= neu)' gebunden werden; Focusierungsgrad entspricht damit nicht dem Informationswert, wie er in der Informationstheorie verwendet wird. Auch längst Bekanntes, zuvor Erwähntes kann je nach Mitteilungsabsicht hohen Focusierungsgrad aufweisen, so das gesperrte Element in der folgenden Satzreihe:

> *Ich habe vorgestern Herrn Roggenmas kennengelernt. Und im Zusammenhang mit unserer Pilotstudie stoße ich heute wieder auf Herrn Roggenmas.*

Focusierung in der so erläuterten Form ist, auch wenn sie in verschiedener Weise zur Vertextung verwendet werden kann, nicht per definitionem textkonstituierender Faktor. Sie mußte aber relativ ausführlich erörtert werden, damit sie von dem Begriffspaar Thema und Rhema deutlich abgegrenzt werden kann.

Unter Thema verstehe ich lediglich das, was als Merkmal dem „Thema" von vielen Vertretern der funktionalen Satzperspektive auch zugeschrieben wird (und was in der Prager Linguistik zu einiger begrifflicher Unsicherheit geführt hat): das „Zugrundeliegende", nach einigen Linguisten das (nur) „Bezeichnete", das, worüber etwas ausgesagt werden soll. Rhema ist dementsprechend (und auch im Sinne des Rhema-Begriffs vieler Linguisten) nur das über das Thema „Ausgesagte", die Explikation, der „Kommentar". Thema und Rhema entsprechen, soweit ich sehe, genau dem aristotelischen Hypokeimenon bzw. Kategoroumenon. Sie sind, obwohl auch linguistisch zu verstehen, Begriffe eines Logikers, der sich mit Aussagen („Urteilen") beschäftigt. Und eben deshalb sind sie für eine Defiinition der Äußerung verwendbar.

Als Äußerung wird nun jede linguistische Einheit definiert, die eine Thema-Rhema-Struktur aufweist. Wenn die Duden-Grammatik in ihrer vorletzten Auflage den Satz definierte durch die „Aufspaltung einer zunächst nur komplexhaft wahrgenommenen besonderen Wirklichkeit in ein Etwas und in eine verhaltensmäßig geprägte Aussage über dieses Etwas“ (Duden-Grammatik, [2]1966, S. 468), so trifft dies im wesentlichen auf unseren Äußerungsbegriff zu. Es ist natürlich nicht zu kritisieren, daß jemand ein Konstrukt anders benennt, als es hier benannt wird; wohl aber ist zu bedauern, daß man nicht zwischen Satz und Äußerung (wie auch immer beide benannt werden mögen) unterscheidet.

Die Definition der Äußerung als Konstrukt mit Thema-Rhema-Struktur (TR-Struktur) hebt viele Schwierigkeiten auf. Zum Beispiel dürfte jetzt klar sein, daß der Text auf Seite 266 aus vier Äußerungen (und zwar jeweils reinen Mitteilungen) besteht, die – zufällig – zugleich Sätze sind und – zufällig – jeweils durch Punkte voneinander getrennt sind. Für diese „Zufälle“ spricht allerdings eine ziemlich hohe Wahrscheinlichkeit, weil der Hauptsatz, wie erwähnt, die Ausdrucksform par excellence für die Äußerung ist und weil Sätze, soweit sie zugleich Mitteilungen sind, häufig durch Punkte begrenzt werden. Aber dieses häufige Zusammentreffen enthebt uns nicht der Verpflichtung, Satz und Äußerung begrifflich scharf auseinanderzuhalten.

Syndetisch verbundene Sätze – sogenannte „Satzreihen“ – sind, falls sie je eigene TR-Struktur aufweisen, mehr oder weniger selbständige Äußerungen:

Das Wasser rauscht‘, das Wasser schwoll.
Es war eine Lüge, aber sie wurde verstanden.
Sie stiegen die Treppe hinauf, und plötzlich brach die Häuserreihe ab.

Äußerungscharakter haben auch noch Sätze, die durch Elimination identischer Elemente verbunden sind:

Die Großen tranken Wein, die Kinder Apfelsaft.

Entscheidend ist allein, daß hier auch der zweite (defektive) Satz eine eigene TR-Struktur aufweist.

Die TR-Struktur in Fragen wird wie bei Mitteilungen ermittelt. Eine frühere Ansicht, daß in „Sachfragen“ immer das Frageelement als Rhema aufzufassen sei, wurde von Prager Linguisten längst widerlegt. Zwar ist dies – gewöhnlich bei entsprechender prosodischer Hervorhebung – durchaus möglich, so in den Sätzen

¿W a r u m habt ihr das getan?
¿W i e v i e l e müssen an dieser Kreuzung noch sterben?
¿W o v o r hast du Angst?

Das jeweils gesperrte Element fungiert als Rhema.

Zweifellos häufiger ist es jedoch, daß nicht das erfragte Element als Rhema fungiert:

¿Was t u n Sie denn?
¿Wann k o m m t ihr wieder?
¿Was g i b t es denn?
¿Wie ist der denn nach T o k i o gekommen?

Das jeweils gesperrte Element fungiert als Rhema.

In „Entscheidungsfragen", die im Deutschen kein explizites Frageelement enthalten, fungiert häufig, aber durchaus nicht immer, das Verb (Vv) als Rhema:

¿K o m m t ihr denn?
¿S c h w i m m t er schon?
¿Kommt ihr a u c h?
¿Gehst du h i n?
¿Gehst d u hin?
usw.

Beispiele für Rhema (gesperrt) in Aufforderungen:

¡Ihr geht jetzt ins B e t t.
¡Du könntest die M i l c h holen heut.
¡Könnt ihr nicht r u h i g sein?

Imperativische Aufforderungssätze enthalten immer ein Rhema, meist auch ein Thema:

¡Geht jetzt ins B e t t!
¡Hol die M i l c h bitte!

Gelegentlich fehlt – wie auch in Kurzsätzen ohne Verb – das Thema:

¡K o m m!
¡W a r t e t!
¡R a u s!
¡R u h e!

Angesichts solcher Konstrukte ist die Definition der Äußerung zu revidieren: A l s Ä u ß e r u n g g i l t, w a s e i n R h e m a e n t h ä l t.

Bei all dem bleiben viele ungelöste Probleme, sogar in Mitteilungen, die im ganzen am leichtesten beschreibbar sind. Mir ist zum Beispiel nicht klar, ob in dem Schülerreim

der Himmel ist blau /
das Wetter ist schön /
Herr Lehrer /
wir wollen spazierengehn.

zwei oder vier Äußerungen vorliegen. Wenn man einmal konzediert, daß die Anrede *(Herr Lehrer)* eine eigene Sprechaktart darstellt und daher als Äußerung von den sie umgebenden Mitteilungen zu unterscheiden ist, bleiben drei Sätze, die durchaus eine je eigene TR-Struktur haben könnten. Aber diese drei Sätze bilden zusammen einen argumentativen Komplex, dessen Struktur in der Paraphrase

Weil der Himmel blau und das Wetter schön ist, wollen wir spazierengehen.

deutlicher hervortritt: in dieser Paraphrase wäre *spazierengehen* als Rhema, alles Vorangehende als Thema zu bezeichnen. Die Streitfrage soll hier nicht gelöst werden, sie kann es wohl auch gar nicht in genereller Weise. Wieviele Äußerungen hier vorliegen, hängt vom Kohäsionsgrad der Teile ab und läßt sich damit nur tiefensemantisch begründen.

Der durch diese Definitionen frei gewordene Begriff des Topic läßt sich nun verwenden in einer Weise, in der er in der generativen Grammatik und besonders in der generativen Semantik gang und gäbe ist: dort bezeichnet Topic das erste Element im Satz (meist im Hauptsatz), und zwar in der Oberflächenstruktur. Topikalisierung als diejenige Transformation, die ein tiefenstrukturell erzeugtes Element an den Anfang des Satzes rückt, entspricht damit unserer Vorfeldbesetzung (s. bes. 5.8.4.). Daß Topikalisierung häufig weitere Entscheidungen und Prozesse impliziert, ändert nichts daran, daß im allgemeinen und primär die Vorfeldbesetzung gemeint ist. In der vorliegenden Syntax ist der Terminus „Topikalisierung“ entbehrlich, er kann aber durchaus im bezeichneten Sinne verwendet werden.

7.3. Referenz

Texte bestehen aus Äußerungen. Aber nicht jede beliebige Aneinanderreihung von Äußerungen ergibt einen Text. Es müssen bestimmte Voraussetzungen erfüllt sein, damit Äußerungen „vertextet“ werden können. In der Folge

> *Sie kosten fünfzehn Mark das Stück, und in zehn Minuten spricht der Bundeskanzler.*

sind diese Voraussetzungen offensichtlich nicht erfüllt. Die Inkompatibilität der beiden Äußerungen hat damit zu tun, daß die Wörter der ersten und die der zweiten Äußerung nichts oder nicht genug miteinander gemeinsam haben. Wir dürfen auch annehmen, daß es dabei vorwiegend um inhaltliche Gemeinsamkeiten geht. Außerdem sind solche Gemeinsamkeiten bei Verben, Nomina, Adjektiven wichtiger als bei den ohnehin inhaltsleeren oder inhaltsarmen „Strukturwörtern" (Pronomina, Präpositionen u. a.). Ich nenne die erstgenannte Gruppe von Wörtern „sinntragende Wörter" und nehme die Unbestimmtheit dieses Terminus in Kauf; wo der Kontext klärt, wird auch einfach von „Wörtern" die Rede sein.

Die geforderte Gemeinsamkeit der Wörter liegt dann immer in ihrer Referenz, das heißt ihrem Bezug auf außerhalb der Äußerung Liegendes, meist Außersprachliches. Die beiden oben angeführten Beispielsätze sind unter anderem deshalb nicht in einem Text kompatibel, weil zwischen Gegenständen, die fünfzehn Mark das Stück kosten, und öffentlichen Äußerungen des Bundeskanzlers der Bundesrepublik Deutschland keine (oder zu wenige) referenzielle Gemeinsamkeiten bestehen; die Inkompatibilität der verwendeten Verben kommt hinzu. Wie vorsichtig man aber mit Aussagen über Kompatibilität von Wörtern sein muß, zeigt die nur leicht veränderte Satzfolge

> *Sie kosten fünf Millionen das Stück, und in zehn Minuten spricht dazu der Bundeskanzler.*

Dies könnte – in einem Kontext, der sich mit der Beschaffung bestimmter Rüstungsgüter beschäftigt – durchaus ein sinnvoller Text sein. Hemmendes Moment im vorletzten Beispiel ist also auch der Umstand, daß der Regierungschef der BRD kaum über Dinge, die fünfzehn Mark das Stück kosten, „sprechen" – und das heißt „öffentlich sprechen" wird.

Übrigens: er kann das natürlich tun. Nur erwartet man es eben nicht von ihm, und ein „Text" entsprechenden Inhalts wird zunächst Kopfschütteln, Verwunderung, Nichtverstehen auslösen, auch wenn er der Wirklichkeit entspricht. Dies verweist uns auf ein essentielles Merkmal der Referenz: sie ist genau genommen nicht Bezug auf außersprachliche Wirklichkeit, wie uns das manche Semantiker glauben machen wollen, sondern Bezug auf das Bild, das wir uns von der Wirklichkeit machen. Dieses Bild ist ein erkenntnistheoretisches Konstrukt im Sinne Humboldts und mindestens insofern auch im Sinne Weisgerbers, als es zu einem erheblichen Teil von der Sprache mitgeprägt ist. Nur unsere Zuversicht, daß das Bild von der Wirklichkeit – die Textlinguistik spricht auch von Wirklichkeitsmodell – bei allen Mitgliedern einer Sprachgemeinschaft im wesentlichen übereinstimmt, berechtigt uns zu der Annahme, daß sinnvolle sprachliche Kommunikation in dieser Gemeinschaft überhaupt möglich ist.

Wörter referieren auf „Gegenstände" innerhalb des Wirklichkeitsmodells, in der Regel auf mehrere Gegenstände. Ein *Gang* ist ein langgezogener Raum in einem Gebäude oder eine bestimmte Art, sich auf den Füßen zu bewegen, usw. Aber wichtiger für unsere Überlegungen ist die Referenz von Wortgruppen auf Sachverhalte. Es ist wenig damit getan, zu sagen, in dem Satz

Einen solchen Auftrag nimmt nicht jeder an.

referiere *nimmt ... an* auf eine bestimmte Verhaltensweise; denn *annehmen* kann auf wenigstens dreifache Weise disambiguiert werden, nämlich im Sinne von ‚einen Auftrag/eine Sendung annehmen', ‚etwas annehmen = vermuten', ‚eine bestimmte Farbe annehmen'. Viel leichter ließe sich die Referenz von *einen Auftrag annehmen* bestimmen.

Es kann eine direkte Referenz auf Sachverhalte vorliegen: Wörter bzw. Wortgruppen verweisen auf Gegenstände bzw. Sachverhalte (genauer: auf Klassen von Gegenständen bzw. Sachverhalten), dieser Verweis ist ihre eigentliche Bedeutung. Das Wort *Bundeskanzler* verweist, je nach räumlicher und zeitlicher Situation, auf eine bestimmte Person; die Wortgruppe *einen Auftrag annehmen* verweist auf eine bestimmte menschliche Verhaltensweise. Die Referenz ist jedoch eine indirekte beim Wort *er* in dem Satz

Er fand den Ort nach kurzem Suchen.

Er verweist hier nicht direkt auf einen Gegenstand, sondern zunächst auf eine andere Wortgruppe im vorausgehenden Text. Die folgenden Ausführungen beschränken sich auf die direkte Referenz; von indirekter Referenz wird in Kapitel 7.4. die Rede sein.

Nur (die meisten) Fachtermini und Eigennamen haben eine eindeutige Referenz. Zwischenmenschliche Kommunikation wird aber in erster Linie durch Wörter/Lexeme bestritten, die, wie schon gesagt, in aller Regel mehrdeutig sind, also multiple Referenz haben. Soll ein Text sinnvoll und verständlich sein, so müssen die in ihm verwendeten Wörter disambiguiert werden. Dies geschieht, indem aus den verschiedenen möglichen Referenzen diejenige ausgewählt wird, die mit einer Referenz eines anderen Textelements kompatibel ist. Zur Überprüfung der Kompatibilität führt man als Hilfskategorien semantische Merkmale (Seme) wie ‚menschlich', ‚politisch', ‚beweglich', ‚mit Rädern versehen', ‚natürlich entstanden', usw. ein. Die Forschungszweige, die sich mit der Einführung und Systematisierung solcher semantischer Merkmale beschäftigen, sind zwar nicht mehr ganz jung, aber bislang auch nicht sehr erfolgreich gewesen; als entsprechend vorläufig muß daher der folgende Erklärungsversuch gewertet werden.

Der Sachverhaltstyp, auf den durch die Wörter *Bundeskanzler* und *sprechen* (bei elidierter personaler E_4 mit der Präposition *mit*) referiert wird, kann etwa als ‚öffentliche Erörterung auf Regierungsebene' charakterisiert werden. Er wäre dann kompatibel mit einem (als impersonale E_4 mit der Präposition *von* oder *über* zu *sprechen* möglichen) Sachverhalt, der semantisch durch ‚für öffentliche Erörterung auf Regierungsebene geeignet' charakterisiert wird. Diese Merkmalskombination trifft wohl auf Rüstungsmaterial zu, das zu Millionenpreisen gehandelt wird, nicht aber etwa auf Herrenoberhemden, die im Schlußverkauf für fünfzehn Mark das Stück angeboten werden. Möglich wäre damit

Der Bundeskanzler spricht über die Raketen.

Kompatibel sind auch zwei Sätze wie

Sie kosten fünf Millionen das Stück, und der Bundeskanzler spricht darüber in zehn Minuten.

Kompatibel sind schließlich, bei ausreichend klärendem Kontext, Satzfolgen wie

Sie kosten fünf Millionen das Stück, und in zehn Minuten spricht der Bundeskanzler.

Der Kontext könnte etwa ausführen, daß der Sprecher, der diese Satzfolge äußert, eine Gruppe vertritt, die die Anschaffung dieses Geräts mit bestimmten Argumenten verhindern wollte, die aber die Aussichtslosigkeit weiterer Bemühungen einsieht, nachdem feststeht, daß der Bundeskanzler in zehn Minuten öffentlich (und damit wohl unwiderruflich) die Anschaffung eben dieser Geräte bekanntgeben wird.

Das Beispiel zeigt, daß man, ausgehend von Coserius „lexikalischen Solidaritäten", die Frage der Kompatibilität von Konstrukten, die auf Sachverhalte referieren, in den Mittelpunkt stellen muß. Solche Kompatibilität hängt immer von sich wiederholenden, r e k u r r e n t e n semantischen Merkmalen oder (meist) Merkmalskombinationen ab. Der französische Linguist Greimas spricht von I s o t o p i e zwischen solchen rekurrenten Merkmalen. Nur wo Isotopie vorliegt, wo also mindestens ein semantisches Merkmal in aufeinanderfolgenden Lexemen wiederkehrt, kann von einem (zusammenhängenden) Text gesprochen werden. Isotopie ist die Grundbedingung des Textes. Sie ist allerdings nicht das einzige Mittel, das Wörter in Texten disambiguieren kann. Wenn *sprechen* in den letztgenannten Beispielen als ‚öffentliches Sprechen', ‚eine Rede halten' gemeint ist, so ergibt sich diese (von ‚sich unterhalten' oder ‚um Rat fragen' usw.) unterschiedene Bedeutung aus der Tatsache, daß die personale E_4 (die die Person oder Personengruppe bezeichnen würde, mit der man spricht) nicht aktualisiert ist. Die Kompatibilität mit den Fünf-Millionen-Dingen, über die gesprochen wird, wäre auch bei den anderen Arten des Sprechens gewährleistet. Wohl aber zeigt die Unwahrscheinlichkeit, ‚öffentliches Sprechen auf Regierungsebene' auf Fünfzehn-Mark-Objekte beziehen zu können, daß Inkompatibilität von Wörtern oder Wortgruppen einer Vertextung im Wege steht.

Es gibt zwar gewisse Arten von Texten, wo mehrdeutige Wörter nicht durch den Kontext disambiguiert werden, ja nicht einmal disambiguiert werden s o l l e n; Texte also, in denen die (oder doch eine gewisse) multiple Referenz erhalten bleibt. Dies ist der Fall bei Wortwitzen und ähnlichem, in ausgedehntem Maße sodann in der sogenannten schönen Literatur. Auf solche Textsorten, zu denen sich in den letzten Jahren verschiedene Forscher geäußert haben, soll hier nicht weiter eingegangen werden. Im übrigen aber – im wesentlichen also für die sogenannte Gebrauchsprosa – hat zu gelten, daß Isotopie als semantische Kompatibilität sinntragender Wortgruppen erste und wichtigste Bedingung für die Texterzeugung ist.

7.4. Textkonstitution

Isotopie ermöglicht Texte; aber sie erzeugt noch keine Texte. Wie aus Äußerungen Texte werden, ist – trotz dem unübersehbaren Aufschwung, den die Textlinguistik in den letzten Jahren genommen hat – zum größten Teil noch unbekannt, mindestens undurchschaubar und darum nicht beschreibbar. Es können nur ein paar oberflächennahe Merkmale aufgezeigt werden, die bei der Textkonstitution offenbar eine Rolle spielen, weil sie in Texten regelmäßig zu beobachten sind. Da sich die folgenden Ausführungen auf solche beobachtbaren Merkmale beschränken müssen, ist die bei manchen Forschern beliebte Unterscheidung zwischen expliziter und impliziter Textkonstitution hier überflüssig.

Allgemeinste Hinweise auf die Textkonstitution bietet die Position. Ihre Beteiligung an der Vertextung von Äußerungen ist so selbstverständlich, daß sie, vor allem wenn andere textbildende Mittel im Spiele sind, gar nicht weiter auffällt. Sie ist darum nicht weniger wichtig. Zwei zunächst autonome Äußerungen wie

Nasser Schnee trieb die Straße herab, Sylvia wandte den Kopf ab.

sind – zumal auch nur schwache Isotopie vorliegt – in erster Linie auf Grund des positionellen Anschlusses als Textstück erkennbar. Solche Vertextung beruht offenbar auf der Annahme, daß dem Nacheinander der Äußerungen im Text eine zeitliche Abfolge der Sachverhalte entspricht, sofern nicht Zeitbestimmungen (entweder durch die Verbalflexeme oder durch adverbiale Bestimmungen) diese Abfolge modifizieren oder aufheben. Die zeitliche Verknüpfung kann durch eine konsekutive, kausale usw. überlagert werden – man weiß, daß die Alltagssprache meist nicht genau zwischen temporaler und kausaler Verknüpfung unterscheidet –, in anderen Fällen mag Finalität ins Spiel kommen (zum Beispiel: *Norman rief durch die Hallen; Sylvia blieb stehen.*) usw. Nicht unbedingt diese Spezifikationen, wohl aber die undifferenzierte Verknüpfung der Sachverhalte wird in vielen Fällen allein durch die Position angezeigt.

Deutlicher kommen solche Zusammenhänge zum Vorschein, wenn sie durch spezielle Wörter oder Wortgruppen ausgedrückt werden. Dafür kommen Konjunktoren, Subjunktoren und verschiedenartige „adverbiale" Bestimmungen in Betracht. Ein Kausalverhältnis zum Beispiel kann durch die Konjunktoren *denn, deshalb*, die Subjunktoren *weil* und *da*, durch Partikeln wie *nämlich* und durch Wortgruppen wie *aus diesem Grund* ausgedrückt werden. Solche Elemente weisen auf semantische Strukturen, die letzten Endes allein den Text konstituieren.

Über eine weitere Art von Oberflächenelementen, die diese textuelle Tiefenstruktur widerspiegeln, läßt sich Konkreteres sagen. Es handelt sich um die Anaphern, denen die Forschung schon seit längerer Zeit Aufmerksamkeit gewidmet hat.

Anaphern sind Elemente mit textreferenzieller Funktion; sie verweisen also auf andere Textelemente: *er* in

Am Neujahrstag kam er wieder.

ist ohne weiteren Kontext nur begrenzt verständlich. Es verweist auf ein zuvor im Text erwähntes, mit ihm gewöhnlich in Genus und Numerus kongruierendes Element, etwa *der Onkel* in *Drei Tage vor Weihnachten verließ uns der Onkel.* Diese Bezugselemente haben teils unmittelbare außersprachliche Referenz, teilweise verweisen sie selbst wiederum auf weitere Textelemente. Die NP *der Onkel* zum Beispiel enthält das Pronomen *der*, das selbst eine Anapher ist: es verweist auf eine frühere, explizite Erwähnung der Person des Onkels, die ja irgendwann als unbekannte (neue) Größe eingeführt worden sein muß.

Als Anaphern kommen Pronomina und Determinative und gewisse Partikeln in Frage.

Die determinativen Anaphern kommen teils autonom, teils attributiv vor; die Pronomina sind nur autonom verwendbar.

Unter den Pronomina sind vor allem zu nennen die Personalpronomina der 3. Person: *er*, *sie*, *es*. Sie stehen für eine NP, die als explizites Bezugselement fungiert. Man vergleiche das oben angeführte Beispiel, ferner die Äußerungsfolge

Sylvia beugte sich vor. Sie sah übernächtig aus.

Auch indefinite Determinative sind bei autonomer Verwendung als Anaphern zu betrachten:

Die Kinder waren im Hof. Manche schienen sehr aufgeregt.

Bei attributiver Verwendung hat *manch-*, wie andere quantifizierende Elemente, keinen Verweischarakter:

Manche Leute sind halt so.
Drei gläserne Kugeln hatte der Wirt.
Viele Hunde sind des Hasen Tod.

Selbst bei autonomer Verwendung scheinen quantifizierende Indefinita nicht unbedingt einen Vorgänger zu verlangen. Aber eine Äußerung wie

Manche freilich müssen drunten sterben.

ist ohne Vorgänger nur in einem Fall interpretierbar: wenn sie ausschließlich auf Menschen bezogen wird. Sobald auf Nichtmenschliches referiert wird, muß ein Vorgängerelement vorhanden sein.

Nur attributiv ist der (stets unbetonte) definite Artikel, wo er anaphorisch gebraucht ist. Er verweist als Glied einer NP auf eine andere (gewöhnlich frühere), jedenfalls explizitere Formulierung einer entsprechenden NP. Vorgängeräußerung der angeführten Äußerung

Drei Tage vor Weihnachten verließ uns der Onkel.

könnte etwa die Äußerung

Dieser seltsame, furchterregende, polternde und ewig hungrige Mensch war mein Onkel.

sein: indem *Onkel* zum Sprecher in Beziehung gesetzt wird, ist er ausreichend definiert (meist als Bruder eines Elternteils des Sprechers).

Viele der übrigen Determinative sind sowohl autonom als attributiv verwendbar, so Demonstrativa:

Es war einmal ein König, der hatte eine wurderschöne Frau.

Ich habe deinen Bruder am Reck gesehen . . . Dér Mann imponiert mir.

Relativa:

Es war einmal ein alter König, der eine junge Frau hatte.

Es war einmal ein alter König, dessen Frau eine einzige Leidenschaft hatte.

Unter den Partikeln sind Anaphern vor allem diejenigen, die in der traditionellen Grammatik weithin als „ursprüngliche Adverbien" bezeichnet werden, also Wörter wie *da*, *damals*, *darauf*, *dort*, *dorther*, *her*, *hin* und andere. Auch ihre Vorgänger müssen letzten Endes NP sein.

Die Frage, unter welchen Umständen eine Anapher als Textelement erscheinen kann, ist damit freilich noch keineswegs geklärt. Wir können annehmen, daß jede Anapher prinzipiell Endpunkt einer Kette von Bezugselementen ist, einer Referenzkette, an deren Anfang ein ausreichend explizites Element steht. Dieses fernste Bezugselement sei primäres Bezugselement genannt. Als primäre Bezugselemente aller Anaphern kommen dann fast immer NP in Frage:

das Grundstück des Herrn Sasse . . . es

das Grundstück des Herrn Sasse . . . dort

**das Grundstück des Herrn Sasse . . . damit*

Über den syntaktischen Status dieser NP ist damit nur ganz Vorläufiges gesagt. Sie kann – in jedem der fraglichen Fälle – in eine TP eingebettet sein:

auf dem Grundstück des Herrn Sasse

Sie kann auch die Funktion einer NE haben:

die Hoffnung auf das Grundstück des Herrn Sasse

Weitere Möglichkeiten können hier nicht ausgeführt werden. Wichtig ist, daß eine Anapher als Textelement in den meisten Fällen eine anaphernfreie oder doch nicht rein anaphorische NP als primäres Bezugselement voraussetzt.

Eine zweite – seltenere – Möglichkeit besteht nur für anaphorisch gebrauchte Pronomina mit neutralem Genus (*es*, *das*) und für Partikeln mit kausaler u. a. Bedeutung: ihr Bezugselement können auch Sätze sein. Beispiele:

Das Essen war nicht abgeräumt worden. Er bemerkte es sofort.
Er hatte Schritte gehört. Also blieb er stehen und horchte.

Außerdem können auch verschiedene Teile von Sätzen Bezugselemente sein:

Sonja trinkt Rotwein, Thomas auch.
Sonja trinkt Rotwein und außerdem Sprudel.

Bezugselement für *auch* ist *trinkt Rotwein*, Bezugselement für *außerdem* ist *Sonja trinkt.*

Zu den morphosyntaktischen Bedingungen kommen semantische Bedingungen. Es ist oft geltend gemacht worden, daß Referenzidentität zwischen der Anapher und dem primären Bezugselement bestehen müsse, daß beide also auf denselben Gegenstand oder Sachverhalt verweisen müßten. Dies führt zu theoretischen Schwierigkeiten, weil die Anapher dadurch gekennzeichnet ist, daß ihre multiple Referenz viel abstrakter ist als die jedes möglichen primären Bezugselements. Zwar kann man sagen, daß Anaphern, die sich auf Sätze beziehen, sich auf denselben Sachverhalt beziehen wie diese Sätze. Ihre Referenz wird aber erst durch den Kontext eingeschränkt. Und auch wo eine NP primäres Bezugselement ist, muß deren Kontext stärker in Betracht gezogen werden. Die Autoren des Lektürekollegs zur Textlinguistik haben sehr überzeugend dargelegt, daß zwischen den Prädikationen über die Anapher einerseits, das (primäre) Bezugselement andererseits Referenzidentität bestehen muß. Sie demonstrieren das an folgendem Beispiel (vgl. zum Folgenden Kallmeyer et al., Lektürekolleg zur Textlinguistik, I, S. 217 ff.):

Als sie sich der Stelle der Schonung näherten, an welcher der getroffene Fasan niedergegangen sein mußte, ließ der Förster den wild an der Leine zerrenden Hund los. Er ...

Aus diesem defektiven Text kann nicht abgelesen werden, ob *Förster* oder *Hund* (ich füge hinzu: oder *Fasan*) Bezugselement zu *er* ist. Obwohl die Textreferenz (wenn man will: die Anaphorik) irgendwie mit Kontiguität zu tun hat, nämlich insofern, als die Entfernung zwischen Bezugselement und Anapher nicht beliebig groß sein darf, hilft dieser Gesichtspunkt hier gar nicht weiter: nichts spricht dafür, daß *Hund* eher als Bezugselement in Frage käme als *Förster*. Eine Entscheidung kann erst gefunden werden, wenn der abgebrochene Satz vervollständigt wird. Lautet (nach Kallmeyer et al.) die Fortsetzung *Er drang mit lautem Gebell in das*

Unterholz ein., so bezieht sich *er* auf *Hund*; lautet sie *Er blieb nachdenklich stehen.*, so bezieht sich *er* auf *Förster*; lautet sie *Er schlug noch mit einem Flügel.*, so bezieht sich *er* auf *Fasan.* Es sind mithin die Prädikationen über *er*, die auf ihre Verträglichkeit mit möglichen Prädikationen über das Bezugselement hin überprüft werden müssen. Dies ist, will man nicht rein intuitiv vorgehen, ein äußerst langwieriges Geschäft, weil der Begriff „mögliche Prädikation" einer NP bzw. ihres Nukleus ungemein weit ist und weil das Beschreibungsinstrumentarium dafür einfach noch nicht zur Verfügung steht. Bis brauchbare Verfahren ausgearbeitet sind, wird man sich mit vorwissenschaftlichen Hinweisen (wie oben) behelfen müssen, die ihren Zweck erfüllen, wenn sie Einzelfälle zu klären vermögen.

Die Verwendung der Bezeichnung „Anapher" bedarf einer Rechtfertigung, seit einige Linguisten zwischen der nach rückwärts verweisenden „Anapher" und der nach vorwärts verweisenden „Katapher", die in den Textstücken

D e r ist in tiefster Seele treu, der die Heimat liebt wie du.
D a s , was ich kommen sah, gefiel mir nicht.

vorliegen würde, zu unterscheiden versuchen. Der von mir verwendete Begriff der Anapher deckt, wie man sieht, beides. Man könnte ein wissenschaftshistorisches Argument anführen: daß nämlich Karl Bühler und Lucien Tesnière – meines Wissens die beiden ersten Linguisten, bei denen der Anaphernbegriff eine Rolle spielt – die genannte Unterscheidung ebenfalls nicht terminologisch sanktioniert haben. Wesentlicher scheint mir der Gesichtspunkt, daß in der weit überwiegenden Mehrzahl der Fälle Linksverweisungen vorkommen, und daß die spärlichen Rechts-(Vorwärts-)Verweisungen nur unter sehr strengen Bedingungen, in der Regel auch nur innerhalb der Satzgrenze, möglich sind, namentlich vor Relativsätzen (s. oben). Auch die Bedeutung der griechischen Partikel ανα ist keineswegs auf Rückwärtsverweisung eingeschränkt. Ich bezeichne deshalb weiterhin alle textreferenziellen Elemente als Anaphern und schlage für Fälle, in denen die Verweisungsrichtung wichtig wird, eine Unterscheidung nach Linksanapher und Rechtsanapher vor.

Es muß gesagt werden, daß Textreferenz mit Hilfe der Anaphern kein Textspezifikum im strengen Sinne ist. Anaphern kommen auch innerhalb von Äußerungen vor:

Und der Haifisch, d e r hat Zähne,
und d i e trägt e r im Gesicht.

oder

Daß du so denkst, das weiß ich.

Es gibt, wie gezeigt wurde, auch Vertextungen ohne Anaphern. Ihre Vorkommensmöglichkeiten sind allerdings beschränkt. Längere Texte ohne jegliche Anapher sind kaum denkbar; so kann die Verwendung von Anaphern als notwendige (wenngleich nicht zureichende) Bedingung für die Konstitution eines Textes gelten.

Die Elemente, die als Anaphern verwendbar sind, müssen übrigens durchaus nicht alle nur in anaphorischer (textreferenzieller) Funktion vorkommen. Es werden dem definiten Artikel zwar – im allgemeinen zu recht – die Merkmale ‚bekannt' und ‚(im Kontext) vorerwähnt' zugeschrieben; in solchen Fällen ist der definite Artikel Anapher. Wenn er jedoch Gattungsbegriffe, Kollektivabstrakta und Ähnliches bezeichnet – wie in

Die Deutschen reisen viel.
Den Bauern muß geholfen werden.

–, so liegt im allgemeinen sicher keine Textreferenz vor, es wird vielmehr auf Gegenstände oder Sachverhalte verwiesen, denen auch ohne Vorerwähnung das Merkmal ‚bekannt' zukommt. Gleiches gilt für Eigennamen, soweit sie mit definitem Artikel verbindbar sind:

Der Bastian ist gefunden.
Wir empfehlen den „Goldenen Engel".

Die Referenz zielt in solchen Fällen nicht auf Textelemente, sondern auf Außersprachliches. Elemente mit außersprachlicher Referenz werden nicht Anaphern, sondern Deiktika / deiktische Elemente genannt.

Der Unterschied zwischen Deixis und Anaphorik darf nicht leicht genommen werden (gerade weil einige Elemente sowohl deiktische wie anaphorische Funktion haben können). Reine Deixis liegt im allgemeinen bei streng sprechsituationsbezogenen Elementen wie *ich* und *du*, *hier*, *jetzt* und *heute* und anderen vor. Auch Deiktika können zur Textkonstitution beitragen, vor allem in gesprochener Sprache und hier wieder am ehesten im Dialog.

Die kursorische Erörterung verschiedener Möglichkeiten der Textkonstitution hat freilich, genau besehen, nur einige oberflächliche oder doch recht oberflächennahe Textmerkmale berühren können. Daß Textstrukturen prinzipiell außerordentlich komplex und vielschichtig sind, daß sie zum größten Teil in der uns noch kaum zugänglichen semantischen Tiefenstruktur begründet sind, dies wurde gelegentlich angedeutet. Daraus und aus dem Stand der Semantikforschung überhaupt ergibt sich, daß eine zureichende Beschreibung von Texten noch lange nicht möglich sein wird. Auch über die Form solcher Beschreibungen kann nichts Verbindliches gesagt werden. Wie auf anderen linguistischen Ebenen, so kommt auch im Bereich des Textes viel auf Zuordnungsregeln an. Diese können wieder als konstituenzielle oder als dependenzielle Regeln formuliert werden.

7.5. Textsorten

In den vorangegangenen Kapiteln war von der Konstitution beliebiger Texte die Rede. Nun lassen sich in praktisch jedem einzelnen Text gewisse rekurrente linguistische Merkmale feststellen, die es erlauben, den Text einer bestimmten Sorte von Texten zuzuweisen. Solche Zuordnungen haben Vorläufer in der literaturwissenschaftlichen Übung, Texte auf Grund „stilistischer" Merkmale einer bestimmten Epoche oder einem bestimmten Autor oder einer bestimmten Produktionsphase eines Autors usw. zuzuordnen. Die Textsortenlinguistik hat demgegenüber einerseits speziellere Ziele, indem sie Texte einzelner Epochen und Phasen weiter differenziert; andererseits ist ihr Anliegen insofern genereller, als sie von Spezifika einzelner Autoren abstrahiert.

Auch die Textsortenlinguistik macht dabei die Voraussetzung, daß bestimmte nichtsprachliche Gegebenheiten sich in Texten, die unter diesen Gegebenheiten entstehen, niederschlagen. Diese Voraussetzung konnte mittlerweile durch zahlreiche Untersuchungen bestätigt werden.

Man pflegt in diesem Zusammenhang heute zuerst an die gesellschaftlichen Verhältnisse zu denken, die den jeweiligen Texten ihren Stempel aufdrücken. Da keine Gesellschaft völlig homogen ist, spielen spezifische gesellschaftliche Gruppierungen hierbei eine wichtige Rolle, ferner das Verhältnis der am Kommunikationsakt Beteiligten, außerdem Thema, Kommunikationsziel und anderes. Daß letztlich weniger die soziale Stellung der Sprecher oder Schreiber als ihre Einstellung für die sprachliche Ausformung entscheidend ist, nicht so sehr ihr Status, sondern die Rolle, die sie übernommen haben, hat Hermann Bausinger schon 1966 in seinen „Bemerkungen zu den Formen gesprochener Sprache" betont. Diese Rolle läßt sich teilweise erfassen mit Hilfe des Begriffs der Redekonstellation und ihrer Komponenten.

Dabei ist zweckmäßigerweise zwischen gesprochener und geschriebener Sprache zu unterscheiden.

Geschriebene Texte sind primär monologisch (Sonderformen wie Dialoge in erzählender Literatur oder im Drama sind als abgeleitet zu betrachten) und von Sonderformen wie Privatbriefen abgesehen der Massenkommunikation zuzurechnen; dies bedingt eine gewisse Einheitlichkeit der äußeren Gegebenheiten. Neben sozialem Status von Schreiber und Adressat(engruppe) spielt daher bei der Textsortenbildung die kommunikative Absicht des Schreibers eine wesentliche Rolle. Eine derartige Textsortenklassifikation auf der Grundlage des Bühlerschen Kommunikationsdreiecks hat 1968 Peter Kern vorgeschlagen (publ. 1969). Eine erste Dreigliederung wird möglich je nachdem, ob ein zu beschreibender Sachverhalt (Bericht, Beschreibung u. a.), der Adressat (Information, Appelle u. a.) oder das Subjekt des Schreibers (Reflexion u. a.) im Mittelpunkt steht; Untergliederungen hiervon ergeben eine Vielzahl von Textsorten, die den herkömmlichen literarischen „Gattungen" weitgehend zuwiderlaufen. Neue, noch stärker differenzierte Textsortenschemata werden an verschiedenen Forschungsstellen diskutiert.

Bei gesprochenen Texten, die vorwiegend dialogisch strukturiert sind, muß die Redekonstellation als wesentlich variabler gelten; sie wird dementsprechend größeren Einfluß auf die Textsortenklassifikation haben. Einen detaillierten Entwurf hierzu hat die Freiburger Forschungsstelle des Instituts für deutsche Sprache vorgelegt (vgl. etwa: IdS-Forschungsberichte, Band 7, 1973). Hier werden folgende Merkmale unterschieden:

1. Rollenkonstellation
2. Mitteilungsaspekt
3. Art der Themenbehandlung
4. Öffentlichkeitsgrad
5. Grad der Vorbereitetheit der Sprecher
6. Verschränkung zwischen Text und Situation
7. Sprecher-Hörer-Verhältnis
8. Sprecherzahl

Durch Kombination der einzelnen Merkmale ergibt sich eine große Anzahl von Redekonstellationen.

Inwiefern nun die so definierten außersprachlichen Merkmale mit Textmerkmalen korrelieren, ist noch zu überprüfen. Da es im allgemeinen um rekurrente Merkmale gehen muß, sind jeweils nicht zu kleine Textstücke zu analysieren. Der Sprachstatistik ist hierbei besondere Bedeutung zuzumessen. Sie wird sich dann allerdings nicht, wie heute noch weithin, auf Wortzählungen beschränken dürfen; vielmehr sind syntaktische Untersuchungen in größtmöglicher Zahl durchzuführen. Eine Reihe ermutigender Versuche liegt bereits vor.

Literatur

Abraham, Werner: Zu John Robert Ross „Über deklarative Sätze", in: W. Abraham und R. J. Binnick (Hrsg.), Generative Semantik = Linguistische Forschungen, Bd. 11, Frankfurt 1972, S. 279–284.

Austin, J. L.: Performative Utterances, in: Philosophical Papers, Oxford, Clarendon 1961, S. 220–239.

Austin, J. L.: How to do things with words, Oxford 1962, übersetzt von Eike von Savigny unter dem Titel: Zur Theorie der Sprechakte, Stuttgart 1972.

Bar-Hillel: Yehoshua, Universale Semantik und Sprachphilosophie: Schwierigkeiten und Aussichten, in: L. Antal (Hrsg.), Aspekte der Semantik, Frankfurt 1972, S. 291–315.

Bausinger, Hermann: Bemerkungen zu den Formen gesprochener Sprache, in: Satz und Wort im heutigen Deutsch = Sprache der Gegenwart, Bd. 1, Düsseldorf 1967, S. 292–312.

Beneš, Eduard: Thema-Rhema-Gliederung und Textlinguistik, in: Studien zur Texttheorie und zur deutschen Grammatik = Sprache der Gegenwart, Bd. 30, Düsseldorf 1973, S. 42–62. (bes. zu 7.2.)

Beneš, Eduard: Die Besetzung der ersten Position im deutschen Aussagesatz, in: Fragen der strukturellen Syntax und der kontrastiven Grammatik = Sprache der Gegenwart, Bd. 17, Düsseldorf 1971, S. 160–182.

Bellert, Irena: Über eine Bedingung für die Kohärenz von Texten, in: F. Kiefer (Hrsg.), Semantik und generative Grammatik = Linguistische Forschungen, Bd. 1.I, Frankfurt 1972, S. 1–31.

Bloomfield, Leonard: Bedeutung, in: L. Antal (Hrsg.), Aspekte der Semantik, Frankfurt 1972, S. 125–134.

Breuer, Dieter: Einführung in die pragmatische Texttheorie, München 1974.

Brinker, Klaus: Aufgaben und Methoden der Textlinguistik. Kritischer Überblick über den Forschungsstand einer neuen linguistischen Teildisziplin, in: Wirkendes Wort 21, 1971, Heft 4, S. 217–237.

Brinker, Klaus: Zum Textbegriff in der heutigen Linguistik, in: Studien zur Texttheorie und zur deutschen Grammatik = Sprache der Gegenwart, Bd. 30, Düsseldorf 1973, S. 9–41.

Brinkmann, Henning: Der Satz und die Rede, in: Wirkendes Wort 16, 1966, S. 376–390.

Brinkmann, Hennig: Die Syntax der Rede, in: Sprache der Gegenwart, Bd. 1, Düsseldorf 1967, S. 74–94.

Bühler, Karl: Sprachtheorie. Die Darstellungsfunktion der Sprache, Stuttgart [2]1965. (Jena 1934.)

Coserin, Eugenio: Lexikalische Solidaritäten, in: Poetica 1, 1967, S. 293–303.

Dahl, Östen: Topic-comment structure in a generative Grammar with a semantic base, in: F. Daneš, (Hrsg.), Papers on functional sentence perspective, Prag 1974, S. 75–80. (bes. zu 7.2.)

Daneš, František: Zur linguistischen Analyse der Textstruktur, in: Folia Linguistica 4, 1970, S. 72–78. (bes. zu 7.2.)

Daneš, František (Hrsg.): Papers on Functional Sentence Perspective, Prag 1974.

Daneš, František: Functional sentence perspective and the organization of the text (mimeo 1970), in: Daneš, F. (Hrsg.), Papers on Functional Sentence Perspective, Prag 1974, S. 106–128.

Daneš, František et al.: Zur Terminologie der funktionalen Satzperspektive, in: Daneš, F. (Hrsg.), Papers on Functional Sentence Perspective, Prag 1974, S. 217–222. (bes. zu 7.2.)

Dressler, Wolfgang: Einführung in die Textlinguistik = Konzepte der Sprach- und Literaturwissenschaft 13, Tübingen [2]1973. (Tübingen 1972.)

Dressler, Wolfgang: Funktionale Satzperspektive und Texttheorie, in: Daneš, F. (Hrsg.), Papers on Functional Sentence Perspective, Prag 1974, S. 87–105.

Drubig, Bernhard: Kontextuelle Beziehungen zwischen Sätzen im Englischen (mit besonderer Berücksichtigung der Wortstellung), Magisterarbeit, Kiel 1967 (hektogr.).

Erben, Johannes: Deutsche Grammatik. Ein Abriß, München [11]1972 (Berlin 1958), bes. S. 19–26 und S. 320–328.

Fillmore, Charles: Ansätze zu einer Theorie der Deixis, in: F. Kiefer (Hrsg.), Semantik und generative Grammatik = Linguistische Forschungen, Bd. 1.I, Frankfurt 1972, S. 147–174.

Firbas, Jan: Notes on the function of the sentence in the act of communication, Sbornik praci filosoficke fakulty brěnké university, 1962, A–10.

Firbas, Jan: On defining the theme in functional sentence analysis, in: Travaux linguistiques des Prague 1, 1964, S. 267–280. (bes. zu 7.2.)

Firbas, Jan: From comparative word order studies, in: Brno Studies in English, Bd. 4, 1964, S. 111–128.

Firbas, Jan: Some aspects of the Czechoslovak approach to problems of functional sentence perspective, in: Daneš, F. (Hrsg.), Papers on functional sentence perspective, Prag 1974, S. 11–37. (bes. zu 7.2.)

Flämig, Walter (Hrsg.): Skizze der deutschen Grammatik, Berlin 1972 (bes. S. 32 und S. 235–279. bes. zu 7.2.)

Fourquet, Jean: Der Text und sein beiderseitiges Hinterland. Schöpfung und Nachschöpfung, in: Studien zur Texttheorie und zur deutschen Grammatik = Sprache der Gegenwart, Bd. 30, Düsseldorf 1973, S. 113–121.

Fries, Charles C.: The Structure of English. An Introduction to the Construction of English Sentences, New York 1952.

Gesprochene Sprache: Bericht der Forschungsstelle Freiburg = Forschungsberichte des Instituts für deutsche Sprache, Bd. 7, Mannheim 1973.

Glinz, Hans: Textanalyse und Verstehenstheorie I. Methodenbegründung – soziale Dimension –Wahrheitsfrage. Acht ausgeführte Beispiele = Studienbücher zur Linguistik und Literaturwissenschaft, Bd. 5, Frankfurt 1973.

Gülich, Elisabeth; Raible, Wolfgang (Hrsg.): Textsorten. Differenzierungskriterien aus linguistischer Sicht = Athenäum Skripten Linguistik, Bd. 5, Frankfurt 1972. (bes. zu 7.5.)

Gülich, Elisabeth, Heger, Klaus, Raible, Wolfgang, Linguistische Textanalyse. Überlegungen zur Gliederung von Texten = Papiere zur Textlinguistik, Bd. 8, Hamburg 1974.

Harris, Zellig, S.: Discourse Analysis Reprints, The Hague 1963.

Halliday, Michael A. K.: The place of „functional sentence perspective" in the system of linguistic description, in: Daneš, F. (Hrsg.), Papers on functional sentence perspektive, Prag 1974, S. 43–53. (bes. zu 7.2.)

Hartmann, Peter: Text, Texte, Klassen von Texten, in: Bogawus 1, Heft 2, 1964, S. 15–25.

Hartmann, Peter: Texte als linguistisches Objekt, in W. D. Stempel (Hrsg.), Beiträge zur Textlinguistik, München 1971.

Hartmann, Peter; Rieser, H. (Hrsg.): Angewandte Textlinguistik = Papiere zur Textlinguistik II, Hamburg 1973.

Harweg, Roland: Pronomina und Textkonstitution, München 1968.

Harweg, Roland: Textanfänge in geschriebener und in gesprochener Sprache, in: Orbis 17, 1968, S. 343–388.

Harweg, Roland: Zur Textologie der *daß*-Sätze, in: Zeitschrift für Dialektologie und Linguistik 1972, S. 77–97.

Harweg, Roland: Textlinguistik, in: W. A. Koch (Hrsg.), Perspektiven der Linguistik II, Stuttgart 1974, S. 88–116.

Huber, Walter; Kummer Werner: Transformationelle Syntax des Deutschen I, München 1974.

Isenberg, Horst: Der Begriff „Text" in der Sprachtheorie, in: Arbeitsgruppe Strukturelle Grammatik, ASG-Bericht Nr. 8, August 1970 (hektogr.), S. 4.

Jäger, Siegfried: Die Pronominalverschiebung bei der Transformation direkter Rede in indirekte Rede, mit besonderer Berücksichtigung der Referenzidentität, in: Muttersprache 80, 1970, S. 217–224. (bes. zu 7.3.)

Juhász, János: Sprachliche Einheiten – linguistische Begriffe. Ein Plädoyer für die Textlinguistik, in: Studien zur Texttheorie und zur deutschen Grammatik = Sprache der Gegenwart, Bd. 30, Düsseldorf 1973, S. 192–198.

Kallmeyer; Klein; Mayer-Hermann; Netzer; Siebert: Lektürekolleg zur Textlinguistik, Bd. 1: Einführung, Bd. 2: Reader, Frankfurt a. M. 1974.

Karttunen, Lauri: Textreferenten, in: F. Kiefer (Hrsg.), Semantik und generative Grammatik = Linguistische Forschungen, Bd. 1.I, Frankfurt 1972, S. 175–198. (bes. zu 7.3.)

Karttunen, Lauri: Die Logik der Prädikatskomplementkonstruktionen, in: W. Abraham und R. J. Binnick (Hrsg.), Generative Semantik = Linguistische Forschungen, Bd. 11, Frankfurt 1972, S. 243–275.

Katz, Jerrold J.: Zeitliche Spezifizierungen, Vorgänge und konverse Beziehungen, in: F. Kiefer (Hrsg.), Semantik und generative Grammatik = Linguistische Forschungen, Bd. 1.I, Frankfurt 1972, S. 199–260.

Kegel, Gerd; Saile, Günter: Analyseverfahren zur Textsemantik = Linguistische Reihe, Bd. 22, München 1975.

Kern, Peter: Bemerkungen zum Problem der Textklassifikation, in: Forschungsberichte des Instituts für deutsche Sprache, Bd. 3, 1969, S. 3–23. (bes. zu 7.5.)

Kiefer, Ferenc: Über Präsuppositionen, in: F. Kiefer (Hrsg.), Semantik und generative Grammatik = Linguistische Forschungen, Bd. 1.II, Frankfurt 1972, S. 275–303.

Kummer, Werner: Quantifikation und Identität in Texten, in: A. von Stechow (Hrsg.), Beiträge zur Generativen Grammatik, Braunschweig 1971, S. 122–141.

Lindgren, Kaj B.: Zur Klärung des Begriffs „Satz", in: Studien zur Texttheorie und zur deutschen Grammatik = Sprache der Gegenwart, Bd. 30, 1973, S. 199–208. (bes. zu 7.2.)

Lyons, John: Deixis as the source of reference, Trier L. A. U. T. 1973, Prepubl. Paper. (bes. zu 7.3.)

McCawley, James D. (unter Pseudonym Quang Phuc Dong): Phrases anglaises sans sujet grammatical apparant (Version: Why I can't Tell you to Fuck you), in: N. Ruwet (Hrsg.), Tendences nouvelles en syntaxe générative, Langages 14, 1969.

Nickel, Gerhard: Kontextuelle Beziehungen zwischen Sätzen im Englischen, in: Praxis 1968, S. 15–25.

Nikitopoulos, Pantelis: Vorgriffe auf eine Thematisierung der Repräsentativität eines Corpus, in: Deutsche Sprache, 1974, Heft 1, S. 32–42. (bes. zu 7.5.)

Novák, Pavel: Remarks on devices of functional sentence perspective, in: Daneš, F. (Hrsg.), Papers on functional sentence perspective, Prag 1974, S. 175–178. (bes. zu 7.2.)

Oksaar, Els: Zentrierung und die Satzperspektive, in: Linguistische Studien 1 = Sprache der Gegenwart, Bd. 19, Düsseldorf 1972, S. 126–159. (bes. zu 7.2.)

Oksaar, Els: Stilstatistik und Textanalyse. Bemerkungen zu Helmut Heißenbüttel, in: Festschrift für Hans Eggers, Tübingen 1972, S. 630–648.

Oomen, Ursula: Systemtheorie der Texte, in: Folia Linguistica 5, 1971, S, 12–34.

Pala, Karel: Semantic classes of verbs and FSP, in: Daneš, F. (Hrsg.), Papers on functional sentence perspective, Prag 1974, S. 196–207. (bes. zu 7.2.)

Pankratz, H.: Über den kommunikativen Kern des deutschen Satzes, in: Zeitschrift für Phonetik, Sprachwissenschaft und Kommunikationsforschung 18, 1965, S. 281–288. (bes. zu 7.2.)

Paul, Hermann: Prinzipien der Sprachgeschichte = Konzepte der Sprach- und Literaturwissenschaft, Bd. 6, Tübingen [9]1975. (Halle 1880.)

Petöfi, János S.: Transformationsgrammatiken und eine ko-textuelle Texttheorie. Grundfragen und Konzeptionen = Linguistische Forschungen, Bd. 3, Frankfurt 1971, S. 191–273.

Petöfi, János S. und Rieser, H.: Studies in text grammar = Foundations of Language 19, Dordrecht, Boston 1973.

Petöfi, János S.: ‚Generativity' and Text-Grammar, in: Folia Linguistica 5, 1971, S. 277–309.

Pflug, Günther: Sprache und Informationstheorie, in: W. A. Koch (Hrsg.), Perspektiven der Linguistik II, Stuttgart 1974, S. 61–87.

Polenz, Peter von: Zur Quellenwahl für Dokumentation und Erforschung der deutschen Sprache der Gegenwart, in: Satz und Wort im heutigen Deutsch = Sprache der Gegenwart, Bd. 1, Düsseldorf 1967, S. 363–378. (bes. zu 7.5.)

Ruoff, Arno: Grundlagen und Methoden der Untersuchung gesprochener Sprache. Einführung in die Reihe „Idiomatica", (= Idiomatica 1), Tübingen 1973.

Rupp, Heinz: Gesprochenes und geschriebenes Deutsch, in: Wirkendes Wort 15, 1965, S. 19–29.

Schecker, Michael: Sem- und Themenanalysen als textlinguistisches Beschreibungsverfahren, in: Deutsche Sprache 1973, Heft 2, S. 16–41.

Schmidt, Siegfried J.: Texttheorie – Probleme einer Linguistik der sprachlichen Kommunikation, München 1973.

Searle, John R.: Sprechakte. Ein sprachphilosophischer Essay, Frankfurt 1971.

Sgall, Petr: Functional sentence perspective in a generative description, in: Prague Studies in Mathematical Linguistics 2, 1967, S. 203–225. (bes. zu 7.2.)

Sgall, Petr: L'ordre des mots et la sémantique, in: Studies in syntax and semantics, Dordrecht 1969, S. 231–240. (bes. zu 7.2.)

Sgall, Petr: Zur Stellung der Thema-Rhema-Gliederung in der Sprachbeschreibung, in: Daneš, F. (Hrsg.), Papers on functional sentence perspective, Prag 1974, S. 54–74. (bes. zu 7.2.)

Sitta, Horst: Kritische Überlegungen zur Textsortenlehre, in: Studien zur Texttheorie und zur deutschen Grammatik = Sprache der Gegenwart, Bd. 30, Düsseldorf 1973, S. 63–72. (bes. zu 7.5.)

Slama-Cazacu, Tatiana: Langage et contexte. Le problème de l'expression et de l'interprétation par les organisations contextuelles, Den Haag 1961.

Sommerfeld, K.-E.: Wortstellung und Mitteilungswert, in: Sprachpflege 13, 1964, S. 8–11. (bes. zu 7.2.)

Steger, Hugo: Textlinguistik, Freiburg i. Br. (vervielf. Manuskript) 1971.

Stempel, Wolf-Dieter (Hrsg.): Beiträge zur Textlinguistik, München 1971.

Straßner, Erich; Schönhut, Jürgen; Koller, Gerhard; Döhm, Stefan: Textverständlichkeit und Textvergleich, in: Deutsche Sprache, 1973, Heft 2, S. 42–57.

Studien zur Texttheorie und zur deutschen Grammatik: Festschrift für Hans Glinz zum 60. Geburtstag = Sprache der Gegenwart, Bd. 30, Düsseldorf 1973.

Svoboda, Aleš: On two communicative dynamisms, in: Daneš, F. (Hrsg.), Papers on functional sentence perspective, Prag 1974, S. 38–42. (bes. zu 7.2.)

Texte gesprochener deutscher Standardsprache: Erarbeitet im Institut für deutsche Sprache, Forschungsstelle Freiburg i. Br. = Heutiges Deutsch, Reihe II, Texte Bd. 1, München/Düsseldorf 1971, Bd. 2, München/Düsseldorf 1974. (bes. zu 7.5.)

Winter, Werner: Relative Häufigkeit syntaktischer Erscheinungen als Mittel zur Abgrenzung von Stilarten, in: Phonetica 7, 1961, S. 193–216.

Wunderlich, Dieter: Sprechakte, in: U. Maas, D. Wunderlich, Pragmatik und sprachliches Handeln, Frankfurt 1972, S. 69–188.

Wunderlich, Dieter: Pragmatik, Sprechsituation, Deixis, in: W. Abraham, R. J. Binnick (Hrsg.), Generative Semantik = Linguistische Forschungen, Bd. 11, Frankfurt 1972, S. 285–313.

Zemb, Jean-Marie: Les structures logiques de la proposition allemande, Paris 1968. (bes. zu 7.2.)

Zimmermann, Heinz: Zu einer Typologie des spontanen Gesprächs, Syntaktische Studien zur baseldeutschen Umgangssprache = Basler Studien zur deutschen Sprache und Literatur, Heft 30, Bern 1965.

Schlußbemerkung

Der Leser wäre im Irrtum, wenn er das vorliegende Buch als Plädoyer für dependenzielle Beschreibungen verstanden hätte; wenn hier überhaupt plädiert wird, dann – anhand der Präsentation eines nicht selbstverständlichen linguistischen Beschreibungsverfahrens – für eine distanziertere Betrachtung konkurrierender Möglichkeiten. Es geht darum, daß Alternativen zur Verfügung stehen.

Sprache wurde eingangs als Instrument zwischenmenschlicher Kommunikation definiert. Diese Kommunikation erfolgt in Texten. Texte sind derzeit nicht zureichend beschreibbar.

Man muß diesen Zustand bedauern, weil die (mindestens vorläufige) Unmöglichkeit, das Instrument Sprache wissenschaftlich zu erfassen und zu durchleuchten, noch auf lange hinaus die Ursache dafür sein wird, daß Menschen durch Sprache getäuscht, verführt, manipuliert werden, und auch weil Nachteile, die in unserer Gesellschaft für Menschen mit mangelhafter sprachlicher Kompetenz entstehen, nicht völlig beseitigt werden können. Man kann aber das Bild der zeitgenössischen Linguistik auch zum Anlaß nehmen, über die Notwendigkeit intensiverer Beschäftigung mit unserer Sprache einmal gründlich nachzudenken.

Man wird angesichts dieser unbefriedigenden Situation jedenfalls nicht umhin können, die Funktionstüchtigkeit der menschlichen Sprache, dieses historisch gewachsenen, daher mit allen erdenklichen Unzulänglichkeiten behafteten, zudem noch kaum erforschten Kommunikationsinstrumentes zu bewundern.

Fachausdrücke und Abkürzungen

Adjektiv (Aa)
mit Nomina kombinierbares Wort mit drei Kasusparadigmen und einem Genusparadigma, das auch autonom vorkommt (2.3., 2.6.)

Adjektivangabe (AaI)
Dependensklasse beliebiger Adjektive (4.3.)

Adjektivergänzung (AaE)
Valenzbedingte Dependensklasse von Adjektiven (4.3.)

Adjektivphrase (AaP)
Konstrukt mit einem Adjektiv (2.6.) als Nukleus (4.1., 4.3.)

adjungierte Adverbialia
Klasse von Angaben mit 8 Subklassen (5.6.)

Adnomen, pl. Adnomina (A)
Wörter, die mit Nomina kombinierbar sind. Sie zerfallen in Adjektive, Determinative und exklusive Adnomina (2.6.)

Adnominalphrase (AP)
Konstrukt mit einem Adnomen (2.6.) als Nukleus (4.1., 4.3., 4.6.)

Adverbialsatz
Nebensatz mit temporaler, lokaler, konditionaler, finaler, konsekutiver oder konzessiver Bedeutung, jeweils als Angabesatz, E_5 oder E_6 (5.9.2.)

Akkusativ
(2.2.)

Akkusativergänzung
E_1 (5.4.)

Aktiv
(4.2.)

Allokutiv
„2. Person" (2.2.)

Anapher
Element mit besonders abstrakter Referenz. Anaphern finden sich in den Wortklassen Ad (Determinativ: *dies-* u. a.), P (Pronomen: *er* u. a.), R (*dort* u. a.), U (Konjunktor: *deshalb* u. a.). (5.4., 7.4.; zu den Wortklassen i. e. S. s. 2.6.)

Anaphorisierung
Substitution einer nicht völlig anaphorischen Kategorie durch eine Anapher (1.5., 1.8., 5.4., 7.4.)

Angabe
Konstrukt, das in Abhängigkeit von einer gesamten Wortklasse vorkommt, z. B. Negationsangabe des Verbs. Angaben können also bei jedem Element einer Wortklasse auftreten. Ausführlich behandelt sind Angaben bei Verb, Nomen, Adjektiv (3.4., 4.3., 4.4., 5.3., 5.6.)

Anschluß
Funktion eines Vorfeldelements (5.8.4.)

Apposition
Wortgruppe, die ein vorausgehendes Element erläutert (4.7.)

Artikel
Subklasse der Determinative (2.3., 2.6.)

Aspekt
(2.2.)

Asyndese
Häufung ohne Fügungselement (6.2., 6.4., 6.5.)

Attribut
Satellit (Ergänzung oder Angabe) von Nomen oder Adjektiv (3.5.)

Attributsatz
Nebensatz in der Funktion eines Attributs (5.2., 5.9.)

Ausbausatz
Ergänzungssatz, der mit einem einfachen Element kommutiert und nicht zur Menge der indefinit generalisierenden Nebensätze gehört (5.4.)

Äußerung
Textelement mit Thema-Rhema-Struktur, mindestens mit Rhema (7.2.)

Absolute Komparation
Gebrauch einer Form mit Komparationsflexem ohne Vergleichskonstrukt oder quantifizierendes Element (2.2.)

Circumstant
Ik, It, Iloc, If, Ikr; „Umstandsangabe", die meisten der „ursprünglichen Adverbien" und mit ihnen kommutierende Präpositionalphrasen (5.6.)

Comment
(7.2.)

***d*-Element**
Regens bestimmter Nebensätze, vor allem der Relativsätze; das *d*-Element verlangt einen spezifischen Kasus (5.9.2.)

Dativ
(2.2., 5.4.)

Dativergänzung
E_3 (5.4.)

Dativus ethicus
Ee_3, nur als unbetontes Pronomen/Determinativ realisierbar (5.4.)

Dativus sympathicus
Es_3, meist durch *für* + NP/PP ersetzbar (5.4.)

zu Tesnière:

~~S. Kom~~ S 150ff : Konnektionsf

157 : positive u. neg
sowohl – als au
weder – noch

158 : ?? Durchlässige

162 : Begründung zu
Es läuft ein Du
keinen Liebe

169 : wichtig neutra
Verben können
haben, da nur
nur in eine

177 : monovalente
trivalente

184 ? : verstehe ich
passive Diath

deiktisch
mit Verweisfunktion, Zeigefunktion (2.6., 7.4.)

Deixis
Verweisfunktion, Zeigefunktion (2.6., 7.4.)

Delokutiv
„3. Person“ (2.2.)

Dependens, pl. Dependentien
unterer Term einer Dependenzrelation im Diagramm = rechter Term in der linearisierten Regel (1.6., 3.1.)

Dependenz
(vom Grammatiker) willkürlich gerichtete Konkomitanz (1.6.). Die Willkür betrifft dabei lediglich die Anordnung von Elementen als Regens bzw. Dependens, nicht aber (oder doch nur sekundär) die Art der Relationsanzeige (1.11.)

Dependenzast
einsträngiger (verzweigungsloser) Dependenzbaum oder Teil eines solchen (z. B. 4.2.)

Dependenzbaum
Dependenzdiagramm, das ein Konstrukt beschreibt, meist mit Verzweigungen (1.11. et passim)

Derivant
Wortbildungselement (2.1., 2.5.)

Determinativ (Ad)
mit Nomina kombinierbares Wort mit einem oder zwei Kasusparadigmen und einem Genusparadigma, das auch autonom vorkommt (2.3., 2.6.)

Determinativphrase (AdP)
Konstrukt mit einem Determinativ (2.6.) als Nukleus (4.1., 4.6.)

Diagramm
schematische (zweidimensionale) Darstellung grammatischer Beziehungen (1.10., 1.11.)

Direktivergänzung
E_6 (5.4.)

Distribution
Kategorielle Umgebung (eines Elements)

E
s. Ergänzung

E_0
„Nominativergänzung“; traditionell: Subjekt (5.4.)

E_1
Akkusativergänzung (5.4.)

E_2
Genitivergänzung (5.4.)

E_3
Dativergänzung (5.4.)

E_4
Präpositivergänzung (5.4.)

E_5
Situativergänzung (5. 4.)

E_6
Direktivergänzung (5.4.)

E_7
Subsumptivergänzung (5.4.)

E_8
Qualitativergänzung (5.4.)

E_9
Verbativergänzung (5.4.)

Ee_3
Dativus ethicus, nur als unbetontes Pronomen/Determinativ realisierbar (5.4.)

EK
Ergänzungskomplex, Menge der zum selben Nukleus gehörenden Ergänzungen (z. B. 4.4., 5.7.)

Ep_3
Pertinenzdativ (5.4.)

Es_3
Dativus sympathicus, meist durch *für* + NP/PP ersetzbar (5.4.)

Ergänzung
valenzbedingtes Konstrukt, d. h. Element, das nur in Abhängigkeit von einer Wortsubklasse vorkommt, z. B. Dativergänzung des Verbs. Ergänzungen kommen abhängig von Verb, Nomen, Adjektiv und Präposition vor (3.4., 4.3., 4.4., 5.3., 5.4.)

Ergänzungssatz
Ergänzung in Form eines Nebensatzes (5.4., 5.9.2.)

Erstreckungsangaben
Elemente wie *zwei Stunden* (*sind wir im Regen gegangen.*) (5.6.)

Erwartungsrichtung
s. bei Komparation (2.2.)

Existimatoria (Iex)
Angaben, die die persönliche Ansicht oder Stellungnahme des Sprechers zum verbalisierten Sachverhalt wiedergeben (5.6.)

existimatorisches Element
Lexem/Wort, das die subjektive Einstellung des Sprechers zu einem verbalisierten Sachverhalt ausdrückt, z. B. *wahrscheinlich, kaum* (2.6., 5.6.)

Exklusion
Relation, die das Miteinandervorkommen zweier Elemente verbietet (1.11.)

exklusives Adnomen (Ae)
mit Nomina kombinierbares und nicht autonom vorkommendes Wort, z. B. die Partikel *all* (2.6.)

explizit
ausdrücklich, ausgedrückt, formuliert

explizites Diagramm
Diagramm ohne Pauschsymbole (1.11.)

fakultativ
auf Grund einer grammatischen Regel nicht unabdingbar (3.4.)

finites Verb
Verb, das mit einem Flexem aus Verbal I kombiniert ist (2.2.)

Flex
Element einer Flexklasse (2.4.)

Flexem
Element einer Flexemkategorie (2.1., 2.2., 2.4.)

Flexematik
Teil der Grammatik, der Flexe, Flexklassen, Flexeme, Flexemkategorien u. ä. behandelt (2.2., 2.4.)

Flexemkategorien
Kasus, Person, Numerus, Genus, Komparation, Verbal I, Verbal II (2.2.)

Flexibile, pl. Flexibilia
flexibles Lexem oder Wort, d. h. Lexem oder Wort, das mit Flexemen kombinierbar ist (2.3., 2.6.)

Flexklasse
ausdrucksbestimmte Subkategorie einer Flexemkategorie. Vgl. z. B. die Liste der Flexklassen des Nomens in 2.4.

Focus
(engl. focus) in der englischsprachigen Linguistik: Bezeichnung für Rhema; Aussageschwerpunkt, inhaltlicher Schwerpunkt (7.2.)

Focusierungsgrad
Mitteilungswert, „kommunikative Dynamik" eines Elements (7.2.)

Form
in Anlehnung an Hjelmslev auf Ausdruck wie auf Inhalt beziehbar. Das Begriffspaar Form: Substanz ist damit keineswegs mit dem Begriffspaar Ausdruck : Inhalt identisch

Formalisierung
Schreibung mittels einer künstlich gewonnenen, konsistenten Sprache (eines Kalküls) (1.9.)

Fügungselement in Häufungen
Konjunktor oder Komma (6.2.)

funktionale Satzperspektive
Vor allem von der Prager Linguistik vertretene Theorie, nach der a) Äußerungen in Bekanntes (minder Wichtiges) und Neues (Wichtigeres) zerfallen und b) die Elemente des Satzes sich gemäß ihrem Mitteilungswert anordnen lassen (7.2.)

Gemeintes
noch nicht einzelsprachlich geformter Redeinhalt (1.8.)

Genitivergänzung
E_2 (5.4.)
Genitivus objectivus
Genitivische Teilphrase einer NP, die der E_1 eines zugrundeliegenden Verbalsatzes entspricht (4.4.)
Genitivus subjectivus
Genitivische Teilphrase einer NP, die der E_0 eines zugrundeliegenden Verbalsatzes entspricht (4.4.)
Genus
Flexemkategorie bei Nomen, Adnomen, Pronomen, Adjektiv (2.2.)
Gesamtsatz (GS)
s. Satz
„Gleichgröße"
s. E_7 (5.4.)
„Gleichsetzungsnominativ"
s. E_7 (5.4.)
Glied
(auch syntaktisches Glied) Wortgruppe, die nach ihrem externen Regens klassifiziert ist (3.2.)
Gliedsatz
Nebensatz in der Funktion eines Satzgliedes (5.2.)
Grammatik
Sprachbeschreibung (1.1.)
Grundfolge
von der Grammatik primär erzeugte Abfolge (Position) der Elemente, von der weitere mögliche Folgen durch Permutation abgeleitet werden (4.2., 4.3., 4.4., 5.8.)
Gruppe
(gewöhnlich: Wortgruppe) Oberbegriff für Phrase und Glied (3.2.)
Häufung
Reihung (Nebeneinanderordnung) von Elementen der gleichen Kategorie (6. et passim)
Hauptsatz
Verbalphrase (i. w. S.) mit dem Merkmal potentieller Autonomie (5.2.)
Hervorhebung
Funktion eines Vorfeld- oder Nachfeldelements (5.8.4., 5.8.5.)
Hilfsverb (Va)
auch Auxiliarverb: *haben, sein, werden* (4.2.)
I
s. Angabe
Iex
s. Existimatoria

If
finale / konzessive Angaben, Subklassen der Circumstanten (5.6.)

IK
Angabenkomplex, Menge der zum selben Nukleus gehörenden Angaben (z. B. 4.4., 5.7.)

Ik
kausale / konditionale / konsekutive Angaben, Subklasse der Circumstanten (5.6.)

Ikr
Konkomitanz- und restriktive Angaben, Subklasse der Circumstanten (5.6.)

illokutionär
auf den Sprechakt bezogen, die Sprechhandlung bezeichnend (7.2.)

Iloc
Lokalangaben, Subklasse der Circumstanten (5.6.)

Imod
s. Modificativa

Imperativ
Flexem aus Verbal I: ‚zeitlich ausstehend; zu tun' (2.2.)

implizit
nicht ausgedrückt, jedoch mitverstanden

Index
Postsubskript zu Kategorialsymbol. Formindizes charakterisieren eine Kategorie nach ihrer eigenen Form, z. B. E_1 = „Akkusativergänzung"; Valenzindizes charakterisieren eine Kategorie nach ihren Dependentien, z. B. $V_{\langle 1 \rangle}$ = „Verb mit Akkusativergänzung" (1.11.)

Indikativ
Teilparadigma der Flexemkategorie Verbal I, umfaßt Präsens und Präteritum (2.2.). Perfekt, Plusquamperfekt und Futur, die die traditionelle Grammatik ebenfalls zum Indikativ rechnet, gelten in diesem Buch nicht als Verbformen, sondern als Formen des Verbalkomplexes (4.2.)

Ineg
s. Negationsangaben

Infinitiv
Flexem aus Verbal II (2.2.)

„infinitivförmige Ergänzung"
s. E_9 (5.4.)

Infinitivsatz
s. auch E_9 (5.4.)

interphrastische Transformation
Komplexe Transformation, die eine Phrase (3.2., 4.) in eine andere Phrase überführt (1.5., 1.8., 4.4.)

Interrogativsatz
Satzart, die häufig für Fragen verwendet wird (5.2.)

Isotopie
bei Greimas und bei manchen Vertretern der Textlinguistik: wiederholtes Auftreten identischer semantischer Merkmale (7.3.)

It
temporale Angaben, Subklasse der Circumstanten (5.6.)

Iv
s. Valuativa / indefinite Angaben

Kasus
Flexemkategorie bei Nomen, Adnomen, Pronomen, Adjektiv (2.2.)

Kasus obliquus
Genitiv, Dativ, Akkusativ

Kategorie
Klasse grammatischer Elemente (2.3., 2.6., 3.2, u. a.)

Kommasyndese
Häufung unter Verwendung von Komma(s) (6.2., 6.4.)

Kommutation
Austauschbarkeit von Elementen im gleichen Kontext (1.7.)

Komparation
Flexemkategorie bei Adjektiv (2.2.)

Komparativ
Flexem aus der Kategorie Komparation (2.2.)

Kompositum, pl. Komposita
durch Komposition gewonnenes Lexem (2.5.)

Konflex
Konstrukt aus mehreren Flexen, z. B. ¨*ern* für Dativ Plural von *Haus*, *tet* für Allokutiv Plural Präteritum von *lach* (2.4.)

Konflexem
Konstrukt aus mehreren Flexemen, z. B. „Dativ Plural des Nomens" (2.4.)

Kongruenz
(4.1., 4.7., 5.1.)

Konjunktion
s. Konjunktor (U) und Subjunktor (S) (2.6.)

Konjunktiv I
Flexem aus Verbal I: ‚zeitlich nicht festgelegt; referiert' (2.2., 4.2.)

Konjunktiv II
Flexem aus Verbal I: ‚zeitlich nicht festgelegt; irreal oder referiert' (2.2., 4.2.)

Konjunktor (U)
Partikel mit symmetrischer Umgebung in konnexionellem Bereich, z. B. *und*, *deshalb* (2.6.)

Konjunktorphrase (UP)
(Konstrukt mit einem Konjunktor (2.6.) als Nukleus) wird in dieser Grammatik nicht verwendet.

Konkomitanz
Auf Simultaneität beruhendes Darstellungsprinzip für den Bereich der Konnexion (1.6.)

Konnexion
geregelte Kombination unter Ausschluß der linearen Anordnung (1.4.)

Konstativsatz
Satzart, die häufig für Aussagen verwendet wird (5.2.)

Konstituente
Teil eines Ganzen, eines größeren Konstrukts, kommt in Konstituenten- wie in Konkomitanzgrammatiken vor (1.6.)

Konstituenz
auf der Teil-Ganzes-Relation bestehendes Darstellungsprinzip für den Bereich der Konnexion (1.6.)

Konstrukt
objekt- oder metasprachliches Element von **komplexer Struktur**

Kopulapartikel (K)
Partikel, die mit „Kopulaverben" wie *sein, werden, bleiben* kombinierbar ist, traditionell: nur-prädikatives Adjektiv, z. B. *qiutt, schuld, leid* (2.6.)

Kopulapartikelphrase (KP)
Konstrukt mit einer Kopulapartikel (2.6.) als Nukleus (4.1., 4.6.)

Korrelat
anaphorisches Element, das semantisch mit einem Nebensatz verträglich ist; bei manchen Nebensätzen ist das Korrelat obligatorisch (5.9.2.)

Kumulation
Reihung (Nebeneinanderordnung) von Elementen beliebiger, meist verschiedener Kategorien (5.8.3., 5.8.4., 6. et passim)

Kurzsatz (KS)
Satzäquivalent ohne Verb (5.1.)

Lexem
Element einer Lexemklasse (2.3.)

Lexembildung
Bildung von Lexemen aus mehreren Lexemen (Komposition) oder Lexemen und Derivanten (Ableitung) (2.5.)

Lexemklasse
Klasse von Monemen, die nicht selbst Flexeme sind, sich aber hinsichtlich ihrer Kombinierbarkeit mit bestimmten Flexemkategorien oder anderen Lexemklassen gleich verhalten (2.3.)

Lexikon
Geordnetes Moneminventar (2.1.)

Lexikoneinheit
Monem (2.)

Lexikoneintrag
Erklärung, die einem Monem im Lexikon zugeordnet wird. Der Lexikon-

eintrag muß im Idealfall Morphologisches wie Semantisches, dem Monem Inhärentes wie seine Distribution Betreffendes enthalten (2.1.)

Linksanapher
Anapher mit nach links gerichteter Verweisfunktion (7.4.)

Lokutiv
„1. Person; (2.2.)

Mischsyndese
Häufung unter Verwendung von Konjunktur(en) und Komma(s) (6.2., 6.4.)

Mitteilungsperspektive
s. funktionale Satzperspektive

Mitteilungswert
semantisches Gewicht eines Elementes (5.8., 7.2.)

Mittelfeld
im Satz (VP) der Bereich innerhalb des Satzrahmens (5.8.2.)

Modalverb (Vm)
brauchen (mit oder ohne *zu*), *dürfen, können, mögen, müssen, werden, wollen,* sämtliche mit Infinitiv (4.2.); Valenz: ⟨9⟩ bzw. ⟨*zu* 9⟩

Modalitätsverb (Vn)
Verb, das mit einem weiteren Verb im Infinitiv und *zu* kombiniert ist, wobei „Subjektidentität“ besteht: *anfangen, belieben, pflegen, scheinen, verstehen* u. a.; hierher auch *haben zu, sein zu*; Valenz: ⟨*zu* 9⟩ (4.2.)

Modificativa
modifizierende Angaben, meist „adverbial“ gebrauchtes Adjektiv (5.6.)

Monem
Einheit des supraphonematischen Bereichs (1.3.; 2.). Zu unterscheiden sind Lexeme, Flexeme, Derivanten.

monematisiertes Diagramm
Diagramm, das zu jedem Kategorialsymbol ein Monem bzw. Moneme angibt (1.11.)

Nachfeld
in AaP und NP der Bereich rechts vom Nukleus (4.3., 4.4.); im Satz (VP) der Bereich hinter den infiniten Teilen des Verbalkomplexes (5.8.2., 5.8.5.)

Nachtrag
Funktion eines Nachfeldelements (5.8.5.)

Nebensatz
Satzglied oder Attribut, das eine VP enthält, jedoch nicht über potentielle Autonomie verfügt (5.2.)

Nebensatz, indefinit generalisierender
(5. 4., 5. 9.)

Nebenverb (Vn)
Verb, das notwendig mit einer anderen Verbform zusammen vorkommt; Subklassen: Hilfsverb, Modalverb, Modalitätsverb, Partizipverb (4.2.) u. a.

Negationsangabe (Ineg)
nicht, keinesfalls u. a. (5.6.)

Nomen, pl. Nomina (N)
Wort mit einem Kasusparadigma und ohne Genusparadigma. Es ist kombinierbar mit Adnomina (2.6.). Traditionell auch: Substantiv (2.3., 2.6.)

Nominalphrase (NP)
Konstrukt mit einem Nomen (2.6.) als Nukleus (4.1., 4.4.)

notwendig
unabdingbar auf Grund einer kommunikativen Bedingung (3.4.)

Nukleus
dependenziell höchststehendes Element eines Konstrukts, z. B. *auf* in *auf dem Dach* (3.1.)

Numerus
Flexemkategorie bei Nomen, Adnomen, Pronomen, Verb (2.2.)

Obersatz
Satz, der als Glied einen anderen Satz (= Untersatz) enthält (5.2.)

obligatorisch
unabdingbar auf Grund einer grammatischen Regel (3.4.)

Paradigma
Menge kommutierender Elemente (1.7.)

Partikel
Lexem/Wort, das sich nicht mit Flexemen kombinieren läßt (2.3., 2.6.)

Partizip
Verb mit Flexem aus Verbal II außer Infinitiv (2.2., 2.6.)

Partizipverb
kommen, bekommen, kriegen mit abhängigem Partizip (4.2.)

Passiv
(4.2.)

pauschaliertes Diagramm
Diagramm, das außer dem Nukleus nur Pauschsymbole enthält (1.11.)

Pauschsymbole
E (Ergänzung), I (Angabe), NP u. a. Pauschsymbole können keine Dependentien haben (1.11.)

Perfekt
(4.2.)

Permutation
Transformationsart: geregelte Veränderung der Position (1.5., 4.2., 4.3., 4.4., 5.8.)

Person
Flexemkategorie bei Verb und einem Teil der Pronomina. Es sind Lokutiv, Allokutiv, Delokutiv zu unterscheiden (2.2.)

Pertinenzdativ
Ep_3 (5.4.)

Phase
Kategorie im Verbalkomplex; umfaßt die Subkategorien ‚abgeschlossen' und ‚nicht abgeschlossen' (4.2.)
Phonik
Teil der Grammatik, der sämtliche lautliche Erscheinungen (Phonologie, Phonetik, Prosodik) umfaßt (1.8.)
Phrase
Wortgruppe, die nach ihrem Nukleus klassifiziert ist (3.2.)
phrase-marker
diagraphische Strukturbeschreibung (1.6.)
Position
geregelte nurlineare Kombination (1.4., 1.8., 4.2., 4.3., 4.4., 5.8.)
Positiv
Flexem aus der Kategorie Komparation (2.2.)
postnuklear
hinter dem Nukleus stehend (z. B. 4.4.)
Prädikat
Bezeichnung der traditionellen Grammatik für Verbalkomplex (4.2.) oder Rest des Satzes nach Abzug des „Subjekts" (7.2.) o. ä. s. auch Verbalkomplex, Rhema, Comment, Focus
„Prädikatsnomen"
s. E_7, E_8 (5.4.)
pränuklear
vor dem Nukleus stehend (z. B. 4.4.)
Präposition (T)
Partikel, die in ihrer Umgebung immer ein Nomen in spezifischem Kasus haben kann, z. B. *für, von* (2.6.)
„Präpositionalobjekt;
s. E_4 (5.4.)
Präpositionalphrase (TP)
Konstrukt mit einer Präposition (2.6.) als Nukleus (3.2., 4.1., 4.6.)
Präpositivergänzung
E_4 (5.4.)
Präsens
Flexem aus Verbal I: ‚zeitlich nicht festgelegt; verbindlich' (2.2., 4.2.)
Präteritum
Flexem aus Verbal I: ‚vergangen; modal nicht festgelegt' (2.2., 4.2.)
Pragmatik
(1.1.)
Pronomen, pl. Pronomina (P)
Wort mit der einzigen Funktion, mit Nominalphrasen, teilweise auch mit Sätzen zu kommutieren, z. B. *ich, er, jemand* (2.6.)

Pronominalphrase (PP)
Konstrukt mit einem Pronomen (2.6.) als Nukleus (4.1., 4.5.)

Proposition
Inhalt einer Äußerung nach Abzug des illokutionären Elements (7.2.)

Qualitativergänzung
E_8 (5.4.)

Quasiattribut
Element, das unter bestimmten Bedingungen als Attribut eines Elements im Vorfeld erscheint (5.8.4.)

Rechtsanapher
Anapher mit nach rechts gerichteter Verweisfunktion (7.4.)

Redekonstellation
äußere Bedingungen der Textproduktion (7.5.)

Referenz
„Bedeutung" als Bezug auf Außersprachliches (7.3.)

Referenzidentität
Identität des Bezeichneten (des Gegenstandes, Sachverhalts usw.)

Reflexivpronomen als E
(5.4.)

Regens, pl. Regentien
oberer Term einer Dependenzrelation im Diagramm = linker Term in der linearisierten Regel (1.6., 3.1.)

Rektion
Eigenschaft eines Lexems/Wortes, andere Elemente (als Glieder) zu regieren (3.3.)

Relative Komparation
Gebrauch einer Form mit Komparationsflexem mit Vergleichskonstrukt oder quantifizierendem Element (2.2.)

Relativsatz
Nebensatz, dessen Nukleus ein *d*-Element ist. Ein diesem *d*-Element zugeordnetes Element des Nebensatzes ist mit einem Obersatzelement referenzidentisch (5.9.2.)

Relativsatz, weiterführender
Nebensatz, der äußerlich dem Relativsatz ähnelt, jedoch ein *w*-Element als Nukleus hat. Er enthält in der Regel keinen erläuternden Zusatz zum Obersatz, sondern einen völlig neuen Gedanken (5.9.2.)

Relator
Anzeiger für eine (grammatische, logische usw.) Beziehung (1.10., 1.11., 5.7.)

Restklasse (R)
Klasse von Partikeln, die nicht den Wortklassen S, K, T oder U angehören

Rhema
der Teil der Äußerung, der die eigentliche Aussage enthält (7.2.)

Satellit
Menge der mittelbaren und unmittelbaren Dependentien (d. h. Ergänzung oder Angabe) eines Elements, die ihrerseits einen einzigen Nukleus haben, z. B. ist zu *auf dem neuen Dache* die Gruppe *dem neuen Dache* Satellit von *auf* (3.1.)

Satz
wird hier ausschließlich als Verbalsatz verstanden: Konstrukt, bestehend aus einem konjugierten Verb als Nukleus mit dessen sämtlichen Satelliten (5.1.) s. auch Gesamtsatz

Satzarten
Konstativsatz, Interrogativsatz, Imperativsatz u. a. (5.2.)

Satzbauplan
Index für Zahl und Art der Ergänzungen eines Verbs, wobei zwischen obligatorischen und fakultativen Ergänzungen unterschieden wird, z. B. ⟨01(8)⟩ (5.5.); s. auch Satzmuster

Satzglied
verbabhängiges Glied, Verbergänzung oder Verbangabe (3.4., 5.3.)

Satzgliedfolge
s. Position

Satzmuster
Index für Zahl und Art der Ergänzungen eines Verbs, z. B. ⟨018⟩ (5.5.); s. auch Satzbauplan

Satzrahmen
Positionsschema für den deutschen Satz, gebildet aus finitem Verb und infiniten Teilen des Verbalkomplexes (im Hauptsatz) oder Subjunktor und Verbalkomplex (im Nebensatz) (5.8.2.)

Satzränge
Obersatz und Untersatz (5.2.)

semantischer Schwerpunkt
s. Komparation (2.2.)

Simplex
Verb ohne Präfix (4.2.)

Situativergänzung
E_5 (5.4.)

Situierung
Semantische Hauptfunktion der Angaben auf Grund ihrer Position (5.8.)

Spezielle Situierung
mögliche Funktion gewisser Vorfeldelemente (5.8.4.)

Spracherzeugungsmodell
Schematische Darstellung des Prozesses der Spracherzeugung (1.8.)

Sprechakt
Äußerung oder Äußerungsfolge als kommunikative Handlung (7.2.)

Sprechakttyp
Aussage, Frage, Aufforderung, Wunsch, Vorwurf usw. (es handelt sich um eine offene Liste) (7.2.)

Stellungselement
Kategorie, über die Stellungsregeln operieren (4.2., 4.3., 4.4., 5.8.)

subjungieren
s. Subjunktion

Subjekt
traditionelle Bezeichnung für E_0 (5.4.)

Subjunktion
Unterordnung eines Satzes unter ein Element eines anderen Satzes, dabei wird dem subjungierten Satz Gliedfunktion zugeordnet (5.9.2.)

Subjunktor (S)
Partikel, die mindestens ein konjungiertes Verb in ihrer Umgebung hat, traditionell: unterordnende Konjunktion, z. B. *wenn, obwohl* (2.6.)

Subjunktorphrase (SP)
Konstrukt mit einem Subjunktor (2.6.) als Nukleus; traditionell: eingeleiteter Nebensatz (4.1., 4.6., 5.9.)

Subkategorisierung
Transformationsart: Substitution einer Kategorie durch eine konkrete Kategorie, z. B. „Verbal I" durch „Präsens" (1.5., 1.8.)

Subklassenspezifik
bezogen auf Wortklassen: Merkmal der Ergänzung (3.4., 5.4.)

Substantiv
s. Nomen

Substitution
Transformationsart: Ersatz einer Kategorie durch eine andere Kategorie (1.5.); es sind vor allem Subkategorisierung, Anaphorisierung und interphrastische Transformation zu unterscheiden

Subsumptivergänzung
E_7 (5.4.)

Superlativ
Flexem aus der Kategorie Komparation (2.2.)

Symbol
Zeichen für eine grammatische Kategorie (Liste 1.11.)

Syndese
Häufung unter Verwendung von Fügungselementen (6.2., 6.4., 6.5.)

Syntagma
Menge durch Konnexion verbundener Elemente (1.7.)

Syntax
Teil der Grammatik, der die Kombinatorik der Elemente betrifft (1.3., 1.12.)

Text
tiefensemantisch gesteuerte Folge von Äußerungen (7.)

Thema
der Teil der Äußerung, der etwas (meist Bekanntes, jedenfalls weniger Wichtiges) nennt, über das im restlichen Teil des Satzes eine Aussage gemacht wird (7.2.)

Tiefensemantik
voreinzelsprachlicher, auf das Gemeinte beschränkter Teil der Grammatik (1.8.)

Topik
(engl. topic) in der englischsprachigen Linguistik: Bezeichnung für Thema (7.2.)

Topikalisierung
Transformation, die ein Element an die erste Stelle im Satz rückt (7.2.)

topologisch
auf die Position (= die lineare Anordnung) bezogen (1.4., 4.2., 4.3., 4.4., 5.8.)

Transformand
Ausgangskonstrukt einer Transformation (1.5.)

Transformat
Ergebnis einer Transformation (1.5.)

Transformation
Ableitung von Konstrukten aus zuvor erzeugten Konstrukten auf Grund struktureller Verwandtschaft zum Zwecke der Vereinfachung der Grammatik (1.5.). Arten von Transformationen: Subkategorisierung (1.8.), Anaphorisierung (1.5., 1.8., 7.4.), interphrastische Transformationen (1.5., 1.8., 4.4.), Permutationen (1.5., 1.8., 4.2., 4.3., 4.4., 5.8.)

U-Syndese
Häufung unter Verwendung von Konjunktor(en) (6.2., 6.4.)

V(i)
Infinitiv eines Verbs

V(p)
Partizip II eines Verbs

V(pi)
Verb, dessen Partizip II mit dem Infinitiv formgleich ist (z. B. das Modalverb *wollen)* (4.2.)

Valenz
(Sonderform der Rektion) Rektion einer Wort-Subklasse. Alle Verben haben die R e k t i o n „Negationsangabe“ (d. h. jedes Verb kann negiert werden), nur bestimmte Verben wie *helfen* haben die V a l e n z „Dativergänzung“ (3.3.)

Valuativa (Iv)
wertende Angaben und indefinite Angaben (5.6.)

Verb (V)
Lexem/Wort mit Paradigma Verbal I; Subklassen: Vollverb, Nebenverb (2.3., 2.6.)

Verbal I
Flexemkategorie beim Verb; umfaßt Präsens, Präteritum, Konjunktiv I, Konjunktiv II, Imperativ (2.2.)

Verbal II
Flexemkategorie beim Verb; umfaßt Infinitiv, Partizip I, Partizip II (2.2.)

Verbalgenus
Kategorie im Verbalkomplex; umfaßt Aktiv, *werden*- Passiv, *sein*-Passiv (4.2.)

Verbalkomplex (Vk)
Konstrukt mit Verb als Nukleus und dessen sämtlichen verbalen Dependentien (Vv, Vn, Vz); traditionell: Prädikat i. e. S. In der generativen Grammatik ergeben die Konstituenten Vb (Verb) und aux (Auxiliarkomplex) den Verbalkomplex (4.1., 4.2.)

Verbativergänzung
E_9 (5.4.)

Verbzusatz
trennbares Verbalpräfix, Partikel wie *ab*, *ein*, *nach* u. a. (4.2.)

Vollverb (Vv)
Verb, das nicht Nebenverb ist (4.2.)

Vollverbsatz (VS)
Satz i. e. S: Konstrukt aus Vollverb und dessen sämtlichen Satelliten, also mit Ausschluß der Nebenverben (5.1.)

Vorfeld
in AaP und NP der Bereich vor dem (links vom) Nukleus (4.3., 4.4.); im Satz (VP) der Bereich vor dem finiten Verb (5.8.)

***w*-Element**
Regens bestimmter Nebensätze, vor allem der indirekten Fragesätze und der indefinit generalisierenden Nebensätze; das *w*-Element hat eine spezifische Valenz (5.4., 5.9.2.)

weglaßbar
auf Grund einer kommunikativen Bedingung nicht unabdingbar (3.4.)

Wort
Element einer Wortklasse (2.6.)

Wortart
s. Wortklasse

Wortbildung
s. Lexembildung

Wortgruppe
Menge konnexionell verbundener Wörter (3.2.)

Wortklasse
Klasse von Monemen (mit Ausnahme von Flexemen), die im wesentlichen auf gemeinsamen Distributionsmerkmalen beruht (2.6.)

Wortstellung
s. Position